U0905549

幽默感是人的一种比较高尚的气质，是活跃社交气氛的最佳“调料”。它能为众人增添欢乐，轻松地拂去丝丝不快。

# 小幽默大智慧大全集

龙飞/编著

**图书在版编目(CIP)数据**

小幽默大智慧大全集 / 龙飞编著.—北京:企业管理出版社,2010.10
ISBN 978-7-80255-606-5

Ⅰ.①小… Ⅱ.①龙… Ⅲ.①人生哲学-通俗读物 Ⅳ.①B821-49

中国版本图书馆 CIP 数据核字(2010)第 101734 号

**书　　名**:小幽默大智慧大全集
**作　　者**:龙　飞
**责任编辑**:先　菊
**排版设计**:赵雪红
**书　　号**:ISBN 978-7-80255-606-5
**出版发行**:企业管理出版社
**地　　址**:北京市海淀区紫竹院南路 17 号　邮编:100048
**网　　址**:http://www.emph.cn
**电　　话**:出版部 68414643　发行部 68467871　编辑部 68428387
**电子信箱**:80147@sina.com　zbs@emph.cn
**印　　刷**:廊坊市华北石油华星印务有限公司
**经　　销**:新华书店
**规　　格**:185 毫米×260 毫米　16 开本　27.5 印张　580 千字
**版　　次**:2010 年 10 月第 1 版　2015 年 3 月第 9 次印刷
**定　　价**:29.00 元

# 前 言

幽默，几乎是一个永恒的话题，一个斯芬克斯之谜。

因此，英国作家萧伯纳说："幽默的定义是不能下的，这是使人发笑的一种元素。"美国哲学家索尔·斯坦伯格说："试图给幽默下定义，是比较荒诞的举动。"

幽默的最大特性是引人发笑，所以《幽默与人生》的作者特鲁认为："幽默是一种特性，一种引发喜悦，以愉悦的方式娱人的特性。"幽默是一种饱含智慧和情趣的领域，令人解颐、畅怀、回味和神往。生活中不能没有幽默，幽默是人生的智慧之花，聪明人不一定善于幽默，但幽默的人一定聪明。我们不要抱怨自己没有幽默感，其实，只要留意一下，我们都在有意无意地创造幽默佳境。有了幽默，在人生纷至而来的困惑中，它会帮你变被动为主动，以轻松的微笑代替沉重的叹息；当你在严重的沮丧中不能自拔时，它会给你心灵的翅膀，让你精神得以超越。

同科学、逻辑的方法和思维相比，幽默始终是野路子，从来不会按常规出牌。它可以偷换概念、指鹿为马、不伦不类、假痴假呆、故作蠢言、答非所问、自相矛盾、将谬就谬、歪打正着、强词夺理、歪解因果……我国艺人早就总结出构成幽默的规律那就是"理儿不

歪，笑话不来”。

话说回来，不具有科学、逻辑的方法和思维，并不能否认幽默的智慧。恰恰相反，智慧永远都不会在逻辑证明中产生。在一本高等数学的教科书里，你能够得到知识，却无法体悟到智慧。因为知识关乎自然，智慧关乎人生。人生的酸甜苦辣又岂是知识所能解答的？

幽默也许从来没有登上大雅之堂，至多不过是博人一笑。但其中的智慧又有谁深深体悟？其中的道理又有谁静静地反思？

滴水藏海，小中见大。本书从浩如烟海的幽默故事中精选几千则，并点评出其中的哲理与寓意。望读者能在轻松的阅读中，笑中开窍。

编著者
2010年8月

# 目　录

## 第1辑　笑谈人生的哲理和智慧


车轮 …… 2
路边的风景 …… 2
零比零 …… 2
怀宝行乞 …… 2
如果 …… 2
先知 …… 3
公鸡不识路 …… 3
后顾之忧 …… 3
生存艰难 …… 3
书架 …… 3
黑色的羊 …… 4
做梦寻物 …… 4
下雨的概率 …… 4
奴颜 …… 4
阅读 …… 5
辨别 …… 5
喝酒的故事 …… 5
回报 …… 5
记者春秋 …… 5
假牙 …… 5
开耳芬的"时间调节器" …… 6
看戏 …… 6
无以为家 …… 6
批评的权利 …… 6
万能处方 …… 6
房子的优点 …… 7
优秀男子汉 …… 7
生日礼物 …… 7
一个会思考的脑袋 …… 7
总值 …… 7
别担心 …… 8
查不着 …… 8
一时说不好 …… 8
旅客与司机 …… 8
已经疯了 …… 8
包办婚姻 …… 8
足智多谋 …… 9
眼镜 …… 9
修理意见 …… 9
原来如此 …… 9


## 第2辑　笑谈生活的感悟和启发


猪 …… 12
持家有道 …… 12
淡而无味 …… 12
观画 …… 12
金眼睛 …… 12
酒鬼聊天 …… 12
经验方程 …… 13
毒药 …… 13
穿错大衣 …… 13
歪打正着 …… 13
天上掉小偷 …… 14
鬼哭狼嚎 …… 14
结婚证 …… 15
同性恋的公鸡 …… 15
针 …… 15
出风头 …… 15
老兴不浅 …… 15
两个男人和一个美女 …… 16
梳头的方式 …… 16
剃头匠 …… 16
一半悬在桌外的酒杯 …… 17
青蛙见证人 …… 17
应变 …… 17
计算机 …… 17
诺贝尔奖金 …… 17
3个女儿之谜 …… 18
精神病 …… 18
退席 …… 18
会讲英语 …… 18
囚犯的工作 …… 18
传令 …… 18
汤不烫 …… 19
稀物 …… 19
航海奇迹 …… 19
苹果和屁股 …… 19
我也要喝巧克力口味的 …… 20
我生病了 …… 21

## 第3辑 笑谈心灵的平静和幸福


“坐在钢琴前行吗” …… 22
避雷针与婴儿 …… 22
巨人与侏儒 …… 22
来不及考虑 …… 22
模仿 …… 22
陪同 …… 23
我就没说话 …… 23
学习的动力 …… 23
园丁的故事 …… 23
终生只能单身 …… 24
万能的复信 …… 24
难以入睡 …… 24
职业 …… 24
重大损失 …… 24
如此凑巧 …… 25
水蜜桃 …… 25
还活着 …… 25
糊涂教授 …… 25
怨气难消 …… 25
小和尚扫树叶 …… 26
人生的幸福 …… 26
看破红尘 …… 26
都想当议员 …… 26
人与箱 …… 27
后到先买 …… 27
悄悄地收了“参观费” …… 27
会吠的狗不咬人 …… 27
本性难改 …… 27
离婚的原因 …… 28
星星和帐篷 …… 28
幸福是一种感觉 …… 28
踢猫终结者！ …… 29
幸好不是 …… 29
另一个儿子 …… 29
不钓大鱼的钓客 …… 29
何为天堂，天堂何在 …… 29
快乐的人没有鞋子 …… 30
应该称什么 …… 30


## 第4辑 笑谈积极的心态与乐观


不必紧张 …… 32
不敢不乐 …… 32
伤心故事 …… 32
自嘲 …… 32
自我消解 …… 32
作家选择决斗的武器 …… 33
舞会上 …… 33
馊主意 …… 33
掉头发 …… 33
运气真好 …… 33
老天无眼 …… 33
该谁睡不着 …… 34
赶快离开为妙 …… 34
下棋 …… 34
奋斗不息 …… 34
假的好处 …… 35
感谢上帝 …… 35
奇遇 …… 35
数羊 …… 35
苍蝇的命运 …… 35
哭丧 …… 36
下一场球 …… 36
自信的老祖父 …… 36
幸运 …… 36
开错了窗户 …… 36
性格改造 …… 36
诊费太贵 …… 37
倒霉 …… 37
把狗叫进来 …… 37
最乐观的人 …… 37
为了一只蟑螂 …… 38
专注目前 …… 38
报仇 …… 38
巴尔扎克与小偷 …… 39
负数 …… 39
也是第一名 …… 39
绿灯时我们总是第一个 …… 39
逮野鸭 …… 40


## 第5辑 笑谈心胸的豁达与宽广


蝙蝠的问题 …… 42
别挡住了我的阳光 …… 42
从天而降 …… 42
绝妙的提问 …… 42
哭泣的丈夫 …… 42
没有女人的福气 …… 43
梦和现实 …… 43
什么是“快乐” …… 43
事实验证 …… 43
贪得可怕 …… 43
幸福的秘诀 …… 44
艺术的前卫 …… 44
正直的贼 …… 44
物价上涨 …… 44
装病 …… 44
大难临头时 …… 45
给皇帝剃胡子 …… 45
母亲的烦恼 …… 45

动工 …… 45
烦透了 …… 45
需要 …… 46
青蛙的命运 …… 46
担心涨价 …… 46
卜卦 …… 46
给踢人的驴子一脚 …… 46
她是我妈 …… 47
有力的警告 …… 47
三根头发 …… 47
组装 …… 47
我也一直站着 …… 48
打电话 …… 48
宽大为怀 …… 48
系统不兼容 …… 48
哲学的责任 …… 48
不反抗 …… 49
头一次看见 …… 49
吃肉 …… 49
帽带 …… 49

## 第6辑 笑谈欲望诱惑和损失

滋扰疯子 …… 52
幸福 …… 52
慈善家 …… 52
作伪证 …… 52
讨债 …… 52
决不受礼 …… 52
呆在家里干吗 …… 53
宁死不招 …… 53
音乐和感冒 …… 53
你也如此 …… 53
红运 …… 53
后悔 …… 53
审醉鬼 …… 54
想入非非 …… 54
狼和羊 …… 54
延长时间 …… 54
狗和倒影 …… 54
拔牙 …… 55
超脱 …… 55
狐狸吃葡萄 …… 55
近视 …… 55
屡试不爽 …… 56
欠债 …… 56
省钱 …… 56
贪心 …… 56
谁的信 …… 56
贪婪 …… 56
挖苦尼采 …… 57
我有罪 …… 57
重赏之下 …… 58
因小失大 …… 58
早已料到 …… 58
还没说完 …… 58
痴人说梦 …… 58
希罕 …… 59
一块肥皂 …… 59
睡不着 …… 59

## 第7辑 笑谈责任的担当与代价

指纹在脸上 …… 62
判断 …… 62
求情 …… 62
事不过三 …… 62
贪杯 …… 62
各执一词 …… 63
但愿永久和平 …… 63
账目清楚 …… 63
由后代支付 …… 63
细心人 …… 64
躲猎人 …… 64
刑事责任 …… 64
懒人 …… 64
困难的处罚 …… 64
遇到强盗后 …… 65
仅判一星期 …… 65
还是步行好 …… 65
出国理由 …… 65
无辜的罪犯 …… 65
法律幽默——诚实的贼 … 65
吓唬贼的 …… 66
5年的时间 …… 66
好学不倦 …… 66
心安理得 …… 66
顾此失彼 …… 66
农夫求医 …… 66
和人一样 …… 67
旁敲侧击 …… 67
安全带 …… 67
孩子的逻辑 …… 67
腿与蛋 …… 67
专科 …… 68
“理”在其中 …… 68
牺牲品 …… 68
报复 …… 68
红灯和警察 …… 68
咳嗽 …… 68
猫价浮动 …… 69
上班 …… 69

## 第8辑 笑谈选择取舍与困惑

毅力 …… 72
等我们睡着 …… 72
无需再锦上添花 …… 72
苏格拉底的婚姻观 …… 72
经济学家顾问 …… 72
近视新娘 …… 73
公开诱惑 …… 73
不在视线之中 …… 73
国王与评论家 …… 73
猴子吃豆子 …… 73
猴子砍尾巴 …… 74
明智的选择 …… 74
留声机和助听器 …… 74
勇气 …… 74
以其人之道,还治其人之身 …… 75
天意 …… 75
四封断头信 …… 75
死人数 …… 75
谁的脚多 …… 75
难分伯仲 …… 76
左右为难 …… 76
裸体游泳 …… 76
找钱包 …… 76
可以选择 …… 76
祝词 …… 77
替补猴子 …… 77
两全其美 …… 77
挣钱 …… 77
得与失 …… 78
等一分钟吧 …… 78
过河 …… 78
失火 …… 78
选择 …… 78
完美 …… 79
放手吧! …… 79

## 第9辑 笑谈做人做事与规则(一)

找孩子 …… 82
狼与灰鹤 …… 82
聪明的毛驴 …… 82
蠢人和羊 …… 82
安全游泳法 …… 82
遵守交通规则的人 …… 83
取其精华 …… 83
欲擒故纵 …… 83
爱显年轻的夫人 …… 83
三思而后行 …… 83
到伦敦需要的时间 …… 83
好长一只狗 …… 83
解是存在的 …… 84
量过了才吃 …… 84
推门和拉门 …… 84
总统的衣服 …… 84
许愿 …… 85
谦逊 …… 85
诚实的店员 …… 85
再加一步 …… 85
理由 …… 85
要的就是这个 …… 85
游泳的故事 …… 85
热情 …… 86
三个画家 …… 86
一个为了尊严的司机 …… 86
一加一等于几 …… 87
打劫 …… 87
修门窗 …… 87
晚点 …… 87
邀请 …… 87
到底谁无聊 …… 88
裸体画 …… 88
弄巧成拙 …… 88
不会失业 …… 88
不论朝代 …… 88
左手吃饭 …… 89
明年同岁 …… 89

## 第10辑 笑谈做人做事与规则(二)

微分 …… 92
照顾有限 …… 92
贪小便宜吃大亏 …… 92
终于兑现了 …… 92
我烧的是废纸 …… 93
牧师的空欢喜 …… 93
狼的诙谐 …… 93
金口难开 …… 93
反对到底 …… 94
疯子和呆子 …… 94
No Smoking …… 94
躲债 …… 94
惊讶 …… 95
露富 …… 95
能言善道 …… 95
作品参展 …… 95
麻雀 …… 95
病人差劲 …… 95
指示牌 …… 96
以退为进 …… 96
行乞 …… 96

乞丐也应有休假的权利 … 96
学生的提问 …… 96
一堂礼貌课 …… 97
威士忌 …… 97
望文生义 …… 97
请假 …… 97
密码电报 …… 97
如此软盘 …… 97
君子风度 …… 98
不认自己 …… 98
飞机 …… 98
腹中空 …… 98
卖弄 …… 98
可以杀了它吗 …… 98
诺亚 …… 99
示范 …… 99

## 第11辑 笑谈饮食男女和社会

稚童稚语 …… 102
女性的地位 …… 102
要求不同 …… 102
喜旧厌新的丈夫 …… 102
眼影 …… 102
减掉两公斤 …… 103
不是大夫的结论 …… 103
新旧之分 …… 103
不愿提年龄 …… 103
当了女主人 …… 103
多多益善 …… 103
理由 …… 103
年龄和嫁妆 …… 104
女人的天性 …… 104
颇有同感 …… 104
生搬硬套 …… 104
史学家 …… 105
唯一令男人心跳的办法 … 105
智慧与外表 …… 105
能和我说几句话吗 … 105
点了两次头 …… 105
区别 …… 105
最讨厌问这个 …… 106
蝶恋花 …… 106
后院起火 …… 106
成功失败的背后 …… 106
好眼光 …… 106
女人的较量 …… 106
心烦 …… 107
女人心理 …… 107
A卷和B卷 …… 107
第一次 …… 107
见智见仁 …… 107
爱小老婆 …… 108
行业竞争 …… 108
女人和球 …… 108
踢球 …… 108
信 …… 109
我愿意 …… 109
不解风情 …… 109
吵架 …… 109
钓饵 …… 109
惩罚 …… 109

## 第12辑 笑谈爱情的浪漫与现实(一)

爱情是什么 …… 112
重新使用 …… 112
北极女士 …… 112
举例子 …… 112
爱情的记忆 …… 113
已婚男友 …… 113
反对 …… 113
天天想 …… 113
想结婚的年轻人 …… 113
取长补短 …… 113
我多爱你 …… 113
多情 …… 114
情爱方程式 …… 114
情话大逼供 …… 114
缘分 …… 114
我也不例外 …… 114
需要 …… 115
白费心机 …… 115
理智情话 …… 115
忍痛割爱 …… 115
幽默爱情 …… 115
你的腿别晃了好吗 … 115
移情别恋 …… 116
情书 …… 116
爱情排他性 …… 116
恋爱短篇 …… 116
老婆永远是对的 …… 116
劝慰 …… 116
今日客满 …… 117
情有所钟 …… 117
求婚 …… 117
抓沙 …… 117
没有保险 …… 117
感情储蓄 …… 118
提示 …… 118
严肃的问题 …… 118
爱情方向 …… 118
互问 …… 118
暗示 …… 119

## 第 13 辑　笑谈爱情的浪漫与现实(二)

爱的真谛 …… 122
爱的考验 …… 122
条件足够 …… 122
不浪漫 …… 122
需要 …… 122
我早就了解你了 …… 122
先要钱 …… 122
时不我予 …… 123
只此一次 …… 123
考验 …… 123
药方 …… 123
美得无法形容的爱情 …… 123
玫瑰的含义 …… 123
自己变狗 …… 123
意中人 …… 124
喜新厌旧 …… 124
一毛钱的爱 …… 124
奋斗 …… 124
假设 …… 124
装潢门面 …… 124
如此约会 …… 125
没有机会 …… 125
准备早餐 …… 125
女教师中选 …… 125
内在美 …… 126
征婚广告(1) …… 126
征婚广告(2) …… 126
纯洁的爱 …… 126
耐用 …… 126
找婆家 …… 126
要求完美 …… 127
一年有效 …… 127
反对搭卖 …… 127
婚姻是爱情的什么 …… 127
后悔 …… 127
女人是毒药 …… 128
他会认真考虑 …… 128
网虫之妻 …… 128
伤心 …… 129
爱情与玉米粥 …… 129

## 第 14 辑　笑谈婚姻的经营与维护(一)

军事家庭 …… 132
绝招 …… 132
梦痴 …… 132
保持自卑 …… 132
字条 …… 132
没有须发的原因 …… 133
如法炮制 …… 133
将计就计 …… 133
匿名情书 …… 133
世界太小了 …… 133
该关的都关上了 …… 133
同情 …… 134
他想干什么 …… 134
秋天落叶 …… 134
最后一顿饭 …… 134
太太的生日 …… 134
不解风情 …… 134
验证 …… 134
风流 …… 135
夫妻争吵 …… 135
下班后 …… 135
比青年男女更美好的 …… 135
他和她 …… 136
不吵架 …… 136
我不希望你迟到 …… 136
喜糖 …… 137
高明的医生 …… 137
巴掌 …… 137
共同语言 …… 137
回电 …… 137
回来的路费 …… 137
天气预报员 …… 138
我们的 …… 138
不必着急 …… 138
哪天快乐 …… 138
味觉胜过记性 …… 138
像老头子了 …… 139
有话在先 …… 139
去巴黎 …… 139

## 第 15 辑　笑谈婚姻的经营与维护(二)

笑不出 …… 142
误会 …… 142
大事和小事 …… 142
想当初 …… 142
事先要求 …… 142
开玩笑 …… 143
清扫落叶 …… 143
共同嗜好 …… 143
不必结婚 …… 143
离后想法 …… 143
仍为奴隶 …… 143
忠诚保险 …… 144
有限度 …… 144
赊欠衣服 …… 144
不离婚的理由 …… 144

小径 …… 144
你要和多少男人结婚 …… 144
婚姻的障碍 …… 145
灰姑娘番外篇 …… 145
树叶和存折 …… 145
坟地里挖一个 …… 145
万不得已 …… 146
摆脱妙计 …… 146
的确紧张 …… 146
夫妻对话 …… 146
何必都寂寞 …… 146
没有妻子的生活 …… 147
开关 …… 147
事实相反 …… 147
重温旧情 …… 147
是否真心 …… 147
比赛 …… 147
礼服布料 …… 148
烈马与驾驭 …… 148
没结婚的原因 …… 148
祖父娶的女孩 …… 148
让他为难 …… 149
刑满之日 …… 149
有一头驴 …… 149
遗嘱 …… 149
粗心的教授 …… 150

## 第16辑 笑谈人性的真实与感恩

醉酒 …… 152
美好的记忆 …… 152
猫的自由 …… 152
老苍蝇和小苍蝇的故事 …… 152
宠物医院 …… 152
补心肝 …… 152
本能反应 …… 153
悲喜交集 …… 153
真实 …… 153
爱的圆圈 …… 153
化妆 …… 154
不敢侮辱 …… 154
数学家的答案 …… 154
钥匙 …… 154
麻将风波 …… 154
专业语言 …… 155
自己像是一只老鼠 …… 155
巧识罪犯 …… 155
错失良机 …… 155
以一生报答 …… 155
担心 …… 156
躲蛇妙法 …… 156
救爸爸 …… 156
乌发原因 …… 156
不懂温柔 …… 156
比你打得准 …… 157
爱情的眼睛 …… 157
没有腿的生活 …… 157
活着就应该欢笑 …… 157
家的概念 …… 157
女王敲门 …… 158
失盗 …… 158
失去与拥有 …… 158

## 第17辑 笑谈优秀的品质和习惯

草包几个 …… 160
聪明的孩子 …… 160
大纸篓 …… 160
勺子 …… 160
学历最高的人 …… 160
换只手表 …… 161
叫虫 …… 161
烤酥饼的悬念 …… 161
三只乌龟 …… 162
最年轻的岁月 …… 162
我没有蛀牙 …… 162
问夫人 …… 163
牧师 …… 163
没收到信 …… 163
理发 …… 163
修理电话 …… 164
小儿麻痹 …… 164
剃去半边 …… 164
慈善事业 …… 164
闹钟 …… 164
作者与编辑 …… 165
输与赢 …… 165
旅游者的疑问 …… 165
嗓子 …… 165
反正你看不见我 …… 165
打赌 …… 165
因祸得福 …… 165
假电影票 …… 166
语言美 …… 166
伟大的医生 …… 166
最好都穿去 …… 166
主人 …… 166
真实谎言 …… 167
如此作品 …… 167
不要命了 …… 167
太太向我求情 …… 167
智能 …… 167
叠被 …… 168
白板上的黑点 …… 168

## 第18辑 笑谈情绪的调节与控制

800美元 …………………… 170
答复 …………………… 170
不便直说 …………………… 170
果断回答 …………………… 170
军训趣事 …………………… 170
不让失望 …………………… 171
了解和亲昵 …………………… 171
“礼”尚往来 …………………… 171
过去的好时光 …………………… 171
几率 …………………… 172
炉火与肝火 …………………… 172
忙中出错 …………………… 172
误会 …………………… 172
恶毒的语言 …………………… 173
顺序有误 …………………… 173
责怪 …………………… 173
IBM和波音777 …………………… 173
确认身份 …………………… 173
不划算 …………………… 173
难以从命 …………………… 174
新兵跳伞 …………………… 174
熊 …………………… 174
如此送站的两个傻瓜 …………………… 174
英雄气短 …………………… 174
高雅的宫殿何人去 …………………… 175
你叫什么名字 …………………… 175
广告 …………………… 175
回家之路 …………………… 175
报警 …………………… 175
可怜的老先生 …………………… 176
瞎起劲 …………………… 176
结婚礼物 …………………… 176
近视 …………………… 176
鱼死网破 …………………… 176
马、鹿与人 …………………… 177

## 第19辑 笑谈坚定的意志和信念

失去与相信 …………………… 180
真理 …………………… 180
万能的天神 …………………… 180
卖伞者 …………………… 180
家里也不安全 …………………… 180
了解自己 …………………… 181
文章简洁的秘诀 …………………… 181
钓鱼 …………………… 181
Good morning, Sir …………………… 181
成功的秘诀 …………………… 181
动情的老歌星 …………………… 182
来不及了 …………………… 182
用得着吗 …………………… 182
看质量 …………………… 182
孙女的疑问 …………………… 182
药片 …………………… 183
暴发户 …………………… 183
穷摆阔 …………………… 183
初次登台 …………………… 183
买马 …………………… 184
写作重于生命 …………………… 184
鲨鱼与鳄鱼 …………………… 184
地狱有石油 …………………… 184
安静的方法 …………………… 184
数到100再说 …………………… 185
多此一举 …………………… 185
谁是总统 …………………… 185
好心不得好报 …………………… 185
非车不可 …………………… 185
胆小的狩猎者 …………………… 186
忍耐 …………………… 186
打妻 …………………… 186
笨蛋 …………………… 186
佛教徒与观音 …………………… 186
军犬的错误 …………………… 186

## 第20辑 笑谈努力行动与收获

互讽 …………………… 190
收藏在柜子里的工作人员 …………………… 190
遵守诺言 …………………… 190
“医嘱” …………………… 190
乞丐的愿望 …………………… 191
吃了狗肉以后 …………………… 191
算命 …………………… 191
婚姻 …………………… 191
乞丐的逻辑 …………………… 191
侍者的愿望 …………………… 192
为什么踢我 …………………… 192
与人方便 …………………… 192
擦窗户 …………………… 192
抗旱的方法 …………………… 192
鳄鱼 …………………… 193
大人物 …………………… 193
缝 …………………… 193
寻找答案 …………………… 193
联想 …………………… 193
记忆的诀窍 …………………… 194
巧克力杏仁 …………………… 194
真枪实弹 …………………… 194
先去买张彩票 …………………… 194

富翁和服务生的差别 … 195
可以放大500倍 ……… 195
农夫和麦子 ………… 195
哥哥的儿子 ………… 196
怎样当教授 ………… 196
不同之处 …………… 196
只选其一 …………… 196
实验的结果 ………… 196
没空 ………………… 197
贝多芬的胸像 ……… 197
一毛不拔 …………… 197
泥土和国王 ………… 197
等待 ………………… 197
许愿 ………………… 197
魏什么 ……………… 198
前面也有雨 ………… 198
免费的午餐 ………… 198
理由充分 …………… 198
买一送一 …………… 199

## 第21辑 笑谈躬身实践与体验

钉钉子 ……………… 202
“相对论”妙解 ……… 202
错位思考 …………… 202
好消息和坏消息 …… 202
横看成岭侧成峰 …… 203
迷信风水 …………… 203
天堂和地狱 ………… 203
随您的便 …………… 203
墙上画门 …………… 203
设身处地 …………… 204
哲学语言 …………… 204
猪、绵羊、乳牛 ……… 204
当作新的 …………… 204
拔牙趣话 …………… 205
初恋味道 …………… 205
狗 …………………… 205
虚构能力和写实能力 … 205
变味的鸡蛋 ………… 205
回报 ………………… 205
简单的问题 ………… 206
岸边对话 …………… 206
医生与病人 ………… 206
万一他们把你放回去 … 206
连锁反应 …………… 206
当了美国总统之后 … 207
拼死吃河豚 ………… 207
催眠曲 ……………… 207
特长 ………………… 207
买书 ………………… 207
新吉尼斯纪录 ……… 208
被冷落的顾客 ……… 208
迷惑不解 …………… 208
新鞋 ………………… 208
抽象派学生 ………… 208
白手起家 …………… 208
哪个远 ……………… 209

## 第22辑 笑谈成功失败与得失

爱因斯坦和卓别林 … 212
成功经验 …………… 212
白费口舌 …………… 212
吹牛比赛 …………… 212
倒过来试试看 ……… 213
梵·高的耳朵 ……… 213
附加条款 …………… 213
路牌 ………………… 213
盼望小偷 …………… 213
让人左右不是 ……… 214
泄露天机 …………… 214
一句话演讲 ………… 214
意识 ………………… 215
音乐家和马车夫 …… 215
争雁 ………………… 215
注意观察 …………… 215
耳聋的优越性 ……… 216
高龄的原因 ………… 216
重视 ………………… 216
威慑力 ……………… 216
自动刮脸机 ………… 217
自食其果 …………… 217
吹牛的人 …………… 217
坐在炸药桶上 ……… 217
你要打赌吗 ………… 218
投稿 ………………… 218
母鸡 ………………… 218
新工作 ……………… 219
忘却 ………………… 219
眼皮最大 …………… 219
紧急保险 …………… 219
读者来信 …………… 219
收音机里的英语 …… 220
视力太差 …………… 220
倒塌的高墙 ………… 220
机不可失 …………… 220
我是毛驴 …………… 221

## 第23辑 笑谈人类的弱点和劣势

爸爸早结婚了 ········· 224
擦谁的皮鞋 ············ 224
被迫买鸟 ·············· 224
优柔寡断 ·············· 224
吻画 ·················· 224
炫耀 ·················· 225
艺术品和人 ············ 225
第二流的评论 ·········· 225
第一卓别林 ············ 226
过犹不及 ·············· 226
和军医打赌 ············ 227
烟鬼 ·················· 227
考古与外交 ············ 227
毕业考试 ·············· 227
谁打破了碗 ············ 227
我的钱 ················ 227
经验主义 ·············· 228
如释重负 ·············· 228
你讥我讽 ·············· 228
康德的惊讶 ············ 228
说谎 ·················· 228
使水沸腾的人 ·········· 229
提琴不喝茶 ············ 229
扎猛子 ················ 229
羡慕 ·················· 229
不会自杀 ·············· 230
请假 ·················· 230
夸大狂 ················ 230
公鸡 ·················· 230
大夫的难题 ············ 230
探视 ·················· 230
羊和鸽子 ·············· 231
无理抱怨 ·············· 231
水手看病 ·············· 231
听大夫的 ·············· 231
安全返航 ·············· 231
正路 ·················· 232
传教士买鸡 ············ 232
祈祷对象 ·············· 232
取名 ·················· 232
小足球迷 ·············· 233
爱花钱的妻子 ·········· 233
老天爷 ················ 233
剪报做啥用 ············ 233
高招 ·················· 233
奉献 ·················· 234
担心 ·················· 234
不走运的丈夫 ·········· 234
亚当夏娃 ·············· 234
转向 ·················· 235

## 第24辑 笑谈思维的定势与改变

救火 ·················· 238
约翰旁边的那个人是谁 ·· 238
弹不了的曲子 ·········· 238
到底哪一个死了 ········ 239
我有急事 ·············· 239
不得了 ················ 239
发明 ·················· 239
空杯论禅道 ············ 239
新泽西的猎人 ·········· 240
铅笔和圆珠笔 ·········· 240
卖东西 ················ 240
题词 ·················· 240
攀比 ·················· 240
竖鸡蛋 ················ 241
少年请教 ·············· 242
随机应变 ·············· 242
愚人买鞋 ·············· 242
证据不足 ·············· 242
走私 ·················· 243
下班 ·················· 243
头发问题 ·············· 243
诚实的证人 ············ 243
调羹 ·················· 243
蠢货 ·················· 244
新手 ·················· 244
打错电话 ·············· 244
岂有此理 ·············· 244
寻找凳子腿 ············ 244
棉被更热 ·············· 245
只认苹果 ·············· 245
怎能不哭 ·············· 245
谁是老外 ·············· 245
神像里的金子 ·········· 245
可笑的“问候” ········ 246
无字天书 ·············· 246
当你没来 ·············· 246
树荚 ·················· 246
调价 ·················· 247

## 第25辑 笑谈问题的关键与解决


房顶上的标语 …… 250
妇人瘦身 …… 250
富翁的遗嘱 …… 250
海鸟的遭遇 …… 250
黄鱼怕臭 …… 250
剪箭杆 …… 251
离高笼的袋鼠 …… 251
美国笑话 …… 251
面对战火 …… 251
牧师与穷人 …… 251
旗杆的高度 …… 252
下一辆巴士 …… 252
因材施教 …… 252
闲聊 …… 252
先吃轮子 …… 253
把房子抓牢 …… 253
规劝无效 …… 253
时间的差别 …… 253
取药 …… 253
秘书与主任 …… 253
下楼梯 …… 253
照常进行 …… 254
建议 …… 254
解渴 …… 254
趣答问路人 …… 254
解决堵塞问题 …… 254
宣誓之后 …… 255
天鹅的脖子 …… 255
方向相反 …… 255
腌鸭子生咸蛋 …… 255
申、甲、田 …… 255
牛的问题 …… 255
还在原地方 …… 256
司机 …… 256
驱蚊妙法 …… 256
关上计程器 …… 256
不得要领 …… 257
兄妹有别 …… 257
感慨 …… 257


## 第26辑 笑谈物质金钱和财富


寻犬启事 …… 260
生意兴隆 …… 260
催账信 …… 260
最大的发现 …… 260
得到了金子 …… 260
饿得吃草 …… 261
归属 …… 261
精打细算 …… 261
金钱和正义 …… 261
究竟谁是议员 …… 262
知识和财富 …… 262
许诺与胡话 …… 262
吝啬鬼投河 …… 262
怕谈过去 …… 263
经济危机 …… 263
提薪 …… 263
报酬 …… 263
针锋相对 …… 263
富有的女人 …… 264
妙法 …… 264
对联 …… 264
钱和命 …… 264
先医狗眼 …… 264
血统 …… 265
诺贝尔奖金 …… 265
解惑 …… 265
诚实的政治家 …… 265
被告与律师 …… 265
钱说话 …… 266
人身保险 …… 266
卢浮宫里的疑问 …… 266
学费 …… 266
不值一块钱 …… 266
改动药方 …… 266
火灾与水灾 …… 267
消费的观念 …… 267


## 第27辑 笑谈警示启发与教育


讽狂妄者 …… 270
奇妙的贺辞 …… 270
荣幸 …… 270
上帝的轿车 …… 270
太复杂了! …… 271
提问题 …… 271
小羔羊的毛 …… 271
校服的颜色 …… 271
圆明园是谁烧的 …… 271
第一名 …… 272
远大志向 …… 272
公母白鼠 …… 272
真心话 …… 272
最好的作品 …… 273
做梦 …… 273
我比你小得多 …… 273
新婚之夜 …… 273
看错人了 …… 274
小偷的担忧 …… 274
胡子的赞词 …… 274
有力证据 …… 274

更换 …… 274
不同之处 …… 274
六只脚更快 …… 275
打猎时间 …… 275
不能说话 …… 275
猫戴念珠 …… 275
多言无益 …… 275
为何而学 …… 276
蝎子和青蛙 …… 276
演讲稿的长与短 …… 276
愿望 …… 276
飞机 …… 277

## 第28辑 笑谈伶牙俐齿与口才

妙计 …… 280
一语双关 …… 280
保密 …… 280
丑孩子 …… 280
给傻瓜让路 …… 280
回敬 …… 281
机智地回避 …… 281
里根解窘 …… 281
快乐的叫喊 …… 281
襁褓中的孩子 …… 281
山羊胡子的幽默 …… 281
视力没问题 …… 282
刷新纪录 …… 282
双倍学费 …… 282
物归原主 …… 282
夏娃尝禁果 …… 283
小错和大错 …… 283
验方 …… 283
一人买两票 …… 283
时装 …… 283
奥秘所在 …… 284
再来一份 …… 284
对付造谣人的妙法 …… 284
旋风和微风 …… 284
机智的报幕员 …… 284
难回答 …… 285
耳冷眼热 …… 285
男人气概 …… 285
年幼无知 …… 285
帮我把石头抬出来 …… 285
怕你不懂 …… 286
增添颜色 …… 286
底下一样也没有 …… 286
喜鹊肉馅饼 …… 286
今天早上还没有呢 …… 286
措词不同 …… 287

## 第29辑 笑谈表达的沟通与理解

出猎 …… 290
倒霉 …… 290
到天上去 …… 290
禁止和不禁止 …… 290
女管家 …… 290
煮竹席 …… 290
农场和老爷车 …… 291
精神对抗 …… 291
削蹄割尾 …… 291
饭后一支烟 …… 291
淡得有味 …… 292
排辈 …… 292
"啥" …… 292
处世之道 …… 292
恢复常态 …… 292
军人保险 …… 293
求宿 …… 293
曲解 …… 293
他离家时六岁 …… 293
轮流 …… 294
郢书燕说 …… 294
秀才买柴 …… 294
摇自己的头 …… 295
最好的和最坏的 …… 295
招聘 …… 295
称赞 …… 295
晚餐的内容 …… 295
偷火鸡 …… 295
24头猪 …… 296
差别 …… 296
放荡与淫荡的区别 …… 296
我姓达令 …… 296
借题发挥 …… 296
穿井得人 …… 297

## 第30辑 笑谈人际交往和计谋

智救故乡 …… 300
知情者的从容 …… 300
赠送头发 …… 300
以子之矛,攻子之盾 …… 300
温泉的奇迹 …… 301
请客 …… 301
等火车 …… 301
口试的故事 …… 301
急性子 …… 302
立刻奏效 …… 302
您有几条命 …… 302
失望 …… 302

解雇 …………………… 302
没脑子 ………………… 303
谦虚 …………………… 303
不妨碍思考 …………… 303
当众做“贼” …………… 303
学问和金钱 …………… 303
一块蛋糕 ……………… 304
用腿签字 ……………… 304
参观者 ………………… 304
褒贬 …………………… 304
您搞错了 ……………… 304
闹钟 …………………… 305
尴尬的女王 …………… 305
费用 …………………… 305
不怀好意 ……………… 305
只给20分钟 …………… 305
珍奇动物 ……………… 306
抵押 …………………… 306
弹琴和补靴 …………… 306
不争议的智慧 ………… 306
约会 …………………… 306
只看见自己 …………… 307
出海很久了 …………… 307


## 第31辑 笑谈待人接物与技巧


实验的价值 …………… 310
患难与共 ……………… 310
高见 …………………… 310
船长的命令 …………… 310
幽默太太 ……………… 310
难和好 ………………… 311
破产以后 ……………… 311
项链 …………………… 311
英雄所见略同 ………… 311
候客 …………………… 311
好静 …………………… 311
送礼 …………………… 312
现代派作品 …………… 312
特殊疗法 ……………… 312
如此居心的农民 ……… 312
劝阻 …………………… 313
再次敬赠 ……………… 313
自毁形象 ……………… 313
树说 …………………… 313
唯一的方法 …………… 313
生搬硬套 ……………… 313
经验之谈 ……………… 314
健忘 …………………… 314
贵国产品 ……………… 314
非彼即此 ……………… 314
因人而异 ……………… 314
帮忙 …………………… 315
有来有往 ……………… 315
贵客多坐一张椅子 …… 315
莫管他人瓦上霜 ……… 315
吓死了 ………………… 316
翻来覆去 ……………… 316
丑角双薪 ……………… 316
探视 …………………… 316
那怎么成 ……………… 316
拳击手失误 …………… 317
本应享有的关注 ……… 317


## 第32辑 笑谈灵活处世与变通


原来如此 ……………… 320
世界上最好的老公 …… 320
火鸡和牛粪 …………… 320
回避 …………………… 321
兔子和乌鸦 …………… 321
拉大粪 ………………… 321
狼来了 ………………… 321
究竟信谁 ……………… 321
黑白同居 ……………… 322
消灭政敌的方法 ……… 322
应有尽有 ……………… 322
说明立场 ……………… 322
另有说法 ……………… 322
谁使其然 ……………… 323
为文王发愁 …………… 323
无用的反对 …………… 323
研究时装 ……………… 323
生日礼物 ……………… 324
注意服务态度 ………… 324
礼赠法官 ……………… 324
法令 …………………… 324
简单的问题 …………… 324
方向不对 ……………… 325
苦修者的诚意 ………… 325
主人和仆人 …………… 325
出难题 ………………… 325
油彩未干 ……………… 325
以牙还牙 ……………… 325
最吃惊的 ……………… 326
半夜的声音 …………… 326
咨询 …………………… 326
钢琴的牙齿 …………… 326
离题 …………………… 327

## 第33辑 笑谈潜能的开发和励志

雕凿人生 …………… 330
光明前景 …………… 330
“随便”的工作 ……… 330
酒精实验 …………… 330
甜言蜜语 …………… 330
成道 ………………… 331
早知道 ……………… 331
马拉汽车 …………… 331
上帝会救我 ………… 332
幸好她不在 ………… 332
下一个 ……………… 332
戒烟 ………………… 333
林肯“独断” ………… 333
万念俱灰 …………… 333
心理怪圈 …………… 333
服从 ………………… 334
爱情与牛排 ………… 334
传染 ………………… 334
对话 ………………… 335
各有所用 …………… 335
加水 ………………… 335
里根的雄心 ………… 336
双双跳河 …………… 336
迟到 ………………… 336
没耐心 ……………… 336
谢绝 ………………… 336
招婿 ………………… 336
转弯了 ……………… 337
潜泳 ………………… 337
感谢医生 …………… 337
只写动物 …………… 337
谢谢经理 …………… 338
给自己喝倒彩 ……… 338
智逐无赖 …………… 338
消防车 ……………… 338
鹤 …………………… 338

## 第34辑 笑谈竞争合作与双赢

同行 ………………… 340
机智的回敬 ………… 340
鸡的本事比你高强 … 340
狙击手 ……………… 340
纽芬兰人 …………… 340
相等性原理 ………… 340
胸罩送给盯梢者 …… 341
遇到老虎急换鞋 …… 341
在荫凉处作战 ……… 341
老四 ………………… 341
不偏不向 …………… 341
生与死 ……………… 342
机会均等 …………… 342
报纸 ………………… 342
生存与竞争 ………… 342
高兴太早 …………… 342
我就是那一大批人 … 343
莫管它漏水 ………… 343
买鞋 ………………… 343
鞋袜讼 ……………… 343
五官对话 …………… 343
激励 ………………… 344
决斗 ………………… 344
搬运 ………………… 344
酿酒 ………………… 344
第一个来地球的外星人 ……………… 344
严密配合 …………… 345
秘密 ………………… 345
客气的马 …………… 345
如此合作 …………… 345
何不早说 …………… 345
天不管 ……………… 346
6个指头的天使 …… 346
让座 ………………… 346
老鼠偷油 …………… 346
双料冠军 …………… 347

## 第35辑 笑谈商业经营与致富

顾客永远正确 ……… 350
富翁投宿 …………… 350
“聪明”的小男孩 …… 350
比尔·盖茨的女婿 …… 350
方法各异 …………… 351
狗咬酒酸 …………… 351
广告 ………………… 351
借鉴 ………………… 351
领带的问题 ………… 352
忍耐15分钟 ………… 352
喂猪罚款 …………… 352
下水道里的金币 …… 352
早餐与食欲 ………… 353
花的作用 …………… 353
反正赔不起 ………… 353
别出心裁的广告 …… 353
贵蛋 ………………… 354
任意键 ……………… 354
心理作战 …………… 354
狗的暗示 …………… 354
珠宝商 ……………… 355

一只家鸽致意 ……… 355
信守合同 ……… 355
好赌 ……… 355
诀窍 ……… 356
一枚硬币 ……… 356
刀杀水气 ……… 356
老板上当 ……… 356
多余的教诲 ……… 357
最昂贵的内裤 ……… 357
社会调查 ……… 357
减肥 ……… 358
赚钱有术 ……… 358
小姐与乞丐 ……… 358
说谎的员工 ……… 359
公主怀孕了 ……… 359

## 第36辑　笑谈高效的管理与经营

论政治家 ……… 362
狮子和它的三个臣子 … 362
给汤加盐 ……… 362
你的眼里有什么 ……… 362
子贱放权 ……… 363
永远不会有孩子 ……… 363
爱迪生与灯泡 ……… 363
巴顿将军 ……… 363
戴高乐的困惑 ……… 363
为“亲爱的”付钱 ……… 364
画鬼最易 ……… 364
都有爷爷 ……… 364
母亲的半封信 ……… 364
诱饵 ……… 365
甘戊过河 ……… 365
什么也没有做 ……… 365
先有鸡还是先有蛋 … 366
古木与雁 ……… 366
逆旅二妻 ……… 366
三只鹦鹉 ……… 367
牛草高悬屋檐上 ……… 367
拾鸡者 ……… 367
捕鼠之猫 ……… 367
唐玄宗吃肉 ……… 368
小宏的裤子 ……… 368
老鼠和狗 ……… 368
买死马 ……… 368
不公平 ……… 369
沉默和独身 ……… 369
派差使 ……… 369
苹果586 ……… 369
专业对口 ……… 370
您可以放心了 ……… 370
遗憾 ……… 370
拔个精光 ……… 370
魔鬼的样子 ……… 370
谢天谢地 ……… 371

## 第37辑　笑谈市场的开拓与营销

名片的价格 ……… 374
足球生产场赔款 ……… 374
牵牛 ……… 374
功亏一篑的推销 ……… 374
推销保险 ……… 375
气球 ……… 375
黑人和白人 ……… 375
经营有方 ……… 376
滞销 ……… 376
顾客在哪里 ……… 376
鸭子只有一条腿 ……… 377
非洲土人穿鞋 ……… 377
空欢喜一场 ……… 377
公孙与驴子 ……… 378
拔苗助长 ……… 378
言多必失 ……… 379
守株待兔 ……… 379
天堂之路 ……… 379
火车上的乘客 ……… 379
沉香 ……… 380
医驼背 ……… 380
吹萧的渔夫 ……… 380
割草男孩的故事 ……… 381
等出名以后 ……… 381
推销牙刷 ……… 381
电话 ……… 381
闹钟 ……… 382
评剧妙语 ……… 382
推销首饰 ……… 382
灯光广告新论 ……… 382
广告 ……… 382
推销良机 ……… 383
道见桑妇 ……… 383
及时推销 ……… 383
伟大的广告力量 ……… 383

## 第38辑 笑谈职业的生涯与工作

评选 …………………… 386
应试妙答 ……………… 386
两败俱伤 ……………… 386
请假 …………………… 386
合同风险 ……………… 387
愿望 …………………… 387
他招了 ………………… 387
马夫喂马 ……………… 387
猎人和狐狸 …………… 388
职业习惯 ……………… 388
一言误事 ……………… 388
面试 …………………… 388
请再往后退 ………… 388
面谈 ………………… 389
马的即兴表演 ……… 389
心脏和牙齿 ………… 389
医生 ………………… 389
越远越好 …………… 389
接替 ………………… 390
坦率 ………………… 390
没有秘诀 …………… 390
没有不正常的跳动 … 390
接见和旅游 ………… 390
怕 …………………… 390
修屋顶 ………………… 390
精确 …………………… 391
绝妙的建议 …………… 391
谦虚过分,自讨苦吃 … 391
有事没事 ……………… 391
专家本色 ……………… 392
幽默美国人 …………… 392
没干什么 ……………… 392
人才难得 ……………… 392
家有三子 ……………… 392
宁愿挨踢 ……………… 392
我们俩都错了 ………… 393

## 第39辑 笑谈名人逸事和趣闻

不必自寻烦恼 ……… 396
最好的一边 ………… 396
杰作 ………………… 396
开皇家学会的玩笑 … 396
帽乎,头乎 ………… 396
首相与熊猫 ………… 396
美化语言 …………… 397
魔一般的心灵感应 … 397
领带 ………………… 397
不费神的阅读 ……… 397
权威人士的俏皮话 … 397
越来越年轻的雕像 … 398
柯南道尔的威力 …… 398
向不知趣的人“道歉” … 398
低产和高产 ………… 398
留影的用意 ………… 399
反守为攻 …………… 399
石学士 ……………… 399
干嘛要这么多人 …… 399
理论的成败与国籍 … 399
谁能考我呢 ………… 400
毕加索的画 ………… 400
不是洗澡堂 ………… 400
打错了 ……………… 400
打赌治病 ……………… 400
富翁的价值 …………… 401
挤柠檬 ………………… 401
瞒岁数 ………………… 401
绅士是什么东西 ……… 401
勋爵的伤 ……………… 401
高科技 ………………… 402
一条想象中的线 ……… 402
察昏睡病 ……………… 402
更大的荣耀 …………… 402
肯定射不中 …………… 403
最优美的气喘 ………… 403

## 第40辑 笑谈虚幻夸张与讽刺

卖书 …… 406
夫妻情深 …… 406
电视迷 …… 406
旧西装 …… 406
教宗摇摇头 …… 406
计程车 …… 407
没有不同 …… 407
民主 …… 407
上帝是什么样的? …… 407
消除隐患 …… 408
燕窝的故事 …… 408
后生可畏 …… 408
不可能的事情 …… 408
铜臭惊人 …… 409
恍惚 …… 409
好好先生 …… 409
不容重犯 …… 409
天机莫漏 …… 410
重要的提示 …… 410
主教 …… 410
犯人的家信 …… 410
卢浮宫 …… 410
左手与右手 …… 410
不必大惊小怪 …… 410
糟糕的画家 …… 411
节省措施 …… 411
别胡说 …… 411
借牛 …… 411
我就不信 …… 411
书低 …… 411
有酒就行 …… 412
求你别写 …… 412
出主意 …… 412
叼着不丢 …… 412
似我匾 …… 413
白挨打 …… 413
职业病 …… 413
事不关己 …… 413
倒下 …… 413

# 第1辑

## 笑谈人生的哲理和智慧

### 卷·首·引·言

人生百年，若白驹过隙，在时空的经纬所编织的生命中，我们曾循着那密密的针脚，看到过绚烂如朝霞的欢乐彩带，也发现过郁黯如愁云的痛苦症结。但是，无论扯起生命的哪一根经脉，我们都需要无悔地去对待！

我们一生的时光，该会有多少故事编织而成？那些稍纵即逝但却潮湿双眸的份份情怀，那些虽然久远但也难忘的段段往事，将成为我们心中隽永的温馨，任岁月侵蚀，心境变迁，也不会漠视，也将永远珍惜。因为，那份份情怀、段段往事，都向我们展示生命真实的内容，真实的情感。

只要你觉得生命无悔，你可以踏遍紫陌红尘，感喟人生沧桑；只要你觉得生命无悔，你可以携带秦砖汉瓦，领略唐风宋韵；只要你觉得生命无悔，你可以仰观宇宙，俯察品类；可以指点江山，激扬文字。满足生命意识的内在驱动，回应历史号角的召唤，那么，人的生命必将无悔！

我们应像浪花，涨潮时，欢腾起精彩；退潮时，也要留下破碎的美丽。我们不应像候鸟，来的时候，似穿越林梢的响箭，挟一路风霜；去的时候，洒一路凄婉的哀鸣，带一腔苦思……

生命，可以像号子，无悔地穿越浩渺的涛声；可以如纤绳，无悔地荡起悠长的悲壮。

把那“才下眉头，却上心头”的愁绪搁浅于鸥鹭惊飞的日暮河滩吧，让我们乘一叶诗的舢板，游经狼烟尽扫的梦里天堂，游经千年风霜凝结的一江清水，越过暗滩礁石，扬起无悔的风帆，让生命起航！

## ⊙ 车轮

“昨天,我把车开得飞快,时速竟达到120公里,以致把一只汽车轮子给甩飞了。”

“哎呀！您没被摔伤吗？”

“没有。要知道，甩飞的是一只备用车轮。”

**大智慧**:生命永远没有备用,它是你人生中最后的赌注。

## ⊙ 路边的风景

在故宫博物院中,有一个太太不耐烦地对她先生说:

“我说你为什么走得这么慢。原来你老是停下来看这些东西。”

**大智慧**:有人只知道在人生的道路上狂奔,结果失去了观看两旁美丽花朵的机会。人生其实就是一次旅行,生命并没有什么终极的目的和意义,一切都在过程之中,千万不要为了前面一个所谓的虚幻目标而耽误了路边的风景！

## ⊙ 零比零

一场足球比赛只剩一分钟就要结束了,一位观众匆匆赶到看台。他问邻座说:

“比分多少？”

“零比零。”

“好了！一点也没耽误。”

**大智慧**:如果看重的只是结果,对人而言,还有什么事情是曾经发生过的呢?

## ⊙ 怀宝行乞

从前,一个穷汉去拜访亲戚,受到热情的款待,结果喝得酩酊大醉,在座位上酣酣睡去。

刚巧,那位亲戚因为公事,必须立即外出。眼看着那个穷亲戚醉得人事不醒,就把价值非常昂贵的宝珠缝在他的衣服里,匆匆离去。

这个穷汉已经烂醉如泥,哪里知道这件事情。醉醒之后,他也起身到外地去了。他仍然一贫如洗,生活潦倒,仅能糊口。

这时他仍然不知道自己衣服里藏有价值连城的宝珠。后来,有一个偶然的机会,他又碰见那位亲戚,对方目睹他衣衫褴褛的样子，不禁叹息道:“你真是个傻瓜,为了衣食费尽心机,这到底是为了什么呢？那年你来我家里时,我曾把一枚价值连城的宝珠缝在你的衣服里。本想着你会从此富有起来，可是你却毫不知情,一直为衣食奔波劳碌！”

**大智慧**:曾几何时,上帝将一切智慧送给世人,可惜大家却不知不觉地忘掉一切昂贵的智慧宝珠，仍然忙忙碌碌、糊里糊涂地奔波在人生的旅途中。

## ⊙ 如果

如果哥伦布家里有个老婆,他还能发现美洲大陆吗?

她会说:“你上哪儿去？和谁一起去？去找什么？什么时候回来？我看你的这次航海什么也别想得到！”

**大智慧**:都说伟人是从孤独中走出来的,看来此话不虚。

## ⊙ 先知

某人自称是先知。

人们问他："你是先知的标志是什么呢？"

他答："我能知道你们心里想些什么。"

"我们想什么呢？"大伙儿问。

他答道："我知道你们心里在想：'他根本不是个先知，而是个十足的骗子。'"

**大智慧**：这个世界上真的可以有先知，不是因为他们对未来知道多少，而是因为他们对现有事物的洞察。

## ⊙ 公鸡不识路

朱哈提了一些鸡放在笼里，拿到集市上去卖。他背着鸡笼走了一段路，感到很累。这时他想："鸡笼里的鸡也许会渴死或热死的，我为什么不放开它们，赶着它们上集市呢？"

于是他打开鸡笼，把鸡放出来，鸡马上四散飞开，到处乱跑。朱哈提着一根棍子，跟在一只公鸡后面，边跑边抱怨："你这该死的公鸡，半夜里漆黑一片，你能司晨报晓，现在大白天，你却不认识路！"

**大智慧**：不要因为公鸡会报晓就要求它能认路，否则就像赶鸭子上架那样不会有任何效果。

## ⊙ 后顾之忧

一个庸医把某个人的儿子误诊致死，为了赔偿，他把自己的儿子给对方作了养子。

接着，他又诊死了一户人家的女仆，为了抵偿，他把自己的女仆给了对方。

一天晚上，有人敲他家的大门，说："我内人腹痛不止，请先生望诊。"

这医生把妻子唤出来，嘱咐道："贤妻，你做好离别准备吧！"

**大智慧**：我们应该想着怎样避免坏事情的发生，而不是时刻准备去做一些无用的弥补。

## ⊙ 生存艰难

伦敦皮卡德利大街有个小型杂技团上演了一个节目："绝食之男子三十天关在玻璃箱内。"

新闻记者凯西闻说此事，前去采访绝食男子。

她隔着玻璃箱壁问道："你为什么要演这种节目？"

那男人答道："这也是为了混口饭吃！"

**大智慧**：人生有时就是这样地具有讽刺意味，在不得不低头的时候，你是要为了以后能够扬眉吐气。正如绝食的人竟是为了有口饭吃。

## ⊙ 书架

怀特："啊！你有一个多么漂亮的书架呀，可惜上面一本书也没有。"

布朗："是呀，以前我倒是有很多书的。可是，为了买这个书架，我把书全卖了。"

**大智慧**：对于形式的注重常常让人抛弃了内容本身。

## ⊙ 黑色的羊

物理学家、天文学家和数学家走在苏格兰高原上，碰巧看到一只黑色的羊。

“啊！”天文学家说道，“原来苏格兰的羊是黑色的。”

“得了吧，仅凭一次观察你可不能这么说。”物理学家道，“你只能说那只黑色的羊是在苏格兰发现的。”

“也不对。”数学家道，“由这次观察你只能说：在这一时刻，这只羊，从我们观察的角度看过去，有一侧表面上是黑色的。”

**大智慧**：越精确的东西，对实际生活越没有用处。

## ⊙ 做梦寻物

有一个人，他每天早上很早就要出去挖地，他老婆总是给他送早饭来。一天，到了中午他老婆还没来，他太饿了就跑回去看个究竟。

到院门口时，他听见老婆正跟他的儿子讲母鸡被狗咬死了。于是他急忙跑回地里装睡，当她老婆给他送饭来时他撒谎说：“我刚刚做了一个梦，梦见我们家的母鸡被狗咬死了。”他老婆被惊呆了，说“怎么这么准，我现在给你送来的就是那只母鸡的肉。”

第二天，他们家的母猪不见了，他老婆叫他赶快做一个梦找一下。那天晚上，他悄悄的溜出去找了一夜的母猪，到了第二天黎明前才在一个山洞里发现母猪，原来母猪跑到山洞里来生崽子了。有四只母的三只公的。他数得清清楚楚才回去，回到家装作睡得好死，当老婆叫醒他时，他很高兴地跟他老婆说，我梦见母猪在山洞里生崽了。果然，他老婆在山洞里找回了母猪，崽子一只不多一只不少。

这两件事一下子被传开了。一天，一家地主家里的金银被偷走了。就派人来请他做个梦找一下。为了不失面子，他答应了下来，说两天以后就有答案。不出他所料，第二天那个偷财宝的人自己找上门来了，求他不要把真相说出来。这个人想了一会儿说：好吧，给你一个将功赎罪的机会。你把偷来的金银放到村头那棵老松树上的喜鹊巢里，我就骗地主不是你偷的，是别人偷去藏在那里的。小偷走后，他马上跑到地主家去报喜。地主家派人去取回了金银并赏赐了他很多财物，从此，这个人家里不再贫穷了，他也被乡亲们传说成了梦里寻物的活神仙。

**大智慧**：多几次偶然，就可能被人当成必然。

## ⊙ 下雨的概率

有人去参观气象站，看到许多预测天气的最新仪器。参观完毕，他问站长：“你说有百分之七十五的概率下雨时，概率是怎样计算出来的？”

站长不加多想便答道：“那就是说，我们这里有四个人，其中三个认为会下雨。”

**大智慧**：众口铄金，有时候，真理不过是大多数人的意见而已。

## ⊙ 奴颜

国王狄奥尼修的一个弄臣把阿里斯提卜领到华丽的宫殿，并警告他不要在这里吐痰。阿里斯提卜便将痰吐到此人面上，并且说："我再也找不到一个更鄙陋的地方了。"

**大智慧**：脏在心里，总会写在面上。

## ⊙ 阅读

友人因自己的博览群书而夸夸其谈。阿里斯提卜就说："不是广泛的阅读而是有用的阅读导致卓越。"

**大智慧**：读有用的书，越读越明；读无用的书，越读越呆。

## ⊙ 辨别

有人问："有智慧的人和没有智慧的人差别何在？"

阿里斯提卜回答说："先把他们都脱光，然后送到陌生人中间去，你就会知道了。"

**大智慧**：有智慧的人在任何情况下都能应付自如，而愚蠢的人一遇到尴尬的情况便手足无措。

## ⊙ 喝酒的故事

医生对一酒鬼说："酒多伤肝，你为什么不自我约束一下？"酒鬼问："怎么个约束法？"医生出主意："譬如在酒瓶子上画道线，每次别喝过就行了。"

酒鬼无奈地说："这个办法我试过，可每次没等到喝过那道线，我就不省人事了。"

**大智慧**：凡事都需要有个"度"，过了"度"就会出问题。中国古代有个成语叫做"过犹不及"，正是这个道理。

## ⊙ 回报

一小群爱开玩笑的人经常在同一家饭馆里吃饭。他们总爱和侍者开玩笑，他们时而把水倒掉，却说侍者没送水来；时而把餐巾藏起来等等。每一回他们都能想出新的花样，可侍者从不抱怨他们的这些行为。有一天，他们吃完饭，给了侍者一笔可观的小费，并且对他说："你是个好样的，我们多次开你的玩笑，你也不生气，从今天起，我们再也不这样做了。"

"谢了，"侍者说，"那我就再也不往你们的咖啡里掺鞋油了！"

**大智慧**：佛家说："与人为善，善莫大焉。"凡事都会有因果，不过是有些回报来的早，有些回报来的晚罢了。

## ⊙ 记者春秋

巴黎晚报的主笔拉扎雷夫，有一次对一群大学生讲到他的经验时说："一位新闻记者前半生是花在报道一些他们不能了解的事情上，而后半生则是花在隐瞒一些他了解得太透彻的事实上。"

**大智慧**：新闻记者的经历无疑是一个人人生经历的真实写照。年轻时出生牛犊不怕虎，总想追求真理，知道事实的真相；等年龄大了，阅历丰富了，才知道"难得糊涂"才是正确的处世之道，对任何事情不想了解得太清楚，以免伤及自身。

## ⊙ 假牙

在工艺商品店里，一名妇女在质问经理："在上个星期，你们卖给我的这个象牙盒是假的，我请人鉴别过了，它根本不是用象牙做的！"

"请原谅，夫人。如果真有这么回事的话，那么，在科学如此发达的今天，这也不

是不可能的。我想,或许那头大象曾经成功地镶过一只假牙……”

**大智慧**:技术的进步,绝不能掩饰人们对真相的追求。假如技术带给我们的只是虚假,那么回归原始社会将成为人类的渴求。

## ⊙ 开耳芬的“时间调节器”

在英国热力学专家开耳芬老年时,他常抱怨时间过得太快:“一分一秒太短促了,我们需要长一些的时间量度。”他无法调节时间,只能加快工作、整天忙碌。他计划中的工作够搞“两个世纪”,而他的难题

是这无法在“一辈子”中完成。他永远在那里工作,马不停蹄——直到他养的名叫“钩嘴博士”的那只鹦鹉,用它尖利的叫声对他嚷道:“开耳芬爵士!开耳芬爵士!闭嘴!闭嘴!”

**大智慧**:一寸光阴一寸金,寸金难买寸光阴。珍惜时间就是珍惜生命,浪费时间就是犯罪。

## ⊙ 看戏

从前,有一个瞎子、一个聋子、一个跛子,三个人一块去看戏。三个人一边看戏,还一边评论戏演得好坏。

瞎子说:“今天的戏,唱得很好,不过行头不好。”

聋子说:“是你看不见,其实行头很好,可惜唱的声音太小了。”

跛子接过来说:“你们俩说的都不对,其实今天的戏唱得不错,行头也好,可惜就是戏台搭歪了。”

**大智慧**:世界只有一个,但每个人所感觉到的世界却千差万别。

## ⊙ 无以为家

有人问:“诗人为什么不像小说家、散文家一样称‘家’呢?”

旁边一人解释说:“诗人很浪漫,要到处去寻找灵感,不能被‘家’拖累。”

“不对!”诗人感叹说,“因为一首诗卖不到几个钱,我们才没能力成‘家’!”

**大智慧**:世界是浪漫的更是现实的,诗人有超脱的一面还有世俗的一面。

## ⊙ 批评的权利

在经过一场激烈的争论之后,作家对厨师说:“你没有从事过写作,因此你无权对这本书提出批评。”

“岂有此理!”厨师反驳道,“我这辈子没有下过一个蛋,可我能尝出炒鸡蛋的味道。母鸡能行吗?”

**大智慧**:发言权往往不是取决于亲身的参与,而是一种触类旁通的洞察和敏锐。

## ⊙ 万能处方

病人去做体检,大夫用他惯常难辨的字迹开了张处方,病人把处方揣进袋里,忘了去拿药。

有两年的时间,他每天早晨把它当作铁路通行证出示给检票员;还用它进了两次电影院、一次棒球场和一次交响音乐会;用它冒充老板的字条得到一次提升。

一天这个人把处方弄丢了,他的女儿捡到后,在钢琴上照其演奏,结果获得了公立音乐学院的奖学金。

**大智慧**：那些看似玄妙的东西往往是故弄玄虚，一旦离开特定的领域便一文不值，可为什么却能在人们当中大行其道呢？

## ⊙ 房子的优点

出售不动产的经纪人说："这所房子有优点也有缺点。我讲讲有哪些缺点。第一，西边半米开外是牛棚，北边是橡胶制品厂，东边的两个区是灌溉区，正南对着酿醋厂。"

"那优点是什么呢？"困惑不解的买主对此十分感兴趣。

"您任何时候都能断定，刮的是什么风。"

**大智慧**：优或劣之分大概是由人评说的事情，因为各自的出发点全然不同。

## ⊙ 优秀男子汉

一家美国杂志举办了一个竞选优秀男子汉的活动。不久，编辑部收到了这样一封来信：

"得悉贵刊竞选优秀男子汉，考虑再三，我应该是最佳人选。事实如下：我不喝酒，不抽烟，对自己的妻子绝对忠诚，对别的女人看都不看一眼，不看电影，也不看戏，我睡得很早，起得很早。每到星期日，我总想去教堂祈祷……顺便说一句，再有一年我就可以出狱了……"

**大智慧**：行为不一定都是品质的体现。心甘情愿的行为才是可信的。被约束而不得不为的行为恰恰反映了与这种行为相反的本质。

## ⊙ 生日礼物

约翰不知该送什么东西给他的同龄女友做生日礼物。于是，他问祖母说："祖母，要是明天是你的十六岁生日，你想要什么？"

祖母欢快地回答："我别的什么东西都不要了。"

**大智慧**：孩子的心中希望快快长大，老人的眼中希望时光倒流。对于世界上最珍贵的光阴来说，每个人都会珍藏许多永恒的片段。"如果有一天，生活可以重新来过，我依然还会这么过。"这才是无悔的人生。

## ⊙ 一个会思考的脑袋

一只狮子深深爱上了一个樵夫的女儿。姑娘的父亲说："你的牙齿太长了。"狮子就去找牙医把牙齿拔了。它回来后又找樵夫提亲，樵夫说："还不行，你的爪子太长了。"狮子又去找医生，把爪子也拔了，然后回来要姑娘嫁给它。樵夫看到狮子已经解除了武装，就把它的脑袋打开了花。

**大智慧**：再尖锐的牙齿，再锋利的爪子，也比不上一个会思考的脑袋。

## ⊙ 总值

警察："你被窃去的大衣，值多少钱？"被盗者："新做的时候，是20元，曾经当过一次，是12元赎出来的，一共32元。"

**大智慧**：在失去的时候，我们总是在为自己失去的那件东西加价，可能是因为我们确实倾注了情感在其中，所以我们

往往忽略了这其中已被损耗的价值。而事实上，它原本也可能一文不值，只是由于失去，而变得价值连城。

## ⊙ 别担心

两个朋友乘坐在车速为每小时160公里的汽车里。

"哎呀！太快了。如果车轮被甩出去，我们可怎么办？"

"别担心，我这里有备用的。"

**大智慧**：有的东西丢了还能补上，但生命对每个人只有一次。

## ⊙ 查不着

在旅行社里，一位珠光宝气的太太长时间翻阅着一本旅游广告。

"夫人，要我帮忙吗？"一个服务员问。

"谢谢。我同丈夫已经周游了整个世界，现在怎么也查不着还没去过的地方。"

**大智慧**：有人走再多的路依然停留在原地，有人没有远行却能懂得整个世界。

## ⊙ 一时说不好

"马克，休假期间你都去了哪些地方？"

"一时说不好，因为胶卷还没冲出来。"

**大智慧**：旅游应该是留在你的记忆中，而不是留在胶卷上。

## ⊙ 旅客与司机

一位旅客问出租汽车司机：

"请问，从这里到凡尔赛要多少钱？"

"40法郎，先生。"

"太贵了！咱俩换个位置怎么样？我来开车，这样我只收你20法郎。"

**大智慧**：古希腊德尔菲神庙上的那句"认识你自己"的格言对现代人来说仍然有醍醐灌顶的启发意义。很多时候我们真需要问问自己是谁。

## ⊙ 已经疯了

两头澳大利亚牛在吃草。其中一头说："最近流行疯牛病，我们不会被传染上吧？"另一头说："怎么会呢？我们是袋鼠啊。"

**大智慧**：最危险的事莫过于身处险境而不知。正如已经疯掉的牛。

## ⊙ 包办婚姻

在某国首都举行了一个妇女座谈会，参加会议的有各界妇女代表。一位上年纪的妇女在会上发表了她对选择爱人的看法。并说明她的丈夫就是她父亲为她选定的，这使她至今都很高兴。

有位妇女不理解她的观点。问她："为什么？"

"因为，"她说，"如果是自己选择的，我将悔恨终生。"

**大智慧**：在成长的过程中，我们总是嘲笑前段岁月的稚嫩。我们一次次否定自己曾经肯定的作为，一次次肯定自己曾经否定的过来人的实证。到最后，我们终于发现，可能这就是人生。

## ⊙ 足智多谋

亚历克斯质问他的心上人:“这么说,你是不愿意嫁给我了?”

“是的,我的丈夫必须要勇敢,并且足智多谋。”

“可是你难道忘了吗，上次你落水的时候是我把你救起来的呢! ”

“你确实勇敢，不过这并不意味着你足智多谋。”

“好吧,那你知道是谁弄翻那条船的吗?”

**大智慧**:智慧并不抵触勇敢,但勇敢若缺少了智慧的支撑——就只能是单枪匹马的莽夫。

## ⊙ 眼镜

海伦眼睛不好。过去她一直戴着一副眼镜。可是自从有了男朋友之后,海伦不再戴眼镜了。

她母亲很奇怪，问她为什么不戴眼镜。

她说:“噢,妈妈。吉姆觉得我不戴眼镜更漂亮;同时,这样我也可以觉得他好看些。”

**大智慧**:我们大部分的人,穷尽一生在奔波追求,希望寻找生命中最有价值的事物。其实,当我们瞪大眼睛的时候,有价值的东西反而从我们的身边溜走了。

## ⊙ 修理意见

一天，有个上班族将小车开到修理店,对修理工说:“我的汽车每次转弯都会发出‘嘭’的一声闷响,请你检查一下,下班后我来取。”说完匆匆走了。

傍晚,那个上班族来取车时,拿到了一张修理单，上面打印着：修理费——0元,修理意见——请勿将保龄球放置于车尾箱内。

**大智慧**:正确的东西要放在正确的位置,才会现出它的价值;若放在了不合时宜的地方——纵然黄金,也会等同于一堆粪土!所以人生很多时候,去用心发觉自己的准确方位才是首要之重!

## ⊙ 原来如此

一对年轻夫妇去看画展。妻子是一个高度近视眼,她站在一幅大画前仔细地看了老半天,然后大声地喊了起来:“我的天哪！这位妇人为何如此难看？”

“亲爱的,别大惊小怪,”丈夫连忙走上前去悄悄地告诉妻子,“这不是画,是镜子”。

**大智慧**:我们总警戒自己小心别人，因为人心隔肚皮，知人知面难知心——但是，当我们对着镜子的时候,不妨叩问一下自己的心灵,我们真的了解镜中人吗?

# 笑谈生活的感悟和启发

## 卷·首·引·言

如果一种生活让你觉得不快乐，我相信，这种生活一定是错误的。

这个世界很大，可以容纳很多人自由、快乐地生活，不需要那么多压抑，不需要那么多折磨，不需要那么多纠缠。

如果我们多关注于自己的心灵，并且给别人更多的空间，对心悦的人或事多一些激赏，对厌恶的多一点淡漠，对冲突的多一些宽容，那么大家都能过得好一点。生活不需要总是忍受着，其实一个自由的人可以有很多选择。

让投缘的相濡以沫，让分离的相忘于江湖，世界会好很多，生活会美丽很多。

到了选择的时候一定要选择，到了放弃的时候一定要放弃。

世界很大，人生很长。

## ⊙ 猪

猪每天早晨起来,要花费很长时间化妆打扮自己,将葱插进鼻孔里装大象。猪宝宝在一边说:不如干脆制造个长鼻子得了,人老了一点创意没有!

**大智慧**:生活是需要创意的,但是,创意并不是决堤之水,肆意任流,而是应该尊重自然科学和社会规范,大千世界,自有其理,我们要在有限的棋盘中按照规则好好游戏!创造精彩!

## ⊙ 持家有道

一天晚上我到美术馆去看画展,当我正在欣赏一幅由一些绳子、火车票、铁丝滤网、快相和一个破车轮拼贴而成的抽象画时,我听见旁边一个妇女低声对另一个妇女说:“这足以证明——永远不要扔掉任何东西。”

**大智慧**:生活其实是很紧凑和精致的,没有什么是无用之物,只要我们精心的发掘和细致的安排,垃圾其实就是宝物!

## ⊙ 淡而无味

有个老书生,每次听人家谈话,总是摇摇头说:“淡而无味。”

有一天,这位老书生跟一位客人谈话,问道:“最近有啥新闻?”

客人回答道:“昨天傍晚,一条盐船被撞破了,所载的盐都倒进河中去了。”

老先生摇摇头说:“淡而无味。”

**大智慧**:如果我们对待生活就这么冷淡的无心,不着意,不努力,则一切都是如白开水般淡然无味——可是,谁不期盼五光十色的精彩生活呢?加点热情的味素吧!

## ⊙ 观画

一位画家举办个人画展。一位贵妇人来到展室,站在一幅画前面端详了许久,她说:“我要是能认识这画的作者,那有多好啊!”站在一旁的画家走过来说:“夫人,我就是作者。”贵妇人说:“这幅画太妙了!你能否告诉我,给画里这位小姐做裙子的裁缝是谁?”

**大智慧**:我们常说艺术是与平民绝缘的,因为普通人很难欣赏艺术的本身,其实,艺术的目的是给人带来享受。不一定是理解了艺术本身才有享受。而享受的本身是没有区别的。

## ⊙ 金眼睛

宋朝忠武军节度使党进让画工为自己画像。画完后,他看了大怒,叱责画工说:“前几天见你画老虎,还用金箔贴眼睛,难道我还消受不起一副金眼睛吗?”

**大智慧**:适合你的才是最好的。在旁人眼里再好的人或物,如果不适合你,又有什么意义呢?

## ⊙ 酒鬼聊天

两个爱尔兰人坐在一个酒吧间里喝酒。其中一人问另外一个:“哪的人?”

另一个回答:“我目前在此地——都柏林,不过我生在科克郡。”

“不是开玩笑吧?我生在科克郡,现在

也在都柏林……咱们再来一杯吧！你生在科克郡什么地方？”

另外一个答道：“我生在我妈的房子里，门前有一条小河从萨克村南边流过。”

“上帝保佑”第一个人叫道，“你能相信吗？我也生在我妈的房子里，也离萨克村不远。为了咱们的亲近，来，我们再干一杯。那么你是在哪个学校上学呢？”

“我上学是在镇上的圣母受难学校。”另一个答道。这时第一个人已经兴奋得不能自已，他大声叫了起来：“天啊，太不可思议了，我也是在那家学校上的学，这个世界真是太小了。老板，再给我们每个人来上一杯。”

这时，酒吧里的电话铃响了，老板接电话：“克兰酒吧……噢，今天晚上没有什么新鲜事，就是奥哈拉家的那对双胞胎又喝多了。”

**大智慧**：有时候生活中总会出现不可思议的事情，我们不必奇怪，也许天上来的飞碟就是哪个酒鬼给我们开的玩笑。

## ⊙ 经验方程

物理教授走过校园，遇到数学教授。物理教授在进行一项实验，他总结出一个经验方程，似乎与实验数据吻合，他请数学教授看一看这个方程。一周后他们碰头，数学教授说这个方程不成立。可那时物理教授已经用他的方程预言出进一步的实验结果，而且效果颇佳，所以他请数学教授再审查一下这个方程。又是一周过去，他们再次碰头。数学教授告诉物理教授说这个方程的确成立，“但仅仅对于正实数的简单情形成立。”

**大智慧**：你一手拿圆规，一手拿直尺，无论如何也无法摆弄出几何课本上描述的那种圆。思想和实际是有差距的，如果用思想中的结论来套用生活中的现实，或者是浪漫的，或者是荒谬的，但无论哪一种情况，都会被不完美的现实打击得支离破碎。

## ⊙ 毒药

温斯顿·邱吉尔是英国的著名首相。有一次，他的政治对手阿斯特夫人对他说，“温斯顿，如果你是我的丈夫，我会把毒药放进你的咖啡里。”邱吉尔笑着说：“夫人，如果我是你的丈夫，我就会把那杯咖啡喝下去。”

**大智慧**：生活中有一种毒药，便是你用对别人的敌意换来别人同样的敌意。

## ⊙ 穿错大衣

饭厅内，一个异常谦恭的人胆怯地碰了碰另一个顾客，那人正在穿一件大衣。

“对不起，请问您是不是皮埃尔先生？”

“不，我不是。”那人回答。

“啊！”他舒了一口气，“那我没弄错，我就是他，您穿了他的大衣。”

**大智慧**：要做到理直气壮，并不是件容易的事情。理直的人，往往低声下气；而理歪的人，却是气壮如牛。

## ⊙ 歪打正着

汤姆在小学任教，长得人高马大威风

凛凛，只是一紧张讲话就口吃。一次监考时，他发现有一个学生在作弊，于是就气急败坏地指着那名学生吼道："你……你……你……你……你竟敢作弊，给我站起来！"语毕，有5名学生同时站了起来……

**大智慧**：常说"破布还有塞鼻子的作用"，可不嘛！看来我们确实应该注意生活中一些小细节，也许它们就是你的转机。

## ⊙ 天上掉小偷

上周五，无意中把钥匙锁在屋里，急得我是团团转。我居住的小区比较偏僻，

没有开锁公司，思来想去，还是求助一下街头配钥匙的人，兴许他们能想出办法。

经过联系，一个在街头配钥匙的小伙子答应来试一试。

小伙子来到我家门前，掏出工具捣腾了半天门也没打开。他说："只有最后一个办法了，你们家住四楼，楼层一共是五层，我从楼顶上系一条绳子，爬下去把你们家的窗户打开。"我说插着插销呢，打不开。他说："那只能把玻璃打碎了！"我心想反正就是一块玻璃，打就打吧。但我担心他的安全，小伙子笑着对我说：放心吧，我当过武警，这点事儿，小菜一碟！

于是，我和小伙子爬上楼顶，比划好位置，绑了一条拇指粗的绳子，小伙子把一个铁扳手别在腰里，就顺着绳子下去了。我有恐高症，根本不敢往下看，只好远远地站在安全的地方。

不一会儿，只听"哗啦"一声巨响，接着是小伙子推拉窗户的声音。我心里一阵高兴，小伙子总算进了屋，这下安全了。但很快又听到乒乓几声巨响，还有玻璃器皿摔碎的声音，然后就没了动静。我不禁心头一紧：这位在我家干嘛呢？于是赶紧往下爬。

刚下到四楼，隔壁的门开了，一个人扛着小伙子走出来，扯着大嗓门跟我说："这个小偷胆子真大，大白天的就敢砸我家窗户，想入室行窃，哼哼，被我给打晕了。"

我一下子明白过来，原来他把我隔壁的窗户给砸了，而隔壁这位，是体校的武术兼举重教练……

**大智慧**：差之毫厘，谬以千里。一个细节就可能决定事情的成败。

## ⊙ 鬼哭狼嚎

有一女孩，各方面都很好，可就是有一坏毛病：遇到啥事就爱大喊大叫，鬼哭狼嚎似的。

昨天傍晚，她骑着自行车，正准备通过一个有红绿灯的三岔路口，可路对面突然拐过来一辆小汽车。眼看就要撞上了，可她的车怎么刹也刹不住，那辆车也没有停下来的迹象，这下把她急出一身冷汗，不由自主地大叫起来，并猛踩脚蹬子。

刹那间，两车交错而过，自行车一下子冲出老远才停下来。她用手摸摸脸，长舒一口气："啊！好险，我还活着。"回头看看，那辆小汽车却奇迹般地停在路口，旁边还围了几个人。

她感到很纳闷，便又折了回去。走近一看，司机一声不响地趴在方向盘上，副座上一个女人正拿着手绢抹眼泪。

交警来了，一个目击者讲述了事件经

过："刚才有一无法辨认的黑影从车前飞过，还发出一声似狼非狼的叫声，结果那司机就给吓得晕过去了！"

**大智慧**：有时候世事无常，谁都难以预料。不经意的结果会发生在瞬息之间，就像一枚硬币的两面，每面落在地上的概率相等，但谁也无法揣测究竟是哪面朝上。

## ⊙ 结婚证

小蔡："您好，我想预约明天的结婚证的办理。"

办事员："好的，婚前检查你们做过了吗？"

小蔡："查过了，她爸是开公司的，家里有房有车。"

办事员："嗨，我是说去医院检查！"

小蔡："哦……（犹豫，不好意思）也查过了，是男孩儿。"

**大智慧**：有一个词早已经出现，但我们并没有注意。这个词就是"进化"。比起人类基因得进化来，语言和思想行为的进化表现的更为明显，所以我们总能从生活中得到些超越常规的信息。"存在的就是合理的"，对于多元社会，也许我们应该更加宽容地看待身边的事情。

## ⊙ 同性恋的公鸡

有一个农夫觉得自己家的公鸡太老了，决定买一只小公鸡来，这样，可以让母鸡们都满意。小公鸡买来后，老公鸡认为小公鸡会取代自己的地位，就对小公鸡说："这样吧，咱们围着院子跑十圈，谁跑赢了，就证明谁身强力壮，母鸡们就归谁。"小公鸡同意了。

一开始，老公鸡一马当先冲了出去，小公鸡在后面紧紧追赶。母鸡们都在喊加油。三四圈一过，老公鸡力气不支，小公鸡逐渐赶上。眼看就要超过老公鸡了，忽听砰一声枪响，小公鸡一头栽倒在地。

只见农夫手里拿着一杆枪，气愤地说："他们又卖给我一只同性恋的鸡！"

**大智慧**：有些意料中的事情往往会有意想不到的结果，按常规来办的事情未必会得到常规的结论。世无定事，人无常人，谁又能够预测未来呢？

## ⊙ 针

老祖母叹息着说："唉，如今这些姑娘差不多没有一个会用针的……"

"奶奶，我会！"孙女儿喊道，"我知道一根针用上一些时候就得换，要不然会损坏唱片。"

**大智慧**：对于所谓的代沟，没有比事过境迁更适合的解释了。

## ⊙ 出风头

"昨天在剧场里我看见了您的夫人。她咳嗽得可真厉害，以致大家都在看她。她是感冒了吧？"

"没有，你没看见她穿了一件漂亮的绣花连衣裙吗？"

**大智慧**：当人以夸张的方式试图引人注意的时候，反而让人看不到其所想展现的那方面。

## ⊙ 老兴不浅

一对夫妇退休多年，但仍然习惯把具有时钟功能的收音机调到早上七点就响，好把他们吵醒听新闻报告。有天早上，新闻报告之后，接着播出了他们最喜欢听的一首浪漫老夜曲。丈夫伸臂搂住妻子，在她耳边轻轻地说："亲爱的，我要是年轻四十岁，你知道我现在会做什么吗？"

"知道"，她一面回答，一面将身子依偎得更紧些，"我当然知道你会做什么。"

"告诉我，亲爱的，"他叹息道，"你说我会做什么？"

"如果你年轻四十岁，"她悄悄的说，"你会起身去上班。"

**大智慧**：年轻人永远无法体会老年人的感受，老年人却总是羡慕年轻人的活力。有些事情，只有经过了才知道珍惜，否则，即使让你重新来过，也一样会丢弃。

## ⊙ 两个男人和一个美女

有两个男人和一个美女，沉船后游到一个荒岛上，他们之间会发生什么事呢？

如果那两个男的是意大利人，他们会大打出手，然后赢了的那个占有美女；

如果那两个男的是法国人，他们会相安无事，然后分享那位美女；

如果那两个男的是美国人，他们会研究沉船事件是哪个恐怖分子干的，然后派美女去当卧底。

**大智慧**：每个国家每个民族都有属于他们的文化、国情和行为习惯，笑话中的调侃反映了这种差异。

## ⊙ 梳头的方式

德怀特·艾森豪威尔总统是个秃头。他的财政部长乔治·汉弗莱也是个秃头。他们第一次会面时，艾森豪威尔和他亲切地握手并且说："乔治，我注意到你梳头的方式完全和我一样。"

后来，汉弗莱常说他永远不会忘记艾森豪威尔那种随和而平易近人的作风。

**大智慧**：著名语言学家索绪尔曾经说过："一切意义都来自于差别。"总统和财政部长的会面应该是非常严肃的场合，但艾森豪威尔却在这一场合谈论"秃子梳头的方式"，这种反差应该是总统留下随和而平易近人印象的主要原因吧！看来，我们在生活中也应该适当制造一些反差，其中的妙处，你会慢慢体会到。

## ⊙ 剃头匠

古代有个技艺高超的剃头匠，一次，他给一位将军剃头。为了卖弄他的手艺，他在剃头刀上拴了一串铃铛，然后将剃头刀高高抛起，随着一阵铃铛声响，剃头匠敏捷地接住下落的剃头刀，顺势剃上一刀。在整个剃头的过程中，将军被吓得冷汗淋漓。好不容易等到剃完了最后一刀，气急败坏的将军不由分说地把剃头匠捆在树上，操起弓箭便射向剃头匠。只见每枝箭都贴着剃头匠的头皮射在树干上。自然，剃头匠也是被吓得屁滚尿流。

**大智慧**：表现技艺有各种形式，虽然越是惊险就越是刺激，但剃头匠在表现他的技艺时，却忽视了一个重要的前提条件，即不能拿别人的生命开玩笑。同样技艺高超的将军，以其人之道还治其人之身，揭示出了剃头匠在卖弄技艺过程中所遗漏的这个重要信息。

## ⊙ 一半悬在桌外的酒杯

有一位女演员对美国著名女演员班克黑德(1903—1968年)大出风头很不服气。一天，她对别人说："班克黑德并没有什么了不起，任何时候我都可在台上抢她的戏！"

班克黑德听后不屑地说："没什么，我甚至在台外也可抢她的戏！"不久的一次演出就证实了她的能力。

那次的演出有这样一幕：那位夸过海口的女演员担任主角，演一个全神贯注打电话的角色，而班克黑德扮的是一个一闪而过的角色——因受不了那无聊的闲扯，搁下正喝着的一杯香槟酒悄然退场。事就出在杯子上：她好像随便地将酒杯搁在桌子的边缘，一半在桌面上，一半悬在桌外。观众的注意力都集中到酒杯上了，紧张得连气都不敢喘，生怕它掉下来。这样，主角的戏就很少有人注意了。

事后，那位女演员才发现杯底粘了块胶布让酒杯能悬固在桌沿上。

**大智慧**：生活就是一个大舞台，主角和配角只不过是一个名称罢了，大家实际关注的还是你的演技，当然还有你投入生活的热情。

## ⊙ 青蛙见证人

俄国生理学家伊凡·谢切诺夫通过对青蛙的解剖实验，于1863年发表了关于《蛙脑对脊髓神经的抑制》等论文，同时出版了《脑的反射》一书，为神经生物学作出了很大的贡献。但是，沙俄政府竟以莫须有的罪名，把谢切诺夫逮捕。

审讯时，法官问："被告，您可以为自己找个辩护人。"

伊凡·谢切诺夫回答："让青蛙做我的证人吧。"

**大智慧**：欲加其罪，何患无词。当一些事情来临时，我们总想问个明白，比如男(女)朋友和你分手了，你总想知道到底是因为什么，其实很多事情是没有原因和理由的，如果有，也只有上帝知道。

## ⊙ 应变

舞台上。在击毙敌人的一刹那，手枪竟没有响。再次射击时，仍无声音。台下的观众哗然。演员一时不知所措，他慌乱地抬起脚，朝敌人狠狠踢去。扮演敌人的演员却很老练，只见他慢慢地倒在了地上，然后吃力地抬起了头，用微弱的声音说道：

"他的靴子上……原来有毒，我……真的不行了……"

**大智慧**：戏剧的舞台何尝不是人生的舞台？意外的一刻考验的是人应变的能力，而这种能力正是人生经验的积淀。

## ⊙ 计算机

学者对他的同事说：

"我发明的这台计算机拥有真正人的特点。"

"您是想说，它会思想？"

"那倒不是。但是如果它犯了错误，它会嫁祸于人。"

**大智慧**：对有些人自以为是的小聪明，很难说究竟是成就了人还是败坏了人。

## ⊙ 诺贝尔奖金

教练员在拳击比赛暂停时对自己的

拳击手轻声说：

“如果你不能豁出去，制服对手，那么诺贝尔奖金就只好由别人领走了。”

**大智慧**：不择手段的鼓舞算得上是一种欺骗了。

## ⊙ 3个女儿之谜

“你知道吗？亲爱的，我一直认为我们的邻居有3个女儿，现在才算搞清楚，事实上只不过是他们的那个女孩子有3个假发套罢了。”

**大智慧**：经过乔装，同一人在他人眼里成为了不同的很多人。

## ⊙ 精神病

病人：“大夫，我的邻居们都认为我有精神病。因为我特别喜欢火腿肠。”

医生：“别胡闹啦？我也喜欢火腿肠。”

病人：“是吗？那您什么时候有空请来我家，我让您看看我的收藏。”

**大智慧**：喜欢一个东西没有错，错的是喜欢的方式和程度是否符合人所能接受的限度。

## ⊙ 退席

“昨天的午餐，您为什么中途离去了呢？”

“那是因为汤像酒一样凉；酒同鱼一样淡而无味，而鱼同午宴的主人一样瘦小。”

**大智慧**：人生的味道何尝不是如此，该甜的时候便像蜜，而该苦的时候就苦得如黄连，丝毫不能混淆。

## ⊙ 会讲英语

一个德国抢劫犯被带到法庭，法官问他是否会讲英语，年轻人答道：“会一点儿。”

“你会讲什么？”

“把所有的钱都给我，”

**大智慧**：学习任何本领的动力都来源于我们的需要。那些迫在眉睫的需要，往往最能让我们牢固地掌握本领的技巧。

## ⊙ 囚犯的工作

纽约的一座监狱里，最近又来了几个囚犯。一天，监狱长把他们召集在一起，对他们说：“这儿是座模范监狱，我们是很民主的，每一个囚犯来到这里都可以继续做他们原来的工作。”囚犯们听了很高兴，其中一个囚犯顿时手舞足蹈起来。监狱长连忙问他：“你以前是干什么的？”囚犯大声回答道：“监狱长先生，我原是看大门的！”

**大智慧**：当人们在为一种公平而合理制度在欢呼雀跃的时候，可能他们想要表达的并不是对这种制度而产生的崇敬，更多的时候，人们都是在谋求一种私心。

## ⊙ 传令

据说，美军1910年的一次部队的命令传递是这样的：

营长对值班军官：“明晚大约8点钟左右，哈雷彗星将可能在这个地区看到，这种彗星每隔76年才能看见一次。命令所有士兵穿着野战服在操场上集合，我将向他们解释这一罕见的现象。如果下雨的话，就在礼堂集合，我为他们放一部有关彗星的影片。”

值班军官对连长：“根据营长的命令，明晚8点哈雷彗星将在操场上空出现。如果下雨的话，就让士兵穿着野战服列队前往礼堂，这一罕见的现象将在那里出现。”

连长对排长：“根据营长的命令，明晚8点，非凡的哈雷彗星将身穿野战服在礼堂中出现。如果操场上下雨，营长将下达另一个命令，这种命令每隔76年才会出现一次。”

排长对班长：“明晚8点，营长将带着哈雷彗星在礼堂中出现，这是每隔76年才有的事。如果下雨的话，营长将命令彗星穿上野战服到操场上去。”

班长对士兵：“在明晚8点下雨的时候，著名的76岁哈雷将军将在营长的陪同下身着野战服，开着他那‘彗星’牌汽车，经过操场前往礼堂。”

**大智慧**：对于口舌相传之事，若是你真的想知道真相，多半是需要追根溯源的。最后，你会惊异于以传讹竟会到如此荒诞的地步。

## ⊙ 汤不烫

一位新堂倌来到某饭店上班，林德曼先生向来就在那饭店用午餐。就在头一天，林德曼先生对这位堂倌很生气。

“堂倌先生，”他喊道，“您把您的大拇指伸进汤里了！”

“不要紧，先生！”堂倌解释说，“这汤一点也不烫。”

**大智慧**：别人对你的合理要求可能在很多的时候并不是那么明显，但这并不代表着我们就可以忽略这种要求甚至将它理解为一种奖赏。

## ⊙ 稀物

侍者：“请结帐！”

顾客：“天哪！怎么两个煎鸡蛋就一百元！难道这儿的鸡蛋就这么稀罕吗？”

侍者：“不，先生！这儿稀罕的不是鸡蛋，而是顾客！”

**大智慧**：有时候，让自己对于周围来说变得普通与大众往往比独特而奇缺更好些。因为即使得到同样的东西，后者往往容易比前者付出更大的代价。

## ⊙ 航海奇迹

有人问一位航海家：“你在海上游历了那么多年，一定遇见过不少奇迹吧？”

“最大的奇迹是我平安无事地登上了陆地！”航海家说。

**大智慧**：只有见识过大海，才知道什么是风平浪静；只有经历过艰险，才知道平安是福。

## ⊙ 苹果和屁股

女教师在黑板上画了一个苹果，然后提问：“孩子们，这是什么呀？”孩子们异口同声地回答：“屁股！”女教师哭着跑出教室，找校长告状：“孩子们嘲笑人。”校长走进教室，表情严肃地说：“你们怎么把老师气哭了？啊！还在黑板上画了个屁股！”

**大智慧**：我们总以为生活的游戏不公平，受到伤害的是自己——可是，有没有想过，根本就是我们不懂游戏的规则呢？

## ⊙ 我也要喝巧克力口味的

一个白人妈妈给小孩喝母奶，正好旁边黑人妈妈也在喂奶，白人小孩哭了，妈妈问怎么了，他说：“我也要喝巧克力口味的！”

**大智慧**：生活有很多种形式，也许会迷乱我们的双眼——但是生活的本质是永恒的真实！

## ⊙ 我生病了

一个女孩子一直暗恋着一位医生，她为了想见到这位医生并引起他的注意，所以每天都去找这位医生看病。可是，有一个星期这个女孩一直没出现，医生正觉得奇怪时，她终于又出现在医院门口了。医生很好奇地问她为什么这几天都没来？女孩答道：“因为我生病了。”

**大智慧**：当借口完美而合理的时候，打破它的唯一办法就是使借口便成了事实。任由它完美而合理发生。

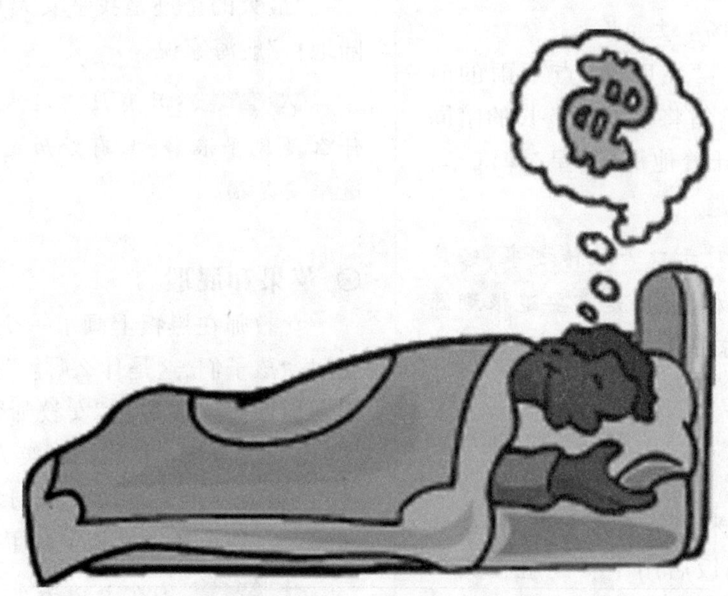

## 笑谈心灵的平静和幸福

卷·首·引·言

今天你很快乐,因为老板给你长薪水了。过了一段时间,你又不快乐了,因为你又要求加薪水,而老板没同意。

快乐是能得到你想要的结果后,新鲜刺激持续的一段暂时性过程,要靠不断的重复刺激来维持。

“我真幸福,有你陪伴度过一生”。

幸福是你对已经拥有的现状很满足的状态。

快乐相对幸福短暂,但快乐比幸福容易得到。即使你的家庭不幸福,也可在外面享受到快乐。尽管你不太愿意回家,但还是要回,因为家比外面安全,安全感是幸福的必要条件。幸福有一种安定、责任和长久的感觉,快乐与安定和责任无关,尽管有的快乐也很长久。

享受幸福的人,往往并不满足。外面的世界很精彩,被诱惑而寻求刺激。为得到短暂的快乐,而破坏已拥有的幸福。当人们没得到或已失去幸福后,会期望、怀念一种天长地久的幸福,但幸福和快乐不同,用金钱买不到。当你得到你想要的时候,要珍惜你的拥有,如果贪心得到更多而不珍惜拥有,就会失去而痛苦。珍惜幸福是一种智慧,快乐的寻求只需小聪明就够了。

幸福给人一种博大、无限、长久、深远的感觉,像大海和天空。快乐则是一种具体、短暂、刺激的动感,更像大海里唱歌的波浪和天空上跳舞的云朵。

## ⊙ “坐在钢琴前行吗”

一天，在某地的剧院里举办鲁宾斯坦独奏音乐会。

音乐会开始前，鲁宾斯坦站在音乐厅的大厅里，看着一大批观众涌进来听他的音乐演奏。包厢的服务人员不知道他就是演奏家，还以为他是个买不到票的观众，就关切地提醒他说：“真对不起，先生，今天已没有位置了。”

鲁宾斯坦温和地说：“那我坐在钢琴前行吗？”

**大智慧**：真正有素养的人绝对不会和那些比自己地位低的人计较，因为他们明白：这些人更需要别人的尊重。

## ⊙ 避雷针与婴儿

避雷针的发明者、美国物理学家富兰克林（1706—1790年）正在邀请人们参观他的新发明。其中一个阔太太问：“可是，它有什么用呢？”富兰克林回答道：“夫人，新生的婴儿又有什么用呢？”

**大智慧**：把眼光放远一点，不要把眼睛老是盯在那些当时就能够发挥作用或产生效用的东西上。能量越大的东西，一开始看起来越是“无用”的。

## ⊙ 巨人与侏儒

曾长期担任伦敦威斯敏斯特公学校长的理查德·巴斯比（1606—1695年），有一个装满智慧的大脑，可惜的是他个子太矮小。一次，他走进一家咖啡馆。里面人很多，也很挤。正当他往里挤时，忽听后面有人叫道：“喂，‘巨人’，可以把我带到座位上去吗？”原来说这话的是身材高大的从男爵，此人以肤浅、放荡出名。

“呵，‘侏儒’，当然可以。”巴斯比应声答道。

那位从男爵忙上前解释说：“请原谅，我不是在取笑你的身材，我是指你的才智。”

“我也不是指你的身材。”巴斯比回答说。

**大智慧**：在人身上，有很多东西是不可改变的，比如你的出身、你的身高、你的相貌等等。但是，有很多东西又是可以改变的，比如你的学识、你的品质、你的习惯等等。你关注哪些方面，决定着你的品位和档次。

## ⊙ 来不及考虑

爱迪生75岁时仍到实验室上班。有个记者问他：“爱迪生先生，你打算什么时候退休呢？”爱迪生装出一副十分为难的样子，说：“糟糕，这个问题我活到现在还没来得及考虑呢！”

**大智慧**：有的人活着，每天都在思考着各种大问题，吃、穿、住、行等问题从来就没有进入他们的视野。可以说，对个人问题和物质问题投入精力越少的人，越是纯粹的人，因为他们距离动物性越来越远。

## ⊙ 模仿

一次，好莱坞为电影表演艺术家查理·卓别林举行生日宴会。宴会结束前，卓别林用抒情高音演唱了一首意大利歌剧插曲。在座的一位朋友惊叹不已：“查理，我们相处多年，也不知道你唱得这么好啊！”卓别林回答：“我根本不会唱歌。这只不过是在模仿剧中人恩瑞柯·卡如索罢了！”

**大智慧**：中国古代有个成语叫做“虚怀若谷”，意思是说，人的胸怀就像山谷那样空荡荡，不留任何名利概念。不执不著，不但造诣上已经达到登峰造极的地步，境界上也浑然与天地一体。幽默大家卓别林在浑然不知的状态中已经成了一个很优秀的歌手，如果它刻意去追求呢？

我想可能是另外一种景象。

## ⊙ 陪同

1962年，肯尼迪一家访问法国。杰奎琳(肯尼迪夫人)能说一口流利的法语，法国人民和戴高乐总统对她颇有好感。在巴黎的最后一天，肯尼迪在夏乐宫召开的记者招待会上对记者们说："我觉得向在座的各位做一下自我介绍并无不当之处。本人是陪同杰奎琳·肯尼迪到巴黎来的男士，为此，我感到很荣幸。"

**大智慧**：你是否也曾因为失去了风光的机会而大感不悦？你是否也曾因为被自己的妻子抢了风头而醋味大发？看看总统肯尼迪吧！老子说："不以为大，而终能成其大。"肯尼迪的大度和幽默最终成就了自身永久的魅力。

## ⊙ 我就没说话

一座古庙住着三个和尚：一老两小。

一天，三个和尚坐着念经。按佛门规定：念经要闭目，只许默念经文，不许说话，以示虔诚。有个和尚实在闷得不行了，便偷偷睁开眼。

突然看天阴了，不由自主地说："噢，要下雨了！"另一个小和尚推他一把："不许说话。"这时，老和尚哈哈大笑，得意地说"还是你们的道行浅呀！看，我就没说话。"

**大智慧**：托尔斯泰说：幸福的家庭总是相似的，而不幸家庭的不幸却各个不同。想来最高的境界应该只有一种吧，所以就难怪有如此之多的无境界之境界。

## ⊙ 学习的动力

被称为"几何学之父"的古希腊数学家欧几里德（约公元前330—前275年）对他的学生们循循善诱，不厌其烦；然而，当孩子对学习产生动摇时，他也会用辛辣的讽刺来鞭挞他们。一天，欧几里德在课堂上给学生讲解几何第一定理，讲着讲着，他发现一个学生在底下坐不住，一会儿和旁边的学生说说话，一会儿又在桌下做小动作。欧几里德有意停顿了一下，用目光示意这位学生注意听讲，没想到这位学生却突然站了起来，问道："请问先生，学习几何究竟有什么实际好处？"欧几里德听罢，沉默了一会，转身吩咐一旁的佣人："拿一点儿钱来给这位先生，看来，没有钱他是不肯学习的。"

**大智慧**：真正的学习和钻研是没有功利的。只有在没有任何功利的心态下，才能享受到学习的乐趣，学到真正的东西，也只有享受到学习的乐趣，才会有学习的持久动力。

## ⊙ 园丁的故事

一个美国女子到巴黎游览。有一天她看到有个老头在一所别墅花园里浇水，那勤恳认真的姿态，使这位美国人很感动。她想，法国人真是头等的园丁，在美国百里也难挑一，现在既然邂逅，为什么不带一个回国去呢？于是她就走到那位老头跟前，问他愿不愿意赴美国去做她的园丁，她可以给他很高的工资，还可以负担他的旅费。又把美国瞎吹了一阵，仿佛那儿遍地是黄金，外国人去了都可以发财。

"夫人，"老头儿回答说，"真是不巧得很，我还有另外一个职务在身，一时离不开巴黎。"

你统统辞掉吧。好在我会给你补偿的。你除了园丁，还兼营什么副业？是养鸡吗？"

"不是，"老头说，"我希望他们下次不要再选我，我就好来接受你给的差事。"

"不选你做什么呀？"

"不选我做总统。"

"你是……"

"我就是密特朗总统。"

**大智慧**：境界最高的人是那些既能出世，又能入世，境界向上，眼睛向下的人。这些人可以在繁琐的事务中游刃有余，但永远不会被繁琐的事务所羁绊。

## ⊙ 终生只能单身

德国杰出的自然学家亚历山大·洪堡德在喀山拜访俄国非欧几何学的创建者罗巴切夫斯基时，他问数学家："为什么您只研究数学呢？据说您对矿物学造诣很深，您对植物学也很精通。"

"是的，我很喜欢植物学，"罗巴切夫斯基回答说，"将来等我结了婚，我一定搞一个温室……"

"那您就赶快结婚吧。"

"可是恰恰与愿望相反，植物学和矿物学的业余爱好使我终生只能是单身汉了。"

**大智慧**：儿女情长，英雄气短。不知从何时起，爱情和婚姻成了我们人类生活的"必需品"，也不知道爱情和婚姻浪费和束缚了多少人类的智力资源，但有一点可以肯定，婚姻和爱情使很多人失去了满可以让他享乐终生的"业余爱好"。

## ⊙ 万能的复信

弗兰西斯·克里克，是英国著名的生物学家。他成名后，每天有大量的来访者和来信，使他应该不暇，无法工作。后来，他终于想出了一个方法，设计印制了一种"万能的复信"，信上说：

"克里克博士对来函表示感谢，但十分遗憾，他不能应您的盛情邀请而给您签名；赴宴作讲演；参加会议；赠送像片；充当证人；担任主席；为您治病；为您的事业效劳；充当编辑；接受采访；阅读您的文稿；写一本书；发表广播讲话；作一次报告；接受名誉地位；在电视中露面……"

对方的来信提出什么要求，他就在相应的地方作记号答复。很快，他就从难于应付的困境中解放出来了。

**大智慧**：一个献身于某一事业的人对随之而来的名利金钱根本毫无兴趣。

## ⊙ 难以入睡

一位汽车司机把车停在路边，以便打个盹。当他躺在坐椅上时，有人问时间，他看看表说："快到8点了。"他刚入睡，敲窗声又响了起来："先生，您知道时间吗？"他只得再次看表，告诉他：8点半了。敲窗人太多，他根本无法睡好，于是写了个小条子贴在车窗上："我不知道时间！"太瞌睡了，司机再次躺下。但几分钟后，一位过路人又敲起了窗户："喂，先生，现在是9点差一刻！"

**大智慧**：越是我们不希望的结果，越是容易发生。也许别人带给你的麻烦正是出自他对你的关心而已。既无恶意，何必放在心里。

## ⊙ 职业

"您为什么选择了这样一个危险的职业呢？"有人问猎捕大象者。

"是很遗憾，"猎人回答，"说来话长，那时正年轻，来到非洲想研究蝴蝶。可到野外的第一天，就把眼镜给弄丢了……"

**大智慧**：不想做一件事总能找到借口。

## ⊙ 重大损失

前几天，带着儿子回老家，儿子在他爷爷家发现了许多壹分硬币，在我们家这种钱早已被我"化零为整"了，所以儿子见了壹分硬币感觉很新鲜。我对儿子说："你喜欢就拿几个吧。"儿子拿了三个,我对儿子说:"好好保存着,等你当了爷爷,这三分钱说不定就值三千元呢!"

回来的路上,儿子在车上好像突然想起了什么,一个劲儿摸口袋,然后一声惊呼:"爸爸,我的那三千元钱不见了!"接着,满车的人都用惊异的眼光望着我儿子。

**大智慧**:当我们真正丢失了一件东西的时候,我们往往总是把它定价为它将来可能的最大的价值,以此来让自己更痛心。其实,丢掉的也许在若干年后不值分文。

## ⊙ 如此凑巧

父亲每天晚饭后坐在沙发上看报纸,四岁的小铃很迷惑地问:"爸爸,好奇怪,为什么每天发生的新闻都刚好填满一张报纸呢?"

**大智慧**:我们的心灵不也是一张白纸吗,面对多如牛毛的信息和纷扰,是不是也应该有所甄选,净化心灵——因为简单就是宁静!

## ⊙ 水蜜桃

有一天,五岁的小惠望着姑姑的脸说:"姑姑,你的脸好像水蜜桃哟!"姑姑高兴地抱着她左亲右亲,并问:"是怎么像的?"小侄女天真地回答:"上面都有细细的毛。"

**大智慧**:童言无忌,最是开心——当我们羡慕孩子们的无忧无虑的时候,是否也该为自己的心灵刷刷新,让它透明一点,就像孩子们那天真无邪的水灵的大眼睛!

## ⊙ 还活着

襁褓中睡熟的小宝宝,有时静得出奇,我就赶紧用手去探探是否仍有呼吸,先生因此笑我"神经质"。

夜里睡觉时,先生鼾声大作,我无法入睡,气煞人也!只好拧他一把。"唉哟!"只听他笑道,"打鼾有啥不好?让你知道我还活着啊!"

**大智慧**:生活中充满了各种极端,但是,如果我们把心灵也推向了紧张和敏感的极致——是不是活得太累,甚至神经兮兮呢?放松一点吧!

## ⊙ 糊涂教授

"教授,听说尊夫人生了双胞胎。是男的,还是女的?"

"让我想想看。好像一个是女的,另一个是男的。不过又好像是正好相反。"

**大智慧**:板桥先生有云:难得糊涂。这是一种化繁为简的智慧和境界。但是反过来,化简为繁——或许我们只能无奈地糊涂一笑了吧?

## ⊙ 怨气难消

法官望着被告说:"我是不是曾经见过你,你好像有些眼熟。"

被告满怀希望地说:"是的!法官,您忘啦?二十一年前,是我介绍尊夫人跟您认识的。"

法官咬牙切齿地说:"判你二十年有期徒刑。"

**大智慧**:一味地铭记仇恨是不是

太狭隘了呢？为什么不敞开心胸，让爱的微风吹进胸膛，相信一定是豁然开朗！

## ⊙ 小和尚扫树叶

有个小和尚，每天早上负责清扫寺庙院子里的落叶。

清晨起床扫落叶实在是一件苦差事，尤其在秋冬之际，每一次起风时，树叶总随风飞舞落下。

每天早上都需要花费许多时间才能清扫完树叶，就让小和尚头痛不已。他一直想要找个好办法让自己轻松些。

后来有个和尚跟他说："你在明天打扫之前先用力摇树，把落叶统统摇下来，后天就可以不用扫落叶了。"

小和尚觉得这是个好办法，于是隔天他起了个大早，使劲的猛摇树，这样他就可以把今天跟明天的落叶一次扫干净了。一整天小和尚都非常开心。

第二天，小和尚到院子一看，他不禁傻眼了。院子里如往日一样落叶满地。

老和尚走了过来，对小和尚说："傻孩子，无论你今天怎么用力，明天的落叶还是会飘下来。"

小和尚终于明白了，世上有很多事是无法提前的，唯有认真地活在当下，才是最真实的人生态度。

**大智慧**：许多人喜欢预支明天的烦恼，想要早一步解决掉明天的烦恼。明天如果有烦恼，你今天是无法解决的，每一天都有每一天的人生功课要交，努力做好今天的功课再说吧！

## ⊙ 人生的幸福

有一天，罗素的一位年轻朋友来看他。他走进门后，只见罗素正双眼视房屋外边的花园，陷入了沉思。

这位朋友问他："您在苦思冥想什么？"

"每当我和一位大科学家谈话，我就肯定自己此生的幸福已经没有希望。但每当我和我的花园谈天，我就深信人生充满了阳光。"

**大智慧**：人生的坐标是要参照物对比得出来的。比上不足，比下有余，与不同的人相比会得到不同的感受，有的时候可以往下比一下找找安慰和自信。

## ⊙ 看破红尘

印度天气很热。

有一个人看破了红尘，隐居在树林里，他唯一的衣服就是围在下身的一条布。可是，树林里老鼠很多，把他的布条咬破了，因此他不得不养一只猫；猫要喝牛奶，因此他不得不养一头奶牛；养了牛总要人去管，因此他雇了一个牧童；雇来牧童，要给他房子住，因此他盖了一间房子。那个隐士感叹说，"我越想远离人世，世事来得越多。"

**大智慧**：要说用身体去超越尘世好像更难些，倒不如修炼自己的精神和心灵去追随一种高远和宁静。

## ⊙ 都想当议员

一位众议员为了竞选连任，对他选区的选民发表演说。他说："为了美国人民的幸福生活，我还要努力奋斗。要知道，现在议员不比以前好干了，实在难当啊……"

一位选民插话说："是的，阁下，现在的议员是不好当了，可是又有谁不想当议员呢？"

**大智慧**：权力、利益、名气、地位——这些闪亮的金字招牌总是使人们趋之若鹜，又能说谁贪婪呢？人之本性，概莫能外！但是，在我们面对这些明晃晃的诱惑时，还是保持一丝灵魂的安定和心灵的真诚吧！

## ⊙ 人与箱

苏联著名儿童文学作家盖达尔旅行时，有个小学生认出是他，抢着替他提皮箱。皮箱的确太破旧了。学生说："先生是'大名鼎鼎'的，为什么用的皮箱却是'随随便便'的？"

盖达尔说："这样难道不好吗？如果皮箱是'大名鼎鼎'的，我却是'随随便便'的，那岂不更糟？！"

**大智慧**：淡泊物欲，保持简朴是智者的生活方式，也是他们获得快乐的原因。

## ⊙ 后到先买

一位妇女到市中心的百货商店买靴子。她看了颜色看式样，看了式样看光泽，挑挑拣拣，最后终于下定心："售货员，请把我最先看过的那双靴子拿给我。"

"是哪一双？是不是红的那双？"

"比红的那双看得更早！"

"黄的那双？"

"不，还要早！"

"哦，你要的是褐色绣花的？"见妇人点了点头，售货员抱歉地说，"它早在两小时前就被比您后到的一位顾客买走了。"

**大智慧**：虽然捡芝麻丢西瓜的故事我们耳熟能详，但能做到选择正确，不为诱惑所动的人实在太少。主要原因在于一个"贪"字。东西如此，感情也如此。俗语说："知足常乐"，能理解这句话的人最快乐。

## ⊙ 悄悄地收了"参观费"

爱迪生有幢避暑的别墅，他为此而感到非常自豪，喜欢陪同来访者到这里参观，向他们介绍室内各种各样的节省劳力的设备。其中有一个地方，来访者必须经过一个绕杆才能走过去，而转动绕杆要费很大力气。一位客人问爱迪生，为什么周围都是些新的发明，而这里却摆了个这么笨重的绕杆。爱迪生回答说："喔，你瞧，每个把绕杆转过来的人都往我屋顶上的水箱里抽入了8加仑的水。"

**大智慧**：千万不要把你的动机表现得太明显，你越想要的东西越容易失去，还不如保持一颗平常心，你会在欢声笑语中达到自己的目的。"执者失之，为者败之"，古人告诉我们的正是这个道理。

## ⊙ 会吠的狗不咬人

一天，一位法国人拜访他的英国朋友。当他来到朋友家门口时，一只狗跑了出来向他狂吠。

那位法国人给吓住了。这时，他的英国朋友走出来迎接他。

"哦，别害怕，"他说，"你难道不知道'会吠的狗不咬人'，这句谚语吗？"

"啊，是的，"他赶忙回答说，"我们俩都知道那句谚语，可是……那只狗……它也知道那句谚语吗？"

**大智慧**：对于外界条件的过分苛责对你毫无益处，而只能成为你寸步不前的理由。

## ⊙ 本性难改

"亲爱的，我非常爱你，"丈夫对妻子

说,“但是你不要再对每件事都挑毛病了。都快使我发疯了。哎,我敢打赌,你不能有一分钟不挑毛病。”

“好吧,咱们现在开始。”妻子说道。一会儿,她脱口而出:“这房子里热得像地狱一样。你为什么总是把空调开得很小呢?”

“哈!我就知道你不能有一分钟不挑毛病。”丈夫不禁喊出声来。

“就算这样,”妻子承认说,“我坚持了多长时间?”

“三秒钟。”

“三秒钟,去你的吧!”妻子对丈夫吼道,“难道我没有告诉过你不要买外国表?那些表根本不准!”

**大智慧**:爱情并不是婚姻的保障石,对于生活在一起的两个人来说,彼此的宽容才是婚姻稳定的最重要元素。

## ⊙ 离婚的原因

“你为什么要求离婚。”法官问道。

“因为我的丈夫又浪漫又多情。”原告——一位妇女说。

“许多妇女都渴望能得到这样一位丈夫。”

“她们是的。”这位妇女反讥道,“这就是我为什么要离婚的原因。”

**大智慧**:每个人都在寻找自己完美的爱情和婚姻。其实,很多人都知道,并不是好的就是适合的,而是适合的才是好的。不属于自己的东西,强行得到了也守不住。因此,我们需要问自己的是,到底自己要的是什么,明白了自己的需求,才可能幸福。

## ⊙ 星星和帐篷

有两个人结伴到山里去露营,一个浪漫,一个现实。晚上睡觉的时候现实的人问浪漫的人:“你看到了什么呀?”浪漫的人回答说:“我看到了满天的星星,深深感觉到宇宙的浩瀚,造物者的伟大,我们的生命是何等的渺小和短暂……那你又看到了什么呢?”现实的人回答道:“我看见有人把我们的帐篷偷走了。”

**大智慧**:你也许会问:“这两个人的看法哪个比较正确啊?”我的答案是:两个人都对。在你一生中会遇到很多情况,尤其是困难的事情,你必须要考虑到长程和短程的冲击。如果我们只顾到长程,只谈人生哲理,忘掉人活着还需要柴、米、油、盐、酱、醋、茶等事,我们也许会自以为很快乐,但很可能被现实的环境击败,甚至会饿死。但如果人活着只看到目前实际的生活而忽略了除填饱肚子外,还要靠些比较遥远、比较抽象的东西来满足我们的好奇心,那生活将是多么乏味啊!没有理想和梦幻的生活,是对生命的一种浪费。你可能不耐烦:到底应该怎样啊?我说,一个不能平衡远程和短程需要的人,一个没有想象空间的人,不会是一个快乐的人,你既要立足于现实的生活,又不可失去作为人所应得到的愉悦。

## ⊙ 幸福是一种感觉

一个迟暮之年的富翁,在冬日的暖阳中到海边散步时看到一个渔夫在晒太阳,就问到:“你为什么不打鱼呢?”

“打鱼干什么?”渔夫反问。

“挣钱买大渔船呀!”

“买大渔船干什么?”

“打很多鱼,你就会成为富翁了。”

“成了富翁又怎么样?”

“你就不用打鱼了,可以幸福自在的晒太阳了。”

“我不正在晒太阳嘛!”

**大智慧**:幸福是一种感觉,你感觉

到了,便是拥有。幸福与金钱、权利、地位不一定成正比。富翁不见得就比晒太阳的渔夫更幸福,捡破烂的和大明星完全可以拥有一样的幸福。

## ⊙ 踢猫终结者!

一位经理早上出门之前和他的太太吵了一架,心情非常糟糕。

到了办公室,他就把主管叫过来,冲他发了一顿脾气。

主管莫名其妙地被经理骂了一通,心里很不痛快,于是就把前台小姐大骂了一气。

前台小姐当然想找个人发泄一下,回到家之后,看到他儿子在家里面玩,于是她就骂儿子是个淘气包,把屋子搞的乱七八糟、乌烟瘴气。

刚好家里的小猫跑了过来,小儿子便狠狠的踢了它一脚。

当然小猫被踢以后,再也找不到发泄对象了。

**大智慧**:假如你要过的幸福快乐,就要做个踢猫终结者。因此,要控制自己的情绪,并且马上决定:“我是快乐的”,然后要把快乐传染给别人,而不是把不快乐传染给别人!

## ⊙ 幸好不是

有一次我跟着一个卡车司机跑长途。

途经一个小村庄时,一个中年农妇突然小跑着横穿马路,大卡车来了个急刹车,差点撞着农妇的屁股。

农妇火冒三丈,冲到驾驶室前对司机没完地臭骂。

司机不还嘴,点燃一支烟,慢慢地吸着,听农妇从“村骂”上升到“国骂”。一支烟吸完,农妇还骂,司机火了:“如果我刚才刹车晚了,轧死你,这会儿你还能骂吗?”

**大智慧**:生活,是很需要一些开朗和豁达的。我们应该像契诃夫所说的那样:“要是你的手指扎一根刺,那你应当高兴:挺好,多亏这根刺不是扎在眼睛里!”这样,当我们遇上一些麻烦时,也就不至于愁肠百结了。

## ⊙ 另一个儿子

杜鲁门当选美国总统以后,有记者到其家乡采访杜鲁门的母亲。

记者首先称赞道:“有这样的儿子,您一定感到十分自豪。”

“是这样。”杜鲁门的母亲赞同道,“不过,我还有一个儿子,也同样使我感到自豪。”

“他是做什么的呢?”记者问。

“他正在地里挖土豆。”

**大智慧**:认真地做事,快乐地生活,不论你的成就高低,都足以骄傲一生。

## ⊙ 不钓大鱼的钓客

有一个人在河边钓鱼,他钓了非常多的鱼,但每钓上一条鱼就拿尺量一量。只要比尺大的鱼,他都丢回河里。其他钓客不解地问:“别人都希望钓大鱼,为什么只有你将大鱼都丢回河里呢?”

这人轻松地回答:“因为我家的锅子只有尺这么长,太大的鱼装不下。“

**大智慧**:康道塞曾经说过:“享受你的生活,不要与别人比较。”这话说得真好,不让无穷的欲念攫取己心,“够用就好”也是不错的生活态度。当人们在自助餐厅,毫无忌惮的吞食,那可真是一个可怕的景象。取自己够用的,不必贪求,这也是一个重要的修炼。

## ⊙ 何为天堂,天堂何在

一个人历尽艰险去寻找天堂,最后他

终于找到了。

当他欣喜若狂地站在天堂门口欢呼“我来到天堂了”时，看守天堂大门的人诧然问道：“这里就是天堂？”

欢呼者顿时傻了：“你难道不知道这儿就是天堂?”

守门人茫然摇头：“你从哪里来？”“地狱。”

守门人仍是茫然。欢呼者慨然嗟叹：“怪不得你不知天堂何在，原来你没去过地狱！”

**大智慧**：你若渴了，水便是天堂；你若累了，床便是天堂；你若失败了，成功便是天堂；你若是痛苦了，幸福便是天堂——总之，若没有其中一样，你断然是不会拥有另一样的。当今社会，有人为丢了双鞋而懊恼，走到街上，发现有人少了两条腿。想想那些“穷苦大众”，你现在不是就在天堂吗？

## ⊙ 快乐的人没有鞋子

国王整日郁郁寡欢，大臣请道士诊治。道士说：“国王如果能穿上一个快乐的人的鞋子，病就好了。”大臣四处寻找快乐的人。

有一天，当大臣走进一个贫穷的村落时，突然听到一个快乐的人在放声歌唱。寻着歌声，他找到了那个正在田间犁地的农夫。

大臣问农夫：“你快乐吗？”

“我没有一天不快乐！”农夫回答。

大臣喜出望外地把自己的使命和意图告诉了农夫。

农夫不禁大笑起来。原来，他连一双鞋子都没有。

**大智慧**：原来，快乐的人根本没有鞋子。在许多人看来，金钱是获得快乐的最重要或者全部。殊不知，快乐是什么？快乐就是珍惜你已拥有的一切。对于快乐的人来说，拥有就是快乐。

## ⊙ 应该称什么

某父亲怒气冲冲的打电话到商店质问：“我儿子在你们店里买了一听沙拉酱，为什么只有一半的量，你们到底称过没有?”

服务员：“先生，我想您应该先称称您的儿子是否过称了。”

**大智慧**：与其说是别人让你痛苦，不如说自己的修养不够。出问题时最好先问问自己，问题是不是就出在自己的身上，检验一下，很多时候人们总是这样自寻烦恼。

# 笑谈积极的心态与乐观

## 卷·首·引·言

从前,有一群青蛙组织了一场攀爬比赛。比赛的终点是:一个非常高的铁塔的塔顶。一大群青蛙围着铁塔看比赛,给它们加油。

比赛开始了。群蛙中没有谁相信这些小小的青蛙会到达塔顶,他们都在议论:“这太难了!! 它们肯定到不了塔顶!”“他们绝不可能成功的,塔太高了!”

听到这些,一只接一只的青蛙开始泄气了,除了那些情绪高涨的几只还在往上爬。群蛙继续喊着:“这太难了!! 没有谁能爬上顶的!”

越来越多的青蛙累坏了,退出了比赛。但,有一只却越爬越高,一点没有放弃的意思。

最后,其他所有的青蛙都退出了比赛,除了一只,它费了很大的劲,终于成为唯一一只到达塔顶的胜利者。

很自然,其他所有的青蛙都想知道它是怎么成功的,有一只青蛙跑上前去问那只胜利者它哪来那么大的力气跑完全程?

后来它发现,这只青蛙原来是个聋子!

这个故事告诉我们:总是记住你听到的充满力量的话语,因为所有你听到的或读到的话语都会影响你的行为。所以,总是要保持积极、乐观!而且,最重要的是:当有人告诉你,你的梦想不可能成真时,你要变成“聋子”,对此充耳不闻!你要总是想着:我一定能做到!

永远不要听信那些习惯消极悲观看问题的人,因为他们只会粉碎你内心最美好的梦想与希望!

## ⊙ 不必紧张

小明洗澡时不小心吞下一小块肥皂，他的妈妈慌慌张张地打电话向家庭医生求助。

医生说:“我现在还有几个病人,可能要半小时后才能赶过去。”

小明妈妈说:“在你来前，我该做什么？”

医生说:“给小明喝一杯白开水,然后用力跳一跳,你就可以让小明用嘴巴吹泡泡消磨时间了。”

**大智慧**:Take it easy! 放轻松些,生活何必太紧张？事情既然已经发生了,何不坦然自在的面对。担心不如宽心,穷紧张不如穷开心。

## ⊙ 不敢不乐

明时有一个孝廉名叫陈琮，性情洒脱。他曾在一个叫二里冈的地方建了一所别墅。这地方虽靠近外城,但还是在城的北面,别墅前后密密麻麻,排满坟墓。有人到他别墅拜访后说:

“眼睛中每天看的是这些东西，心情肯定不快乐。”

而他却笑道:“不，每天都看这些东西,就使人不敢不快乐！”

**大智慧**:你是否快乐,并不取决于外在事物,而是取决于你看待外在事物的心态。

## ⊙ 伤心故事

有三个人到纽约度假。他们在一座高层宾馆的第45层订了一个套房。

一天晚上,大楼电梯出现故障,服务员安排他们在大厅过夜。

他们商量后，决定徒步走回房间,并约定轮流说笑话、唱歌和讲故事,以减轻登楼的劳累。

笑话讲了,歌也唱了,好不容易爬到第34层,大家都感觉精疲力竭。

“好吧,彼德,你来讲个幽默故事吧。”

彼德说:“故事不长，却令人伤心至极,我把房间的钥匙忘在大厅了。”

**大智慧**:乐观的人,生活中到处都是阳光,一件不幸的事情,他们也能用一种“幽默”的目光来打量。“痛苦,所以幽默;我们幽默,所以快乐”是他们的座右铭,在他们的身上充满着生命的力量。所以,不要抱怨世界怎样,关键在于人本身。一个人,无论何时何地,只要保持一种乐观的心态，就会发现这个世界其实很美丽、很可爱,一个自尊、自爱、自强的人应该是每时每刻都积极进取、朝气蓬勃的。

## ⊙ 自嘲

富兰克林想做一个实验:用电流电死一只火鸡。不料接通电源后,电流竟通过了他自己的身躯,将他击昏过去。醒来后,富兰克林说:“好家伙,我本想弄死一只火鸡,结果却差点电死一个傻瓜。”

**大智慧**:乐观是一种能力,能够在任何环境中保持一颗快乐的心,可以更有把握地走近成功！

## ⊙ 自我消解

克尔从小梦想自己有一辆摩托赛车。

上大学的时候,他终于买到了一辆。当天,他开车出去,突然被一辆大卡车撞倒,摩托车全坏了。克尔回到学校,仍然很平静,同学们都说他人很通达。克尔自嘲地说:“我小时候想,总有一天我会有辆车,看起来,还真的有这么一天,心满意足了。”

**大智慧**:生活之中,不如意事十之八九。有些人活得轻松自在,有些人活得心事重重。唯一的区别是心态。虽然我们不能选择生活,但可以选择如何面对生活。保持乐观、豁达的心态是我们面对困难和灾难最好的方式。

## ⊙ 作家选择决斗的武器

乔治·库特林,法国知名的剧作家和幽默作家。有一次,一位自命不凡的年轻作者想一鸣惊人,便写信给库特林,借三个微不足道的理由向他提出决斗,但这一封信实在上不了桌面:字迹潦草,甚至有许多字拼写错误。

库特林很快给他写了回信:“亲爱的先生,因为我是伤害你的一方,该由我来选择决斗武器。我要用‘正字法’来决斗。在接到这封信之前你就已经失败了。”

**大智慧**:是否能够做好一件事情是一回事,态度是否端正又是另外一回事。如果态度不端正,你还没有开始就已经失败了。

## ⊙ 舞会上

在用电唱机播放舞曲的舞会上。

一个人携舞伴飞速旋转。舞伴头晕目眩以至跌倒在地。

“先生,为什么您要旋转得这么快呢?要知道这是慢四步啊!”

“什么慢四步!”那个人喊了起来,“那唱片上明明写着一分钟33转嘛!”

**大智慧**:人生也是一个舞台,需要每个人找到适合自己的节奏和步调,如此才能跳得精彩和从容。

## ⊙ 馊主意

医生问患者:“是谁给您出的这个馊主意?告诉您蓖麻油可以治咳嗽?”

“是我的一个朋友。他对我说,我只要喝两小勺蓖麻油,就会把咳嗽忘掉。”

(注:蓖麻油为泻药)

**大智慧**:有时经历了一种程度更甚的痛苦,人回过头来会发现那些曾经觉得忍无可忍的问题并非如想象中那样严重。

## ⊙ 掉头发

“大夫,我总掉头发,您说这是怎么回事?”

“一般情况,这是因为病人焦虑过度引起的。您说说看,目前您总在考虑什么问题呢?”

“我总在想,我的头发掉得太厉害。”

**大智慧**:通常焦虑的可怕之处在于它带给人一种坏情绪的恶性循环,要知道,焦虑唯一的能耐就是让人更加焦虑。

## ⊙ 运气真好

一个骑自行车的人撞倒了一个行人。

“您的运气真好啊!”骑车人安慰被撞的。

“你怎么不害臊?难道你没看到,我的腿被你撞伤了么?”

“不管怎么说,您的运气真不错!今天我休息,我平时是开大卡车的。”

**大智慧**:在遇到坏运气的时候,我们不妨告诉自己:还好,事情没有更糟!

## ⊙ 老天无眼

小男孩和他年迈的祖母沿着海岸走

着。一个巨浪呼啸而至，将小男孩卷进了大海。六神无主的老太太跪倒在地上，举目苍天，乞求上帝将她可爱的孙子还给她。呼——又一个大浪打来。将吓呆了的小男孩冲到了沙滩上，落在她面前。这位祖母仔仔细细地将小男孩看了个遍。他丝毫无损。可是老太太还是怒气冲冲地朝老天瞪圆了眼。“我们来时，”她愤怒地喊道，“他戴着一顶帽子的！”

**大智慧**：如果我们许了一个愿望，而它终于实现了，即使不是那么尽如人意，也是应该庆幸和感激的呀。

## ⊙ 该谁睡不着

半夜了，柯恩还在床上翻来覆去睡不着。老婆问他：

“你怎么啦。不舒服吗？”

“唉，”柯思叹道，“我欠街对面的纳尔逊300块钱，明天就得还清。可我哪有钱呀，恐怕到天亮也睡不着了。”

“就这点小事儿?”老婆翻身下床，“你看我的！”

她走到窗前，推开窗户，朝对面大声叫道：

“纳尔逊先生，你到窗口来听好：我丈夫明天还不了你的钱！”嚷罢，她关上窗户，对柯恩说：“行了，你安心睡吧，现在轮到纳尔逊睡不着了。”

**大智慧**：如果烦恼对事情毫无助益的话，还不如干脆把问题暂且抛开，至少好心情也是个不错的开始。

## ⊙ 赶快离开为妙

有一位局长因贪污受贿被判刑十年。刑满释放后，他决定到云南旅游一趟散散心。当来到傣族时，几个姑娘各自端着一盆水一起泼向了他。顿时，他面红耳赤，无地自容，心想：“真没想到，傣族人也知道了我的丑事。再呆下去恐怕会出更多的洋相，还是赶快离开为妙！”于是他灰溜溜地离开了傣族。

**大智慧**：心理决定行为，心里有鬼的人，即使对于正常发生的事也表现出过分的敏感反应。

## ⊙ 下棋

有个人很喜欢下棋，自己认为棋下得很好。一天，他和别人下棋，一连输了三局。后来，有人问他：“前几天你和人下了几局棋？”他说：“三局。”这个人又问：“胜负如何？”他回答说：“第一局我不曾赢；第二局他不曾输；第三局我要和，他不肯。”

**大智慧**：对待挫折与失败，有两种态度：一种是从中看到自己的差距，努力进取，迎头赶上；一种是不能正视自己的不足，讳疾忌医。毫无疑问我们应该采取前一种。

## ⊙ 奋斗不息

在饭店里，两个素不相识的人互相攀谈起来。

甲说：“我是一个奋斗不息的青年。先从最基层干起，以后才一直爬到顶峰。”

乙不禁肃然起敬。

“真了不起，那你奋斗的经历肯定非同一般，你是做什么的？”

“从前擦皮鞋，现在是……”

乙没等甲说完，连忙接上去说：“现在肯定是理发师！”

“一点没错！”

**大智慧**：你可以胸怀远大，但不要随意轻视目前的自己。先从身边的小事做起，从能够入手的地方开始，经历一个条理清晰的过程，这不仅是一个在很多地方都很适用的宝贵原则，而且还会让你获得信心，还有快乐的心！

## ⊙ 假的好处

甲："任何假的东西都不会给人带来好处。"

乙："你说得不全对，我的假牙给我带来了莫大的好处。"

**大智慧**：如果说假的东西意味着生活中的不完美，那么，不完美才是人生的真实写照。在任何工作中，在任何事情上，都难免有不尽如人意的地方，但是只要你懂得享受生活，知道用另外的眼光来看待生活，就会发现，原来的缺陷之处也能衍生出美丽的花朵。

## ⊙ 感谢上帝

一个人发现自己的毛驴丢了，便大声呼喊，"感谢您，上帝！"

周围的人问他："为什么你丢了毛驴还感谢上帝？"他答道，"幸亏我没骑在上面，要不连我自己也会丢的。"

**大智慧**：换一种角度去看待人生的失意与不幸，对生活时时怀一份感恩的心情，则能使自己永远保持健康的心态、完美的人格和进取的信念。这不纯粹是一种心理安慰，也不是对现实的逃避，更不是阿Q的精神胜利法，而来自对生活的爱与希望。

## ⊙ 奇遇

阿比和阿弟到酒吧买醉，里面仅有两个女客人，领头的阿比忽然跳出来，低声跟阿弟说道："快走吧！想不到我太太和情妇都在里面。"阿弟探头一看，脸色大变道："奇怪！我太太和情妇也在里面。"

**大智慧**：生活充满了奇遇和巧合，是天造，抑或人为，并不重要——重要的是用真挚的眼眸去看待，用勇敢的心去面对！

## ⊙ 数羊

某人因失眠的困扰而求助医生。

医生问：没有试着数羊吗？

病人回答：当然有，当我数到五千六百四十八只的时候，刚好天亮…

**大智慧**：这么多只羊在心头萦绕——是不是说明我们心灵堆积的东西太多了呢。或许，甩掉一切杂念，空无一

物，才是心睡正酣……超脱一点吧，心灵原本纯洁无暇！

## ⊙ 苍蝇的命运

有三个人：美国人，中国人，犹太人……一起喝饮料……

突然，有苍蝇飞入了三人的饮料中……

美国人叫侍者过来，重新换上一杯。

中国人二话不说就喝下去……

犹太人抓起苍蝇放在桌上，说：吐出来，把你喝下去的饮料吐出来……

**大智慧**：当我们埋怨运气不佳，世

道不公的时候。有没有反思一下是不是自己的视野不够开阔，努力不够到位呢？毕竟角度和力道不同，结果就会大相径庭！

## ⊙ 哭丧

在百万富翁的丧仪上来了许多人，其中一个青年人哭得死去活来。

“想开点吧！”不明真相的人们安慰他，“故去的是您的父亲吗？”

“不是，”年轻人哭得更厉害了，“为什么他不是我的父亲啊……”

**大智慧**：生活最会和我们开玩笑，想要的没有，不在意的却自来——还是宽慰一下自己吧：不必烦恼，是你的想跑也跑不了；不必徒劳，不是你的想得也得不到！

## ⊙ 下一场球

著名捕手史蒂夫卡顿只要再赢一场球，就可名列棒球记录全书里的“打赢两百场球”，但是打了一个月，一直没打出胜负，无法赢这场比赛来稳住他的记录。捕手科卡佛为了松弛他的紧张情绪，激励他的斗志建议说：“我们把这第二百场球忘了吧，先打第两百零一场吧！”

**大智慧**：心态决定成败，人性的共通点是越是想得到越是容易失去，影响正常的心理平衡也就影响了做事的成效，不如暂时放下多余的杂念，以平常心对待处理反而可以成功。

## ⊙ 自信的老祖父

老祖父上卫生间的时候，地震了，当人们把他从废墟中挖出来的时候，他哈哈大笑着，太有意思了，我一拉马桶，房子就倒了！

**大智慧**：我们也许无力左右困顿的出现和灾难的发生——但是，至少我们还可以操控自己心态的方向盘——未来究竟驶向何处？乐观和积极向上才是最明朗的指针！

## ⊙ 幸运

某商店有强盗光顾，第二天，店主对来查案的探员说：“感谢上帝，幸好强盗不是前天晚上而是昨晚来的。”

“这有什么不同？”探员问。

“昨天早上，我把全部商品降价40%，要是前天晚上来，我的损失可大了。”

**大智慧**：事物自身的价值是客观固有的，人内心的价值是无法衡量的。对于损失而言，乐观者将其无限降低，悲观者将其无限扩大。

## ⊙ 开错了窗户

一个小女孩趴在窗台上，看窗外的人正在埋葬她心爱的小狗，不禁泪流满面，悲恸不已。她的外祖父见状，连忙引她到另一个窗口，让她欣赏他的玫瑰花园。果然，小女孩的愁云为之一扫，心中顿时明朗。老人说：“孩子，你开错了窗户。”

**大智慧**：生活也是如此，我们也是常常开错“窗”，一旦看到了悲伤的一幕便久久沉积心底，无法排遣，甚至成为一生的累赘。我们从来不会想到，应该还有另外一扇窗，窗外的风景如画。

## ⊙ 性格改造

父亲欲对一对孪生兄弟作“性格改造”，因为其中一个过分乐观，而另一个则过分悲观。一天，他买了许多色泽鲜艳的新玩具给悲观孩子，又把乐观孩子送进了一间堆满马粪的车房里。

第二天清晨，父亲看到悲观孩子正泣不成声，便问：“为什么不玩那些玩具呢？”

“玩了就会坏的。”孩子仍在哭泣。

父亲叹了口气，走进车房，却发现那乐观孩子正兴高采烈地在马粪里掏着什么。

"告诉你，爸爸。"那孩子得意洋洋地向父亲宣称，"我想马粪堆里一定还藏着一匹小马呢！"

**大智慧**：乐观者在每次危难中都看到了机会，而悲观的人在每个机会中都看到了危难。悲观的人先被自己打倒，然后才被生活打倒；乐观的人先战胜自己，然后再战胜生活。心态不同，世界和生活的色调也不同，悲观是一种毁灭，乐观是一种拯救！

## ⊙ 诊费太贵

心理医生："我最近过于急躁，精神过于紧张，得找个心理医生看看。"

朋友："可是，你不是同行里最出色的医生吗？"

心理医生："我知道，可是我的诊费太贵。"

**大智慧**：可以很好的解决别人的问题，却往往解决不了自己的问题。精明强干的人，也需要一片释放心灵的空间。

## ⊙ 倒霉

"天啊！你的冰淇淋里掉进了一只苍蝇！"

"算它倒霉，它会被冻死的！"

**大智慧**：站在不同的立场，可以得出不同的结论，好事可以变坏事，坏事也可以变好事。最重要的是拥有一份好的心态。

## ⊙ 把狗叫进来

书房里，吉米在做作业，他爸爸在画画。两人都非常专注。

吉米正抄到有关大雨的几个形容词，忽然想起妈妈吩咐过，下雨时要把晒在院子里的被子收回来。于是，他问父亲："爸爸，外面有没有下雨？"

爸爸说："我不知道。但有个办法很简便：把狗叫进来，看它身上湿不湿就知道了。"

**大智慧**：专注于某件事情时，常会把其他的事情想的很复杂。其实很简单：站起来，推开窗，外面就是一片天。

## ⊙ 最乐观的人

贝尔被人称为"最乐观的人"。

这一天山洪暴发，大水漫过村庄。贝尔坐在自家屋顶上，乐滋滋地唱歌。

邻人划着船到他家，大声说："贝尔，你的鸭子都冲走了！"

"没关系，它们都会游泳。"

"你的麦子也淹光了。"

"没关系，今年反正是歉收年。"

"哎呀，水淹到你家的窗户了！"

"太好了，我正准备擦洗窗户，这下省事多了！"

**大智慧**：拥有一个乐观开朗的性格是人生最大的财富。乐观与"阿Q"精神最大的不同在于，前者面对困难会迎

难而上，后者面对够不到的葡萄只会说它是酸的。

## ⊙ 为了一只蟑螂

有一男子因轻度灼伤召唤救护车，结果送进医院时却是重度骨折。

当医师询问受伤原因时，男子就是不肯说明。而且，他一再要求救护人员负责赔偿其医药费。

只见救护人员都在一旁窃笑，医师不得已只好私下询问救护人员怎么回事。

原来这位先生的老婆非常怕蟑螂，那天傍晚突然有只蟑螂出现，老婆拿起拖鞋拼命追打。好不容易打到了，但还不放心，又多打了好几下，然后把尸首丢进马桶。可是蟑螂浮在水面上怎样都冲不下去（用卫生纸，盐酸……都无法冲下去），老婆生怕蟑螂又会复活，就拿起杀虫剂拼命往马桶喷，喷了大概有三分之一罐才放心。

几分钟之后老公叼着根烟回来了，?进门第一件事就是上厕所，顺手把烟扔进马桶里。

“轰”的一声，某个部位就灼伤啦！当然痛得走不动了，只好叫救护车。

由于公寓没有电梯，救护人员只好抬着担架走下楼，顺口就问是怎么回事。

老婆一把鼻涕一把眼泪诉说蟑螂的可恨，救护人员听完实在坚持不住捧腹大笑，结果把担架从楼上摔到楼下去了。

**大智慧**：为了一些鸡毛蒜皮的小事大动干戈，厄运就会随之而来。

## ⊙ 专注目前

有一位年轻人，到马戏班拜师，要学习走钢丝的功夫。

几个月后，师傅认为年轻人已掌握了基础技巧，便要年轻人走上钢丝，正式练习。虽然地面已装有安全网，可是在十多尺的高台上，心里实在战战兢兢。走了十多步之后，那年轻人往下看，越看心里越惊慌，差点儿失去重心。

就在这时，师傅在地面大声喝了一句话：“向前看！”

**大智慧**：你就是自己的师傅，当面对逆境和挑战，记着对自己说：“向前看！专注目前，专注之中有力量。”

## ⊙ 报仇

在马德里，一场斗牛赛刚刚结束。在这场比赛中，一位著名的斗牛士受了重伤，他刚刚被抬进医院不久，却只见他全身多处缠着绷带又从医院走了出来。

“我一定要报仇！”斗牛士向聚集在医

院门前的众多崇拜者大声疾呼。然后他开始沿街向前走去。人们紧跟着他，不知他要做什么。

斗牛士走进了一家酒馆，坐在了一张桌旁，然后吩咐侍者：

“给我上两份烤牛肉，烤得越焦越好！”

**大智慧**：所谓勇气是直面的抗争，而不是旁敲侧击地发泄。

## ⊙ 巴尔扎克与小偷

巴尔扎克一生写了无数作品，却常常手头拮据，穷困潦倒。有一天夜晚，他正在睡觉，有个小偷爬进他的房间，在他的书桌里乱摸。巴尔扎克被惊醒了，但并没有喊叫，而是悄悄地爬了起来，点亮了灯，平静地微笑着说：“亲爱的，别翻了，我白天都不能在书桌里找到钱，现在天黑了你就更别想找到啦！”

**大智慧**：面对生活的困窘而坚持自己圣洁的追求，并保持着足够的乐观和心灵的平静，这就是伟人超越凡人之处。

## ⊙ 负数

数学家、生物学家和物理学家坐在街头咖啡屋里，看着人们从街对面的一间房子走进走出。他们先看到两个人进去，时光流逝，他们又看到三个人出来。

物理学家：“测量不够准确。”

生物学家：“他们进行了繁殖。”

数学家：“如果现在再进去一个人，那房子就空了。”

**大智慧**：一些简单的问题，何必搞得那么复杂？

## ⊙ 也是第一名

这是一次残酷的长跑角逐。参赛的有几十个人，他们都是从各路高手中选拔出来的。

然而最后得奖的名额只有三个，所以竞争格外激烈。一个选手以一步之差落在了后面，成为第四名。他受到的责难比那些成绩更差的选手还多。

“真是功亏一篑啊，跑成这个样子，跟倒数第一有什么区别？”这是众人的看法。

这个选手若无其事地说：“虽然没有得奖，但是在所有没有得到名次的选手中，我名列第一！”

**大智慧**：谁说跑第四名跟跑倒数第一没有什么区别。在竞争中，自信的态度，乐观的心态，远比名次和奖品更为珍贵。赢得起，也输得起的人，才能取得大的成就。

## ⊙ 绿灯时我们总是第一个

一个人搭了辆出租车到一个郊区不大熟悉的地方。

一路上，他和司机有说有笑。但不知为什么，一路上连续遇到五六个红灯。眼看快到了路口，又碰到了一个红灯。这个人随口嘟哝着：“真倒霉！一路都碰到红灯，就是差那一步。”

司机转过头，露出一个很自信的笑

容:“不倒霉！上帝很公平,绿灯时我们总是第一个走！”

**大智慧**:你的人生旅途,可以看见红灯也可以看见绿灯。红灯是让我们停下了思考和欣赏的,人生旅途并不是一味地往前冲。红灯时可以驻足观赏,绿灯时可以一如既往,如此人生旅途,如此面对。

## ⊙ 逮野鸭

“怎样才能逮住野鸭子呢？”

“去菜市场买一只,在家里养上半年,到时候就好逮了……”

**大智慧**:完成一件事情,最大的喜悦应该来自于对困难的克服。如果为追求结果而绕开难点,即使最终做到了也已失去了原来的意义。

# 第5辑

## 笑谈心胸的豁达与宽广

卷·首·引·言

做人要心胸宽广,那就得有“得饶人处且饶人”的宽容。要学会体谅别人的难处,谅解别人的错处,关注别人的长处。心胸开阔与否或许和性格有关。然而,心胸开阔绝对和后天教养有关,有意识地去读些书,提高自己的文化素养,开拓视野,有意识地去关注一些大事情,让自己的心去追逐远大高尚的目标。久而久之,博览群书,知书达理,渐渐地就会悟出这样一个道理:天下之大有那么多的知识要学,有那么多的事情要做,哪还顾得上为一点点芝麻绿豆伤脑筋?为点蝇头小帐计较?为个人的鸡毛蒜皮纠缠不休?

要让心胸开阔,你得学会恬淡和从容,生活像支曲子,有时高昂,有时低沉;生活是座山坡,有上坡的时候,也有下坡的时候,所以,在顺心的日子里,你要保持那份恬淡,不要得意忘形,忘乎所以,在不顺心的关口,你也要执著一份从容。要让心胸开阔,你还得学会遗忘。凡事像个筛子过滤一遍,真实的、美好的、能激起自己前进的、能让自己生活多些乐趣的,就把它留下来,铭记在心里,否则就统统丢到一边去。忘却一部分,如果沉溺在其中,只能成为沉重的包袱,使你举步维艰,寸步难行。雨果有一句名言:比陆地宽广的是海洋,比海洋宽广的是天空,比天空宽广的是人的胸怀。如果我们心里能容得下山,容得下海,容得下天地。那么我们怎么就容不下小小的人呢?怎么还容不下短短人生中的琐琐碎碎?如果我们的心里真能容得下山,容得下海,容得下天地。那么,我们眼前哪还有走不通的路,哪还有过不去的坎儿,哪还有什么能挡住那颗欢乐太阳的忧愁阴云?

## ⊙ 蝙蝠的问题

三个南部的牧师在一家小餐馆里吃午饭。其中的一个说道："你们知道吗，自从夏天来临，我的教堂的阁楼和顶楼就被蝙蝠骚扰，我用尽了一切办法——噪音、喷雾、猫——似乎什么都不能把它们赶走。"

另外一位说："是啊，我也是。在我的钟楼和阁楼也有好几百只。我曾经请人把整个地方用烟熏消毒一遍，还是赶不走它们。"

第三个牧师说："我为我那里的所有蝙蝠洗礼，让它们成为教会的一员……从此一只也没有再回来过。"

**大智慧**：为什么非要带着敌对的目光来打量身边的事物呢？如果你改变一下看待问题的方式，欢歌笑语就会时常伴随着你。

## ⊙ 别挡住了我的阳光

哲学家第欧根尼放弃了万贯家产，栖身于一只大木桶中晒太阳，捉虱子，思考哲学问题。马其顿国王亚历山大大帝来到科林特市时，拜访了这位哲学家，并且对他说："第欧根尼先生，只要你告诉我你需要什么，我会马上赐给你。"第欧根尼听罢，躺在木桶里抬了抬眼皮，说："那就请你站到旁边，别挡住了我的阳光。"亚历山大对身边的人说，如果有来生的话，我愿意做第欧根尼。

**大智慧**：生活就是这样简单。人们应当善待生命，用大量的时间做自己喜欢的有价值的事情。

## ⊙ 从天而降

朋友们总在劝玛丽："你年纪不小了，该结婚了。这事你得主动些，难道你还打算坐在家里等你的丈夫从天上掉下来吗？"后来玛丽真的结婚了，新郎是一个伞兵，他在一次跳伞训练时落在玛丽的院子里。

**大智慧**：奇迹是存在的，但我们不能依靠奇迹生活。自己的幸福要自己把握，自己主动去争取，尤其是爱情。

## ⊙ 绝妙的提问

某人问医生："请问医生，我怎样才能活到100岁？"

"第一，戒酒。"

"我从不喝酒。"

"第二，戒色。"

"我一点不讨女人喜欢。"

"第三，少吃肉。"

"我是个素食者！"

"那么您为什么想活这么久呢？"

**大智慧**：一百年的痛苦不如一天的幸福。为了追求生活的数量而牺牲生活的质量是不可取的，对于我们来说，生命只有一次，只要生活的健康快乐就足够了。

## ⊙ 哭泣的丈夫

三个人死后进入天国。当他们到达时，圣彼得问第一个人，生前是否忠于他的妻子。此人承认做错了两件事。圣彼得说他只能得到一辆小型轿车。然后圣彼得又问第二个人是否忠于自己的妻子，第二个人承认做错了一件事。圣彼得说他可以得到一辆中型轿车。第三个告诉圣彼得，直到死他都一直忠于妻子。圣彼得夸奖了他并赠给他一辆豪华轿车。

一星期后，三个人开着车外出，碰上红灯，他们全停下来。坐在小型车和中型车的两个人看到豪华车上的人正在哭，于是就问他："你有了那么好的车，还哭什么？"那人说："我刚看到我妻子，她只踩了一辆小滑轮车。”

**大智慧**：有时候，了解事情的真相并不一定更快乐，也许是“难得糊涂”吧。

## ⊙ 没有女人的福气

有一男子，总认为自己在女人方面没有福气，于是就去教堂祈祷：“请上帝赐给我一群女人在我身边。”可是非常不幸，他刚刚走出教堂，就被一辆车撞倒住进了医院。躺在病床上的他心想：“上帝怎么这么不公平……”

正想到这儿，护士长突然领来20名漂亮的实习生走到他的病床前，并对她们说：“这名患者因交通事故不能动弹了，你们首先要教他如何使用便盆。”

**大智慧**：与健康比较起来，其它的都微不足道，可我们总是抱怨得到的太少。幸福，是需要健康的身体去享受的。

## ⊙ 梦和现实

房东太太发现一个流浪汉睡在公园的长凳上。她大发善心，让他住进自己的旅馆中最好的房间去。

第二天早上，流浪汉来到她的跟前致谢，并说，自己宁愿回到公园的长凳上去。她说：“为什么呢？这里不好些吗？”他回答说：“我多谢你的好意。可是当我睡长凳时，常常梦见自己睡在暖洋洋又柔软的床上；但昨天晚上，我却梦见自己仍然睡在冰冷的长凳上，难受极了！”

**大智慧**：人总是以为梦想实现就是幸福，而事实上却并非如此。

## ⊙ 什么是“快乐”

德国人、法国人和一位俄国人聚在一起谈论什么是“快乐”。

德国人说：“快乐就是你在辛苦地工作完一天后，躺在自己舒服的沙发上，喝着啤酒，看着精彩的球赛……”

法国人说：“快乐是你在星期六的夜晚，与心仪已久的金发美女，共度浪漫良宵……”

这时，俄国人说了：“真正的快乐，是在深夜里，你突然听到急促的敲门声，打开门一看，是一群秘密警察，他们拿着枪指着你说，‘格拉吉夫！你被捕了！’而你告诉他们：‘格拉吉夫住在隔壁！’”

**大智慧**：每个人都有快乐的标准，其实，真正的快乐在心间。无论你是以什么样子存在于这个人世间，自我的体验和感受永远是你快乐的源泉。

## ⊙ 事实验证

从前有一个农村，晚上集合许多人在那聊天，谈论世事与谈天说地。在谈论中讲到某甲，某乙说，某甲这个人的品德很高，人也很仁慈，只是很可惜也有一个坏处！“什么坏处？”，有人问。某乙又说：“某甲虽是一个好人，可是脾气毛躁一点，做事也很鲁莽！”

刚好这时某甲从这里经过，听到有人这样批评他，便冲进门来暴跳如雷地说：“我什么时候毛躁？”于是举手就打某乙，旁人说：“你怎么可以打人呢？”“我怎么不可以，他说我脾气毛躁，做事鲁莽，我什么时候毛躁和鲁莽？你们说？”众人说：“你现在发脾气不是毛躁，举手打人不是鲁莽是什么？”某甲因理屈而不好意思的走了。

**大智慧**：人一旦太虚荣，爱争面子，必然非常介意别人对自己的看法。凡事在意的态度，便会感到别人都在注视着自己，而自己的言行举动，即刻变得不自在，不自然，不快乐了。

## ⊙ 贪得可怕

从前有个人很贫苦，生平信仰吕祖，

吕洞宾为其热诚感动,便下凡来到那人家里,一看他那么穷,很是同情,便伸出个手指点了点庭中的一块磐石,磐石即刻成了灿灿的黄金,吕洞宾问那人:“你想不想要这东西呀?”

那人回答道:“不,不想。”

吕洞宾高兴地说:“你这人不贪财物,很有诚意,我可传授一些仙道给你。”

那人却急忙地说:“不,不是的,我是想要你这个指头。”

吕洞宾一听吓得把磐石变回原状,拔腿就走,“这人要把我手指给剁了,太狠了!”

**大智慧**:人常说知足常乐,本来就可以摆脱贫苦日子,结果因为“贪得可怕”,结果什么也没有得到。奉劝日常生活的人们——知足就好,适度更好!

## ⊙ 幸福的秘诀

西吉斯蒙德(1368—1437年)于1411年任神圣罗马帝国君主。有一回,他在宫廷里大谈人生哲学,有一个大臣就问他:“在这个世界上,人是这样的脆弱,而且终究不免一死,那么怎样才能获得较为持久的幸福?有没有什么秘诀?”

君主胸有成竹地回答:“当然有,那就是只要在健康时把那些生病时只好允许别人去干的事都干掉,就会获得持久的幸福。”

**大智慧**:幸福是缺憾的满足,如果你不断为自己制造缺憾,又不断地满足这些缺憾,那么,你就获得了持久的幸福。

## ⊙ 艺术的前卫

毕加索漫长的一生都在不倦地、无畏地探索,因此有人称他是艺术的前卫。这做“前卫”的甘苦,体验最深的莫过于毕加索自己了。他曾这样说过:“前卫受到的从后边来的攻击要比从前边来的多得多。”

然而,很多人不曾有心去体味他的甘苦。有一群崇拜新花样的艺术青年,一次去请教毕加索,问他按照立体派的原则画人的脚该画成圆的还是方的。毕加索以权威的口气回答说:“自然里根本就没有脚!”

**大智慧**:“痛并快乐着”才是人生的真实写照。快乐应该产生在努力和奋斗之后,否则就是虚假和肤浅的快乐;相反,努力和奋斗应该以产生快乐为目的,否则这样的努力和奋斗只能是异化的付出,两者缺一都不能增加生命的重量和人生的价值。

## ⊙ 正直的贼

“人,到底是正直的好。”

“为何?”

“我偷了一只狗,卖给人家,谁都不要,后来送还原主,他们很高兴,倒给了我十元。”

**大智慧**:做一个正直的人比做一个卑鄙的人不仅仅快乐的多,也收获的多。

## ⊙ 物价上涨

乞丐甲:最近物价涨得太厉害啦!

乞丐乙:可不是,生意都不好做。

乞丐甲:工作难找,大学毕业生都在家闲呆着呢!

乞丐乙:看来我们真幸运,物价上涨、生意难做、工作难找。跟我们一点儿关系都没有。

乞丐甲:小声点儿,我们可不能太张扬,否则就麻烦了。

**大智慧**:没有自知之明着实是一件最悲哀的事情,即使你的情绪在此刻是多么愉快,那究竟是一种虚假的快乐。

## ⊙ 装病

契诃夫(1860—1904年)是俄国杰出

的短篇小说家与戏剧家。有一天,一位长得很丰满,穿得也很漂亮的美丽太太来看望契诃夫。她一坐下来,就装腔作势地说:"人生多么无聊,安东·巴甫洛维奇!一切都是灰色的:人啦、海啦、连花儿都是一样。在我看来什么都是灰色的,没有欲望。我的灵魂里充满了痛苦。……这好像是一种病……"

契诃夫眯起眼睛望望面前的这位太太,说:"的确,这是一种病。它还有一个拉丁文的名字:morbuspritvorlalis。"这句拉丁文的意思是:装病。那位太太幸而不懂拉丁文。

**大智慧**:无知往往和空虚结伴,这样的人永远感觉不到生活的美好和积极的方面。

## ⊙ 大难临头时

一次在海上旅行,威灵顿公爵乘的小船遇上了风暴,有沉没的危险。船长匆匆赶到威灵顿的包舱,说:"我们就要完蛋了。"

威灵顿正想上床睡觉,便说:"那好,我就用不着脱鞋了。"

**大智慧**:真正的乐观是"泰山崩于前而面不改色"的冷静,而不是对任何事情都满不在乎的漠然。

## ⊙ 给皇帝剃胡子

1781年,神圣罗马帝国皇帝约瑟夫二世(1741—1790年)去法国旅行时,比仆人先到达贝塞尔镇。小客店的主人是一位爱唠叨的妇女。她问他是不是皇帝的随员。"不是。"他回答说。

不久,这位主妇走过约瑟夫二世的房门口时,看到他正在刮胡子,她又问他是不是受皇帝雇用的。

"是的。"约瑟夫二世答道,"有时我给他剃胡子。"

**大智慧**:生活总是这样的悖论,我们总是追求还没得到的东西。比如名气,而名人却处处掩饰,期望过正常人的生活。所以,有时候普通人更快乐。

## ⊙ 母亲的烦恼

两个妇女在交谈。

"我的女儿无论什么都不对我讲,我简直拿她毫无办法!"

"我的女儿是无论什么全都对我讲,简直让我烦死了。"

**大智慧**:过与不及都是人烦恼的根源。

## ⊙ 动工

医生:您的胆囊里有结石;您的腹腔里有积水;您还患有沙眼……

病人:大夫,请您再为我检查一下,看什么地方有粘土,那样我就可以动工了。

**大智慧**:最好的幽默是一种对于生活的乐观和豁达。

## ⊙ 烦透了

"我真烦透了!"上年纪的女仆对年轻

的女仆发牢骚，“要知道，我整天都在被迫地重复着一句话：‘是，太太！’、‘是，太太！’、‘是，太太！’”

“我也烦透了！”年轻女仆回答道，“我也是整天都在重复着一句话；‘不，先生!’、‘不，先生！’、‘不，先生！’”

**大智慧**：每个人都有自己的烦恼。所以，不要老是羡慕别人，好像别人永远快乐，而你总是陷入烦恼的汪洋大海中不能自拔。在这个世界上，没有任何人是天生的幸运儿，也没有任何人是天生的倒霉蛋，幸福靠的是耕耘，快乐靠的是经营，总之，一切都在你的手中。

## ⊙ 需要

“如今，豪华的别墅你有了！漂亮的小轿车你也有了！你大概再没什么需要的了。”

“需要……”

“什么？”

“需要证明我不在失盗现场。”

**大智慧**：相对于车子、房子、票子等等，其实人最需要的是内心的平安。

## ⊙ 青蛙的命运

有一天，一只青蛙给牧师打电话，问自己的命运。

牧师说：“明年，有一个年轻的姑娘会来了解你。”

青蛙高兴地蹦了起来：“哦，真的吗？是在王子的婚礼上吗？”

牧师说：“不，是在她明年的生物课上。”

**大智慧**：过于牵强虚幻的奢望，只会让我们更加痛苦。太多时候，一种自知之明会让我们获得更加切合实际的幸福。

## ⊙ 担心涨价

“你听说了吗？汉斯，汽油又要大涨价了。”

“你有什么好担心的呢？你又没有汽车。”

“可我有打火机呵！”

**大智慧**：古人道“不以物喜，不以己悲”，可在现实生活中，为微小利益的得失而烦忧的又岂是少数，这些人其实是在一点点剥夺自己的快乐。

## ⊙ 卜卦

巫婆对小伙子说：

“明年你会交好运的，你会娶上个漂亮的黑头发的姑娘，她还会给你带来百万金磅的嫁妆。”

“太谢谢了，太太。我理应加倍付给您卜卦钱，但一时手头拮据，是不是可以等我结婚时再付给您？”

**大智慧**：对于人来说，幸福的婚姻意味着一个男人找到了他能够相依为命的那个女人，而不是找到了能充当钱罐子的另一半。

## ⊙ 给踢人的驴子一脚

希腊大哲学家苏格拉底，有一天和一位朋友在雅典城里散步。忽然有位愤世嫉俗的人出现，用棍子打了他一下就跑了。他的朋友看见，立刻回头要找那人算账。但苏格拉底阻止了他，朋友奇怪地问：“难道你怕这个人吗？”苏格拉底笑着说：“老朋友，你糊涂了，难道一头驴子踢你一脚，你也要还它一脚吗？”

**大智慧**：和愚蠢的人较量就会变得更愚蠢，真正快乐的人是超脱于日常生活之上的，他绝不会睚眦必报。笑看世间万物风云，你会变得大智大勇。

## ⊙ 她是我妈

一天,劳森走过悉尼戏院门前,看见一位衣裳破烂的妇女摆摊卖报,她嗓子都喊嘶哑了,怀里还抱着婴儿,婴儿已经睡着了。

诗人想帮帮忙,连忙拿出钱来买她的报纸。

正在这时,又跑来一个小孩,拿着报,用嘶哑的声音喊:"卖报!卖报!"

劳森望望这可怜的孩子,又望望那可怜的女人,不禁踌躇了。到底买谁的好呢?那小孩看出来了,很有礼貌地对劳森说:

"先生,不要紧!是一回事。她是我妈。"

**大智慧**:爱能激发更多的爱,爱能让人超越世俗的利益。中国的古人讲:"仁者爱人"。在社会生活中,爱心是净化生活、净化社会的良药,拥有爱心,你就拥有了灿烂的笑容,拥有爱心,你就能在纷杂的事务中体会到生活的美好。

## ⊙ 有力的警告

灯塔管理员订了一份周报。邮递员每次给他送报,心里都不高兴,因为为送这份报纸他要划一小时船。太麻烦。

这一天,邮递员又满脸不耐烦地把报纸送到灯塔处。灯塔管理员不动声色地说:"下一次请笑着来,否则我马上订一份日报!"

**大智慧**:如果一个人热爱自己所从事的劳动,他就会在自己的劳动过程中感觉到快乐,在自己的劳动成果中反观到幸福。而生活的伟大和幸福就寓于这种劳动之中。

## ⊙ 三根头发

有一个人只有三根头发。一天,他到一家非常有名的发型设计店内准备要做个造型。

店员:"请问你要设计什么样的发型呢?"

顾客:"嗯…我没什么意见,你拿主意好了。"

店员:"那我帮你绑辫子。"

在绑辫子的过程中不小心掉了一根头发。

店员:"先生,先生,有一根头发掉了,怎么办呢?"

顾客:"哦,不要紧;那请你帮我梳个中分的发型好了。"在梳头发的过程中,又掉了一根头发:

店员:"先生,先生,又掉了一根头发了。"

顾客:"那算了,我披头散发的回去好了。"

**大智慧**:乐观的人眼中,无论发生什么事情,后果都是会被接受的,并且,因为接受而心满意足。

## ⊙ 组装

妈妈怀孕了,四岁的小宝百思不得其解,他想知道,未来的弟弟或妹妹是如何生出来的。爸爸耐心地给小宝描绘道:"先生出头,再生出身子,最后是两条腿,懂了吗?"

"懂了,爸爸。然后你用螺丝把它们组装起来,对吧?"

**大智慧**：我们似乎习惯了叫苦连天——生活累啊，人生烦啊——可是有没有想过，是不是我们自己把生活组装得太过复杂？不如抛开那么多繁琐——简单一点吧！

## ⊙ 我也一直站着

这天，柯立芝正埋头办公，忽然一位崇拜柯立芝的夫人闯了进来，对他前一天的演讲表示祝贺并说："那天大厅里人山人海，我根本无法找到一个座位，一直站着听完了您的全部演讲。"

这位夫人用了带委屈的口气说了这话，显然想以此换得几句安慰话。不料，柯立芝冷漠地说："并不是你一个受累，那天我也一直站着。"

**大智慧**：当我们觉得被别人或生活亏待了的时候，往往顾影自怜。但是，当我们勇敢地抬起头的瞬间，你一定会发现阳光下大家一样真实的影子——顿觉豁然开朗！

## ⊙ 打电话

深夜三点半，电话铃突然响起，"这是洗浴中心吗？"电话那头问。

"这是私人住宅，笨蛋！"王先生被电话惊醒，气恼地说。

"那你为什么只穿裤衩来接电话？"

**大智慧**：别人对我们无来由的恶意的攻击总是因为他们找到了能让他们为之捧腹，我们却无法辩解的事由所在。其实这个时候，我们只要一笑而过，他们便立刻会觉察到他们自己的孤立与无聊。

## ⊙ 宽大为怀

毕加索对冒充他的作品的假画，毫不在乎，从不追究，

看到有伪造他的画时，最多只把伪造的签名涂掉。

"我为什么要小题大作呢？"毕加索说。

"作假画的人不是穷画家就是老朋友。我是西班牙人，不能和老朋友为难。而且那些鉴定真迹的专家也要吃饭，而我也没吃什么亏。"

**大智慧**：君子坦荡荡。宽容有的时候是对别人最大的恩惠，一个小小的不经意的或者有意的宽容都能够让人得到幸福，何乐而不为呢？

## ⊙ 系统不兼容

"麦克实在是个好男人，英俊潇洒，温柔而又活泼，并且事业有成。我再也没见过比他更优秀的男友了，可我们还是吹了。我用MAC，而他却用WINDOWS！"

**大智慧**：大行不顾细谨，大力不辞小让。生活中没有完全相同的两片树叶，也没有完全相符的两个人。斤斤计较细枝末节的东西，就会因小失大，错失良机。

## ⊙ 哲学的责任

出生于俄国的美国哲学家莫里斯·拉斐尔·科恩(1880—1947年)。在美国哲学界和教育界都很有声誉，曾任纽约学院和芝加哥大学哲学教授。一次，在他上完哲学导论课后，一名女学生向他抱怨："科恩教授，听完您的课，我觉得您在我深信不疑的每一件事上都戳了一个孔，可又没有提供替代品来填补，我真有点无所适从了。”“小姐，”科恩严肃地说，“你该记得，大力神赫尔克里斯干过许多差事，他清洗了奥吉亚斯王的3000年来没有打扫的牛厩，难道非得再用什么把它填满吗？”

**大智慧**：凡事为什么都要追求十全十美？残缺何尝不是一种美？

## ⊙ 不反抗

“您说您遇到了3个歹徒，他们毒打您，撕破了您的衣服、抢走了您的钱包。为什么您当时不反抗呢？”

“我不想同他们一般见识……”

**大智慧**：人的宽容应该有其道德和法律的限度，一味地妥协要么是有意地纵容他人，要么是出于自身的懦弱。

## ⊙ 头一次看见

“法官先生，有人骂我，说我像一头犀牛。我能不能控告他？”

“当然能。他是什么时候骂的呀？”

“一年以前的事儿了。”

“那你早该控告他了。”

“可是我昨天才第一次看见犀牛呀！”

**大智慧**：生活中的一些无知有时反能助长你的快乐，或者你能够做到去忽略那些让你不快乐的真相。

## ⊙ 吃肉

一个喇嘛想吃肉，但又不知怎么吃法，就跑到肉铺里去请教。

肉铺里的伙计答道：“用刀剁碎，煮熟便可吃。”

“刀在何处买？”

“刀铺里去买。”

于是喇嘛在刀铺里买了一把刀。他右手执刀，左手拿肉，走在街上。不料，刚出城，猛地从空中飞下一只秃鹫将肉叼去了。

喇嘛不去追秃鹫，却仰首笑道：“哈哈！这只傻鹫。你没有刀，把肉叼去，我看你怎么吃！”

**大智慧**：自己的短处不一定是别人的短处，又怎能用同样的标准去衡量呢？

## ⊙ 帽带

春秋时期，楚王请了很多臣子们来喝酒吃饭，席间歌舞妙曼，美酒佳肴，烛光摇曳。同时，楚王还命令两位他最宠爱的美人许姬和麦姬轮流向各位敬酒。

忽然一阵狂风刮来，吹灭了所有的蜡烛，漆黑一片，席上一位官员乘机揩油亲泽，摸了许姬的玉手。许姬一甩手，扯了他的帽带，匆匆回到座位上并在楚王耳边悄声说：“刚才有人乘机调戏我，我扯断了他的帽带，你赶快叫人点起蜡烛来，看谁没有帽带，就知道是谁了。”

楚王听了，连忙命令手下先不要点燃蜡烛，却大声向各位臣子说：“我今天晚上，一定要与各位一醉方休，来，大家都把帽子脱了痛快饮一场。”

**大智慧**：“窥见佣人偷吃，只可咳嗽，不必大叫。”人非圣贤，孰能无过。很多时候，我们都需要宽容，宽容不仅是给别人机会，也是给自己机会。

# 第6辑

## 笑谈欲望诱惑和损失

卷·首·引·言

人们都说,人最难战胜的是他自己。其实,人最难战胜的是他自己的欲望。对于欲望和诱惑,并不是所有的人都能够靠坚定的意志和信念战胜它,所以不要和它较劲,离它越远越好。欲望是不能打开的,打开了也许就收不回去了。

有这么一个故事:某大公司准备以高薪雇用一名小车司机,经过层层筛选和考试之后,只剩下三名技术最优秀的竞争者。主考者问他们:“悬崖边有块金子,你们开着车去拿,觉得能距离悬崖多近而又不至于掉落呢?”“二公尺。”第一位说。“半公尺。”第二位很有把握地说。“我会尽量远离悬崖,愈远愈好。”第三位说。结果这家公司录取了第三位。

不错,并不是所有的东西,我们非要去接受不可。你没有必要在不能自拔的时候通过克制自己,显示坚强的意志和决心。前面是明显的火坑,难道我们非要跳进去,再遍体鳞伤的爬出来,才能证明自己的成熟吗?

## ⊙ 滋扰疯子

一个喜欢投诉的人,三番五次跑到警察局去,要警察把邻人抓起来。局长把违禁条例翻来覆去,看了半天,叹了一口气说:"不能定罪,除非你控告他滋扰疯子。"

**大智慧**:如果我们真的想要不顾一切的达到一种目的的时候,代价可能就是我们自己。

## ⊙ 幸福

法官对被告说:"你不但偷钱,还拿了表,戒指和珍珠。"

被告说:"是的,法官先生,人们不是常说'光有钱并不会得到幸福吗?"

**大智慧**:贪婪人的眼中,世俗的一切道理都是可行的。只不过,是一定要行在他们的世界里。

## ⊙ 慈善家

"保尔,你父亲的职业是什么?"

"他是慈善家。"

"他都干些什么呢?"

"开始,他攒钱是为了帮助那些无家可归的非洲人。以后当他把房子盖好后,他就把房子租给他们。"

**大智慧**:看似为别人着想,其实不过是为了实现一己之私,这是虚伪的人惯用的伎俩。

## ⊙ 作伪证

一个在破产商行当秘书的女子出庭作证。

法官严厉地问:"你知道作伪证会得到什么结果吗?"

"知道,上司说给200克郎和一件水貂皮的大衣。"

**大智慧**:当一个人面临诱惑,他所有的思维对象就只有诱惑本身而已,除此之外,均不在思索的范围之内。

## ⊙ 讨债

一个主顾的欠款拖得时间太长了,老裁缝决定亲自登门去讨债。当他来到那个主顾家时。正赶上那个人在宰杀一只肥大的火鸡。

"丢班先生,"老裁缝开门见山,"您还不还给我那笔欠款吗?"

"呵,我的朋友,我实在没有钱,请再等一等……"

"没有钱?那您怎么还宰杀火鸡呢?"

"您别误会,这是因为我实在拿不出什么东西来喂它……"

**大智慧**:贪婪与吝啬是一对互不嫌弃的孪生兄弟。

## ⊙ 决不受礼

某承包商因为生意上的原因,准备用一辆新型、豪华的小轿车向一位议员行贿。这位议员却板起脸说:"先生,通常的行为准则以及我本人的基本荣誉感，都不允许我接受这样的礼物！”

承包商说：“阁下，我很理解您所处的地位，这样吧，我以10美元的价格把这辆车卖给你。”

议员考虑了片刻，断然答道：“既然如此，我就买两辆。”

**大智慧**：欲望像是一块海绵，并不会因为你的点滴之惠而有所收敛，只要接触到水源，它的需求便会膨胀。

## ⊙ 呆在家里干吗

“今年夏天你们一家去哪儿度假了？”

“我的女儿去了瑞士，儿子去了印度，妻子去了巴黎，他们都走了，我还呆在家里干吗？他们一走我就去了监狱……”

**大智慧**：无所事事未必是好事情，因为一些潜在的欲望和不好的念头会在这个时候趁机而入，占据你的整个心灵空间。其实，人的堕落很大程度上就是这样开始的。

## ⊙ 宁死不招

加州的一个小镇发生了一宗银行抢案，抢匪刚刚把钱藏好，就被警长逮捕了。由于抢匪是从太平洋的那一边偷渡过来的，又不会讲英文，警长只好去请麦克来当翻译。经过一阵疲劳轰炸式的拷问，抢匪坚持不肯说出钱藏在那里。没办法，警长只好扮起黑脸，咆哮地叫麦克告诉抢匪：“再不说，把他毙了！”麦克忠实地把警长的意思传达出去。大概翻译得太好了，抢匪吓得语无伦次：“钱在镇中央的井里，求你叫他饶我一命。”麦克转过头来，神情凝重地告诉警长：“这小子有种，宁死不招。他叫你毙了他吧。”

**大智慧**：私欲随时会把握机会为自己谋取利益，而如果你无法及时将之识破，必然就进入了别人的陷阱却浑然不觉。

## ⊙ 音乐和感冒

俄国作家赫尔岑（1812—1870年）在一次宴会上被轻佻的音乐弄得非常厌烦，便用手捂住耳朵。

主人解释说：“对不起，演奏的都是流行乐曲。”

赫尔岑反问道：“流行的乐曲就一定高尚吗？”

主人听了很吃惊：“不高尚的东西怎么能流行呢？”

赫尔岑笑了：“那么，流行性感冒也是高尚的了！”

说罢，头也不回地走了。

**大智慧**：满足人的欲望的东西都能流行，而人的欲望有好有坏，所以，追逐流行的人未必就能得到好的东西。

## ⊙ 你也如此

裁判官：“你常常到法院里来，不觉得难为情么？”

罪犯：“但是你也天天在这里啊。”

**大智慧**：许多人最终走上了犯罪的道路，也许只是由于他的心境。一次的满不在乎，二次的满不在乎……最终等待他的将是锒铛大狱。

## ⊙ 红运

“我的丈夫总是走红运！昨天他刚参加人身保险；今天脑袋上不知怎么就挨了一砖头。”

**大智慧**：常常是被眼前的微利冲昏了头脑，所以人才忘却了那些原本最该珍惜的：生命以及荣誉。

## ⊙ 后悔

“在我的治病生涯中，我只犯过一次

错误。”

“什么错误呢？”

“在我回访一个治愈的病人时，我才知道他原来是个百万富翁，看病时我怎么就没看出来呢！”

**大智慧**：为什么人不是庆幸自己被欲望少征服一次，而是相反呢？

## ⊙ 审醉鬼

绰号叫“铁公鸡”与“玻璃猫”的两个男子喝酒喝得烂醉如泥，被警察连拖带拉地送进了审讯室。

“另外那个人在哪儿？”威严的法官问。

“长官，我们不懂您的意思，您问哪个人?”

“就是请你们喝酒的那个人。”

**大智慧**：犯糊涂的人哪能问罪于别人，他们开始可是清醒着的呢。

## ⊙ 想入非非

“我在想，如果我有许多钱，我就可以买一架飞机了。”

“可是您买飞机做什么呢？”

“没什么，我只是想有能买飞机的那么多钱。”

**大智慧**：人总是不停地渴望，却不曾想过自己是否真的需要这么多。

## ⊙ 狼和羊

动物园园长陪同一显要的旅游者参观。旅游者看见在一大铁笼里，一只狼和一只羊竟相安无事地在一起。

“真奇怪！”旅游者惊叫，“狼同羊怎么能养在一起？这种事我还从来没见过。你们是怎么驯养的？”

“这很简单，”园长回答，“我们在一天里要放3只羊在笼子里。”

**大智慧**：其实贪恋也是有一定限度的，毕竟消化所得也需要一个过程。

## ⊙ 延长时间

经过仔细的检查，医生告诉病人，他只能再活6个月。病人听后对医生说：

“这么短的时间，分期付给您的医疗费，怎么能还完呢?”

“那好吧，”医生回答，“再延长6个月的时间，你总能清账了吧。”

**大智慧**：可悲的是，有时即使是一件神圣的事情，人也是在利益的诱惑下才会全力以赴的。

## ⊙ 狗和倒影

有一只狗衔着块肉，经过河上的一座小桥，这时它朝下看见了自己的倒影。它见那只狗居然也衔着块肉，而且比自己的那块大得多，十分诱人。于是它丢下自己的肉，向水中猛扑过去，想要夺那大块的肉。结果两块肉都丢了，水中的倒影消失不见，原来的那块肉也被河水冲得无踪影了。

**大智慧**：这则笑话讽刺的是由于贪心不足而导致了一无所得的下场。水中的狗，放大的肉，这些水中的倒影，正是贪欲膨胀时产生的种种幻想，蒙蔽了最初真实的心理。此刻虚虚实实，已难分辨，失去了判断力，结果常常是竹篮打水一场空。这就是贪欲的最直接危害。

## ⊙ 拔牙

有一乡下的青年，因为牙齿坏了，来到街市寻找牙医欲拔掉那颗坏牙。问医师说：拔一颗牙齿要多少钱？牙师说：一颗五百元，拔两颗即八百元。青年想好不容易跑一趟街市，只拔一颗浪费时间和金钱，既然拔二颗比较便宜，就拔二颗省得再跑一趟而且这样又省钱。所以就拔了二颗牙。

**大智慧**：本来只坏一颗牙，因贪便宜而拔了二颗，是聪明还是不聪明，是便宜还是不便宜呢？世间有许多人，只贪眼前一点点的小便宜，而失去了大好的前程，可谓贪小失大；或为财色而身败名裂——一失足成千古恨。

## ⊙ 超脱

古希腊哲学家阿里斯提卜是苏格拉底的学生，快乐哲学的创始人。在他看来，如何逃避痛苦，追求快乐，就是人关于自己最重要的知识。而寻求愉快的感受就是人的天职和最高的幸福。看看发生在身边的故事，我们就会对生活有新的感受。

一天，当阿里斯提卜走进一艺妓的房子，陪伴他的一个小伙子羞得满面通红，阿里斯提卜便说："进来并不危险，危险的是不能出去。"

**大智慧**：在欢娱中取乐，而又不沉溺于欢娱，比抛弃欢娱更难。

## ⊙ 狐狸吃葡萄

有一只狐狸，看围墙里有一株葡萄，枝上结满了诱人的葡萄。狐狸馋涎欲滴，它四处寻找进口，终于发现一个小洞，可是洞太小了，它的身体无法进入。于是，它在围墙外绝食六天，饿瘦了自己，终于穿过小洞，幸福地吃上了葡萄。可是后来它发现吃得饱饱的身体，让它无法钻到围墙外，于是，又绝食六天，再次饿瘦了身体。结果，回到围墙外的狐狸仍旧是原来那只狐狸。

**大智慧**：在诱惑面前要懂得拒绝

## ⊙ 近视

一个近视眼看见高高的杆子上挂着一块牌子。他瞅了半天也没看清上面写的什么内容，索性爬了上去，一直爬到一个窗台上，靠近牌子，仔细一瞧，原来上面写的是：

"小心烟筒！"

**大智慧**：不要随便就满足自己盲目的好奇心，当你看清楚那其实是一个陷阱的时候，很可能已经晚了。

## ⊙ 屡试不爽

有一个欧巴桑在首饰店里看到两只一模一样的手环。

一个标价五百五十元，另一个却只标价二百五十元。

她大为心喜，立刻买下二百五十元的手环，得意洋洋的走出店门。

临出去前，听到里面的店员悄悄对另一个店员说："看吧，这一招屡试不爽。"

**大智慧**：试探如饵，可以轻而易举的使许多人显露出贪婪的本性，然而那常常是吃亏受骗的开始。

## ⊙ 欠债

乞丐："能不能给我一百块钱？"

路人："我只有八十块钱。"

乞丐："那你就欠我二十块钱吧！"

**大智慧**：有些人总以为是上苍欠他的，老觉得老天爷给的不够多、不够好，贪婪之欲早已取代了感恩之心。

## ⊙ 省钱

一个人等了好几辆公共汽车都因为人太多没挤上去，他不耐烦了，于是就跟在车子后面跑了起来。

妻子看到他上气不接下气的样子感到很奇怪，就问他发生了什么事。

那人说，"我在汽车后面跑回来的，省了两角钱。"

妻子听后马上回嘴说，"你为什么不跟在出租汽车后面跑回来呢，这样你可以节省十个美元呢。"

**大智慧**：贪心的人会想出各种各样奇怪的理论来安慰自己的欲望，而且毫不知足。

## ⊙ 贪心

有人反对亚里斯蒂波斯饮食奢侈。一天，这个人看到亚里斯蒂波斯买鱼时出价太高了，便说："如果你不出这么高的价，那卖鱼的人不就会降价出售吗？"卖鱼人说确实如此。亚里斯蒂波斯听到了，说道："我只是把心操在奢侈上，而你们却把心操在贪婪上。"

**大智慧**：奢侈比贪婪的高尚之处在于，前者是一种尽可能的给予，而后者是一种竭尽全力的索取。

## ⊙ 谁的信

一对夫妇下午在家门口拾到一封信，是寄给他们的，打开一看："今天我请你们看电影，算我们之间认识一周年……"后面没有署名，夫妇感到奇怪，晚上就拿着信封中的两张电影票去看电影了。等结束后回到家里，发现家中贵重物品被洗劫一空，在桌上有一封信，上写：你们知道是谁请你们看电影了吧？

**大智慧**：对于不知道的好处要谨慎，天下没有免费的午餐。在这个充满陷阱的社会，什么时候都需要小心。

## ⊙ 贪婪

一个美国人、一个法国人和一个中

国人在沙漠里行走，走着走着，碰到一个神仙。

神仙说：“我可以满足你们每人3个愿望。”

美国人赶紧跳起来说：“我要一袋金币。”

果然，一袋金币从天而降。

美国人很高兴，赶忙又说：“我要很多很多金币。”

他埋在金币里了。

美国人在钱堆里大喊：“把我和金币一起送回美国去吧。”

一眨眼，美国人和那一大堆金币不见了。

法国人看到真的能满足愿望，也迫不及待的说：“我要一个美女。”

果然，一个美女从天而降。

法国人很高兴，赶忙又说：“我要很多很多美女。”

很多美女围着他了。

法国人又接着说：“把我和美女们送回法国去吧。”

一眨眼，法国人和那一大堆美女不见了。

现在轮到中国人了。

只见他不紧不慢：“我要一瓶二锅头。”

神仙给了他一瓶二锅头。

他坐在地上，慢慢的品味着他的美酒。

喝完后，神仙问他，第二个愿望是什么呢。

“请再给我一瓶二锅头。”

他坐在地上，慢慢的品味着他的第二瓶美酒。

喝完后，神仙问他，第三个愿望是什么呢。

“把那个美国人和法国人给我叫回来吧。

美国人和法国人被叫回来后很生气，他们又接着在沙漠里走。

一会儿，又碰到一个神仙。

神仙开口了：“我是开始那个神仙的弟弟，我可以满足你们每人2个愿望。”

美国人和法国人都吃了开始的亏，这回不敢先说愿望了。

中国人慢慢走到神仙跟前，说：“请给我一瓶二锅头。”

美国人和法国人等了大半天才等到中国人把那美酒喝完。

神仙接着说：“你的第二个愿望是什么？”

中国人说道：“你可以走了！”

**大智慧**：贪婪无止境的人最后的结局往往是一无所有。记住，贪婪是最真实的贫穷，满足是最真实的财富。

## ⊙ 挖苦尼采

19世纪哲学家尼采对女性特别仇视，他一生不接触女人，并曾说“男子应受战争的训练，女子则应受再创造战士的训练！”“你到女人那里吗？可别忘了带上你的鞭子！”

英国哲学家罗素对尼采的哲学极为不满，挖苦他说：“十个女人，有九个女人会使他把鞭子丢掉的，正因为他明白了这一点，所以他才要避开女人啊。”

**大智慧**：如果觉得自己定力不够，禁不住诱惑，就不要给自己触摸“诱惑”的机会。

## ⊙ 我有罪

他对神父说：神父，我有罪。

神父说：孩子，每个人都有罪。你犯了什么错？

那人回答：神父，我偷了别人一条牛，我该怎么办？神父，我把牛送给你好不好？

神父回答：我不要。你应该把那头牛送还给那位失主才对。

那人说：但是他说他不要。

神父说:那你就自己收下吧。

结果,当天晚上神父回到家后,发觉他的牛不见了。

**大智慧**:生活中时常有欺诈,有时候明明是个圈套我们还不得不钻,这样的陷阱要么源于我们的贪婪,要么源于设陷阱的人对我们自身的了解。

## ⊙ 重赏之下

英国首相丘吉尔急于赶到下议院去开会,他叫了一辆出租汽车。车子到达目的地后,他下车对司机说:“我在这里大约耽搁一个钟头,你等我一下吧。”“不行,”司机坚决地回绝,“我就要赶回家去,好在收音机里收听丘吉尔演说。”首相一听这话,不禁大为惊喜,于是除照价付了车资之外,又重重赏了他一笔可观的小费。司机望着那笔意外的收入,很快就改变了主意。他对乘客说:“我想了一下,还是在这里等着送你回去吧。管他妈的什么丘吉尔!”

**大智慧**:人的欲望就像“潘多拉的盒子”,一旦打开,就没有办法收回。因此,最好的办法是把欲望压抑在萌芽状态中。想在欲望之火燃起以后再想办法消除,已经是不可能的事情。

## ⊙ 因小失大

列车员剪票时发现,一个苏格兰成人用的是儿童票,但苏格兰人坚决不肯补票,于是检票员拿起旅客的衣箱就往车外扔。此时,火车正在过桥。

“您疯啦!”苏格兰人狂喊,“您跟我的票过不去,又淹死了我的弟弟!”

**大智慧**:中国有句古话,“贪小便宜吃大亏”,很多时候,想想我们做的事情,都是因为有这样的思想才因小失大的。

## ⊙ 早已料到

吃过晚饭,吝啬鬼带着他儿子到街上散步。走到半路上,他忽然想起家里的油灯没吹灭,于是对儿子说:“糟糕,一个第纳尔白白丢了。”

他要儿子赶紧回家把油灯灭掉。可是当儿子从家里返回时,他不禁跺脚捶胸地嚷道:“这次比刚才还要糟糕,你磨掉的鞋子钱也许值两个第纳尔。”

**大智慧**:为贪图眼前的一点利益去耗费精力反而会造成更大的损失。

## ⊙ 还没说完

塔布偷牛被抓,被反绑着手,挂着告示牌游街示众。

一个朋友正好路过,问他犯了什么罪,要捆绑着示众?

他愁眉苦脸地答道:“咳,时运不佳,才落到这步田地。今天一早我在街上溜达,看到地上有条绳子,长长的,想着以后也许能派上用场,就拾了起来,他们就说我偷东西了!”

朋友抱不平起来:“太不像话了。这么一点事怎么就要游街示众呢?我找他们评理去!”

塔布又说:“刚才我还没说完呢,那绳子的另一端,还拴着一头牛呢。”

**大智慧**:再可怕的贪婪也都是从贪小便宜开始的。而一旦有了开始,人好像再无法控制自己的欲望。所以说,欲望如同绳子的一端,如果任由其拉扯,就会在不经意间一步步迈向罪恶的深渊。

## ⊙ 痴人说梦

戚某年轻时读书读得太多,人都读傻了。一天早晨起来,他对婢女说:“你昨天夜里梦见我了吗?”婢女答道:“没有。”戚某很生气，大声责骂婢女说：“我在梦里分明看见你了，为什么要抵赖？”说着就到他母亲那里去告状，他说：“傻婢女该打，我昨天夜里明明梦见她了，她却坚持说她没梦见我，真是岂有此理！”

**大智慧**：世上有多少痴人说梦的故事，除了本篇故事这种真正的说梦外，像执着于理想、坚持某种贪念，幻想一个永远不能实现的目标等等，不也是一种痴人说梦吗？

## ⊙ 希罕

盼子心切的包氏夫妇喜获麟儿，他们用尽心思，要为儿子取个出众的名字，最后决定叫他做“希罕”。希罕的童年很幸福，但他讨厌这个名字，后来长大成人、结婚生子、事业非常成功，还是讨厌他的名字，最后年老卧病，垂危时他央求妻子道：“请你千万别把‘希罕’两字刻在墓牌上，就叫我包氏好了。”

他死后，妻子按照他的遗愿没有把他的名字刻在碑上，可是只刻“包氏”二字好像过于简单，她想让人知道他是个多么好的丈夫，于是在“包氏”之下刻了两行小字：他结婚以后，从来未看过别的女人一眼。

现在，不论谁经过他的墓前，都会说一声：“希罕！”

**大智慧**：面对欲望和诱惑，或许很多人都会垂涎三尺，趋之若鹜。但是，物以稀为贵，我们不求希罕的同时是不是也就等同自贱了呢？所以做人还是希罕一点吧！你说呢？

## ⊙ 一块肥皂

一个游客对女导游说：“你带我游览维也纳的风景，对我的帮助不少，我想送点礼物给你。你最喜欢什么？”

女导游非常贪婪，但又不便明言，只吞吞吐吐地说：“我喜欢打扮，嗯……给我一些在耳朵、手指或者脖子上用得上的东西吧。”

第二天，游客送来了礼物——一块肥皂。

**大智慧**：贪婪和虚伪本就是人性的魔鬼化身，当它们结合在一起，绝对不会出现小聪明——反而会为你造就一个巨大的陷阱！所以，做人还是要真诚地在阳光下，轻快地迈开坚实的脚步！

## ⊙ 睡不着

——刚才在朋友家里你喝了杯浓茶。

——你不是说喝浓茶睡不着吗?

——可是白喝的茶不喝，回家也是睡不着。

**大智慧**：有些人总是不放过任何可以占便宜的机会，但这个世界上并没有真正免费的午餐，有时候看似白白占了便宜，其实伴随而来的是占了便宜后需要为之付出的代价。

# 笑谈责任的担当与代价

卷·首·引·言

“衡量成本-选择-接受后果”也是重要的一课。任何东西都有代价，从经济学的角度而言，某样东西的成本就是你为了取得那样东西所要放弃的东西。做每件事之前，人都应该衡量一下那件事的成本，然后做选择，最后承担自己选择的后果。如果明明知道一件事的成本远远高于自己能够支付的价格，但依然要做，那是不自量力，那也是透支欢乐，那更是慢性自杀。例如嫖妓，也许是很好玩，但是成本太高，除了肉金，还可能会患上各种各样的疾病，而且一旦东窗事发，名誉地位全部失去。又如偷情(婚外情)，代价往往就是失去别人对你的信任，失去亲人对你的热情，失去好名声甚至自己的家庭……很多人其实根本没有计算过成本，如果知道代价是如此巨大，是不会如此轻率的。

## ⊙ 指纹在脸上

警官:你们两个人还抓不住一个罪犯,真是饭桶!

警察:长官,我们不是饭桶,虽然罪犯跑了,但我们还是想办法把他的指纹带回来了。

警官:在哪儿?

警察:在我们脸上!

**大智慧**:失败的时候,很多人往往会寻找理由为自己辩护,寻找借口为自己开脱,以达到心理上的平衡。其实,在为自己开脱或辩护的过程中,你也正在失去改正错误,锐意进取的勇气。

## ⊙ 判断

“看得出来,您的住房一定很窄小吧?”

“是的。您是怎么知道的?”

“我发现您的小狗的尾巴总是上下摆,而不是左右摆。”

**大智慧**:“环境决定论”虽有偏颇之处,但我们也没有必要非把自己置身于逆境中去磨练自己,因为,有诱惑的地方就有风险,有风险的地方就有代价。记住,并不是所有的苦难都是我们必须去承受的。

## ⊙ 求情

有一次阿里斯提卜到国王狄奥尼修那里请求为自己朋友办一件事。狄奥尼修没有答应,于是他便跪在狄奥尼修脚下恳求。当周围的人嘲笑他时,他回答说:“这不是我的错,而是狄奥尼修的不对,因为他的耳朵长在脚上。

**大智慧**:乞求是我们为获得一样东西所付出的最高代价。如果对方依然置若罔闻,谁还能说他是一个健全之人呢?

## ⊙ 事不过三

有一个人和朋友们在一起聚餐,大伙对他说:

“你去买肉吧”

“我怕买不好。”他答。

别人把肉买回来了,对他说:

“那你把炉子点上。”

“我不会生炉子。”他说。

别人生好炉子,又对他说:

“那请你做饭吧。”

“我做的饭不好吃。”他说。

别人把饭做好了,对他说:

“请你吃饭吧。”

这人马上坐到饭桌前说:

“事不过三，我再也不能不满足你们的要求了。”

**大智慧**:一味推卸责任的人往往不是真的不能够去承担,而是出于懒惰和侥幸心理,而这可不是什么好事情。想想看,周围人还肯给你第三次机会吗?

## ⊙ 贪杯

一个人恋席贪杯,到人家坐席,许久不肯离去。他的仆人想让他快走,看到天阴了,便说:“天要下雨了。”那人说:

“要下雨了,怎能回去?”

过了一会儿果然下了雨。许久，雨停了，仆人又说："雨停了。"那人又说："雨停了，还怕什么？"

**大智慧**：一个人总是可以为他想做的事情找到理由的，所谓"谋事在人"。尽管有时候是自欺欺人。

## ⊙ 各执一词

一辆汽车撞倒了一个行人。司机说："这不是我的过错，我开车一向很小心，我已经开了五年车了。"

"什么？这样说是我的过错了？再说你开了五年车有什么稀罕？要知道，我已经走了五十五年的路了。"

**大智慧**：理由如果仅仅是作为一种借口，那么无论它怎样地不可思议都不是奇怪的事情。

## ⊙ 但愿永久和平

1961年6月，美国总统约翰·肯尼迪与苏联领导人赫鲁晓夫在维也纳会晤。在一次午宴上，肯尼迪注意到赫鲁晓夫胸前挂着两枚勋章，就问他那是什么勋章。

赫鲁晓夫告诉肯尼迪："那是列宁和平勋章。"肯尼迪幽默地说："但愿你永久地戴下去！"

**大智慧**：树欲静而风不止，愿望和祈祷是多么的脆弱无力！勇敢面对，积极应对才是人生应有的态势。

## ⊙ 账目清楚

柯立芝刚上任总统时，管理白宫的官员带他巡视白宫。这位官员指着一处烧焦的大梁说，那是1812年战争时被英国军队烧的，建议应该尽快更换。

柯立芝考虑了一下，说："好吧，但别忘了把账单寄给英王。"

**大智慧**：我们总是为替别人承担后果而烦恼。在一个齿轮交错的社会，这样的事情是避免不了的，明晰责任，账目清楚是我们最好的选择。

## ⊙ 由后代支付

一家饭店老板在门前贴出一张公告，上面写着：凡在本店用餐，费用由后代支付。

一位顾客见到这张公告后，欣喜异常。他第一个走进这家饭店，要了一份极其考究的饭菜及一瓶价格昂贵的白兰地。当他酒足饭饱正要起身时，侍者过来结算。他指着那张公告说：

"那上面不是写着费用将由后代支付吗？"

"您说的不错，先生。您所要付的款是为您曾祖父交的。"

**大智慧**：责任是不可逃避的，也许就在下一刻它就降临在你的头上。

## ⊙ 细心人

两个朋友一起旅行。晚上，他们来到一家旅馆。他们累极了，马上就上床睡觉。可是其中一个又起床，把鞋穿在脚上，然后躺下。他的朋友十分诧异，问道："你怎么穿着鞋睡觉?"

"我是个细心人。"他答道，"我有一回做了个梦，梦见我踩在碎玻璃上，痛极了。于是，我就不再赤脚睡觉了。"

**大智慧**：如果连梦中的疼痛都要设法避免，无法想象现实中人还敢去做些什么？

## ⊙ 躲猎人

"如果在大森林里，大象突然遇到了猎人，它该怎么办？"

"赶快戴上墨镜，这样猎人就认不出来了。"

**大智慧**：任何试图蒙混过关的努力都是一种"掩耳盗铃"的自欺，既是在逃避责任，也是在逃避现实。记住，并不是什么时候都能侥幸通过的。

## ⊙ 刑事责任

法官问被告：

"你在什么时候承担过刑事责任呢？"

"是的，那已是很久以前的事了。"

"在什么时候？"

"是在10年以前。"

"那以后你干了些什么呢？"

"干什么？呆在监狱里。"

**大智慧**：除了被迫为自己的行为承担必要的责任，很多人根本不知道主动去担当些什么。对这些人而言，无所事事也许就是对社会最大的贡献了。

## ⊙ 懒人

一个懒人，什么也不做，日子一久生活都成问题了，邻居想了一下说："那你去守坟，因为没比那更轻松的人"。可是没去多久，又回来了，他生气地对邻居说："气死我了，我不干了"

"为什幺呢？"

"简直太不公平了，他们都躺着，只有我一个人站着。"

**大智慧**：懒惰是懒惰者的墓志铭。对于懒惰的人，总是能为自己的行为找到借口。

## ⊙ 困难的处罚

一个士兵从中尉身边走过，没有敬礼。中尉把士兵叫了回来，严厉地说："您没有向我敬礼，为此您要受到处罚，罚您做100遍。"

这个当儿，将军走了过来。

"怎么回事？"他看见士兵老在敬礼，问道。

"这个不懂礼貌的家伙不向我敬礼，因此我罚他敬100次礼。"

"一点儿也不错，"将军笑着夸奖说，"不过，先生，您不要忘记，您也得回他100次礼。"

**大智慧**：利益对于双方的作用是相互，并没有绝对的输赢方，你在想办法让别人受到伤害的同时，自己也会为此付出相应的代价。

## ⊙ 遇到强盗后

A先生正在与他的一个吝啬的朋友在商店里购物，突然，有两个强盗闯进来抢劫，当强盗开始挨个搜查顾客的腰包时，A突然觉得他的朋友在轻轻地捅他并悄声说："拿着这个。"

"别给我手枪，我可不想当英雄。"

"快拿着吧，这是我欠你的二十五元钱。"

**大智慧**：吝啬之人最舍不得的不仅是钱财，常常是还有责任和承担。

## ⊙ 仅判一星期

某人被指控酒后驾车，他在法庭上为自己辩护。

"我只是喝了些含有酒精的饮料，并没有像指控书上说的那样——喝醉了。"

"是啊，正因为像你说的这样，我才没有判你七天监禁，而仅判处你关监禁一星期。"法官笑着答道。

**大智慧**：如果真正做错了事情，要么寻找别人的宽容，要么接受惩罚。狡辩是没有任何用处的。

## ⊙ 还是步行好

阿拉尔罕买了10头驴子。当他骑在驴上数数时，发现只有九头。而当他下来步行时，所数的驴子正好是10头。骑上去数，又是9头。跳下来数，又是10头。反反复复十来次，阿拉尔罕总结道："还是步行好！"

**大智慧**：愚蠢的人总是能为愚蠢找到借口，但也必然为愚蠢付出代价。虽然我们不是愚蠢的人，但生活中还是要避免做类似的愚蠢事情。

## ⊙ 出国理由

某学校决定在二班选派一名同学到美国留学。班主任请大家考虑派谁去最合适。

一学生高兴地站起来说："老师，让我去最合适。我白天上课就想睡觉，晚上却老是睡不着。因为中国白天时美国正好是夜里呢。"

**大智慧**：你也许会为自己终于找到了一个能使自己获取利益的借口而沾沾自喜，却不会发现那些甚至谈得上是愚蠢的借口早已被周围的人洞察在心。

## ⊙ 无辜的罪犯

罪犯送了一份丰厚的贿赂给他的辩护律师。在法庭上，由于律师出色的辩护，罪犯被宣布无罪释放了。律师送罪犯到法庭门口，问他："现在你已经获得释放，你能告诉我实话吗？那个人是不是你杀的？"

"律师先生，我很感谢你！当我在法庭上听到你为我所作的辩护时，我就认为我是无辜的。"

**大智慧**：当我们急于摆脱责任而辩护时，可能所有的理由都是为了获取那个开脱自己的结果。那时你所说的一切，也许就不再是事情的真实情况了。主观上的倾向，绝对影响你对事情的看法。

## ⊙ 法律幽默——诚实的贼

"这么说，你声明你偷食品是因为你快要饿死了，"法官说，"那么你为什么不拿吃的，却偷光了钱柜呢？"

"因为，我是一位有自尊心的人，法官先生，"被告回答说，"我总是遵循一条规则：我吃什么都要付钱。"

**大智慧**：当一个人即将面对法律的制裁，往往会使出众多的借口为自己辩护。而法律却只会选择那些合法合理的理由去相信。

## ⊙ 吓唬贼的

一个年近四十尚未婚嫁的老姑娘在她新租的公寓门口竖了一个非常醒目的牌子,上书:"破铁侦探所"。一天,一个女顾客敲开了她的家门,"非常抱歉,未能事先与您约好就贸然造访。我是看到您门口的牌子来请您去调查一下我丈夫的品行的。""真抱歉,我也不是这一行的,那块牌子只不过是用来吓唬贼的。"老姑娘答道。

**大智慧**:伸手再敏捷的贼面对正义与公理也会怯懦。我们打击犯罪的唯一办法是行动,而决不是逃避。

## ⊙ 5年的时间

法官对被告说:"你怎么能证明你是无罪的呢?"

"当然,这得让我好好想一想。"

"好吧,给你5年的时间,足够了吧!"

**大智慧**:我们以为能逃避责任的借口,最后也只是促成我们承担责任。

## ⊙ 好学不倦

典狱:"你昨天才出狱,怎么今天又犯法了?犯人:"我在狱中,学的藤手工,还有一种手提包织法没有学会,只好前来补习。"

**大智慧**:我们为自己寻找的借口,总是自以为津津有味。在别人眼中,却只是可笑而已。所以,有时候沉默甚至都好于无聊的借口。

## ⊙ 心安理得

奶场老板:你今天是不是往牛奶里掺水了?

新助手:是的,先生。

奶场老板:难道你不知道这是不道德的吗?

新助手;是的,先生。但您不是亲口说过……

奶场老板:我是说,你应该先准备好一桶水向里面倒牛奶,这样我们便可以心安理得地对人们说,我们可没往牛奶里掺水,明白吗?

**大智慧**:人能不能把自己骗了?这是一个非常深刻的哲学问题。但现实生活中的自我欺骗不外乎两种情况:逃避责任或者寻求心理安慰。

## ⊙ 顾此失彼

某西方国家征募志愿兵的一张广告上写道:"参加伞兵吧,从飞机上跳下来还不如过马路危险。"有人在广告下面写道:"我很愿意参加,可征兵办公室在马路的对面。"

**大智慧**:除非你什么都不要做,否则就要担当一定风险。当你决定做一件事情的时候,相信也已经准备好了去面对各种波折而不言放弃。

## ⊙ 农夫求医

一位出名吝啬的农夫请医生给他的妻子看病。

“人家说你十分吝啬。”医生说，“我一定拿得到医诊费吗？”

“不管你治好或治死她，你都可以不必打官司便可拿到钱。”农夫说。

医生便悉心医治，可妇人还是死了，医生要求农夫付诊费。

“你治好了她吗？”农夫问。

“没有。”医生承认。

“那你把她治死了!？”农夫又质问。

“当然没有！”医生怒气冲冲地说。

“那么，我就不欠你分文。”农夫于是说。

**大智慧**：我们在最初所感激的，在最后的时刻往往会成为追求公平的阻碍。其实，最初他人所要赏赐你的不过是种圈套，他只是想要达到他自己的目的而已。因自己理解的偏差所造成的后果，终归要靠自己承担。人在江湖，谁都在为自己而挣扎。输了，怨不得他人。

## ⊙ 和人一样

“我发明了一种机器人，简直和人一模一样，”一位发明家对同事夸耀道。“它从不出错吗？”同事问。

“不，但是当它犯了错误时，会把责任推到其它机器人的身上。”

**大智慧**：推卸责任也许是人的天性，但是推卸责任后的结果往往是他将不再被人委以责任。

## ⊙ 旁敲侧击

小汤的母亲疼子心切，在送小汤上小学的第一天就向小汤的老师要求不能惩罚小汤。老师警告她，这样子对小孩子没帮助，只会宠坏了他。她想了一会儿后，说：“好吧，如果小汤做错了什么事，就惩罚他邻座的孩子吓吓他好了。”

**大智慧**：指责和攻击别人的缺点很容易，但正视和矫正自身的不足是不是远比前者来得重要呢？毕竟自己的缺陷总要自己来承担！

## ⊙ 安全带

空姐向乘客广播：“女士们，先生们，请扣好安全带。飞机马上就要起飞。”飞机起飞后，喇叭里又传来空姐的声音。“请将安全带扣紧一些。很抱歉，今天的早餐，我们忘记装上飞机了。”

**大智慧**：在生活中，我们也许易于丢失一支笔，一包烟，甚至钱包和珠宝。对于此的态度，我们或者是不以为然，或者是惋惜不已。但是在我的内心中，有没有意识到：真正可怕的是，我们丢掉了责任！

## ⊙ 孩子的逻辑

老师：我们学校由下学期起，转用全英文授课。

甲同学：我们会听不懂的。

老师：不要担心听不懂，学语言就是要多听，你们每天听我说英语，时间久了自然就会明白。

乙同学：可是我每天听家里的小狗叫，也不知道它在说什么？

**大智慧**：生活总有极端、意外、甚至无厘头。但是，这些不能成为我们逃脱责任的借口。还是正视现实，肩负责任，老老实实地努力吧！

## ⊙ 腿与蛋

农场中一只猪与一只母鸡在谈慈善。猪说：“我很想有一个方法能帮助那些没有饭吃的穷人。”鸡说：“我们来合作，可以做一个火腿蛋来给他们吃。”猪摇头说：“你说得倒容易。你只是贡献一个副产品，而我却要不见了一条腿。”

**大智慧**：说说好话是容易的，付出点无关痛痒的小代价也不难。但是生活不是小孩子，他成熟而睿智——最看中真正务实努力的厚重！

## ⊙ 专科

刚考获医生资格，仍有点飘飘然的年轻人，去看他的家庭医生，告诉他现在他们已成了同行。

“你大概有意做专科医生？”老医生说。

“对的，”年轻医生说，“专看鼻病。耳和喉过于复杂，不能和鼻子并为一科。”

“真的吗？”老医生说，“你预备专看哪一个鼻孔？”

**大智慧**：比起承担责任，避重就轻当然是件很容易的事。但是，当我们回避职责的同时，也就屏蔽了认识的深刻和能力的增长，仅仅剩下了肤浅的无知和可怜的虚荣。

## ⊙ “理”在其中

杰克骑着自行车在街道上疾驶，过往的人群纷纷避让。

警察阻止他问：“您为什么骑车这么快？”

杰克回答：“我的刹车坏了，所以我想尽快骑回去修理，以免发生意外。”

**大智慧**：出现问题已然很糟糕——我们绝不能再不知悔改地采取更加糟糕的态度和对策——那样的不负责任和鲁莽冒险只会使问题更加严重甚至不可挽救——离我们的初衷越来越远。

## ⊙ 牺牲品

丈夫对妻子说：“明天是咱俩结婚20周年纪念日，应该宰一只鸡。”

妻子快快地道：“宰一只鸡，难道它应该为咱们在这20年中的争吵不和负责吗？”

**大智慧**：我们在生活中经常会“导演”出各种问题，而我们自身恰恰又是里面的演员。但是，似乎我们常常忽略了自己应该充当的角色和肩负的责任，而是完全作为一个转嫁责任的逃避者，不是吗？

## ⊙ 报复

一位弥留之际的男人向妻子立下遗嘱：“我死后，但愿你能嫁给我们的邻居埃德先生。”妻子不解，于是他又解释说：“两年前，这混蛋卖给我的奶牛根本挤不出奶，我现在也要让他尝尝受骗的滋味！”

**大智慧**：当一个人心中充满着仇恨并一心只想着报复的时候，他为报复所付出的代价，往往会超出最初他所受到的损失，而他自己对此却浑然不觉。

## ⊙ 红灯和警察

有一个人晚上开着车，经过一个十字路口，这时黄灯已转成红灯，他心想反正没车，于是加速冲了过去，结果不巧被警察拦了下来，警察问他：“你没看到红灯吗？”

“有啊！”他答。

“那你怎么还闯红灯啊？”警察又问。

他说：“因为我没有看到你呀！”

**大智慧**：我们常想在生活中取巧，以为神不知鬼不觉，殊不知我们所做的事是天地皆知，无所能隐。反思一下自己近日的生活，是否每件事都可以摊在阳光之下，而不再找借口及理由来欺骗和搪塞呢？

## ⊙ 咳嗽

“大夫，我咳嗽得厉害。”

“你多大年纪了？”

“七十五岁。”

“二十岁时咳嗽吗？”

“不咳嗽。”

“四十岁时咳嗽吗？”

“也不咳嗽。”

“那现在不咳嗽，还要等到何时咳嗽？”

**大智慧**：必须经历的一些挫折，不必在发生的时候表现出渴望获得帮助的无奈表情。因为人生中有些事情是必须独自承担的，除了承受，你别无选择。

## ⊙ 猫价浮动

在市场上，一位顾客问：“喂！这只猫多少钱？”

“先生，100法郎。”

“可昨天您只要20法郎。”

“因为今天早晨它吃了我家一只价值80法郎的鹦鹉。”

**大智慧**：当我们因为自身的失误，事情没有做成，甚至弄得一团糟——这时，最重要的不仅是想办法弥补，还要有一种承认责任的态度，决不是转嫁于人！

## ⊙ 上班

丈夫早晨6点回家，妻子还在睡觉。他轻轻脱掉衣服，悄悄向床走去。

——你从哪里这么晚回来？

——难道你没看见，我要去上班。

丈夫边回答，边走向刚脱下来的衣服，开始穿裤子。

**大智慧**：自以为高明的谎言总是伴随着自己身在其中的“牺牲”。最少的牺牲可能只是睡眠，更多的可能就连说谎者自己都无法言清。

# 笑谈选择取舍与困惑

卷·首·引·言

人的自由在于能够选择，动物无法选择和改变遗传基因所带来的一切，也就没有自由。因此，自由和选择基本上是同义的。但是，如果说能够选择是人最大的自由，是人类优越于其它物种的地方，那么，选择带来的痛苦和困惑也只有人才能够品尝到。因为有选择，就要有取舍，有取舍，势必瞻前顾后，左右不定。痛苦和困惑也就降临了。

如此一来，我们每天都在向往的自由并不是多么美妙的字眼。在古希腊，自由本来就有"刑罚"之义，并没有"为所欲为"的轻松。确实，选择彰显的是人的自由，但选择的自由却要求我们自主地承担自由选择所带来的一切后果，也就是说要承担代价，无论这种代价是否是自己愿意看到的。因为，"决断"是你自己做出的，所以选择的结果也必须是你自己承担，任何人都不会对你负责任。

正是在这个意义上，一些伟大的哲学家都把人的本性看作是自由的。自由不是你想要不想要的东西，也不是能够失去，也能够再次获得东西。自由就是自由，它根植于人的生存方式中。也就是说，人不能不自由，如果你没有感觉到自由，那也是你自由地选择了不自由。为什么呢？我想，你我都明白，逃避自由是因为自由的代价太大，还不如逃避在人群中，至少这种"不选择"不会带来责任和代价。

## ⊙ 毅力

乞丐对胖夫人说："尊敬的夫人，你行行好吧，我已经三天没吃一点东西了。"

胖夫人说："啊，我真羡慕你，我要是有你这样的毅力，早就苗条起来了。"

**大智慧**：有一种选择并不意味着自己运用了意志力而获得了想要的结果。更多的时候，那种让他人为之敬佩的选择往往是当事人没有选择余地的"选择"。

## ⊙ 等我们睡着

有两名仆人在珠宝店巡夜，突然来了一群强盗想破门而入。一名仆人高声叫道："你们先回去，一会儿等我们睡觉以后，你们再来。"

**大智慧**：那些不愿承担和不敢抗争的人总是选择闭着眼睛去面对。

## ⊙ 无需再锦上添花

英国唯心主义哲学家休谟(1711—1776年)也是一位经济学家、历史学家。他晚年退休后，每年还能拿到1000英镑的退休金和印书稿费。他在爱丁堡图书馆做管理员时写的《大不颠史》是一本重印多次的畅销书。周围的人劝他再写续集，一直写到当代。

哲学家摊开两手说："你们已经给了我太多的荣誉，先生们，但我不想再写了，理由有四点：我太老了，太胖了，太懒了，太富了。"

**大智慧**：锦上添花固然更加美好，但有的时候维持现在的样子也许是一个更好的选择。如果偏要去做的话，有可能就是画蛇添足，多此一举。

## ⊙ 苏格拉底的婚姻观

柏拉图有一天问老师苏格拉底什么是婚姻，苏格拉底叫他到杉树林走一次，要不回头地走，在途中要取一棵最好、最适合用来当圣诞树的树材，但只可以取一次。柏拉图充满信心地出去，半天之后，他一身疲惫地拖了一棵看起来直挺、翠绿，却有点稀疏的杉树。苏格拉底问他："这就是最好的树材吗？"柏拉图回答老师："因为只可以取一棵，好不容易看见一棵看似不错的，又发觉时间、体力已经快不够用了，也不管是不是最好的，所以就拿回来了……"这时，苏格拉底告诉他："那就是婚姻！"

**大智慧**：时光不可以倒转，抉择不可以再选择。因此选择要慎重，虽然有的时候并不是最好的，但是只要是你最满意的那就足够了。

## ⊙ 经济学家顾问

有一天，尼克松总统像他的阁员抱怨，希望他的经济学家顾问只有一只手。阁员纷纷表示不解，问为何如此，尼克松总统于是回答说："因为他老是对我说：'On the one hand …… But on the other hand……'"

**大智慧**：有的时候我们需要肯定地做出选择，犹豫不决、优柔寡断只会耽误要事。果断，也许正是我们所缺少的重要的能力。

## ⊙ 近视新娘

母亲陪同刚度蜜月回来的有深度近视的女儿到眼科挂急诊。

医生笑这位母亲太紧张了。因为对于一位正在蜜月中的女性，再怎么急诊也轮不到眼科呀。

这位母亲气急败坏地说："谁说不需要眼科急诊，跟她回来的那个男人，根本不是先前跟她去度蜜月的那个男人。"

**大智慧**：心的选择往往不由于"眼"。当一种选择足以让周围的他人之眼为之疑惑的时候，可能正是当事人的心，为之肯定的时候。

## ⊙ 公开诱惑

一个教堂门前草坪上立着一块牌子，上面大书："如果你对罪恶厌倦了，请进来。"

下边用红唇膏写着另一行字："如果不厌倦，请打电话阿曼扎区8894号。"

**大智慧**：其实，现实世界中的人们面对的何止是一种单纯的文字上的诱惑。这个世界本身就意味着或善良或邪恶的选择。

## ⊙ 不在视线之中

青年时代的林肯在伊利诺斯州的圣加蒙加入民兵。上校指挥官是一个矮个子，身高只有四英尺多一点，而林肯的身材特别高大，大大超过指挥官。

由于林肯自己觉得身材高，他习惯于垂着头、弯着腰走路。上校看见他那弯腰曲背的姿势十分生气，把他找来训斥一顿。

"听着，阿伯，"上校大声喊道，"把头高高地抬起来，你这家伙！"

"遵命，先生。"林肯恭敬地回答。

"还要再抬高点。"上校说。

"是不是要我永远这个样子？"林肯问道。

"当然啦，你这家伙，这还用问吗？"上校冒火了。

"对不起，上校，"林肯面带愁容地说，"那么只好与你说声再会啦，因为我永远看不见你了！"

**大智慧**：任何事情总是利弊相关的，如果我们获得的收益能大于我们的损失，这样的事情是可为的，反之则不可为。我们唯一要确定的是得失的比例罢了。

## ⊙ 国王与评论家

有位国王喜爱画画。他以为他的画画得不错，于是，他把作品都拿给手下的人看。这些人一概奉承他。

一天，国王找来一位著名的大画家，画家看了国王的画，对国王说："要我评论您的画未尝不可，不过先得把我送进牢房。"

**大智慧**：皇帝新装的上演注定不是一幕两幕，并不是每个人都有勇气为说出真相付出代价。

## ⊙ 猴子吃豆子

一只猴子手里抓了一把豆子，高高兴兴地在路上一蹦一跳地走着。一不留神，手中的豆子滚落了一颗在地上，为了这颗掉落的豆子，猴子马上将手中其余的豆子全部放置在路旁，趴在地上，转来转去，东寻西找，却始终不见那一颗豆子的踪影。

最后猴子只好用手拍拍身上的灰土，回头准备拿取原先放置在一旁的豆子，怎知那颗掉落的豆子还没找到，原先的那一把豆子，却全都被路旁的鸡鸭吃得一颗也不剩了。

**大智慧**：权衡利与弊，计算多与少，永远不要做那种为了微不足道的一两个而丢掉一切的愚蠢之举。

## ⊙ 猴子砍尾巴

猴子想变成人，它知道要变成人，至少要砍掉自己的尾巴，因为人没有尾巴。于是猴子拿起刀，决定动手砍掉尾巴，但动手之前，猴子被三件事困扰住了：一是砍尾巴的时候会不会很疼？它怕疼死。二是尾巴砍了以后身体还能不能保持平衡，能不能保持灵活性，能不能活的长久。三是尾巴一生下来就和自己在一起，跟了自己很多年了，不忍心抛弃它。这个问题一直想不通，所以一直无法下手砍掉自己的尾巴，直到今天猴子也没有变成人。

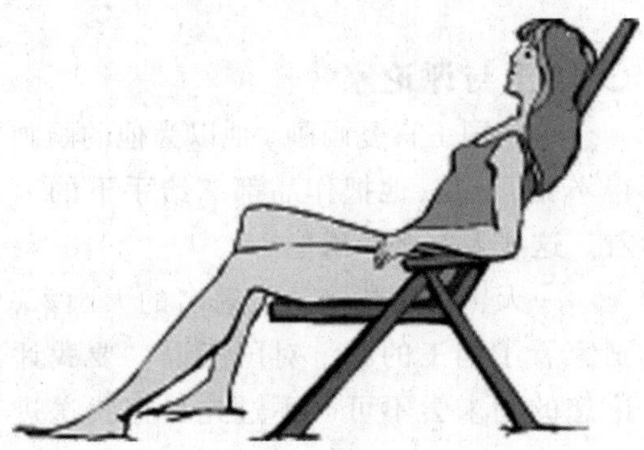

**大智慧**：蜕变和完美需要痛苦的挣扎，恐惧和顾虑太多是前进之大忌。

## ⊙ 明智的选择

1888年，美国第23届总统竞选之日，候选人本杰明·哈里森很平静地在等候最终的结果。他的主要兴趣似乎在印第安那州。

印第安那州的竞选结果宣布时已经是晚上11点钟了，哈里森在此之前早已上床睡觉了。第二天上午，一个夜里给他打过祝贺电话的朋友问他为什么睡这么早。哈里森解释说："熬夜并不能改变结果。如果我当选，我知道我前面的路会很难走。所以不管怎么说，休息好不失为是明智的选择。"

**大智慧**：生活中有一些事情，是你凭借自己的力量无法操纵的。上帝决定的事情，你就不要想了，做好现在的事情才是明智的选择，也是最有意义的。

## ⊙ 留声机和助听器

爱迪生一生取得了1093种发明的专利权，其中留声机的发明使他最为得意。当有人问起，他为什么不发明一种助听器时，他说："你在过去的24小时内听到的声音，有多少是非听不可的呢？"他接着又说："一个人如果必须大声喊叫，就绝对不会说谎。"

**大智慧**：在这个信息爆炸的社会，培养分辨真假信息能力显得尤其重要了。这个幽默就告诉了我们一个分辨信息的基本原则：真的、有价值的信息永远敢于在阳光底下暴晒。

## ⊙ 勇气

美、英、德的三位海军上将正在热烈的讨论什么是真正的勇气。

美国人和德国人谈完以后，英军上将最后发表见解。他叫来一个水兵，板着脸说："听着，我命令你爬上三百米高的旗杆，行三次礼，然后从上面跳下来。"

"什么？你疯了！"水兵愤怒地盯着上将，大声咆哮，"你让我找死吗？还是你出了什么问题?

"瞧，先生们！"那英军上将得意地说，"对我们这些司令官来说，这才是真正的勇气！"

**大智慧**：坚持正确的观点不仅仅需要头脑，更多的是需要勇气。科学的发展伴随的是科学家对真理的执著和坚持。

"不唯权，只唯实"，是我们必须遵循的原则，尽管有时候要付出代价。

## ⊙ 以其人之道，还治其人之身

一个诗人因作品不被人注意而求助于英国作家王尔德："这帮无耻的家伙！居然以默不做声掩饰他们的无能。王尔德先生，我该怎么对付他们？"

"以其人之道，还治其人之身。"王尔德轻轻地回答。

**大智慧**：有些人总是自以为是的对别人大加指责，确不愿意反省自己。对于习惯推卸自己责任的人，最好的办法是：以其人之道，还治其人之身。

## ⊙ 天意

病人顽固地反对做手术。他说："既然上帝把盲肠放在这里，那一定是有他的道理的。"

"当然，"医生回答道，"上帝给你盲肠，就是为了我能够把它拿出来呀！"

**大智慧**：天意所意味的不仅仅是接受和顺从，在必要的时候，我们自己要懂得和敢于舍弃才好。

## ⊙ 四封断头信

科学家戴辛有次交给著名影星凯瑟琳·赫本一个剧本。赫本看后便坐下来写信："亲爱的戴辛先生，承蒙你送给我这样一部动人的剧本，我非常感谢。剧本很有趣，只是……"

写到这里她停了下来，不喜欢信里的虚伪口吻，于是另外铺开一张纸再写："亲爱的戴辛先生，我用心看了好几次，还是不明白这个乱糟糟的剧本说些什么……"她再次停笔，从头再写："戴辛先生，我从没见过这样无聊而又令人丧气的剧本……"

不行，她认为说得太过火了，又改写为："亲爱的戴辛先生，承蒙眷顾，不胜感谢，可惜工作过忙，无暇抽身……"还是不行，为什么要扯谎呢？

后来她和朋友谈起这件事情，朋友问她最后怎样决定。她说："我把四封信装进一个信封，统统寄给他了。"

**大智慧**：人最大的优越之处是能够选择，不像动物那样宿命地生存着；人最大的不幸也是能够选择，因为它必须为他自己的选择承担代价和风险。

## ⊙ 死人数

英国诗人捷尼逊写过一首诗，其中几行是这样写的："每分钟都有一个人在死亡，每分钟都有一个人在诞生……"

有个数学家读后去信质疑，信上说："尊敬的阁下，读罢大作，令人一快，但有几行不合逻辑，实难苟同。根据您的算法，每分钟生死人数相抵，地球上的人数是永恒不变的。但您也知道，事实上地球上的人口是不断地在增长。确切地说，每分钟相对地有1.6749人在诞生，这与您在诗中提供的数字出入甚多。为了符合实际，如果您不反对，我建议您使用7/6这个分数，即将诗句改为："每分钟都有一个人死亡，每分钟都有一又六分之一人在诞生……"

**大智慧**：人生是模糊的，科学的选择未必是最好的选择。有些事情，为什么非要搞得那么精确呢？

## ⊙ 谁的脚多

蛇、蚂蚁、蜘蛛、蜈蚣几个人在家里搓麻将。8圈之后，烟抽完了。大家商量让谁去买烟。蛇说：我没脚，我不去，让蚂蚁去。蚂蚁说：蜘蛛八只脚，比我的多，让蜘蛛去。蜘蛛说：我的脚再多也比不过蜈蚣大哥呀，让蜈蚣去吧。蜈蚣无奈，心想：没办法，谁让我脚多呢？于是蜈蚣出门去买烟……一个多钟头了，不见蜈蚣回来，两个钟头后，还不见蜈蚣买烟回来。于是大家让蜘蛛出去看看，蜘蛛一出门就看见蜈蚣在门口坐着，蜘蛛很生气，问：你怎么还不去呀？大家等着呢。蜈蚣也急了，说道：废话！你们总得等我穿好鞋吧!!!

**大智慧**：古人说，"凡事有利必有弊"，聪明的现代人往往总是看到事情的好处，少考虑事情的坏处。考虑问题不全面的唯一结果就是"欲速则不达"。

## ⊙ 难分伯仲

一位旅行者来到了一个小车站，他问站长："这儿有几家旅馆?"

"两家。"

"请问哪一家好？介绍一下行吗？"

"这可是个难题啊。因为你只要到了任何一家，马上就会后悔，怎么没上另一家。"

**大智慧**：人们常常会为已经做出的选择感到后悔，尤其是所谓的选择都非尽如人意的时候。

## ⊙ 左右为难

在法庭上，被告一直把手放在口袋里，法官说他没有礼貌。他回答说："我简直不知道该怎么办才好！把手放在别人的口袋里，你们惩罚我，放在自己的口袋，又说我没礼貌！"

**大智慧**：我们总是在说无从选择，但无从选择的背后可能是我们自己将选择的答案设定为不合理，而合理的答案早已被我们自己排除在选择的范围之外。

## ⊙ 裸体游泳

巡警："这里不许钓鱼。"钓者："我不是钓鱼，是让蚯蚓练习游泳。"巡警："那末，把蚯蚓给我看。"

钓者："你看！"巡警："不行！裸体游泳，该罚钱。"

**大智慧**：当你的错误做法已经显而易见的时候，狡辩决不是一种聪明的选择，因为他人早已经做好了惩罚你的准备。

## ⊙ 找钱包

丈夫的一个装着很多现金的钱包找不到了，他正在搜索自己的衣袋。妻子在一旁问：

"你裤子口袋找过了吗?"

"找了，没有。"

"西装上衣的几个口袋呢?"

"也找了，没有。"

"贴身的内衣口袋呢?'

"没敢找。"

"为什么?"

"如果那里要是再没有，我的心脏病准得发作。"

**大智慧**：为了留住仅存的希望，很多人不忍揭开最后的真相。可人总得去面对现实，而勇气是自己给自己的。

## ⊙ 可以选择

某天吃完套餐，侍者过来收盘子，我就问他是不是有餐后饮料可以点？他说可以，请看菜单选择。

我就点咖啡，我同学点红茶，侍者却说："对不起，咖啡和红茶都卖完了！"

我问："那还有什么可以选择的？"

侍者："我们只有橙汁。"

我有点不爽："那你还说可以让我们选择？"

侍者酷酷的说："你们可以选择要或是不要。"

**大智慧**：有时候别人给你选择，你

却未必会有选择的权利。其实大家彼此都明白,其实你只有一条路可以前行。

## ⊙ 祝词

大腹便便的施密特先生决定独自在餐馆里迎接新年。他坐在餐厅角落里叫来了服务员,他说:“请你给我送上一高脚杯伏特加酒、一份肉饼,为了迎接新年,你最好能再送我一句美好的祝词。”

过了几分钟,服务员将酒和肉饼端到了施密特的面前。施密特问:“说吧,你送我的祝词是什么呢?”

服务员俯身对着他的耳朵轻声说:“别吃肉饼了,先生。”

**大智慧**:当别人对我们的忠告中肯而正确的时候,往往是我们最难抉择的时候,因为那些忠告的内容可能就是我们自己不想去改变或是很难去改变的。

## ⊙ 替补猴子

某动物园来了只小狮子,和一只老狮子关在一个笼子里,管理员每次来喂食时总是给小狮子一根香蕉,而给老狮子的则是一块肉。小狮子心想:“可能我是新来的,不要太计较。“

经过三个月后,还是如此,小狮子终于按捺不住地问管理员:”为什么我来了三个月还只是吃香蕉!”管理员回答说:“因为你补的是猴子的缺呀!”

**大智慧**:有些时候,别人的定性总是让我们得不到本应属于我们自己的东西。而这时候最重要的是我们是否清醒的认识自己并做出选择:妥协现实就接受别人眼中的自己;追求梦想就告诉别人什么才是真正的你。

## ⊙ 两全其美

古时候,齐国一户人家有个漂亮女儿。同时有两户人家来提亲。东家家境富容,但儿子长得丑;西家儿子长得好看,却家境贫寒。父母不好决断,就让女儿袒露一支胳膊暗示自己的意思。结果女儿把两只胳膊都袒露出来。母亲问女儿:“你这是什么意思?”女儿回答说:“我愿意在东家住宿,在西家吃饭。”

**大智慧**:趋利避害是人的本能,但往往两者是相辅而生的,人只能根据自己的条件和判断来做选择,像上面这种只选利的方法常常是行不通的。

## ⊙ 挣钱

小女儿:爸爸,我给您挣钱啦!

爸爸:好女儿,等长大了再挣钱。

小女儿:不,我现在就挣钱了。您看,我已经挣来了。

爸爸:咦,三分钱,哪来的?

小女儿:是我卖牙膏皮挣来的。

爸爸:牙膏呢?

小女儿:挤到垃圾箱里去了。

爸爸:啊!……

**大智慧**:生活中,我们总是在做这样的事情:为了获得而丧失更有价值的东西。只因为我们眼中充满了代表获得的一切,对于那些在获得中所失去的,我们已经无法发现。

## ⊙ 得与失

年轻人下班回家，发现新婚妻子在发愁。

“我真是没用，”她说，“我刚才替你熨那套西装，把裤子臀部烧了个大洞。”

“不要紧，”她丈夫安慰说，“那套衣服我多备了一条裤子。”

“对，”妻子高兴起来说，“幸亏这样，我用那条裤子把烧的洞补上了。”

**大智慧**：我们总怕有所失，所以常常预留备份，甚至冒险地脚踏两只船，以谋求万无一失。可是，生活本身并不完美，而是真实——即使残缺，也是真实的美！

## ⊙ 等一分钟吧

有一个人问上帝：“伟大的上帝，在你的眼睛里，一千年的时间意味着什么？”

上帝回答道：“只意味着一分钟罢了。”

“万能的上帝呀，在你的眼睛里，一万个金币又意味着什么呢？”

“仅仅意味着一个小钱罢了。”

“慈悲的上帝呀，那就请你恩赐给我一个小钱吧！”

“好，可怜的人，就请你稍等一分钟吧！”

**大智慧**：世上有些人，总是营造一些怪圈或者逻辑，目的是从普通人那里获取利益，任何事情其实都是相对的，得到东西的时候，也是要付出相应的代价。“天下没有免费的面包”或许是对这些人最好的警示。

## ⊙ 过河

一个船夫划船送一位哲学家过河，上船时哲学家问，你懂哲学吗？船夫说不懂，哲学家说，你生命的一半没有了。船划了一段后又问，你懂历史吗？船夫说不懂，哲学家说你生命一半的一半没有了。划到河中间时一阵大风刮来，船翻了，船夫问哲学家，你会游泳吗？哲学家说不会。船夫说你整个生命没有了。

**大智慧**：这是马克思晚年在写给女儿信中讲的一个故事，是在说明思想理论与现实经验的差异。什么是经验？经验是实践的升华，是现实的感悟，是自我否定的积累，是付出一定代价后的重新认识。记住，原始的不一定是落后的，理性的不一定是现实的，直觉的不一定是肤浅的，有趣的不一定是有效的，荒诞的不一定是有益的，失败的不一定是消极的，模糊的不一定是混乱的，精细的不一定是高明的，传统的不一定是保守的，玄妙的不一定是深刻的，全靠你用脑子去思辨，去选择。

## ⊙ 失火

一位好莱坞影星的豪华别墅失火了。

“赶快通知电视台、广播电台和所有报社的记者！”主人吩咐女仆。

“好吧，先生。可消防队还要通知吗？”女仆问。

**大智慧**：对于某些人来讲，名利简直比生命还重要，可究竟什么最重要，这可是需要用一生来回答的问题。

## ⊙ 选择

有一个古老的难题在传说：当你的母亲、妻子、孩子都掉进水中时，你先去救谁。

不同的人给出不同答案，众说纷纭。哲学家们就不同的答案给出深入的分析，说明不同的人思想、灵魂、文化深处的重大差异。

这一次，一位农民给出了他的答案。他的村庄被洪水冲没，他从水中救出了他的妻子，而孩子和母亲都被冲跑了。

事后，大家七嘴八舌，有的说救对了，

有的说救错了。

哲学家问农民当时怎么想的。农民说:“我什么也没想。洪水来的时候,妻子正在我身边,我抓住她就往高处游。当我返回时,母亲和孩子都被冲跑了。”

**大智慧**:不要给有些选择赋予太多的牵强意义,很多时候,选择的理由只是本能,只是一种自然的最可能成功的反应。

## ⊙ 完美

有一个男人,他一辈子独身,因为他在寻找一个完美的女人。当他七十岁的时候,有人问他:“你一直在到处旅行,从喀布尔到加德满都,从加德满都到果阿,从果阿到普那,你始终在寻找,难道你没能找到一个完美的女人?甚至连一个也没找到?”

那老人变得非常悲伤,他说:“是的,有一次我碰到一个完美的女人。”

那个发问者说:“那么发生了什么?为什么你们不结婚呢?”

他变得非常非常伤心,他说:“怎么办呢?她正在寻找一个完美的男人。”

**大智慧**:人们总是虚幻地认为,只有找到一个完美的男人或一个完美的女人,才能够去爱。事实上,“完美“一词只不过是人的理想,是现实中不存在的空中楼阁。完美只能向往,却不能当作现实的对象来追求,退一步,缺憾何尝不是一种美?

## ⊙ 放手吧!

一个小男孩玩耍一只贵重的花瓶。他把手伸进去,结果竟拔不出来。父亲费尽了力气也帮不上忙,遂决定打破瓶子。但在此之前,他决心再试一次“儿子,现在你张开手掌,伸直手指,像我这样,看能不能拉出来。”

小男孩却说了一句令人惊讶的话:“不行啊,爸,我不能松手,那样我会失去一分钱。”

**大智慧**:诸位尽管笑——多少人正像那男孩一样,执意抓住那无用的一分钱,不愿获得自由。请你放掉那些无意义的东西。放手吧!获取本属于我们的生命自由。

# 笑谈做人做事与规则(一)
## ——积极地做事

### 卷·首·引·言

说做事,就不能不说做人。可以说,做人和做事是一体的。现实生活中,常有这样的情况:有的人不能把做事与做人很好地统一起来,做人缺少做事的本领,做事又缺少做人的品质,使人生之路上留下一些大大小小的缺憾。因此,做人做事,看似简单,却不可不仔细思量。

会做人并不等于会做事,会做事也不等于会做人,两者之间虽然有着紧密的关系,但决不能简单地画等号。会做人不会做事,是一个残缺的人;会做事而不善于做人,在做事的过程中也容易犯错误,甚至可能处处碰壁。只有这两个方面互为促进,相辅相成,才能构成一个大写的"人"。

老老实实做人,勤勤恳恳做事,解决了这两个问题,才能具备高尚的道德修养和良好的人格魅力,才能让组织、领导和同事都感到可靠、可信、可用、可交。

## ⊙ 找孩子

有个人带着小男孩外出。这小男孩身穿一件红上衣。他抱起小男孩，让他骑在自己的脖子上，迈开大步朝前走去。

走了一程后，这人忽然想起小男孩来，于是逢人就问：

“你看见一个穿红上衣的小男孩没有？”

有个人告诉他：你肩上不是坐着一个穿红上衣的小男孩吗？”

这人伸手抱下小男孩来，打了他一巴掌，骂道：

“混小子，离家的时候我不是对你说过了，叫你不要离开我，刚才上哪里去了，害我好找。”

**大智慧**：如果只是把眼睛放在别人的身上，就永远找不到问题的答案。

## ⊙ 狼与灰鹤

狼吞进一块骨头，骨头卡在喉咙里，咽不下去。于是，狼去找灰鹤，对灰鹤说：

“你把我喉咙里的骨头叼出来，我给你报酬！”

灰鹤把头伸进狼的嘴里，用长嘴叼出了骨头后，对狼说：“给我报酬吧！”

狼说：“你刚才把头伸进我的嘴里，我没有把你的头咬下来，你还不满足吗？”

**大智慧**：面对狼一般的贪婪，也许我们真的应该庆幸自己及时地认识到了什么是不该去相信的。

## ⊙ 聪明的毛驴

摩阿维亚国王到街上散步，在一个磨纺里，他看到一头小毛驴正拉着磨盘转，脖子上还挂着一个叮当作响的铃铛。

国王好奇地问磨坊主；

“你为什么要在毛驴的脖子上挂一个铃铛呢？”

磨坊主告诉他：

“万一我打瞌睡了，毛驴也不走了，它脖子上的铃铛就不响了。我听不见铃铛声，就知道毛驴偷懒了，于是我大喝一声，它就又会转起圈子来。”

国王说：“要是毛驴站在原地不动，光摇头，既没有干活，又能让你听到铃铛响，那怎么办呢？”

磨坊主从来也没有想过这个问题。他说：

“啊，我的陛下，我到哪儿才能买到有你这样聪明的毛驴呀！”

**大智慧**：把简单的事情复杂化确实是一些人的能力，可是顾虑太多哪还有精力去做事情呢？

## ⊙ 蠢人和羊

有一个叫巴基里的阿拉伯人，花十一个铜钱买了一头山羊。他把羊扛在肩上，用两只手托着往家里送。

半路上，他遇到一个老朋友，“这头羊你用多少钱买来的？”

巴基里没有回答，只是把两只手往前一伸，用十个指头表示“10”，他又把舌头往外一伸，加起来自然是“11”了。

可是，他肩上的山羊早已跳下来，逃得无影无踪了。

**大智慧**：不善于运用自身最便利条件的人，往往一无所得。

## ⊙ 安全游泳法

最近，在年轻人中间流传着一条新闻：在大街上办了个“安全游泳指导处”。

人们三两相聚时，就商量着：“咱们得赶忙去学一学安全游泳法。”

开学了，大家都坐在师父面前，心想不知怎么个学法。正在发慌呢，老师又从里屋恭恭敬敬地取出笔墨来，在大家的膝

盖上画上横线,说道:

"我衷心地希望你们:深过这条线的水可千万不能下呀!"

**大智慧**:站在岸上的人永远学不会真正的游泳,只有深入其中才能得到你想要的才识。

## ⊙ 遵守交通规则的人

一个人在马路上飞快地跑着。别人问他为什么跑这么快,他指着路牌气喘吁吁地说:

"你看,上面写着限制时速20公里,我不能违犯交通规则啊!"

**大智慧**:不要随意给自己施加压力,因为有些事情是与你毫不相干的。

## ⊙ 取其精华

法国一家出版社的总编,有一天收到一位年轻女小说家的来稿,连同小说原稿寄来的还有一大盒杏仁糖。看完了稿件,总编给她回了一封信:"你的杏仁糖很可口,我们收下了。可是你的小说太糟糕,我们不能收。以后只寄杏仁糖就可以了。"

**大智慧**:不要试图用一个方面去弥补你觉得尚还不够的方面,很可能这是枉然的,因为你绕开了问题的实质。

## ⊙ 欲擒故纵

在蒙特卡洛作案的老扒手卡鲁,被一个老练的警察逮捕了。

警察叫卡鲁交出一百法朗的罚款,可他身上只有九十法朗。

"先生,就请减免十法朗吧。"

"不行,这是规定!必须交齐100法郎,这样吧,卡鲁,我释放你一个小时。"

**大智慧**:人总是难免犯这样的错误,因为过于拘泥于手段而忘记了目的本身。

## ⊙ 爱显年轻的夫人

一位夫人已经上了年纪,两鬓斑白,脸上皱纹麻密,但她总想把自己说得年轻一些。有一次,她对一位新近结识的朋友说:"你知道吗?我和我妹妹加起来一共六十岁。"

"啊哟哟,"朋友惊叫起来,"难道你把一个这么小的妹抹丢在家里放得下心吗?"

**大智慧**:正所谓"欲盖弥彰",往往是坦然面对比刻意掩盖更能让人忽视你所不愿意接受的事实。

## ⊙ 三思而后行

一辆"耀武扬威"的大卡车上背着一块大木牌,上写:"本车与他车相撞十七次,其中十五次大胜,一次平局,只有一次失利。诸车在撞我之前要三思而后行!"

**大智慧**:在行动之前,你所要想的恰恰是自己,而不是别人。如果所有的人都能照顾好自己,世界就相安无事了。

## ⊙ 到伦敦需要的时间

一个爱尔兰人给旅游公司打电话:"我坐飞机到伦敦将用多长时间?"办事员想看看飞机时刻表,对他说:

"(请等)一分钟,先生!"

"非常感谢!"爱尔兰人满意地答道并挂上了电话。

**大智慧**:做任何事情都要有始有终,半途而废永远不会事半功倍。

## ⊙ 好长一只狗

有个瞎子,走路时踩着了一只正在睡觉的狗的脑袋。

狗"汪汪汪"地叫了一阵。这人又往前走,这回踩到了另一只狗的尾巴。

狗又“汪汪汪”地叫了起来。

瞎子歪着头说道：

“嗬，这只狗可真够长的。”

**大智慧**：“只见树木，不见森林”的人无异于一个瞎子，因为他们同样狭隘的视野。

## ⊙ 解是存在的

工程师、化学家和数学家住在一家老客栈的三个相邻房间里。当晚先是工程师的咖啡机着了火，他嗅到烟味醒来，拔出咖啡机的电插头，将之扔出窗外，然后接着睡觉。过一会儿化学家也嗅到烟味醒来，他发现原来是烟头燃着了垃圾桶。他自言自语道：“怎样灭火呢？应该把燃料温度降低到燃点以下，把燃烧物与氧气隔离。浇水可以同时做到这两点。”于是他把垃圾桶拖进浴室，打开水龙头浇灭了火，就回去接着睡觉。数学家在窗外看到了这一切，所以，当过了一会儿他发现他的烟灰燃着了床单时，他可一点儿也不担心。说：“嗨，解是存在的！”就接着睡觉了。

**大智慧**：马克思曾经说过：“以往的哲学家只是解释世界，而问题在于改造世界。”不要把时间和精力放在解释问题上，找出切实、最有效的解决办法才是当务之急。

## ⊙ 量过了才吃

小林到动物园，发现他在喂某一只猴子时，它每次都会把丢去的花生先塞在屁股，再拿出来吃。小林好奇地问管理员，为什么这只猴子会有这种举动？

管理员答道：“因为去年有人丢给它一个大桃子，为了把大桃子的核排泄出来，吃了不少苦头，所以现在它一定先把食物量过了才吃。”

**大智慧**：所谓的“一朝被蛇咬，十年怕井绳”大概就是这样，猴子尚能如此，为什么我们有的人却总是会在同一个地方重复地犯错。

## ⊙ 推门和拉门

有一位男青年连续数十夜梦到拼命推一扇无论如何也不能推开的门，日渐精神不振，后到心理专家处咨询得到建议：下一次暂且停下来，看一看周围的情况。后来果然又梦到此情形，停下来看时，则见门侧有一标牌，写“拉”。

**大智慧**：从全局分析问题，思考而后行动。

## ⊙ 总统的衣服

美国第三届总统托马斯·杰斐逊，他自始至终把自己看作是平民的一员，在担任总统时，每天下午，他都要独自骑马到华盛顿郊区去漫游，与人民群众进行广泛接触。

一天，杰斐逊碰到一个康涅狄格州人。此人见杰斐逊骑着高头大马，衣着平常，以为他是一个马贩子，便与他聊了起来。说着说着，扯到了新上任的总统。对方说：“杰斐逊花钱大手大脚。他的每个指头都戴着戒指。把他的衣服卖了，换回来的钱可买回一个种植园外加两只手表。”

杰斐逊听了哈哈大笑说：“总统平时穿的衣服还没有你漂亮哩！如果你不相信，我陪你去见见他。”

当他俩骑马来到白宫门厅时，仆人赶忙向杰斐逊打招呼：“总统先生！”

那个同行的人一下惊得目瞪口呆。

**大智慧**：都说“谣言止于智者”，以讹传讹的后果是人似马猴。为了避免谎言揭穿的尴尬，生活中要做个明辨是非的人。

## ⊙ 许愿

马克考试总是不及格。

爸爸对他税:“好孩子,从下个学期开始,你加倍努力读书,成绩及格了,我就给你买一辆小轿车。”

第二个学期结束了，马克还是不及格。爸爸火冒三丈!

“没用的东西,这个学期你干什么去了?”

“我学开小轿车去了。”

**大智慧**:事情总该有个轻重缓急的,作为前提的部分还没有实现,后面的就无从谈起。

## ⊙ 谦逊

有位官员前去看望自己病中的上司。病人沉重地叹息一声,说:“我们两个都老了,还常常闹病。我们两人当中究竟谁先离开这个世界呢?”这位以谦逊著称的官员习惯地恭敬回答道“当然,是您,是您。”

**大智慧**:当你希望以某种“品质”来赢得更多的时候,可要小心了,因为一个不经意就能让你全盘皆输。

## ⊙ 诚实的店员

哈洛到一家商店当店员。上班的第二天,一个老店员吩咐他把装在塑料袋里的垃圾拿出去扔掉,他却一动也不动。老板问他为什么不听老店员的话,哈洛说:“如果我听了他的话,就违背了您的话。您昨天对我说:‘你在我的店里,一定要十分诚实,绝不要往外拿店里的东西。’”

**大智慧**:刻板的遵守应该是不太讨人喜欢的，即使是在那些制定规则者的眼里。

## ⊙ 再加一步

一位斯巴达人对母亲抱怨说,他的剑太短了。母亲回答说:“儿子,你前进一步你的剑不是就长了吗?”

**大智慧**:主观的努力是对客观不足最好的弥补,要知道抱怨是解决不了任何问题的。

## ⊙ 理由

有几位绅士在一酒店里喝酒,酒后没什么可消遣的,有人就提议赌博。有一位绅士站起来说道:“我有十四条理由反对赌博。”大家问他是哪些理由,他说道:“第一条,我没有钱……”那个提议的人马上打断他的话,说道:“你老兄就是有四百条理由的话,也用不着说第二条了。”

**大智慧**:一旦决定性的前提因素被取消，那么这件事情本身便是无从谈起的了。

## ⊙ 要的就是这个

将军发现,一个士兵举止怪异:他总是拿起一张用过的纸，看一看，然后扔到一边，同时喃喃地说道:“不，要的不是这个!”

将军命令心理医生给士兵看病。心理医生检查以后写道：此人有心理障碍,不宜当兵。士兵拿起诊断书,高兴地说:“对了,要的就是这个!”

**大智慧**:经济学中有“合理规避原则”。当我们想要拒绝事情或者想要达到自己的目的的时候,利用规则来巧妙的实现往往比直接对抗会有更好的效果。

## ⊙ 游泳的故事

有两个男子结伴去游泳,他们害怕出现意外,便问旁边一个正在钓鱼的孩子:

“这水里有鲨鱼吗?”

孩子认真地说:“没有,绝对没有!”

话音刚落,两人已跃至水中。这时,孩

子又认真地说："这里没有鲨鱼，可是有鳄鱼呀！"

**大智慧**：只知其一，不知其二；只听其一不听其二；只防其一不防其二；都会闹出乱子来的。对复杂事物的了解与判断，对突发事件的处置与预防，千万不能就事论事，否则会遇到新的难题。

## ⊙ 热情

"摆脱忧郁，"心理医生嘱咐病人，"让热情充满你每天的生活，热情满怀地起床，上班。总之，热情地去做每一件事。"

一周以后病人又回来了，看起来比过去更加忧郁，医生问他是否遵医嘱做了。

"这正是问题所在，"病人答道，"我满怀热情地起床、吃饭、然后与妻子吻别，以至于我上班晚了两个小时，被解雇了。"

**大智慧**："过犹不及"，故事告诉我们做任何事情都要平衡，不能极端。

## ⊙ 三个画家

从前，有一个国王，长得身高体壮，只是一只眼是瞎的，一条腿是瘸的。一天他召来三位有名的画师给他画像。

第一个画师，把国王画的双目炯炯有神，两腿粗壮有力，而且膀大腰圆，英俊威武。国王看过画之后，气愤地说道："这是个善于逢迎的家伙。"他叫卫兵把这位画师推出去斩首了。

第二位画师，按照国王原来的样子画得逼真如实。国王看过画像之后，又是一股怒气，说：

"这叫什么艺术！"叫卫士把他的头也砍了。

轮到第三位画师了。他把国王画成正在打猎，手举猎枪托在瘸腿上，一只眼紧闭着瞄准前方。国王看了十分高兴，奖给他一袋金子，誉他为"国内第一画师"。

**大智慧**：无论是对自己，还是对他人，人生的智慧都是：扬长避短。

## ⊙ 一个为了尊严的司机

有个司机每天都开着公共汽车跑同一条路线。他爱他的车，也爱他的乘客，爱他的工作……一切都那么美好。

直到有一天，从某站上来一个男子，此人身高将近两米，体格强壮，面目凶恶，一上车就吼道："我不用付钱！"

司机心里很不愉快，但嘴上不敢说些什么，因为他身材矮小，体重可能还及不上此人的一半。

司机思索了一下，决定保持沉默，犯不着为了1元钱冒生命危险。况且，这一定只是一时他想错了而已。第二天，同样的车站，同样的乘客又上车了，同样大吼："我不用付钱！"声音似乎比昨天还大，司机同样不敢声张。

然后是第三天，第四天……一个星期，两个星期……

司机每次都忍气吞声，只是夜里开始睡不着：只要他闭上眼睛，就彷佛又看到那男子凶恶的脸，听到他刺耳的吼声："我不用付钱！"

司机越来越气愤，难道就让他这样欺负我吗？我也是个堂堂男子汉呐！

这样想着，司机不禁热血沸腾，他决心为自己的尊严而奋斗。

司机报名参加了健身训练班，一下班就钻进健身房进行强化训练，同时还拜了一个著名的功夫教练为师学习格斗。

每当累得吃不消的时候，他的脑海就会出现那男子凶恶的脸，耳边听到那刺耳的吼声："我不用付钱！"

"为什么?!为什么?!"他大喊起来，顿时感到浑身上下又充满了力量。这股为尊严而奋斗的信念支持着他，使他一直坚持着那残酷的训练。

整整一个夏天，他终于把自己训练成了一个坚强的斗士。只要脱去外衣，就能看见他那钢铁般坚硬的肌肉，每一击都足以开砖裂石。他觉得是时候了。

为尊严而战的时刻终于来临，同样的车站，同样的乘客，同样是一声怒吼："我不用付钱！"

司机把拳头捏的全身关节"咯咯"作响，透过衣服可以看见他浑身的肌肉爆起。他怒目瞪着那男子："为什么？！"

那个男子一愣，懒洋洋的说道："今天你很麻烦啊！"

同时，他把手伸进裤兜……

掏出一张月票。

**大智慧**：一张月票就轻易的让司机一个夏天苦苦训练的劳动成果付诸东流。如果当初在男子第一次上车拒付车票时，司机就把情况问清楚，那么还会有这后面的一系列周折吗？仅凭男子凶神恶煞的面相和野蛮强壮的体格，司机就妄加推断，这不能不说是没有透过现象看到本质的一大遗憾。其实现实生活中这样的例子很多，缺乏对事物本质的认识，而被其表面现象所迷惑，从而做出遗憾或者更严重的事情比比皆是。

## ⊙ 一加一等于几

一家银行招聘会计主任，面试时只有一道十分简单的考题：一加一等于几？所有抢着回答的人均不被录用。只有一个默不做声的应聘者入选了。原来，他等众人散去之后，关上房间的门窗，赶忙凑到经理的耳边问道："您看应该是多少？"

结果，这个人被录取了。

**大智慧**：处大事者，须深沉详察；幽默的人，有可能在处事拘谨者未曾想到的地方获得成功。

## ⊙ 打劫

深夜两点，一条寂静如死的街道尽头。

"对不起，你也许能告诉我这儿是否有警察？"

"不，这儿没警察。"

"那么，是否能在附近很快找到一位警察？"

"我想不会有警察。"

"好了，那么请您把手表和钱都给我。"

**大智慧**：也许，我们对他人友好的反应出一种事实，结果却可能是让我们自己受到最深的伤害。在一些时候，单纯并不是我们值得骄傲的名词。复杂些，并不是故弄什么玄虚，也许只是为了保护自己。

## ⊙ 修门窗

房屋修缮队的几个工人来为经理宿舍修门窗。一小时以后。他们打电话给经理：

"头儿，门和窗户已经刷好了。门框和窗框还刷吗？"

**大智慧**：做事情的不仅是双手，还应该有头脑的参与。

## ⊙ 晚点

铁道拦路杆前停着一长串汽车。值班员从铁路岗棚的窗口探出头，对大家说：

"请大家耐心地等一等，刚接到通知，火车晚点40分钟。"

**大智慧**：一切都不是固定不变的，只有随机应变才行得通。

## ⊙ 邀请

星期一的早上，格娜茨什克太太将她的3岁的小儿子送到幼儿园，然后就出外买东西去了。在超级市场，她碰见了邻居派费萨克太太。

“您今天晚上有时间吗？”格娜茨什克太太问。

“有。”派费萨克太太答道。

“明天下午呢？”

“也有。”

“那么后天呢？”

“可惜没有时间,后天我们有客来访。”

“多么遗憾！”格娜茨什克太太说,“我真心想邀请您,后天来我家喝茶呢！”

**大智慧**:与其对他人表示你虚假的真心,到不如不去表示。否则,别人将会用“虚假”为你定性。

## ⊙ 到底谁无聊

甲:“世界上就是有那么无聊的人……”

乙:“为什么这么说？”

甲:“有一个人从早上八点钟开始钓鱼,一直到下午四点,一条也没钓到……。你说无聊不无聊？”

乙:“真够无聊的……,可你是怎么知道的？”

甲:“因为我从头一直看到他走。”

**大智慧**:只有真正无所事事的人,才会发现别人的无所事事。有时候,去揭露别人的缺点是一件很冒风险的事情,很多人都是在嘲笑他人缺点的同时将自己的缺点暴露。

## ⊙ 裸体画

一位夫人到画商那里去,想买一幅人物画,她挑来挑去,总是不满意,她对画商说:“画家画的女人,为什么都是裸体的？”

画商说:“穿了衣服就不方便了，因为过了几个月，这服装样式可能就不流行了。”

**大智慧**:“以不变应万变”是条永不过时的法则,尤其是面对无知的人。

## ⊙ 弄巧成拙

晚宴上,约翰的女秘书喝醉了,约翰只好驾车送她回家。回到自家后,约翰怕妻子不理解,没将这事告诉妻子。第二天下午,约翰驾车陪妻子去看电影,猛然间,他发现妻子脚边有一只女人皮鞋,他趁妻子眼睛看车窗外的一瞬间,拾起这只皮鞋将它扔到窗外,这才松了口气。不料,此时妻子转过头来，用脚碰了碰约翰，问道：“约翰,你看到我的另一只鞋了吗？”

**大智慧**:世上本来就没有鬼,如果有鬼,也是在你的心中。

## ⊙ 不会失业

有一个人这样说:“如果把所有的男人放在某一个岛上,所有的女人都放在另一个岛上，就会解决失业问题。”“为什么？”“因为人人都忙着造船,没有一个人会空闲。”

**大智慧**:人做事的动力更多的源自于潜意识里的强烈欲望,善于利用自己合理的欲望,会使你时刻充满信心与希望。

## ⊙ 不论朝代

儿子:“爸爸,张飞与岳飞比武,谁会

打胜？”

爸爸：“当然是张飞。”

妈妈：“张飞与岳飞不在一个朝代，怎么打得起来？’”

哥哥：“嗨，打起来了还论什么朝代！”

**大智慧**：理论上我们可以有无限自由的想象空间；但是现实永远约束着幻想——所以，凭空幻想若作为一种无大意义的心情快慰，倒也无可厚非。不过，我们永远是活在伸手可触的现实人间！

## ⊙ 左手吃饭

一天，至聪木匠为财主家干活。吃饭时，财主想捉弄他，有意把筷子摆在碗的左边。至聪木匠就用左手拿筷子吃，吃得很慢，大半天过去了，还坐在席上。财主急了。至聪木匠笑道：“老爷，对不起，我师傅从没教过我用左手吃饭。”

**大智慧**：“聪明反被聪明误”。爱耍小聪明的人往往是最后自己吃了哑巴亏。反过来，对待那类爱耍小聪明的人，最好的也是最有反击力度的不是拆穿他，而是将计就计。

## ⊙ 明年同岁

杂货商新添了一个女儿。一天，朋友来给他的小千金说媒，讲明对方只比女孩大一岁。

商人与妻子私下商量这门亲事，他说：“女儿刚满周岁，而那男孩已经两岁了，比女儿大了一倍。等到女儿二十岁出嫁时，他该有四十岁了。我们怎能忍心让闺女嫁给这么一个老头子呢？”

他的妻子笑了笑说：“你真够笨的！现在我们的女儿一岁，明年她不就同那个男孩同岁了吗？”

**大智慧**：“远看成岭侧成峰，远近高低各不同。”尝试着多角度考虑问题，否则，永远不会认识事情的真相。

# 笑谈做人做事与规则(二)
## ——厚道地做人

卷·首·引·言

文学史上有这样一则佳话:唐朝大诗人白居易一次向道林禅师请教什么是佛法大意。禅师只回答了8个字:"诸恶莫作,众善奉行。"白居易听了有点不屑地一笑:"这样的道理,3岁的孩子也说得嘛。"禅师严肃地回答:"3岁的孩子说得,80岁的老翁却不一定行得。"白居易听后不由心下服膺,并有所感悟。

这则轶事在提醒人们:做人的道理不难听到,也不难理解,但要真正躬行实践却绝非易事。炎黄子孙尊称为圣人的孔子对此就感喟不已,他说:"如果说学问知识,我已差不多了,但躬行君子,我还没做到。"(《论语·述而》)宋代大诗人陆游曾有过这样的诗句:"纸上得来终觉浅,绝知此事要躬行。"这都是在强调做人之道重躬行。

做人之道,当然说的是做个善人之道,这还仅是从最基本标准讲的,若从高境界说,是要做个完人、真人。至于那些恣意行乐、纸醉金迷而又稀里糊涂、甘居下流恶境者,则不在此"道"之列。

"诸恶莫作,众善奉行",之所以稚子能说得,老翁却不见得能行得,是因为人受私欲俗念的蒙蔽,一方面可能分不清哪是善,哪是恶,不知不觉中就做出了黑白颠倒、不善不洁之事。另一方面,虽然知道什么是善什么是恶,但往往抵挡不住或名或利或权或威的诱惑逼迫,或认为"小恶无损",而弃善就恶,前功尽弃,甚至"一失足成千古恨"。这样的事例在生活中不胜枚举。

要躬行做人之道,首要的是必须有自己明确而坚定的是非原则、正邪标准,以此来区分生活中什么是善的,什么是恶的。特别是处在拜金狂潮汹汹、价值取向多元甚至混乱的转型期,似是而非、以假乱真的东西尤其能蛊惑人、引诱人、毒害人,稍不留神就会误入圈套、歧途。

## ⊙ 微分

常函数和指数函数ex走在街上，远远看到微分算子，常函数吓得慌忙躲藏，说："被它微分一下，我就什么都没有啦！"

指数函数不慌不忙道："它可不能把我怎么样，我是ex！"

指数函数与微分算子相遇。指数函数自我介绍道："你好，我是ex。"

微分算子道："你好，我是d/dy！"

**大智慧**：不要因为自己有了一点长处就飘飘然，殊不知，你的长处有时候恰恰是你的短处。

## ⊙ 照顾有限

一位英国绅士与一位法国女士同乘一个包厢。法国女人想引诱这个英国绅士，于是她脱衣躺下后就开始抱怨太冷，英国先生把自己的被子给了她，但这个女人仍不停地说冷。

"我还能怎么帮助你呢"沮丧的英国绅士问。

"我小的时候，妈妈总是用自己的身体给我取暖。"法国女人说。

"请原谅，女士，我可不想在半夜跳下火车去找你妈妈。"英国绅士道。

**大智慧**：一个禀性正直的人任何时候都会从关心别人的角度出发，一个心怀不轨的人则任何时候都想从对方身上得到便宜。我们并不一定要通过这样的方式来确定他们。

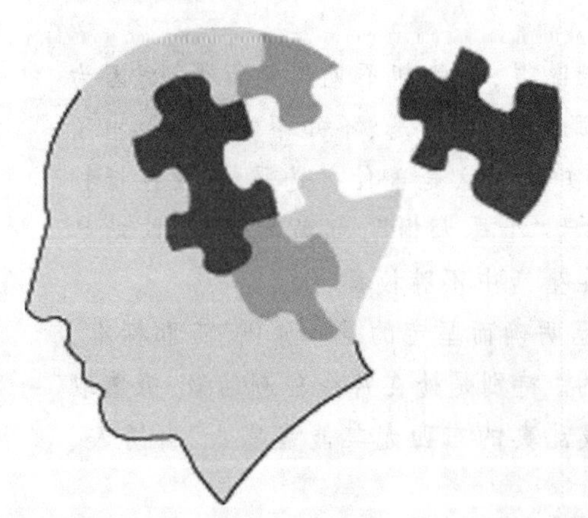

## ⊙ 贪小便宜吃大亏

在一家卖衣服的店铺里，有个打工妹买一件衣服要三十元，当她拿钱时掉下一张壹佰元的钱，她没有看见，但营业员已经看见了，打工妹只拿出十元钱，对营业员说："营业员小姐，我只有十元钱，等一下我马上把钱送来给你好吗？"这时营业员想：你掉在地上有壹佰元，就是你不来，我也多了。就说："好，好。你马上送来。"打工妹拿走了衣服后，营业员马上把地上的钱拿起来。一看，却是一张假币。

**大智慧**：唉！做人要厚道，不要见了小便宜就想贪，其实小便宜不是好贪的，到头来反而吃了大亏就得不偿失了！

## ⊙ 终于兑现了

一次，好友帕特里克·马奥尼与萧伯纳夫妇谈了许多问题，当他们谈到名人的爱情纠葛时，马奥尼问萧伯纳夫人："您是怎样与您丈夫那些众多的女性爱慕者和平共处的？"

萧伯纳夫人没有直接回答，而是讲了一则轶事。她说："在我们结婚以后不久，有一位女演员拼命追求我丈夫，她威胁说，假如见不到他，她就要自杀，她就会心碎……"

"那么，她有没有心碎而死？"

"确实如此，她死于心脏病。"萧伯纳打断了谈话插进来说，"不过那是在50年以后了。"

**大智慧**：追求名利和虚荣的人从来不会真正为爱情牺牲任何自我，即使他们说的时候信誓旦旦。

## ⊙ 我烧的是废纸

小王把写好的稿子放在桌上,出门办事去了,中午回家,发现桌子已被收拾得干干净净,那一迭稿子却不翼而飞了,当他闻到有一股烟味时,忙问妻子:"你烧的是什么?"

妻子回答:"你以为我这么傻,会把没用过的纸烧掉吗?我烧掉的是那些写过字的废纸。"

**大智慧**:谁都想成为聪明人,哪怕经常一知半解,哪怕一厢情愿地认为自己很聪明。但是,很多时候,真正的智慧不是精心算计,而是发现和坦诚自己的无知!

## ⊙ 牧师的空欢喜

牧师包吉斯先生是一个不单纯的人,他同时兼做收卖古董的生意,可是打的是保持稀有家具古董的招牌,到处向民间收购。有一天他到了路敏斯家,看到了一张十八世纪英国"华德尔设计的五斗柜",那是非常珍贵的古董,不禁目瞪口呆,心里想着这下子可发了大财,而且自己也要因而名利双收。

他装模作样地观察这张高贵的柜子,说这个五斗柜只是仿冒品,想尽办法来证明它并没有什么价值。并且说:

"我很久以来就一直想要这样柜子的四条腿,因为我家里有张桌子,搬家时给搬运工人弄坏了桌腿。"

路敏斯这个单纯的农夫,终于以很便宜的价格把它卖给牧师。牧师又装着自己很懊悔,买贵了东西,并要求路敏斯把它搬出来,等他去开车子来接运,牧师心里则很兴奋地勉强压抑住自己的狂喜,三步当两步地去开他的车子。

路敏斯是一个忠厚老实的人,把柜子搬出来之后,发觉柜子实在太大。心里想着,通常牧师们所开的车子都是小车子,一定放不下。怎么帮助他把柜子运走呢?他想到了牧师说只需要四条腿,于是把那四条腿锯下来包好,然后把柜子拆开。不一会儿牧师开了一辆卡车回来,看到眼前的景象,气愤得目瞪口呆。

**大智慧**:一个人心地不单纯总是会旁生枝节,把原本很好的事搞糟。

## ⊙ 狼的诙谐

药商市介是个奸商,人们老是挖苦他,说他吃人喝血。

有一天他行商回家,经过一条幽暗的山路,忽然从林里跳出一头大狼,向他直扑过来,要咬他的喉头。

"别吃我,我的肉味不好!"

狼说:"味不好?人们说你老是吃人,味一定很美!"

**大智慧**:哪怕你不愿意做一个很善良的人,也要为自己的良心留一条后路,要知道有一天你对待别人的方式就是你被对待的方式。

## ⊙ 金口难开

美国第13任总统约翰·卡尔文·柯立芝(1872—1933年)以少言寡语出名,常被人们称作"沉默的卡尔"。艾丽斯·罗斯福·朗沃思就曾说柯立芝"看上去像从盐水里捞出来的"。由于柯立芝总统的沉默寡言,许多人便总是以和他多说话为荣耀。

在一次宴会上,坐在柯立芝身旁的一位夫人千方百计想使柯立芝和她多聊聊。她说:"柯立芝先生,我和别人打了个赌:我一定能从你口中引出三个以上的字眼来。""你输了!"柯立芝说道。

**大智慧**:无论到哪里,请保留你的本色,因为唯有本色能给人以记忆。

## ⊙ 反对到底

富尔顿第一次公开展示他发明的蒸汽船时，没有人相信这东西动得起来。两岸群众不断鼓噪说：“动不了，动不了，绝对动不了！”没想到船一下子发动了，夹着蒸汽和呜呜声向前驶去。群众张口结舌看了好一会后，改口说：“停不了，停不了，绝对停不了！”

**大智慧**：人应该坚持自己的想法和行为，有时候，旁观者更多的是看笑话的。

## ⊙ 疯子和呆子

一个心理学教授到疯人院参观，了解疯子的生活状态。一天下来，觉得这些人疯疯癫癫，行事出人意料，可算大开眼界。

想不到准备返回时，发现自己的车胎被人下掉了。“一定是哪个疯子干的！”教授这样愤愤地想道，动手拿备胎准备装上。

事情严重了。下车胎的人居然将螺丝也都下掉。没有螺丝，有备胎也装上不去啊！

教授一筹莫展。在他着急万分的时候，一个疯子蹦蹦跳跳地过来了，嘴里唱着不知名的欢乐歌曲。他发现了困境中的教授，停下来问发生了什么事。

教授懒得理他，但出于礼貌还是告诉了他。

疯子哈哈大笑说：“我有办法！”他从每个轮胎上面下了一个螺丝，这样就拿到三个螺丝将备胎装了上去。

教授惊奇感激之余，大为好奇：“请问你是怎么想到这个办法的？”

疯子嘻嘻哈哈地笑道：“我是疯子，可我不是呆子啊！”

**大智慧**：其实，世上有许多人，由于他们发现了工作中的乐趣，总会表现出与常人不一样的狂热，让人难以理解。许多人在笑话他们是疯子的时候，别人说不定还在笑他呆子呢。做人呆呆，处事聪明，在中国尤其不失为一种上佳做人姿态。

## ⊙ No Smoking

一位先生刚刚从电脑商店里买了一台电脑。没几天，电脑就出现了冒烟现象。他请教了稍懂点电脑的人，别人告诉他去改一下DOS下的批处理文件。他试了半天没成功，于是打电话到商店问该怎么办，商店的经理说：“您把电脑拿来换一台就行了。”

可这位先生硬是坚持说：“我的朋友说只要把DOS下的批处理文件改一下就可以了，何必那么麻烦。”

商店经理对这个“杠头”无可奈何，于是便和他开了个玩笑：“那我告诉你一个微软未公开的技术吧！你在批处理文件中加入一行命令NO SOMKEING.EXE，这样就没事了”

过了几天，这位先生又打来电话，说：“不行呀，我加入了那条命令后，电脑还是冒烟”

商店经理说：“你的NO SOMKEING版本太低，你和微软服务部联系一下吧。”

又过了几天，这位可怜人再次打来电话，他告诉商店的经理说：“微软的人说了，我的电脑上的电源与他们的NO SOMKEING.EXE不兼容！”

**大智慧**：如果我们自己愿意把自己当成傻瓜，那么所有的人都会欺骗你。虚心并不是弱点，固执己见才会让自己受辱。

## ⊙ 躲债

汤姆来找吉姆要帐，吉姆躲在家里不

敢露面。他见吉姆的鞋放在门旁,知道人一定在家,便上前敲门。可屋里一点动静也没有,他就大声说:"吉姆,我知道你躲在家里,你的鞋子还放在门边呢?"

从里面传来一个声音:"不,我可以光着脚出去。"

**大智慧**:自以为做的聪明的事,在别人看来也许并不聪明。小聪明总会露大马脚,做人还是厚道一点为好。

## ⊙ 惊讶

"爸,你能帮我找找最小公分母吗?"

"什么,人们还没找到它?我上学时就已经开始找了!"

**大智慧**:有时候我们惊讶的原因可能并不是事件本身的不可思议,可能只是我们个人的缺憾让我们对本来他人习以为常的事情产生了疑惑而已。

## ⊙ 露富

有一个有钱人去国外旅游,住在一个大饭店里。当他发现那里的人都好像不注意他是一个有钱人。于是,再用早餐的时候,他故意大声喊到:"服务员,请来一份20法郎的早餐。"服务员过来后说:"先生,我们这里不卖半份早餐。"

**大智慧**:当一个人过于自以为是的时候,其标新立异的手段就会成为让他陷入更严重的尴尬之中的催化剂。所以,低调的本性永远是维持自尊的最简单易行的好办法。

## ⊙ 能言善道

女:"亲爱的,你的确喜欢我吗?"

男:"嗯!"

女:"你认为我长得非常漂亮是不是?"

男:"嗯!"

女:"你觉得我的眼睛,像天上的星星那样明亮。我的容貌,如盛开的樱花般美丽。体态是如此的轻盈适度。声音是如此的美妙悦耳,不知要比世界小姐美丽多少倍,是不是?"

男:"嗯!"

女:"哦!真太谢谢你了!你是那么会赞美,我真高兴!"

**大智慧**:可以自信,但决不能自恋,自恋的人必定自怜,也就最容易受伤。

## ⊙ 作品参展

"我为画展画了点东西。已经挂出来了,就在入口处旁边最醒目的地方。"

"祝贺你,画的是什么?"

"一块标牌,往左走的路牌。"

**大智慧**:真正有实力的人往往都很安静,因为他们懂得实力就是最有力的声音;反而最肤浅的家伙却张扬得很,因为他空虚的可怜,只好折腾浅薄的灵魂聊以自慰。

## ⊙ 麻雀

麻雀们在百鸟朝凤音乐大赛舞台上,蹦蹦跳跳唧唧喳喳。听众道:吵死了。麻雀答:真是没文化,这是现代最时尚的摇滚劲舞啊!

**大智慧**:标新立异没有错,但是前提必须是尊重和了解现实的境况——如果我们的肆意张扬成为了一种不合时宜的哗众取宠,那我们得到的,除了别人的嗤之以鼻,还能有什么呢?

## ⊙ 病人差劲

有一位医生,他总不走运,来找他看病的人总是治不好。

他老婆向他道,

"我说,你给人看病怎么总是无效呢?这么说,你的医道是很差劲啦。"

“不,我的医道是高明的。可是病人都差劲,所以治不好。”

“具体说,病人怎么个差劲法呢?”

“我是照医书上写的施行治疗,可是病人们却不按医书上写的那样生病。”

**大智慧**:任何时候事实都是唯一的出发点,否则你就是一个流于空洞的无用的人。

## ⊙ 指示牌

一名妇女漫不经心地将汽车停在禁止停车的指示牌下。

交通警赶忙跑到她的车前,问:

“夫人,您知道这个指示牌是什么意思吗?”

“不知道,”妇女回答,“如果你对它有兴趣的话不妨去问问路旁小摊的女售货员。”

**大智慧**:惯于我行我素的人大概很少认为自己会有什么不恰当的地方。

## ⊙ 以退为进

有人劝法国政论家、哲学家马伯利竞选国家研究院院士,马伯利坚决不肯。他说:“如果我真当选了院士,人们就会说,‘哼,他怎么当选院士了,一定是……’但我宁愿让人们说,‘他应当是院士。’”

**大智慧**:当名誉和地位不可兼得时,正直的人选择名誉,贪婪的人选择地位。所以前者受人景仰,后人遭人唾骂。

## ⊙ 行乞

一个“盲”乞丐在墙角向路人请求施舍。当没有路人时,他便把地上的硬币逐个拾起,然后放进衣袋。

“你别装相了!”一个路人识破了他的诡计,愤怒地说,“你根本就不是盲人。”

“是的,先生。我只是来替换每天总是坐在这里的那个真正的盲人,他今天去看电影了,所以请我来替换他。我实在不是盲人,我只是一个哑巴。”

**大智慧**:为了掩盖一个谎言,人往往不得不再说一个谎言。结果陷入谎言的汪洋大海不能自拔,也就无法摆脱永无休止的痛苦和烦恼。人还是真诚一点好,最起码能得到心灵上宁静和心理上的平和。

## ⊙ 乞丐也应有休假的权利

贝尔纳脾气不好,可心地十分善良。曾有个老乞丐摸透了贝尔纳的脾气,每天在某一时间就守在贝尔纳的门口,每次都能如愿以偿。贝尔纳实在受不了,可又无法拒绝施舍。终于有一天,贝尔纳从钱包里掏出来的不是往常的小额银币,而是一张大票面的钞票,老乞丐惊喜得不敢相信。贝尔纳把钞票放到老乞丐的帽子里,对他说:“我明天去诺曼底,要在那儿耽搁两个月,这钱是预付给你两个月用的,你也有休假的权利。”

**大智慧**:人善之所以被人欺,是因为善良的人不会拒绝。

## ⊙ 学生的提问

调皮的布朗因上课常开小差,在老师的提问面前总是哑口无言,所以被同学们称为“不知道先生”。

有一次,布朗想报复一下老师,所以问:“我看见一样东西,没有腿,从厨房的地板上溜过,老师,你说那是什么呢?”

老师想来想去,终于说“不知道”。

布朗一本正经解释道:“那是水。”

**大智慧**:智者千虑,必有一失;愚者千虑,必有一得。不要总是嘲笑别人不知道,生活中的事情有很多是你所不知道的,谦虚的学习是最重要的。

## ⊙ 一堂礼貌课

一位太太上了电车,车上所有的座位都坐满了。有位先生站起来让座,这位太太一声不吭地坐下了。

这时,那位先生转身问道:“太太,您说什么?”

“先生,我什么也没说呀!”

“喔,对不起,太太,我还以为您说‘谢谢’呢。”

**大智慧**:一个有修养的人,不但拥有良好的心态与向上的生活观,同时还是一个懂得感激的人。

## ⊙ 威士忌

有一天晚上,丈夫很晚回来,高兴地对妻子说:“今大我们公司的经理请一部分职员吃饭,大家都开怀畅饮。席间,经理拿出三瓶威士忌,对大家说:‘在座的诸位,你们谁一生中从没有背叛过自己的妻子,这三瓶酒就归他所有’,结果没有一个举手,你说奇怪吗?”妻子听后好奇地问:“那你怎么不举手?”丈夫慌张地说:“你是知道的,我向来喜欢喝啤酒,而不喜欢喝威士忌。”

**大智慧**:想得到太多,不满足于眼前,或者因为其他各种各样的原因,终于有很多人选择了不去诚实地面对他人。

## ⊙ 望文生义

洋人:“你们中国人的确是一个勤奋的民族。”

中国人:“怎见得?”

洋人:“每当我早晨经过街道,常常可以看到路旁的招牌写着‘早点’两个大字,提醒过路上班的人,不要迟到。”

**大智慧**:生活的真实并不回避和蒙骗我们,但是为什么我们常常被生活捉弄呢?因为实在是我们自己很浅薄和无知——所以还是谦虚和诚恳的进入真实的生活吧!

## ⊙ 请假

某新兵常常请假,请到最后找不到理由,便在单子上写我妈分娩,班长大怒:你妈分娩是你爸的事!你回去干什么?

新兵:哦!我爸爸早车祸死了!我可怜的妈妈已经守寡七年了……

**大智慧**:诚实是人的美德,说谎是一种恶习。而且经常说谎的人往往不能够自圆其说,总会露出马脚的,那个时候就是谎言揭穿的时候。

## ⊙ 密码电报

“这是将军发来的一封电报。”一个士兵前来报告,“是发给您个人的,上校。”

“你念吧!”上校命令道。

通讯兵念道:“我们这次失利首先应归罪于你的愚蠢与无能!”

“这是一份密码电报,立即把它译出来!”上校严肃地指示道。

**大智慧**:知错就改,善莫大焉。知道自己的错误就勇敢地承认,畏惧错误就是毁灭进步,逃避错误永远不可能正确的做事。

## ⊙ 如此软盘

小张去参观电脑展,逛到世界知名厂商3M的展位前,突然听到两个中学生的对话……

甲:“哼!骗人!”

乙:“怎么了?”

甲:“软盘的容量明明只有1.2M或1.44M两种,哪有3M的?”

**大智慧**:知之为知之,不知为不知,是知也。对于不知道的事物,我们只有谦虚地去学习,虚心的请教,才能不断的进步。如果自以为是,反而贻笑大方。

## ⊙ 君子风度

老师问小哈默:“地球是什么形状的?”

小哈默答道:“它是圆的。”

“你怎么知道它是圆的呢?”

“那就算它是方的吧。你是老师,我不想为了这个问题引起一场争论。”

**大智慧**:当需要你站出来的时候,不要退缩在后面。当需要表现的时候就要表现,不需要容忍的时候就要努力争取。君子的风度并不仅仅意味着不争执。

## ⊙ 不认自己

里克刚刚由上尉晋升为少校,他急忙换上新制服,对着穿衣镜照来照去,洋洋自得地问自己的妻子:“你看看镜子里是谁?”

妻子使劲唾了一声说:“呸!你连自己都不认得了!”

**大智慧**:谦虚是人的美德,不能因为一点点的进步就沾沾自喜,也不能因为一点点的成绩就洋洋自得,要时时刻刻注意保持谦虚谨慎的作风。

## ⊙ 飞机

记者到一个偏僻的乡村采访,他望着村外弯弯曲曲的小路问一位老农:“这地方没来过汽车吧?”老农一听不满地说:“哪里话?连飞机都来过哩!”老农边说边朝天空比划着,“来来往往多少回了,就是没下来过。”

**大智慧**:不要嘲弄别人,三人行必有我师焉,以为别人才疏学浅见识短,便瞧不起别人,这样的人往往是一个没有修养的人。

## ⊙ 腹中空

有个小偷到各个寺院偷盗,偷神物的灵心。去了好多的寺院,只有土地庙没去。有一天,他来到土地庙,把神像挖开一看,吃惊地叹道:“看它头戴冠巾,一副堂皇的样子,腹中原来空无一物。”

**大智慧**:有些人表面上装得满腹经纶,实际上没有任何的学问。不可否认学问、学历是身份或档次的一种外在表现方式,但若是没有这些,就应潜心、踏实的充实自己的内在。

## ⊙ 卖弄

有个人极爱卖弄,带着儿子在街上走,心里十分得意。迎面碰到一个熟人,不认识他儿子,问他:“这位是谁?”他眉飞色舞地大声介绍说:“这个人虽然是朝庭极显赫的吏部尚书的真正外孙的第九代的嫡亲女婿,却是我的儿子。”

**大智慧**:显示自己的优点和特长无可厚非,但超过一定的限度效果会适得其反,卖弄就变成了一种愚蠢的行为。

## ⊙ 可以杀了它吗

“妈妈,我的海龟死了。”儿子眼中含着泪水对妈妈说。“别太难过了,我们用纸把它包上,放在盒子里埋在后院,再给它举行一个葬礼,好吗?葬礼结束后,妈妈带你去吃冰激凌,再给你买那只你最喜欢的宠物狗,你不要太……”妈妈正在安慰儿子时,突然发现海龟动了一下,“儿子!海龟没有死哎!”

“我可以把它杀了吗?”儿子失望地说道。

**大智慧**:喜新厌旧也许是人的本性,所谓旧的不去,新的不来。但是我们不能为了得到新的东西而不择手段,要坚持做人的基本原则。

## ⊙ 诺亚

有个人妄称自己是“诺亚圣人”，到处游说，有个朋友劝他不要乱说，他不听。

苏丹听到了，下令杀死他。先把他绑在十字架上，那位朋友走来对他说：“诺亚呀，你没有得到方舟，却得到一根桅杆！”

**大智慧**：不要以为固执会是什么美德，有些人就是被它害死的。

## ⊙ 示范

在实弹射击训练中，有个士兵连发几枪都脱了靶。教官怒气冲冲地夺过士兵的枪，声色俱厉地说：“笨蛋！你瞧我的。”

他瞄准射击，可子弹飞到了靶外。他气势汹汹地转身向士兵吼道：“瞧，你就是这样打枪的！”

**大智慧**：人应当宽于律人严于律己，那些对别人严格对自己宽容的人是不会有很大进步的，他们只会对别人吹胡子瞪眼，却不知道自己也是一样。

# 笑谈饮食男女和社会

卷·首·引·言

生活中,人们经常发现这样的现象:男人喜欢独占电视遥控器不断变换频道,而女人不介意观看哪个频道,她们关心故事情节,感受故事的人物关系,忽悲忽喜,而男人则不屑;压力之下,男人喝酒做糊涂事,女人则逛商店猛吃东西;女人抱怨男人不敏感,不体贴,不爱说话,很少表达爱意,而男人批评女人不会认路,看路标,絮叨、废话连篇;男人认为男人才是最理智的,女人认为男人有时很傻,真正精明和理智的是女人,男人和女人真的是水火不同炉吗?

其实男女互补,男人离不开女人,女人也离不开男人。男女二字,男字七画,女字三画,七加三就是一个完整的世界。在这个世界里,男人占七,七分世界由男人主宰,女人占三,三分世界要女人去滋润。如果把人生比作一本书,男人三分注重封面七分充实内容;女人是七分注重封面三分充实内容。可爱的男人是七分精明三分老实;可爱的女人是七分老实三分精明。

男人女人互相依存,男人女人共同组成多姿多彩的世界,男人女人也就成了一个永恒的话题。

## ⊙ 稚童稚语

七岁的女儿对肚脐很好奇,问妈妈肚脐是作什么用的,妈妈于是把脐带连着胎儿与母体的道理深入浅出的讲了一下,说婴儿离开母亲之后,医生就把脐带剪断并打一个结,成了肚脐。女儿懂了,可是又有些遗憾地问道:"医生为什么不打蝴蝶结?"

**大智慧**:女人的梦想永远是美丽一些,再美丽一些,这种野心在孩子那里也不例外。

## ⊙ 女性的地位

在波斯湾战争前,一位女性解放者在科威特,她发现科威特的女性习惯性的走在男伴的后面五公尺。她发表文章攻击科特的大男子主义。最近她回到科威特,发现现在是男人走在女人的后面五公尺。她非常兴奋地问一位女士:"真了不起,你们女性是怎样争取到你们的地位的?"

这位科威特女士说:"地雷!"

**大智慧**:女人最终所争取的是她在男人心目中的地位,而不是她会站在或者走在相对于男性的哪个位置。

## ⊙ 要求不同

三个女人谈到一个急于结婚的男人。

17岁的少女:那个男人是不是长得很英俊?

25岁的大姑娘:那男人一个月的薪水有多少?

35岁的老处女:那个男人现在在哪里?

**大智慧**:对女人来说,年龄越大,选择的余地越小,想法也就越务实。

## ⊙ 喜旧厌新的丈夫

侦探小说《东方快车上的谋杀案》《尼罗河上的惨案》的作者——英国侦探小说家阿加莎·克里斯蒂(1891—1976年),两度结婚。第二任丈夫马克斯·马洛温是一位著名的考古学家,因在美索不达米亚发掘古物出名。一次,克里斯蒂同丈夫从中东返回英国时,有人问她,和一位对古董有浓厚兴趣的男人结婚,感受如何?

她回答说:"一位考古学家是任何一个女人所能拥有的最好的丈夫。因为她的年纪越大,他对她的兴趣也越浓厚,绝不会喜新厌旧。"

**大智慧**:衰老是女人最大的敌人,忠诚是男人最优秀的品质。

## ⊙ 眼影

"您对女人们涂眼影一事有何感想?您喜欢吗?"

"不能说喜欢,但自从她们开始涂眼影以后,爱哭者明显的减少了。"

**大智慧**:眼泪与美丽都是女人的武器,可她们好像更钟情于后者。

## ⊙ 减掉两公斤

“亲爱的,你看,我又减掉了两公斤。

“是吗?”丈夫说,“你可是刚刚起床,要知道,你还没有梳妆呢。”

**大智慧**:美丽无罪,只是不要让它成为一种负担。

## ⊙ 不是大夫的结论

“妇女在忍受疼痛方面要比男人坚强得多。”

“您是怎么知道的?您是大夫吗?”

“不,我是鞋店售货员。”

**大智慧**:为了美丽,女人所甘愿付出的代价是惊人的。

## ⊙ 新旧之分

一对新婚夫妇刚刚度完蜜月归来。

他们刚下飞机,新娘就说:“亲爱的,让我们装得像结婚很久的老夫妻一样好吗?”

“好。”新郎说,“那么,你就来提衣箱吧!”

**大智慧**:女人对男人的付出与他们的婚龄总是呈现正比的增长趋势,这点确实是值得每个男人检讨的。

## ⊙ 不愿提年龄

生气的妻子对丈夫说:

“你这个人可真是的!你再不能随便对旁人说,我的年龄是25岁。你应该高傲地向人们宣布:我的妻子经过了四分之一世纪。”

**大智慧**:只有坦然面对自己年龄的女人,才有可能让别人忘记她的年纪而只感受到她的魅力。

## ⊙ 当了女主人

卡嘉上里达家里做客,看见里达正围着围裙在厨房里做饭,她感到十分奇怪:“怎么回事,你自己做饭啦?”

“现在我只得自己做饭了。”

“为什么?你的女仆呢?”

“她结婚了,现在当了女主人啦。”

“是吗,跟谁结的婚?”

“跟我。”

**大智慧**:一个人的社会地位是可以通过婚姻来改变的,这在女性身上体现的更明显和直接。这是无国界的正常现象。

## ⊙ 多多益善

小伙子要给未婚妻挑一张贺年片。

“这张合适,画得很漂亮!上面写着:‘向我唯一的心上人致以最美好的祝愿!’”女售货员给他出了个主意。

“好极了!给我来一打……”

**大智慧**:女人骨子里都是虚荣的,喜欢听赞美之词,即使明知道那些话是假的。

## ⊙ 理由

一位年轻的女士坐在抛锚的车里等待有人能给予帮助。终于两个男人来到她的面前。

“我的汽油用完了,你们能帮忙把车推到加油站吗?”

两名男士立即上前卖力地推车,这样他们推车越过了几个街区。过了一会儿,一个精疲力尽的男人抬头一看,见他们刚刚路过了一个加油站。“你为什么不把车拐进去?”他大声喊道。

“我绝不去那儿。”女士大声回答,“他们那儿的服务态度不好。”

**大智慧**:年轻的姑娘总有人献殷

勤，谁叫我们是比例失衡的社会呢？希望聪明的姑娘能善用这样的帮助。

## ⊙ 年龄和嫁妆

“我有三个女儿，希望顺顺当当地把她们嫁出去。”老头信赖地对一位陌生的年轻人说，“我已经攒了不少钱，因此她到丈夫家不会不带嫁妆的。比方说，阿特丽丝，她二十五岁，她真是个好姑娘。等她出嫁时，我要分给她一千美元。下一个是列尼丝，她快三十五了，我准备给三千美元。乌玛四十岁了，谁要娶她，我给他五千美元。”小伙子稍加思索，问老头：“您有没有年近五十的女儿？”

**大智慧**：年轻是一种资源，是资源就有价值。花儿希望在绽放的时候遇到欣赏的人，女孩希望在最美的时候遇到心爱的人。因为这个时候她们是最有价值的。

## ⊙ 女人的天性

上帝用亚当的一条肋骨制造了夏娃，俩人生活在一起。一段时间后，亚当晚归了几天，夏娃开始生气了。

“你一定是在追其他的女人。”她指责说。

“请讲一点道理吧，”亚当反驳道，“你是地球上唯一的女人。”

争吵持续到大家都因疲倦而睡着为止。突然，亚当被胸前的一阵戳动给弄醒了，睁开眼一看，是夏娃。

“咳，你到底想要干什么？”亚当问。

“检查你的肋骨。”夏娃说。

**大智慧**：女性是善妒的，即使她是你身边的唯一。对于男人来说，可以理解为她对爱情的重视，对于女性来说，适度的宽容是爱情长久的保障。

## ⊙ 颇有同感

一位美国旅游者到达目的地——“罗马假日”旅馆后，正在付给出租车司机车费。

“从机场到这儿只有10多分钟，可车费为何这么贵?”旅游者不满地抱怨道。

“这根本不算贵，”司机不在乎地说，“我想你付得起。”

“这我知道，”美国人解释道，“可我妻子会为这件事跟我唠叨个没完，就像我是个罪人似的。你知道犹太女人的脾气，是吧?”

出租车司机没有搭话，沉默了一会儿后，他咬牙切齿地说道：“他妈的，我想意大利女人也一样！”

**大智慧**：某些方面，天下的太太都是一样的。爱唠叨的女人总让丈夫不舒服，这方面，天下的男人也都一样。

## ⊙ 生搬硬套

丈夫：你怎么搞的？这牛肉馅饼没有烧熟。

妻子：可我是按照烹调书烧的呀，食谱上的做法是供四个人吃的，而我们只有两个人，所以我就减去了一半的料儿，当然啦，烧的时间也比书上讲的少了一半。

**大智慧**：对于一个想结婚的男人来说，有人说不要娶太聪明的女人，但事实上，最重要的是不要娶太笨的女人。

## ⊙ 史学家

——你妻子是做什么的？

——她是个家庭主妇，不过只要她一和我吵架，她就成了历史学家。

——你是说，她歇斯底里吗？

——不，她揭我的老底，一件琐事都不会落下。

**大智慧**：不要和女人吵架，她们在吵架中总是能记住很多琐事并加以利用。

## ⊙ 唯一令男人心跳的办法

贝因哈特晚年时极喜清静，多住在巴黎的一家高层公寓里，但崇拜者仍不断来访。

某天，有位年事已高的崇拜者来看望贝因哈特。他好不容易爬上了高楼，气喘吁吁地来到贝因哈特的住所，等他稍稍恢复一点体力后问道："夫人，您为什么要住得这么高？"

"哦，亲爱的朋友，"贝因哈特乐滋滋地对他说，"这是我至今依然能使男人们的心砰然跳快的唯一办法。"

**大智慧**：得不到的东西永远是最好的，对男人来说更是如此。另外还要加上一条，唯一令男人心跳的办法就是：和他保持距离。

## ⊙ 智慧与外表

晚饭后，丈夫问妻子：亲爱的，我很奇怪为什么女人发挥自己的智慧，远不如自己的外表。

妻子回答道：因为男人多数愚蠢，可却很少是瞎子。

**大智慧**：女人的智慧和外表是否重要，往往取决于男人的关注度不同。这可能也是智慧女人的悲哀。

## ⊙ 能和我说几句话吗

在一家时装店里，史比先生正不耐烦地走来走去。突然，他兴奋地冲到一个漂亮女孩跟前，说："对不起，小姐，你介意和我说几句话吗？"

"为什么？"女孩好奇地问。

"我妻子在这已经逛了一个多小时了。但如果她看见我和你说话，她会马上出来的……"

没等他说完，罗比太太便出来了。

**大智慧**：对于那些女人已经认定了属于自己的东西，她们的警惕性向来是很高的。而且，女人之所以爱漂亮最终是为了留住丈夫的目光。

## ⊙ 点了两次头

电话中，一对情侣正说着绵绵情话。

那男士轻轻的向女士求婚，说到："亲爱的，你嫁给我好吗？"

"……"电话那头不做声。

于是男士再问一次："嫁给我，好吗？"

"……"依然不做声。

"亲爱的，你怎么了，怎么不说话？你答应吗？"

"我已经回答你了呀！"

"嗯？"

"我都……" 女士羞涩的说到，"点了两次头了。"

**大智慧**：男人总想听到女人正面、肯定的回答，而女人则喜欢用表情和动作来表达自己的态度和想法。

## ⊙ 区别

女：你说我和你从前的女朋友有什么区别？说呀你！

男:她？是一盘没下完的棋,你呀,是一盘下不完的棋。

大智慧:不吃饭的女人这世上也许还有好几个，不吃醋的女人却连一个也没有。

## ⊙ 最讨厌问这个

男:“亲爱的,你多大呀？”

女:“我最讨厌你问这个。”

男:“为什么？”

女:“没有什么！犹如我问你荷包里有多少钱一样！”

大智慧:男人对女人说话，七分真三分假,女人对男人说话,七分假三分真。男人谎报收入,女人谎报年龄。所以,千万不要问男人的收入,更不要问女人的年龄。

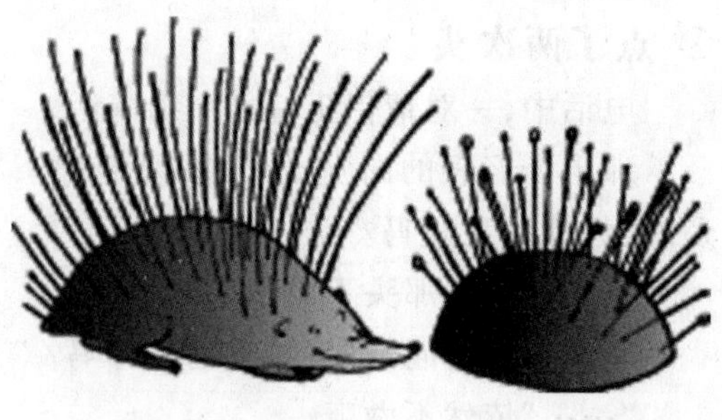

## ⊙ 蝶恋花

夏天，一对青年男女在谈情说爱,男的指着蔷薇花说:”亲爱的,你跟这蔷薇花一样美丽。”

女的说:“那我是花,你是啥？”

男的说:“我是伴随鲜花的蝴蝶呀！”

女的说:“我不喜欢蝴蝶！”

男的说:“为什么？”

女的不高兴地说:“你看,那蝴蝶又飞到月季花上去了。”

大智慧:女人梦想找到一个白马王子,男人希望拥有佳丽三千。

## ⊙ 后院起火

老公杰克经常很晚回来,因为外面有女人。妻子很着急,后来想出一个办法,有一天深夜，妻子听到杰克回来的声音,假装睡了,等杰克上床时,妻子说,“约翰,是你吗？今晚怎么这么迟来？我要睡了。”说完又睡着了。杰克大吃一惊,啊？老婆有情人？谁是约翰？从此,杰克早早在家,再也不出去。

大智慧：当男人感到后院会起火时，他在外面是花不起来的。只有他感到后院平安时，他才有闲情逸致到外面花心。

## ⊙ 成功失败的背后

女:成功的男人背后一定有个女人！

男:失败的男人背后呢?

女:一定是有太多的女人

大智慧:美带着罪恶。木秀于林,风必摧之,这世上,秀木有几棵？美女又有几个？茫茫人海,姿色平平者举目皆是,偶尔令人眼前一亮的娇娃真可谓寥寥无几,哪个男人不蠢蠢欲动,能得就得,不得就毁,美与恶之间的距离只一步之遥。

## ⊙ 好眼光

一个漂亮女郎在拒绝了一名男子的求婚后,安慰他说:

“不过亲爱的,你不必太过悲伤,我会永远欣赏你的好眼光。”

大智慧:最能反映一个女人的品味的东西,是她现在和过去爱上一个怎样的男人。

## ⊙ 女人的较量

甲:“你好啊,玲玲。听说你和小刘订婚了？小刘前不久也向我求过婚呢！他没对你说？”

乙：“没有。他只说过，他曾被一个不知从哪儿来的混账女人疯狂地追求过，他根本没搭理！”

**大智慧**：两个女人，只要曾经爱上同一个男人，她们一生都会互相比较。

## ⊙ 心烦

一个浓妆艳抹的年轻女子把酒吧侍者的领班叫了过来，问道：“坐在窗边的那位是威廉·休斯顿吗？”领班点了点头。

“他烦死我了。”她说。

“他惹烦你了？”领班问，“怎么会呢？他连看也没看你一眼呀！”

“就是啦，”年轻女子说，“我正是为这个心烦。”

**大智慧**：子曰：唯女子与小人难养也。夫子对这句话里包含的两类人有一个界定，即“近则不逊，远则生怨”的女子和小人。远则生怨，地狱没有比被蔑视的女人更猛烈的怒火。

## ⊙ 女人心理

一辆手推车在拥挤的街道上经过，许多在街上买东西的小姐太太不肯让路，推车人大叫：“当心身体！”无人理会。

他改叫：“当心碰脏衣服！”只有少数女人侧身让开。

他再大声叫道：“当心擦破尼龙丝袜！”女人全躲到人行道上去了。

**大智慧**：男人天性爱赌，犹如女人天性爱美，禁之阻之莫如疏之导之。

## ⊙ A卷和B卷

康君在校时喜欢上了后排那位清秀的长发女孩，却一直苦于没有合适的机会表现。一次考试英语，机会来了，英语是女孩的弱项。考试的时候，康君数次向女孩展示答案。在两位监考教师的眼皮底下，他过于夸张的动作终于引起了他们的“兴趣”：“立即退出考场，成绩记零分。”“我真不明白，你想让她看什么？”直到康君站在教务处主任面前时，仍被一种“英雄救美”的悲壮所感动着。但主任的下一句话却把他的兴奋打到了爪哇国，“你是A卷，她是B卷，题根本不一样！”

**大智慧**：俗话说，“死要面子，活受罪”。一些男人为了顾及自己的颜面，往往在女友面前表现出男子汉的阳刚之气和豁然大度来，哪怕内心是那么的不情愿。

## ⊙ 第一次

几次网上谈话之后，小安认定A女孩就是自己颇为心仪的那种纯情女孩。A女孩把电话号码主动给了小安，更让小安感动的是A女孩说她是第一次把电话号码给一个男孩。因为是第一次，小安怀着激动的心情拨通了电话，互通姓名，一个短暂的沉默之后，小安刚想把自己煞费心机准备的一席既浪漫又富有哲理的话满怀深情的说出来，却听到那边的A女孩娇滴滴的说：“你这是第三次给我打电话了吧！”

**大智慧**：老实的女人不一定可爱，可爱的女人不一定老实。只要你觉得她可爱，无论她说的话是真是假，你都应该相信，否则，你就不是个聪明的男人，也不是个活得快乐的男人。

## ⊙ 见智见仁

有一位教授写了一句话让学生们点标点，这句话是：“女人如果没有了男人就恐慌了。”

结果，女生的答案是：“女人如果没有了，男人就恐慌了！”而男生的答案是：“女人如果没有了男人，就恐慌了！”

**大智慧**：男人离不开女人，女人也离不开男人，没有谁比谁更优越。男女二字，男字七画，女字三画，七加三就是一个完整的世界。在这个世界里，男人占七，七分世界由男人主宰，女人占三，三分世界要女人去滋润。

## ⊙ 爱小老婆

问："中国男人和外国男人相比，那一个最爱老婆？"

答："当然是中国人最爱老婆。"

问："既然如此，那么，世界上最好的男人非国人莫属。"

答："非也！外国人虽不爱老婆，一旦想爱的话，也只是爱一个，而中国人爱老婆，爱的多是小老婆。"

**大智慧**：老公也好，情人也罢，令他们兴奋的是狩猎的过程，一旦意识到你已是他到手的猎物，就不会再把太多时间精力浪费在你身上，而是变得越来越健忘，越来越懒惰。

## ⊙ 行业竞争

某女打算考律师证，每天捧着一大堆法律书籍埋头苦读。

被一男同事瞧见了，道："你一个女孩子奋斗的这么辛苦干嘛？等我将来有了女儿，就教她如何钓金龟婿，在家做个贵妇！"

女子抬起头，白了男同事一眼，曰：

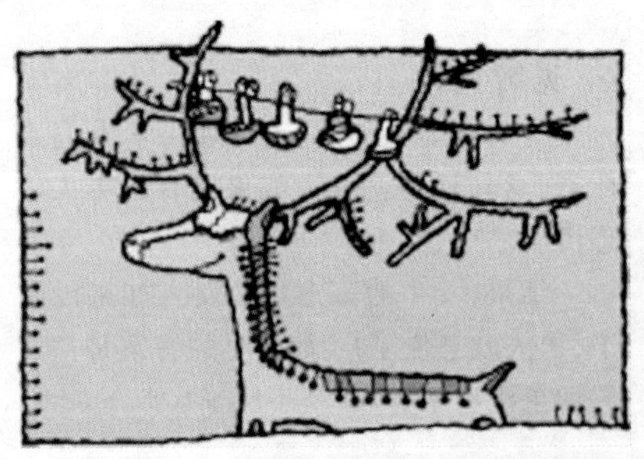

"笨！你趁早觉悟吧！你也不知道那行业竞争有多激烈。"

**大智慧**：女人，你既然喜欢金钱，喜欢过时尚的生活，穿时尚的华服，抹时尚的口红，为什么不想通过自己的劳动去实现呢？为什么总死死盘算着男人的口袋，是不是有点缺乏自信与自尊？可现在的男人早已不是傻瓜，个个见多识广、身经百战，他会想：我千辛万苦赚来的豪宅奔驰，凭什么一夜之间让你享受，你能为我提供什么？男人也会找相应值得的女人，这里有一个公平交换的原则，即使你再年轻，再漂亮，再会作纯情秀，他还是会想，你90%是冲着我的钱来的。在与女人的交往中，男人最大的收获是学会了逆向思维，从某种程度看，女人是男人的老师，一点不夸张。

## ⊙ 女人和球

女人20多岁像橄揽球，20个人追着抢。

女人30多岁像蓝球，10个人追着跑。

女人40多岁像乒乓球，两个人打过来打过去。

女人50多岁像高尔夫球，打的越远越好。

**大智慧**：女人，在婚姻上你不需要扶贫，不要嫁一个什么都比不上你的人。你需要的不只是一张长期饭票，而是一个堂堂正正，打不垮、压不弯的男人，他才是你的主心骨，是你永远的温暖港湾。

## ⊙ 踢球

一个足球迷兴致勃勃地对女朋友吹嘘说："对足球，就要像对情人一样，要有缠的功夫。一双脚要能像牛皮糖一样粘在足球上，那就绝了。"

女朋友："然后呢，就一脚踢开，那才

真叫绝呢！”

**大智慧**：狡猾的男人，他会在老婆面前说他只爱老婆，外面的女人不过是逢场作戏。在情人面前说他只爱情人，家里的黄脸婆不过是一种责任。

## ⊙ 信

“亲爱的，为了你，我准备奋不顾身地横渡大洋，毫不犹豫地跳进深渊；为了见到你，我要克服任何困难……星期天我准时到你那里去，如果天不下雨。”

**大智慧**：对男人，所谓的花言巧语包含了两个内容，一是花言，二是巧语。前者偏于幼稚，后者更加老练；前者多为哄骗女孩，后者多为镇住女人。但无论哪一种，都是男人为达到目的采取的软硬兼施的策略。

## ⊙ 我愿意

导演：“王小姐！这一场要拍青年很急地走进你的房来，把你抱住，要用绳子把你绑牢，随后他拼命地抱你吻你。”

女角：“这青年是不是很高大，很英俊？”

导演：“当然！为什么问这个？”

女角：“那么，他用不着绑住我了。”

**大智慧**：男子汉不写在脸上，也不写在身高上。所以，身为男人，请不要为自己的相貌或者身高过分担心和自卑。人是动物，但是区别于动物。先天条件并不是阻挡你好好生活的借口。人的心灵远胜于相貌，请相信这点。

## ⊙ 不解风情

一对情侣在寒流来袭的夜晚约会，女生故意没穿外套赴约，想要让男朋友有表现的机会。

女生撒娇的说：“好冷喔，我忘了穿外套了！”

男的一脸庆幸的表情，回说：“还好，我有记得穿，否则就会跟你一样，冻呆了。”

女生：“……”

**大智慧**：一个女人若对男人有了情意，根本就不必有什么理由，而且，女人们的理由，男人永远也不会明白的。

## ⊙ 吵架

“喂！昨晚听到你和夫人吵得很严重呀！”

“哼！还好啦！最后她四肢着地，跪着向我爬过来！”

“真的？她求你原谅她吗？”

“她说：‘快从床底下滚出来！你这没有用的男人！’”

**大智慧**：别在众人面前给男人下不了台，男人就是小孩，需要哄着，他们混的就是一张脸。

## ⊙ 钓饵

一位老父亲问她那漂亮的女儿为何不结婚。女儿告诉他，她曾有过好几位男友都不能使她称心如意，想再等一等，挑一挑。老父亲警告女儿抓紧点，当心做一辈子的老姑娘。女儿满不在意地说：“噢，放心吧，亲爱的爸爸，大海里鱼儿多着呢！”

“是呀，我的孩子，”老父亲笑了笑答道，“可钓饵放久了就没味了！”

**大智慧**：女人们，请你们一定要记好，对待爱情和婚姻，一定要把它当作理想一样来奋斗和争取，要用一个最好的向前的姿态来承接它，不可以随便地触摸和亵渎，不能单纯的为了拥有而去拥有。所以，女人，你要耐得住寂寞。

## ⊙ 惩罚

“知不知道对于女人最大的惩罚是什么？”

"不知道。"

"让她穿上美丽的衣服，然后把她关到没有镜子的屋子里。"

**大智慧**：人性是追求美的。而爱美的感情也是最美的——美的纯洁，美的真实，但绝不应该是爱慕虚荣的，因为那是妨害美的瑕疵！

# 笑谈爱情的浪漫与现实(一)

## ——浪漫的爱情,妙不可言

卷·首·引·言

爱情与浪漫是如影随形的。如果说爱发自人的内心,那么,浪漫便也是生长于此的。它与爱情一样,都是只有相爱的人,只有用心感受,方才显现出来。在心中、眼里,哪怕是一个指尖的颤动,一个短暂的回眸。

浪漫与爱情一样,他们都是虚无飘渺的,都需要借助某种客观存在的物质才能反应;他们也是真实可信的,只需要拥有相爱的灵魂就可以体会。他们是凌驾于两个空间之上的。何谓浪漫?古语中的“情人眼里出西施”便道出了其中的奥妙。也许在常人看来很是平常不过的举动,就能彼此生发出无限的感慨与感动。

浪漫是什么?是两颗彼此相爱的心灵的碰撞,感悟,以及那份永不消失的感动。因为有爱,才有浪漫。

## ⊙ 爱情是什么

厨师说：爱情是一棵洋葱头，你一片一片剥下去，总有一片会让你流泪的。

气象学家说：爱情不怕黑暗，公园里越黑暗的角落恋人们越往那儿钻；爱情不怕热，气温即便40℃，恋人们还要往一块儿贴；爱情不怕冷，冰天雪地里恋人们照样户外约会。

历史学家说：原始社会的爱情以生育为图腾，“你为我生”；中世纪的爱情框架是骑士救美人，“我为你死”；封建社会的爱情模式是才子多情，红颜薄命，“我们一块儿去死”；现代爱情的标签是“只要我爱，不管你有没有对象，不管你结没结过婚。

医生说：血压高者不宜，爱情会使血压增高；恐高症者不宜，爱情会使人晕眩。爱情是感冒，被爱情病毒感染的人，既瞒不了自己，也瞒不了别人。

考古学家说：爱情如水，覆地难收；爱情如瓷器，碎了难复原；爱情如出土文物，既古老而又新鲜。

文字学家说：我劝朋友们写情书时，将“爱”字宁可费点事写做“愛”，那里面有“心”，爱情不能没有心，简化字不知为什么把“心”给简掉了，不过幸亏还有一个“友”。

**大智慧**：爱情，这个人类古老而又新鲜的话题，仿佛是一个人类永远都无法揭开的迷。说到爱情几乎每一个人都有自己的看法，它是人类最高级的一种情感。也许，当另一个异性的满足和安全变得和自己的满足和安全一样重要时，爱情就存在了。

## ⊙ 重新使用

一对男女决定解除婚约。

男：“你说什么？要我把你写给我的信都还给你？”

女：“是的，全部还给我。”

男：“你以为我会把信给别人看吗？”

女：“我没那么想。不过，那都是我花钱请专人搞出来的，现在不是马上需要重新使用了吗？”

**大智慧**：爱的甘泉是从人的内心世界自然地流淌出来的，流于形式没有任何意义可言，甚至是对爱情的亵渎。

## ⊙ 北极女士

甲：“我把她当成北极看待，称她为北极小姐。”

乙：“为什么？”

甲：“她冷得像冰一样，却又像磁石一样吸引着我。”

**大智慧**：爱一个人，是你必须有一点儿恨他，恨他令你离不开他。

## ⊙ 举例子

女：哼！那你到底喜欢我哪儿？不许说“很多”！要举例子！

男：多得很（有点得意），例如你感冒了没有力气和我吵嘴；例如你不再要求我接你下班，只要每天早上打电话叫醒你就行了；例如你说其实玫瑰不如大白菜实惠；例如……（瞅了瞅女的脸色，闭了嘴）

**大智慧**：爱是没有理由的。我爱你并不是因为你是谁，而是我在你身边的时候我是谁。

## ⊙ 爱情的记忆

m代表man,w代表woman

m:“人总会老的,一个人不能总靠爱情生活吧。”

w:“可是我有关于这些爱情的记忆呀!”

m:“记忆又不能当饭吃。”

w:“当男人不给我钱的时候,我就把这些记忆告诉他们的老婆!”

**大智慧**:不能厮守终生的爱情不过是人生的一个转机站,无论你停留多久,你将会乘另一航班匆匆离去的。

## ⊙ 已婚男友

母亲:“你知道,孩子,快三年了,你跟阿尔夫的关系进展得怎样?他有没有跟你谈到过结婚?”

女儿:“当然谈到过。一开头就谈了。”

母亲:“他当时怎么说?”

女儿:“他说他已经结了婚。妈咪,真……真不幸。”

**大智慧**:爱,是不能停泊在别人的港湾的,偷来的幸福,终究也还是要归还的。

## ⊙ 反对

小明:“告诉我…”

他鼓起勇气接着说:“你反对婚前同居吗?”

小花:“我从没做过那种事情。”她低着头喝咖啡。

小明:“从来没做过爱?!”

小花:“笨蛋!从没反对过!”

**大智慧**:“同居”是一种“随时准备撤退”的关系,在不确定的年代要谈不确定的爱情,套一句经济学中常用的术语:“不要把鸡蛋全部放在同一个篮子中”,实在是颠扑不破的至理名言。

## ⊙ 天天想

小王整天闷闷不乐,朋友问他是否失恋了,他说:“没的事,只是我天天想着怎样才能和她在一起,而她天天想着怎样才能不和我在一起。”

**大智慧**:是你的,总归是你的;不是你的,也强求不来,这也许是爱情的宿命。

## ⊙ 想结婚的年轻人

“我该怎么办?”一位想结婚的年轻人对他的朋友说,“每个我带回家的女友,我母亲都不喜欢。”

“这个好办!”他的朋友建议,“你只要找一个各方面像你母亲的就可以了!”

“我试过了…但是我父亲又不喜欢。”

**大智慧**:适合你的就是最好的,何必在乎别人的眼光?

## ⊙ 取长补短

有位姑娘提着高跟鞋走进木材商店,请店主替她把鞋跟的软木锯短一些,店主照办了。过了一个星期,姑娘又来了,她问:“上次你们锯下的那两块软木鞋跟还在吗?我想请你们帮我粘上去。”

店主对这个要求很感惊讶,便问其原因,姑娘说:“噢,这个星期我换了个男朋友,比上星期那个高多了。

**大智慧**:把自己最真实的一面展示出来,才能获得真实的爱情。

## ⊙ 我多爱你

一日男友给远方的女友写信,为了证明自己有多么的爱她,便在信的后面画上了一个“心”,然后又在心上画了一支剑,意思是剑串心,我真的很爱你,而后又画了一串剑穿心,是为了让其女友知道他又多么的爱她。又写上“瞧我有多爱你”。不久他收到了女友的信，女友在信中问到“你那串羊肉串是什么意思?”

**大智慧**：爱情不需要用过多的语言来表达，毫无意义的重复强调和表达有时会起到相反的作用。

## ⊙ 多情

羊叉子乘坐公共汽车时，车上一漂亮姑娘总是打量他。

羊叉子心想：姑娘可能对自己有意思，不禁心里美滋滋的。姑娘到站下车，羊叉子见状马上跟了下去。

姑娘在前面走着，还不时地回头看。羊叉子鼓足勇气跑上前，不无幽默地搭讪道：“小姐，你为什么总看我？是不是我脸上有饭粒儿呀？”。

姑娘瞪了他一眼说：“明明知道还不擦……”

**大智慧**：什么是自作多情？自作多情就是单相思式的一厢情愿的独白。

## ⊙ 情爱方程式

聪明的男人+聪明的女人=浪漫

聪明的男人+愚蠢的女人=怀孕

愚蠢的男人+聪明的女人=诽闻

愚蠢的男人+愚蠢的女人=结婚

**大智慧**：在爱情方面，最“傻”的人恰恰是最聪明的人，因为只有他们能走进幸福的婚姻。

## ⊙ 情话大逼供

女：你真的背熟了我的一切吗？我的身高、体重、最喜欢的和最讨厌的，你倒说说看！

男：身高……(挠了挠头)穿平底鞋到我下巴，穿高跟鞋到我耳朵。体重(边思索边计算)，我用自行车驮你，勉强可以上30°斜坡，抱着你的话，估计走不出两米。你最喜欢用尖指甲掐我，最讨厌我看足球和别的女孩儿。

**大智慧**：爱又何必说出口！爱藏在心里，表现在行动上。

## ⊙ 缘分

甲：“经人介绍，我连续相亲十次，终于相到一个有缘的人。”

乙：“有缘？怎么说？”

甲：“他就是我第一次相亲的对象。”

**大智慧**：缘分不是刻意追求来的，它是可遇不可求的。顺其自然，才会“偶遇”自己的缘分。

## ⊙ 我也不例外

女友买了一支新笔送给男友，她试探地问：“拿到这支笔，你第一个会写谁的名字？”

男朋友问：“你要我说真话？”

女友说：“当然要说真话。”

男友答：“百分之九十七的男人试笔都是先写自己的名字，我也不例外。”

**大智慧**：不要把爱情和习惯混为一谈。爱情是爱情，习惯是习惯，把别人的习惯看作示爱是自作多情，同样，把别人的习惯看作冷淡是不可理喻。

## ⊙ 需要

女:男人结婚需要什么?

男:勇气

男:女人结婚需要什么?

女:运气

**大智慧**:爱一个人是一种冒险,一是一场赌博,要么得到全部的幸福,要么什么也得不到。所以说,爱一个人需要勇气,更需要运气。

## ⊙ 白费心机

两年内,有一个青年连续写了七百多封情书给他心爱的女友,结果他的女友终于宣布要结婚了,新郎就是给她送这些信的邮差。

**大智慧**:适当的爱情防守,就是双方都保持一点点醋意,都保留一点点私人社交圈,但永远都不要给情敌入侵的机会,也永远不要尝试去找一个情人。

## ⊙ 理智情话

"亲爱的,你非常爱我吗?"

"非常爱。"

"你能为我献出生命吗?"

"能,但是那样做就错了。那时还有谁来爱你呢?"

**大智慧**:在这个世界上,没有谁应该为你去做什么,因为生命是你自己的,必须为自己负责,哪怕你们是恩爱的夫妻或恋人。

## ⊙ 忍痛割爱

伤心的寡妇和一位朋友缅怀她刚去世的丈夫:

"我丈夫生前待我很好,我很怀念他。他买了5万美元人寿保险,指定受益人是我。不过,说实在的,如果他能够复活,我愿意少收1000美元。"

**大智慧**:珍惜眼前人吧!不要在失去以后才知道珍惜,最痛苦的事情莫过于在回忆和怀念中过生活。

## ⊙ 幽默爱情

阿笨的女友对他说,她的父母极力反对他们的事,因为嫌他是个穷工人,没出息。女友哭泣着离他而去了。阿笨一气之下辞职下海,折腾了两年,总算挣了一些钱。有一天,突然萌生了报复的念头。于是阿笨穿戴笔挺,提上许多礼品,按响了昔日女友家的门铃。一番客套之后,阿笨开始向她的父母吹嘘自己如何体面,如何有钱,最后以刻薄的语气说:"当初二老若是同意我们的婚事,也许现在我依然是个穷光蛋,今天特来感谢你们。"阿笨正暗自得意,二位老人却愕然:"你们谈过恋爱?她怎么从来没说过!"

**大智慧**:如果一个人不爱你,他总会找到一个拒绝你的理由。所以,你不要问为什么,因为爱本来就没有理由。

## ⊙ 你的腿别晃了好吗

阿峰有个毛病,一坐下来,腿总是不由自主地乱动,到了陌生的环境更甚。那天上选修课,几个班的学生集中到一个大教室里,坐在阿峰身边的是外班一个长得很漂亮的女生。上了一会儿课,阿峰忽然发现,那女生每次记完笔记,都要偷偷地瞄他一眼。阿峰心跳开始加速,但还是装作很专注地看着黑板,只用眼睛的余光,偷偷地看着她的反应。那女生扭头看她的频率逐渐加快了,最后,干脆放下笔,一直盯着他。阿峰感觉脸有些发热,幸福感充溢心头。这时,忽然听见她低声说:"拜托,你的腿别晃了好吗?桌子一晃,我没法记笔记!"

**大智慧**：记住：千万不要把别人的笑脸当作爱情！

## ⊙ 移情别恋

男女二人在大街上邂逅，很快便订婚了。

小伙子激动地拉着姑娘的手说："你真是位好姑娘，虽然我不如我的朋友阿伟潇洒，又没有他那么高贵，也没有他那么多的存款，但是你却爱我，这怎么能不令人感动呢！我一定爱你一辈子，永不变心。"

姑娘听得眉飞色舞，紧紧地拉着他的手不放，说："你真诚的表白和坦率的诉说，令我敬佩。不过，我现在对你只有一个要求，能把阿伟的联系方式告诉我吗？"

**大智慧**：报恩的爱情不是真正的真爱，会导致悲剧。

## ⊙ 情书

我已经暗恋她两年了，可是始终没有勇气向她表白。在朋友的鼓励下，我终于写了一份充满爱意的情书。可是，几次见到她，那只紧握情书的手总是无法从口袋里拿出来。就这样，浪费了好几次机会，情书已变得皱皱巴巴。

终于有一天，不知是哪儿来的勇气，我一见到她，便把那封皱巴巴的情书塞进她手里，然后慌忙逃窜。

第二天，她打来电话，说要跟我见面。心情既是兴奋又是紧张，昏暗的路灯下我们见面了。她看着忐忑不安的我，问道："昨天你塞给我一百块钱干嘛？"

**大智慧**：你越执著，越在乎，也就越容易失去。因为你非常希望得到，所以才担不起哪怕是一点点的变故。

## ⊙ 爱情排他性

男："你是我的太阳……不，你是我的手电筒。"

女："怎么？不是说太阳吗？"

男："不行，太阳普照着所有的男人。我只希望你照着我一个人。"

**大智慧**：爱情之所以是自私的，是因为内心的占有欲在作怪。

## ⊙ 恋爱短篇

文艺社征文比赛："请以最短的文章，论述恋爱始末"。结果，小王得到了冠军，其文如下：

初恋：眼中心里只有她。

热恋：妈妈叫我向东，爱人叫我向西；向西。

失恋：爱人结婚了，新郎不是我。

**大智慧**：爱的没有原则和独立性，迟早会失去爱情。

## ⊙ 老婆永远是对的

1. 老婆永远是对的。

2. 如果老婆错了，一定是我看错了。

3. 如果我没有看错，一定是我的想法错了。

4. 如果我没有想错，只要她不认，她就没错。

5. 如果她不认错，我还说她错，那就是我的错。

6. 如果她认错了，请参考第1条。

**大智慧**：恋爱有时候和打仗一样：以斗争求和平则和平存，以妥协求和平则和平亡。一味的妥协，没有尽头。

## ⊙ 劝慰

同室的小王失恋后，整天茶不思、饭不想，在床上长吁短叹。大家都不知如何劝慰才好。

生性达观的阿杜对小王说："快些停止叹息下床吧！难道失恋的滋味那么好，

值得你不吃不喝地躺在床上慢慢品味？”

**大智慧**：失恋时，只有两种可能。要么你爱她她不爱你，或者相反。那么，当你爱的人不再爱你，或者从来没有爱过你时，你没有遗憾。因为你失去的是一个不爱你的人。

## ⊙ 今日客满

一位打扮得很入时的小伙子来到一家高级饭店，一进门就递给招待员一个先令。招待员不解地用手掂着这个先令，讪笑着说："怎么，你是要用这钱订酒席吗？"小伙子忙解释说："不，不，呆会儿我陪一位姑娘来，请你大声对我们说：'今日客满，请到别处就行了，谢谢啦！'"

**大智慧**：常言说，请客要把菜单握在自己手中。其实，对于爱情来说，并不是山珍海味和山盟海誓才能表达真心的。

## ⊙ 情有所钟

我祖父身高1.60米，而健硕的祖母却高达1.80米。我小时候祖父已去世。有一次我跟祖母一起翻阅旧日的照片，突然想到他们两个站在一起一定很惹人注目。

"祖母，"我问她，"你怎么会爱上一个比你矮的男人呢？"

她转过脸来对我说："孩子，我们是坐着谈恋爱的，等我站起身来，已经太晚了。"

**大智慧**：别人眼睛中完美爱情般配和我们自己对爱情的感觉是不一样的，有时候需要技巧的向别人解释，让其他人知道，自己喜欢的就是适合的。

## ⊙ 求婚

"我来找你是要向你的女儿求婚。"年轻的求爱者说。

"你跟我的妻子谈过了吗？"做父亲的问。

"是的，但我更希望娶你的女儿。"

**大智慧**：智者说："每个人的幸福需要自己做主"。对于感情这样纯粹自我体验的东西，所有的人都代替不了当事人的感觉和意见。所以，尊重别人的选择就是尊重别人的感情。

## ⊙ 抓沙

一对新婚夫妇卿卿我我地坐在沙滩看日落，太太随便抓起一把沙，不经意的对丈夫说："真奇怪，无论我抓得多么紧，它总是从手指缝漏去，最后就只剩下那么一点点。"

丈夫接口道："宝贝儿，在这个美妙的时刻，还是不要提我那微薄的薪酬吧！"

**大智慧**：爱情无需刻意去把握，越是想抓牢自己的爱情，反而越容易失去自我。失去彼此之间应该保持的宽容和理解，到最后连爱也失去了。

## ⊙ 没有保险

一男青年收到女朋友的绝交信，信中写道："虽然咱们的关系已经结束，但你必须赔偿我4年的青春损失费……"

男青年回了一封短信："亲爱的，这笔钱我不能出，因为你没有参加保险。"

**大智慧**：有时候，爱情是一次赌博，

可能付出得不到任何的回报和补偿。

## ⊙ 感情储蓄

当她在一所大学里做兼职的银行出纳员时，一个漂亮的小伙子几乎每天都到她的窗口来。小伙子不是存款就是取钱。直到把一张纸条连同银行存折一起交给她时，她才明白小伙子是为了她才这样做的："亲爱的吉：我一直在储蓄这个想法，期望能得到利息。如果星期五有空，你能把自己存在电影院里我边上的那个座位上吗？我把你可能另有约会的猜测记在账上了。如果真是这样，我将取出我的要求，把它安排在星期六。不论贴现率如何，做你的伴侣是十分愉快的。我想你不会认为这个要求太过分吧？以后再同你核对。真诚的彼。"

她无法抵制这诱人、新颖的接近方法。

**大智慧**：爱情是一种相互的俘获，越是出奇的方法效果越是明显。

## ⊙ 提示

一天晚上，一位少女和一位英俊的男雇工在一条僻静的乡村道上并肩而行。雇工肩上背着一只大桶，一手提着一只肉鸡，另一手拿着一根拐杖，同时还牵着一头山羊。他俩走进了一条又长又静的黑巷。

"我不敢跟你在这里一道走，"少女说，"也许你想吻我哩！"

"我带着这么多的东西，"男工问，"怎么可能？"

"嗯。"少女说，"假如你把拐杖插入泥中，将羊拴在上面而把鸡放在桶里呢？"

**大智慧**：恋爱中的人会变傻，有时候傻得让人不可思议。

## ⊙ 严肃的问题

一对年轻的苏格兰人坐在公园的一条长椅上，相互沉思地对视着。过了好长一会儿，姑娘对她的男伴低声说道："安古斯，告诉我你正在想什么，我就给你一个便士。"小伙子答道："我正在想，如果你给我一个小小的吻，那是再好不过了。"姑娘红着脸吻了他。又过一会儿，她又道："花一个便士买你现在的想法，安古斯。"

"这次我想的可是一个严肃的问题。"小伙子说。

"会是什么问题呢，安古斯？"姑娘很害羞地问。

"我现在正想，你该会给我那个便士了。"

**大智慧**：爱情是一种两情相悦，浪漫往往产生于不经意间。

## ⊙ 爱情方向

汤姆："爱是伟大的，它使这个世界不停地旋转！"

杰克："妈呀！我真恨，恨它转得我晕头转向，不知所措啦！"

约翰："那你俩怎么不掌握爱情旋转的方向哩！"

**大智慧**：爱情的过程不同，爱情的方向也就不同。每个人都应该把握自己爱情的方向。

## ⊙ 互问

男士低声对一位小姐说道："小姐，我可以爱你吗？"

"当然可以。"小姐大方地点了点头。

男士不由心花怒放，正要作进一步的表示，忽听小姐柔声娇气地问道："先生，我可以不爱你吗？"

**大智慧**：爱情是一种互动，来不得半点勉强和迁就。

## ⊙ 暗示

一个老处女向新交的男朋友说："昨天晚上，我梦见你向我求婚。"

"你是如何表示的？"

"我接受你的求婚。"

**大智慧**：身为女人，应该保留一些含蓄，不要让男人一眼就看到你的底牌。过于羞涩会扼杀爱情，太过直白也不符合爱情的"游戏规则"。爱情大多发生在朦胧的花前月下，怎么能在太阳底下暴晒？

# 笑谈爱情的浪漫与现实(二)
## ——现实的爱情,物质的考验

### 卷·首·引·言

爱情固然浪漫,但在真空和空中楼阁中却无法存活。贫穷的爱情像根草,没有经济基础的爱情,看上去再浪漫也不过是空中楼阁。都是饮食男女,开门七件事,样样要花钱,被五斗米压得喘不过气时,再浓的感情也会淡得像白开水。

我们的爱情除了心心相印,还要物质滋养。拜金不足取,和金钱结仇更没必要。爱情没有保险箱,有钱没钱都危险。两个人一起奋斗,一起享受,既不会为钱多得不知如何花烦恼,也不会每天为柴米油盐发愁。爱情最终会与清贫势不两立,金钱却也常常谋杀爱情,钱少情便淡,钱多情变滥。不是人人有富贵命,但只要肯努力,奔个中产还是有希望的。凡事过犹不及,钱是这样,对爱情也是如此。

钱伤感情,世上有多少爱情毁在钱上?没钱肯定不行,贫穷让人没有自信,心态失衡,是谓穷酸。古人云:仓廪实而知礼节,衣食足而知荣辱,穷还可能让人丧失自尊,穷斯滥矣。光有爱情,没有钱,日子怎么可能过得有声有色。为生计挣扎的人哪有心情风花雪月,制造情调更离不开金钱的后盾。而有了太多的钱,常常让人穷奢极欲,为所欲为,陷入贪婪和放纵,连自我都无法把握,何况是感情。特别没钱或特别有钱的人,都容易把钱看得太重,而忽视生活本身的乐趣,也将爱情引入歧途。

## ⊙ 爱的真谛

丈夫:“为什么上帝把女人造得美丽而又愚蠢呢?”

妻子:“道理非常简单。把我们造得美丽,你们才会爱我们;把我们造得愚蠢,我们才会爱你们。”

**大智慧**:男人首先看重的是女人的相貌(尽管很多男人不承认);女人首先看重的是男人的才华(因为才华是财富的源泉,尽管很多女人都表示自己不爱金钱)。

## ⊙ 爱的考验

湖边依偎着一对情侣。

南茜:“你爱我吗?”

杰克:“当然,我爱你胜过爱自己的生命。”

南茜指着湖面说:“你敢从这儿跳下去,我就相信你的话。”

杰克立即转身跑开, 过了一会儿,他气喘吁吁地回来了。

南茜:“哦,天! 你干什么去了?”

杰克:“没什么,亲爱的,我买了一个救生圈!”

**大智慧**: 爱情即使能够超越生死,也不要让它去接受不必要的考验,因为无谓的摸爬滚打必定会留下伤痕。

## ⊙ 条件足够

陈福不敢当面向他的女友求婚,只得在电话上作远程试探。

“丽丽,我得了五百万元遗产,一座别墅,一辆汽车,还有一艘游艇,你答应嫁给我吗?”

“当然答应你哩,你是谁呀?”

**大智慧**:爱情不仅不能买卖,而且金钱是必然会扼杀爱情的。

## ⊙ 不浪漫

小云在对她的女友抱怨:“我的男朋友一点也不浪漫,那天我辛辛苦苦地准备了烛光晚餐。”

“他说什么了?”

“亲爱的! 停电了,我们出去吃吧!”

**大智慧**:浪漫是爱情的必需品,是婚姻的奢侈品。

## ⊙ 需要

我需要一只新的结婚戒指。生日那天,我正在园子里劳动,丈夫问我想要什么礼物。我举起手说:“喏,你看我的手光秃秃的。”

当晚,我激动的打开礼物盒。“生日快乐”丈夫说。我打开看到一副园工手套。

**大智慧**: 爱情在不同的阶段有不同的表现方式,婚前婚后逐渐由浪漫表现的务实。男人的理性思维最终会获得胜利。因此,对于浪漫的女孩子来说,婚前提出需求比婚后提出需求得到的满意度要高很多。

## ⊙ 我早就了解你了

一个小伙于向姑娘求婚,姑娘说:“不过,我们相识才三天呐,你了解我吗?”

小伙子急忙说:“了解,了解,我早就了解你了。”

“是吗?”

“是的,我在银行工作三年了,你父亲有多少存款,我是很清楚的。”

**大智慧**: 爱情一旦和金钱有了一种交易关系,就不能叫做爱情了。

## ⊙ 先要钱

女儿发现妈妈向她的男朋友要“彩礼”,觉得很不理解,就问:“妈妈,我们还在恋爱，为什么先要人家这么多钱呢？”

“傻姑娘,你到百货公司买东西,不先付钱行吗？”

**大智慧**:买卖婚姻尽管已经不存在了,但“买和卖”观念却还在一部分人的头脑中挥之不去。

## ⊙ 时不我予

少女问她的男朋友:“为什么你买人造花给我？我喜欢鲜花。”

“亲爱的，鲜花总是在我等你的时候就枯萎了！”

**大智慧**：浪漫的爱情总是暂时的,喧嚣过后,一切都会归于平静。琐碎的生活更多地需要男女双方在现实中互助合作、患难与共,而不是花前月下的亲亲我我。

## ⊙ 只此一次

小陈正在热恋，但他的收入微薄,很难满足女友在物质上的需求。这一天是女友二十岁的生日,看来无论如何也得送点礼物给她了。他筹了一笔钱,给她买了一只金戒指，另在贺卡上写着:“亲爱的珍珍,祝你生日快乐,并预祝从今天起到我俩结婚前的一切节日,你都快乐！”

**大智慧**:如果没有物质基础,爱情到底能够走多远？

## ⊙ 考验

“亲爱的,只要你想要的,我都会不惜一切代价令你得到。”

“那我先要测谎机。”

**大智慧**:“轻诺不易信”，爱情中尤其如此。

## ⊙ 药方

有人问一位讽刺家什么是医治爱情创伤的药方，讽刺家说:“饥饿是一种妙方,时间更好一些。”

**大智慧**：爱情是一种情感的需求,但不是生命的需求。爱情是一种创伤,但远远没有到致命的地步。相信生命的力量,更要相信时间是治疗一切所谓创伤的最好的良药。

## ⊙ 美得无法形容的爱情

深夜里，巴维尔和巴芙琳娜紧偎着,漫步在街头。巴芙琳娜呼了一口气,拖长了声音说:“啊,巴维尔,如果我们结了婚,那不是太美了吗？我们之间有的是爱情,我们只要有口饭吃,有口水喝就能生存！”

巴维尔把他心爱的人儿搂得更紧了,他安慰她说:“当然喽,那会美得无法形容的,只要你愿意赚钱买饭吃,我就愿意赚钱买水喝。”

**大智慧**：爱情也许能存活在真空中，但人却必须要生活在现实的土壤中,谁让我们浪漫的灵魂拖着一个沉重的肉身？

## ⊙ 玫瑰的含义

为了追一位漂亮的美眉,我决定展开鲜花攻势。

老板说:“小伙子,买九百九十九朵玫瑰吧。”

我问老板:“一朵玫瑰代表唯一……三朵代表我爱你……九朵代表永远……那九百九十九朵是什么意思？”

花店老板:“……这个嘛……这个……代表……‘我很有钱’。”

**大智慧**:虚假的浪漫是用金钱堆积起来的,真诚的浪漫是用血和泪书写的。

## ⊙ 自己变狗

女:“像你这种人,只有狗才会爱你。”

男:“告诉你,我刚才继承了一千万元

的遗产。”

女:“汪!汪汪!”

**大智慧**:当女人离金钱最近的时候,也是离爱情最远的时候,而离爱情最远的女人也是最不幸的女人。女人最大的心愿是让男人去爱,而让男人去爱的女人是一见爱情试纸就显灵的女人,这样一个简单的公式却让我们把程序搞乱了。

## ⊙ 意中人

有一位眼睛明亮的姑娘对她的母亲说:“乔·格罗弗是我中意的男人。他为人正派,长得漂亮。他很聪明,也很能干。他说话诙谐,待人和气。他身强力壮。”

她母亲打断了她的话,说:“他是结了婚的呀!”

“所以说,任何人都不可能是十全十美的呀!”

**大智慧**:没有一种感情是有罪的,当时的快乐也都是真的。只是快乐背后,要背负的也许还有很多。

## ⊙ 喜新厌旧

一天,林姐姐在路上见到男朋友与另一位漂亮的女孩子在一起,无名火起三千丈。

第二天,林姐姐见到男友便大兴问罪之师,怒冲冲地质问他:“想不到你竟然是一个喜新厌旧的家伙!”

男友急忙辩解道:“你误会啦!我哪会是这种人?你才是新的,她是旧的!”

**大智慧**:所谓喜新厌旧,就是有了爱情和面包之后,还想吃蛋糕的心情。

## ⊙ 一毛钱的爱

“你有多爱我?”

“一毛钱之多。”

“只有这么一点么?”

“一毛钱不就是‘十分’吗?”

**大智慧**:吃饭7成饱最舒服。对待女友最多也请你保持在7成。

## ⊙ 奋斗

w代表woman,m代表man

w:“我要终其一生为找到一个可以让我不用奋斗的男人而奋斗!”

m:“那然后呢?”

w:“我要继续奋斗,防止那些希望不靠自己奋斗的女人。”

**大智慧**:女人不求嫁得风光,而要过得美好;男人不求倾国倾城,只要贤惠体贴,生活幸福。婚姻就是如此,不能缺少金钱,美好幸福的婚姻又绝对与金钱没有太重要的关系。

## ⊙ 假设

女:假设,我和你妈同时落水,你先救谁?

男:你不是说你学会游泳了吗?

**大智慧**:这样的问题肯定出自贪婪的女人之口,因为她要剥夺他作为男人的权利。

## ⊙ 装潢门面

甲:“快把你家的书借给我几本。要厚的,精装的。”

乙:"为什么?"

甲:"我的女朋友今天第一次上门来。"

**大智慧**:爱情必须接受时间的检验,一时的伪装可以满足自己的虚荣心,但永远无法收获爱情。

## ⊙ 如此约会

有个害羞的小伙子告诉妈妈说,他要去同一位姑娘约会。

半小时以后,他回来了。

母亲问:"谈得怎么样?"

"很顺利。"

"见到了她吗?"

"当然见到了,"他咯咯地笑着说,"不过,要是我不躲在大树后面的话,她也会看见我的。"

**大智慧**:客观因素会影响爱情,主观因素更能扼杀爱情。比如,害羞对爱情有着很大的杀伤力,因为你没有给对方爱你的权利和机会。

## ⊙ 没有机会

一个即将结婚的年轻女人,在最后一刻决定要试探她的心上人。于是,她选了一个相当漂亮的女友,虽然她知道这是冒险,但她还是对她说:"今晚我会安排杰克带你出去——月光下海边散步,然后享受一顿龙虾晚餐。为了试探他的忠贞,我要你要求他一个吻。"女友笑了笑,红着脸同意了。危险的计划进行了。

第二天,这个热恋中的女子去见那位女友,焦急地问:"你要求他了吗?"

"没有。"

"没有?为什么不呢?"

"我没有机会,他先要求我了。"

**大智慧**:爱情像娇贵的瓷花瓶难已永恒。所谓"天长地久","海枯石烂"更多的只是人们心中的美好理想,所以与其考验爱情,不如享受爱情。考验爱情是一件很累的事。"考生"累、"考官"更累,所以聪明的男女很少去碰它,其实考验爱情是缺乏信心的表现。不要太相信"经得住考验才是真爱",爱情无须考验,既然两人在一起能够开心,能够在生活上有所寄托,考验什么!

## ⊙ 准备早餐

"亲爱的,你只要再准备一下烤面包和咖啡,我们就可以吃早饭了,"新娘含情脉脉地对新郎说。

"早饭都有什么?"新郎问。

"烤面包和咖啡。"

**大智慧**:爱情是一个博弈,真爱的衡量的标准是,无论为对方做什么事情,都心甘情愿。所以,女孩子经常用这样的方式来考验男孩子。

## ⊙ 女教师中选

一个小伙子有三个要好的女朋友,一个是医生,一个是电话员,另一个是教师。

有一天,小伙子问母亲,她们当中哪一个适合做他的伴侣。母亲立即回答说:"我的孩子,当然是女教师了!"

"为什么?"

"这还不清楚吗?因为医生老是说'轮到下一个了',电话员则常常说什么'请讲得简短些'之类的话,而女教师却和她们不一样,她总是那么和气地说,'我们再来一遍,我们不妨再试试,别灰心,最后一定会成功的。'"

**大智慧**:两个人能否天长地久,靠的不是浪漫的爱情,也不是优厚的物质条件,而是一种信念,一种宗教般的虔诚和信仰。当爱成为一种信念,收获已不重要,幸福也许会在不经意之间悄悄来临。

## ⊙ 内在美

一个小伙子打扮得非常时髦，去找女朋友。女朋友见他油头粉面，不男不女的，很是反感，于是不满地说："我讨厌你这种外表的美，喜欢内在的美。"

小伙子一听，急忙解开外衣扣，指着胸前绣有牡丹花的绿色绒衣，说："你看，我这里面也是很美的。"

**大智慧**：不要只看外表，因为它会欺骗你；不要只看财富，因为它会褪色。

## ⊙ 征婚广告(1)

"你是我的心上人吗？本人经商多年，聪敏过人，富裕非常。虽已年届四十，依然英俊少壮。缺点嘛，或许略微富态一些。诚望交结秀美温情的女子，不抽烟嗜酒，年龄在二十至三十五岁之间。倘若有意，请惠寄小传一份，附上玉照及电话号码。注意：千万勿忘附上玉照！"

**大智慧**：男人是用下半身思考的动物，这话也许绝对了点，但起码在某种程度上或对某些男人(特别是那些有点钱的男人)来说是这样的。

## ⊙ 征婚广告(2)

二十二岁，处女，空中小姐。温文尔雅，相貌娟丽，通情达理，擅长烹调。一经接触，会使你感到意外惊喜。觅求经济富足的男子，年龄、种族不论，但务须待人诚恳。望能陪我在巴黎逛商店，到罗马下馆子。如果从见面起三个月内能一直吸引住我，我就嫁他。祝君好运，静候佳音。"

**大智慧**：现在一些女孩子征婚启事中，往往不再以爱情标准来择偶，倒像是失物招领、寻人启事。人成了物质载体，婚姻成了资产重组，爱情不过是黏合剂。况且，所谓的"粘合剂"中也是因为加进了金钱元素才起了作用。显而易见，这些人是在用自己的年轻、美貌和高等学历招牌等等"有利条件"去和金钱、财富进行交易，这种交易或许从来都是存在的，但当她们通过征婚这种形式理直气壮地把它提出来，潜规则变成了明规则时，便明明白白地昭示出相当数量的年轻女性在市场经济大潮中对以爱情为基础的婚姻观念的颠覆和对自身社会和事业价值的否定。

## ⊙ 纯洁的爱

一对恋人紧紧地依偎在一起。男的说："亲爱的，我要将纯洁的爱情全部献给你！"女的听了一愣，说："那些不纯洁的，你准备给哪个呢？"

**大智慧**：获得纯洁的爱情只是人的一种期盼，世上哪有纯洁的爱情？爱情也要食人间烟火，不要因为爱情和现实挂钩就否认爱情的纯洁性。

## ⊙ 耐用

在我母亲结婚50周年纪念日的时候，父亲愉快地回忆起往昔的婚恋过程。"那时候，我们都没有太多的钱，"他告诉我们，"而且当时我正在面临着这样的一个选择，是让我的汽车换一次轮胎呢，还是平平淡淡地去结婚。"父亲停顿了一下，接着说，"现在我不得不认为自己的投资方向是正确的，因为再过硬的车胎或许也用不到50年呀！"

**大智慧**：完美幸福的爱情是任何金钱都无法替代的，有时候，很多人不知道，幸福往往不能用金钱来衡量的。

## ⊙ 找婆家

介绍人："你认为对方怎样？"

女青年："我对他倒没有什么想法。"

介绍人："婚姻是大事，你得仔细考虑。"

女青年:“不用啦!反正我找的是婆家。”

**大智慧**:真是“有奶便是娘”!金钱轻而易举地颠覆了爱情,爱情何其轻,金钱何其重,真是可悲!现代的女人常常说,贫穷的爱情我不要!没有钱的爱情快走开!爱情要通过物质来实现。金钱如此残酷地影响了爱情,金钱的残酷不是用暴力,而是温柔的浸淫。

## ⊙ 要求完美

我所认识的一对夫妻正讨论着刚贴好的壁纸。丈夫对刚贴好的壁纸不太满意,而妻子却无所谓。为此,丈夫很恼火,他对妻子说:“这个情况的出现,就在于我是个要求完美的人,而你却不是。”

说得对极了。”妻子回答道,“这就是为什么你娶了我,我嫁给了你。”

**大智慧**:追求完美可以是深埋在心底一种理想和愿望,但决不能照搬到现实生活中来“运作”,饮食男女哪会有天堂中的浪漫?如果你抱的希望越大,失望也就越大。

## ⊙ 一年有效

“最亲爱的丽娜:如你所知,我爱你,而且狂热地、永远地、诚心诚意地爱着你,这一保证从2000年8月到2001年8月期间内均有效,并可以随情况变化而延长,为了节省开支,我不再给你写信,吻你365次。你的贝恩尼”

**大智慧**:爱情是不能用物质利益的得失来衡量的。如果我们都是能够计较利益得失的“经济人”,世间也许就没有这么多痴男怨女。

## ⊙ 反对搭卖

女:“我和你结婚还有个条件。”

男:“亲爱的,你说吧,只要能和你结婚,我什么条件都答应。”

女:“这个条件很简单,我要把我妈带来,因为她只有我一个女儿。”

男:“这……”

女:“怎么,你不同意?”

男:“你不是不知道,现在商店都在反对搭卖?!”

**大智慧**:爱情和婚姻本身就是目的,不是手段。所以,你不要向爱情和婚姻讲条件,也不要打着婚姻和爱情的旗号谋求婚姻和爱情以外的利益。否则,你会离幸福越来越远。

## ⊙ 婚姻是爱情的什么

几个“过来人”在一起讨论“婚姻是爱情的什么”。

A:“婚姻是爱情的坟墓,婆婆妈妈无情地埋葬了甜甜蜜蜜。”

B:“婚姻是爱情的鞋子,穿上就得不由自主地齐步走。”

C:“婚姻是爱情的自行车,磕磕绊绊地骑些时候后,出了毛病想折开,零件却锈在了一起。”

D:“婚姻是爱情的悲喜剧,酸甜苦辣轮番粉墨登场。”

轮到E了,他一个字一个字地说:“婚姻是爱情的善后工作。”

**大智慧**:婚姻与爱情之间是不能划等号的。爱情最多只能是婚姻的内容之一。有的婚姻甚至连爱情都没有,也照样相安无事。

## ⊙ 后悔

杰克外出旅行了一个月,一回来他就在办公室外遇见一个老朋友。

“杰克”,这个老朋友说:“怎么回事?你的眼睛这么红,还布满血丝!”

“这是在旅途中出现的毛病”杰克说,

“我到的第一个晚上，遇见一个风姿动人的女郎。”

“我们喝了好多酒，一起用晚餐，然后去看电影。最后她到我住的宾馆里。”

“第二天早上我醒来，发现她坐在床边哭。我问她为什么哭，她说她结婚了，不应该这么做。”

“她使我想起了我的太太和孩子，所以我们一起坐在床边哭，差不多哭了一个小时。”

“杰克！”他的朋友一脸困惑地说，“那是四个礼拜以前的事情了，那和你今天的红眼睛有什么关系？”

“怎么会没有关系？”杰克说，“你总不可能连续四个星期，每天早上坐在床边哭，眼睛还不红吧！”

**大智慧**：一夜情被称为现代社会的“成人游戏”。既然是游戏，就有游戏规则，而“玩主”就得有充分的心理准备去面对输赢。怕就怕本以为自己玩得起感情游戏，而一旦陷入，却发现自己是“输不起放不下”，这样就造成了无情的伤害，游戏也就成了灾难。

## ⊙ 女人是毒药

某人谈恋爱被女友甩了，便对朋友说：“难怪人家说天下最毒女人心，我现在完全认为女人是毒药，今后要离得远远的！”

可是过了不久，这人又谈起了恋爱，而且谈得很起劲。于是他的朋友们问他道：“你不是说女人是毒药吗？怎么又谈起来了？”这人回答说：“我也不知怎么搞的，自从上次失恋以后，我老是想服毒自杀！”

**大智慧**：真爱无敌。不要因失恋而轻生，不要因失恋而不振。只要有爱，总会有人能读懂你的心。不要因为一次感情受挫，就否定整个世界。正如爱默生所说：“半人半神走了，神就来了。”

## ⊙ 他会认真考虑

恋爱中的男女，为了成全自己的爱情而求死求活的，他们动不动就要为爱殉情，真叫人头痛！有时候，脑筋转一下，事情就有转机了。

一个年轻人与鞋店老板的女儿恋爱了，两个人已经热恋到谈婚论嫁，但年轻人感到自信心不足，若是去求婚，鞋店老板不答应怎么办呢？

两个人在商量办法。年轻人说：“我对你父亲说，如果您不答应，我就去跳河。”

女友说：“我爸爸会说，弄湿了衣服你会感冒的。”

“那么，我就说用绳子去上吊……”

女友说：“你怎么老想用死来吓唬他，而想不出什么让他害怕的招术呢？”

“那我应该怎么办？请未过门的老婆指教！”

女友说：“傻子，你只要说，如果不答应，你就在我家鞋店的对面，再开一家相同的鞋店，他就会认真考虑了。”

**大智慧**：把爱情放在人生第一位，把爱和被爱视为人生目标，成天沉溺于爱情之中，一旦失恋就痛不欲生，甚至以宝贵的生命为代价为爱情殉情。这是对人本身的价值缺乏了解，对人生的意义缺乏认识的结果。人的一生有很多事情等你去做，有很多绚丽的风景等你欣赏，既然有死的勇气，为什么没有活下去的勇气呢？

## ⊙ 网虫之妻

亲爱的大伟：

我们的电脑买了一年多了，我也没有怎么摆弄它，今天趁着你和儿子出去了，我把心里想说的话敲在上面，希望你看了之后，能给我一个答复。

我首先忠告你的是：晚上睡觉时，手指最好老实一点，别一个劲地在我身上乱点，我的身子不是键盘，我的鼻子也不是鼠标。再这样，可别怪我某一晚把你的手指咬下半截。

你爱Internet，我不反对。你可以跟你那些最知心的“峨眉大侠”、“白毛女”侃个不停，但我们3岁的儿子哭着叫你擦一下屁股时，你不能够随手抓起打印机的纸对付我们的未来。你的厚脸皮经受得起打印纸的磨擦，我们儿子柔嫩的屁股可吃不消。

你的腰越来越粗，腿越来越细，你感觉不到吗？我真想不通，厕所离你电脑椅才几步远？你就硬是坐下就不想动，还想把电脑椅改成便捷式马桶。你怎么就不动脑筋，多挣点钱把家改装一下，最好把我这丑婆娘也改装一下，省得我为你操心。

昨天坐你的车，前面一大堆乱石头，你不刹车，还一个劲喊：“Back(后退)键哪里去了！”老兄，要不是我眼明脚快，帮你踩住刹车，也许现在敲盘劝你的人就不是我了。

大伟，我仍爱你，但你总不能连吃饭也要我通过E-mail来叫你吧？我们应明白我们彼此的责任和对我们未来的爱心，难道虚幻的电脑世界比我和独生子跟你在一起的世界更精彩？

好了，我就敲到这里，再敲下去，我怕我会让它永远死机。

顺祝：

回头是乐！

仍爱着你的：虫娘

**大智慧**：网络被称之为20世纪出现的技术怪物。网络空间制造了一种没有重量的生活。许多传统正在失去重量，包括性爱、爱情和婚姻。网络正在利用丘比特为热恋的异性制造阉割了感性本能的幸福生活。如果网络的意义从政治和财富延伸至婚姻领域，那么，这种断言并不夸张：正像人们已经离不开电一样，人们离不开计算机的日子为期不远了。

## ⊙ 伤心

一位漂亮的公关班女生向一位男生求爱，遭到拒绝，她很伤心。朋友过来安慰她，她哽咽着说：“这次我又没完成老师布置的求爱作业，公关考试我又过不了关了。”

**大智慧**：当一种伤心的本质不再反映一种感情的残缺，相反可能只是由于物质上的一种匮乏的时候，这种伤心便不再具有了为之可伤的“心”。可能只是伤“物”而已。

## ⊙ 爱情与玉米粥

学生在寝室里争论：爱情与玉米粥相比，哪个好？好像该是爱情好，其实不然：毕竟没有东西比爱情好，而一碗玉米粥总比没有东西好，所以，玉米粥比爱情好！

**大智慧**：总之一句话，爱情不能当饭吃。

# 笑谈婚姻的经营与维护(一)

## ——平淡而真实的婚姻,需要每时每刻的呵护

卷·首·引·言

婚姻就像一部马拉松式的长篇小说,虽然不尽然始于爱情,但多数人还是希望能结束于生命的终点。而在这个充满诱惑的年代,婚姻这部长篇小说确实很易中途辍笔,而如何保持它大团圆结局的诞生,世上也并没有可以通行的“宝典”。但无论怎样,其中的故事情节,需要两人用心去写,用心去解读。

为了写好婚姻这部书,我们必须不停地学习与修正自己。有好多令人怜惜的中途垂泪者,在静下来反思的时候,一定会觉得是自己一直躺在已拥有的婚姻里睡大觉,忘了前方看似平静的道路上同样需要自己去挥毫泼墨,需要不断地提升自己去适应对方与这个变迁的世界。

更重要的是,婚姻是一部两人合著的书,无论一方的手法怎么高明和优秀,必须要有另一半的配合才能成就一部令人称道的好书。所以,婚姻需要互动,需要双方在平凡的日子里产生“心有灵犀一点通”的默契。

## ⊙ 军事家庭

杰克是一个典型的军人，他的家庭也有着浓厚的军事色彩。例如，厨房门口的塑料牌子上写着“食堂”，客厅门口挂着“会议室”，儿子的卧室有“男兵宿舍”的字样，女儿的卧室则是“女兵宿舍”。客人们猜想他们夫妻的卧室一定挂着司令部的牌子，出人意料的是牌子上写着：“新兵培训中心”。

**大智慧**：自私是人的本性，尤其是婚姻中的两个人，往往会把这种本性发挥得淋漓尽致。所以婚姻绝不是一劳永逸的代名词，再相爱的两个人对于婚姻的经营也要渗透到每时每刻。

## ⊙ 绝招

他弄了一支很重的猎枪放在家里，每逢妻子发脾气，他总是二话不说，到旁边擦枪去，妻子吓得面容失色，一场内战还没开始，就结束了。

一个朋友问他：“她是怕你杀她？”

“哪里，她是怕我自杀。”他得意地说。

**大智慧**：我们对对方的爱更多的是体现在不愿他(她)受到一点的伤害。真正的爱总是会让我们在争执面前妥协。

## ⊙ 梦痴

某女士：我丈夫对我爱得发狂。他在睡梦中说了许多非常甜蜜的话。不过有件可笑的事——他总叫错我的名字。

**大智慧**：夫妻关系的和谐与否，在于彼此是否真正互相理解。如果有些事情后果很严重，则当不必太过较真，玩笑似的提醒远胜于大动干戈，毕竟难得糊涂。

## ⊙ 保持自卑

丈夫(对心理医生)：我妻子最近产生了自卑情绪，我要怎么做才能使她保持下去？

**大智慧**：在结婚以前，我们总是在对方的面前保持着某种谦虚的矜持，而婚后，往往却又变得趾高气扬。我们浑然不知可能就是那种骄傲的情绪已经让对方排斥。

## ⊙ 字条

我近来一直在读一个女人的自传，其中提到她的丈夫老爱在屋子里到处隐藏充满情爱的纸条，好让她在干日常家务时能够读到。我极羡慕她，便把这段风流的事告诉我那位讲求实际的丈夫，他听后看来不大相信。

第二天早晨，当我匆匆要收拾早餐桌时，丈夫似乎在等着帮我的忙。突然，我发现餐盘下压着一张字条，我热切地把字条打开来看，上面写着：快点！

**大智慧**：男人表达对妻子爱的方式总是各有不同，我们所期盼的那种浪漫正是因为它曾发生在别人身上而让我们神往。如果真是这样，与其空空地神往，倒不如用心去体会丈夫所带给我们的不同于他人的唯一的爱恋。

## ⊙ 没有须发的原因

妻子："喂，听说男人们秃顶，是因为用脑过度，是这样吗？"

丈夫："是呀！女人不长胡子，正是因为整天喋喋不休、下颚运动过度的缘故。"

**大智慧**：婚前的矜持沉默与婚后的唠叨絮烦往往会是每个女人必经历的过程。女人们总是以为那个叫丈夫的男人是自己的归属品而向其发号司令，却忽视了自己保持被爱的本领。

## ⊙ 如法炮制

妻子坐在缝纫机边做活，丈夫在一边不时发表意见："慢点……小心点……你的针已经断了，把布向左边拉……停一下……"

妻子生气地说："你干嘛要妨碍我，我会缝！"

"你当然会，亲爱的。我只是想让你体验一下，你教导我怎么开汽车时我的那种感觉。"

**大智慧**：出于爱与责任往往会让我们忘记了婚姻中角色的分配，我们努力的使自己处于一种支配地位，却从来没发现那只是一种干扰而已。

## ⊙ 将计就计

一个女人在饭馆里责骂她的丈夫。最后，她尖声叫道："在世界上所有可耻的人中，你是最卑鄙的一个！"

这时，饭馆里所有的人都吃惊地看着他们。

她丈夫马上提高声音说："骂得太好了，亲爱的！你还对他讲了些什么？"

**大智慧**：女人们的歇斯底里永远都是令人难以接受的。聪明的男人会化尴尬为平静，而更多的男人只能是逐渐减少对你爱的热情。所以在断定他是否够聪明之前，不要妄图尝试在公共场合对他大喊大叫。

## ⊙ 匿名情书

"我真想不出在我妻子生日那天送给她一件什么礼物最好，这礼物既不很贵又能使她非常高兴。"

"给她写一封匿名情书。"

**大智慧**：每一个女人都期待自己永远被他人所爱，这种期待与婚姻无关，与她对丈夫的忠诚度无关，甚至与被爱的结果无关。一种心境而已，证明着自己去爱的能力。

## ⊙ 世界太小了

"亲爱的，这世界太小了。昨天，我才知道，你的第三个妻子和我的第二个丈夫正在我的前夫和你的第二个妻子的别墅里度蜜月。"

**大智慧**：爱的世界很小，以至于两个人的真心就足以让它满是绚烂多彩；爱的世界当然也很大，不知足的人永远体会不到什么叫做完整。

## ⊙ 该关的都关上了

妻子停止絮絮不休的谈话，手按着电灯开关问道："亲爱的，家里门窗都关好了吗？"

黑暗中传来她丈夫有耐性的回答："亲爱的，除你的话匣子以外，该关的都关上了。"

**大智慧**：女人的唠叨就像婚姻生活一种背景音乐，一开始可能会让人不习惯，到后来却变得不可缺少。当然，前提是丈夫是一个有耐心的好听众。

## ⊙ 同情

“我给妻子送了一件新的貂皮大衣作为礼物。我想向你表示诚挚的同情。”

“这跟我有什么相干？”

“今晚，我的妻子要拜访你的夫人。”

**大智慧**：女人总免不了喜欢攀比和炫耀，物质上的富足可以带给她们虚荣心的满足和精神上的享受，男人懂得了这一点，也就对自己的妻子了解了一半。

## ⊙ 他想干什么

两对夫妻打了好几个小时的桥牌。这时，其中一个男人站起身去了卫生间。和他打对家的妻子叹了口气，说：“今天晚上，我这还是第一次明白他想干什么。”

**大智慧**：默契真是件很难的事情，无论从工作搭档还是夫妻生活。所以，有默契的伙伴总是能做好事情，而有默契的夫妻总是让人觉得幸福和羡慕。

## ⊙ 秋天落叶

夫妇俩人一起去参观美术展览，当他们面对一张仅以几片树叶遮掩羞部的裸体女像油画时，丈夫立刻张口失神地盯着那幅画，呆上半晌仍不想走开。妻子狠狠地揪住丈夫，吼道：“喂！你是想站到秋天，树叶落下才甘心吗？”

**大智慧**：作为妻子，敏锐的观察力和软硬兼施的手段是防范于未然的最佳方式。

## ⊙ 最后一顿饭

“在把你送上电椅之前，你还有什么其他的要求吗？”法官问一个死刑犯。

“是的，法官阁下，我想让我的妻子再给我做最后一顿饭。吃了它我一定会更加愿意去死的。”

**大智慧**：男女结合，切莫忽视生活中的一些小事和细节。大事可能你一生都遇不到一件，而小事却天天要面对。就像上面那个幽默，妻子是否会烧一手好的饭菜在夫妻生活中是多么的重要，毕竟人每天都要吃饭的。

## ⊙ 太太的生日

某先生从来不帮太太做家务。

有一次妻子生日那天，他心血来潮地对太太说：“你今天不用洗碗碟了。”

太太喜出望外地说：“真太好了，谢谢你的帮忙。”

先生回答说：“不，你留着明天再洗吧。”

**大智慧**：家务事并不是每个妻子必须单独完成的终身劳动。只是女人们都会因为爱而有所牺牲，而男人们的偶尔“牺牲”也只是他们自以为给予妻子的恩赐，并且在更多的时候，却又于中途放弃了“牺牲”的念头。

## ⊙ 不解风情

太太抱怨先生：“哼！你一点也不了解女人的心，说些我爱听的话。”先生：“好嘛！你爱听什么，就提醒一下吧！”太太：“至少称呼改一改，不要老叫‘老婆’，叫三个字的，亲昵一些的。”先生：“我明白了，老太婆。”

**大智慧**：当妻子们的暗示不足够明显或太足够明显的时候，总是会遭遇丈夫的“不懂”和“糊涂”。前者自不必说明，对于后者的发生，丈夫们总是自以为调节了气氛，却没发现，一个相反的答案，其实能让一切更加美好。

## ⊙ 验证

詹金斯先生和他的妻子在吃早餐时，

为家庭琐事互不相让而大吵起来。“你不会料理家务，也从不为别人着想。另外，你在床上的表现也太差劲了！”丈夫气愤地奚落道。说完，他气呼呼地拿着公事包去上班了。中午，詹金斯先生有些后悔，觉得不该讲那些话来伤害妻子。于是，他拨通了家里的电话。可是铃声一直在响，却没有人接。就在詹金斯先生打算挂断电话时，他妻子才拎起了听筒。

“你怎么这么长时间才接电话？”丈夫问。

“我正在床上呢，”妻子懒洋洋地回答。

“现在你在床上干什么？”丈夫接着又问。

“我正在验证你早晨说的那一句话呢！”妻子回答。

**大智慧**：夫妻是免不了争吵的，但有些话即使是争吵也是不能随便说的，它的后果是难以愈合的伤口。

## ⊙ 风流

化装舞会前，太太忽不适，便叫丈夫单身赴会。稍后，太太自觉好了点，便换上一套丈夫从未见过的时装，驱车也去参加舞会了。刚进门，太太便看见丈夫与其他女人打情骂俏，不禁妒火中烧，决定试探一下丈夫。她走到丈夫身旁，娇声媚气，投怀送抱。最后还引诱他到后花园去，尽情风流。到了午夜，当大家将要脱下面具时，太太才悄悄离去。而她丈夫直到凌晨三时才回来。“舞会怎么样？”太太问。“一点也不好玩。”丈夫答。“你在那里究竟干了些什么？”太太再三追问。“老实告诉你吧，”丈夫道，“我到那里时，见到几个朋友都没有带妻子，于是我们几个便在书房里玩牌了。”“你整个晚上都在打牌吗？”太太尖叫道。“是的，不过我把自己的服装与面具借给了另外一个老朋友。那家伙在舞会结束时倒是向我夸口，说这是他有生以来最美妙的一个晚上！”

**大智慧**：夫妻之间，最重要的是信任。莎士比亚的《里尔王》里面有句台词：“怀疑和猜忌就像血液里的酒精，灵魂里的毒蛇，让人发狂”。如果在这样的情绪支配下再任意妄为，可怕的后果只能自己承担。

## ⊙ 夫妻争吵

夫妻俩争吵得很厉害时，妻子便提出建议：“我有两个方案可以结束这场争吵。一个是，要么我们都承认——我是对的。”

“另一个呢？”丈夫问。

“要么我们都承认——你是错的。”妻子坦然地说出第二个方案。

**大智慧**：争吵是夫妻常见的行为，而结束争吵的方式依据每个家庭的不同而不同。有人说“女人是不可理喻的”，其实，她们也许并不是想得到胜利的结果，她们想得到的是你表现的体贴和关怀。

## ⊙ 下班后

约翰夫人在她丈夫下班回来时还在打扫房间，她的衣服又脏又旧，头发乱蓬蓬的，一脸灰尘。她丈夫说：“我劳累了一天回来，见到的你竟是这样。”

他们的邻居，史密斯夫人恰巧也在场。她听到约翰先生的话，赶忙跑回家，仔细地梳洗打扮一番，等丈夫回来。史密斯先生回到家时已经很晚了，慢慢地推开门，见到妻子一怔，随即气愤地吼道：“今天晚上，你要干什么去?”

**大智慧**：我们都愿意让平淡的家庭生活美满而有质量。除了努力增加浪漫的元素之外，彼此的信任是最重要的。

## ⊙ 比青年男女更美好的

法国总统戴高乐下班后，喜欢出去散

散步。有一天，他与一位朋友散步在公园里。当那位朋友看到一对依偎在一起的情侣时，十分感叹地说：“还有什么比一对青年男女更美好的呢！”

戴高乐安祥地答道：“有，老夫老妻。”

**大智慧**：爱情应当适时地向亲情转化，因为浪漫的爱情是暂时的，相濡以沫的亲情才是长久的。

## ⊙ 他和她

20岁。他说：我爱你。她脸“腾”地红了，然后站起来跺脚，骂声：你坏。

25岁。他说：我爱你。她娇羞地把头埋进他的怀里，捏着拳头轻捶他胸膛说：我不信。这一年，他娶了她。

30岁。他说：我爱你。她笑嘻嘻地说：少卖嘴皮子，用那工夫帮我照看一下孩子。

35岁。他说：我爱你。她怪怪地看他：今天又给你的小情人送花了吧？

40岁。他说：我爱你。她说：烦不烦！快给孩子辅导功课去。

45岁、50岁、60岁……

70岁。夕阳下，一张普通的长椅上倚着他和她。他说：我爱你。她抬起头看他，微微一笑，幸福已经溢出了满面的“沟壑”……他们裸露青筋的手始终牵在一起。

头顶的白发正燃着天边的晚霞，燃得极灿烂……

我爱你。好可爱的一句话，可爱得让人心痛。

**大智慧**：夫妻情是爱情的归宿，是亲情的依托，二者缺一都不可以叫做夫妻之情，它们相互依存生长，融进漫长的岁月贯穿于生活的点点滴滴，随着时间的推移，爱情与亲情已没有了明确的界限，它们你中有我，我中有你，就像夫与妻一样，早已离不开彼此，分不出你我，如一首诗里写的那样：拾一块泥土，塑一个你塑一个我，又把他们打碎，重新揉捏，再塑一个你，再塑一个我，这时的我中有你，你中也有我。

## ⊙ 不吵架

“大夫，我和妻子都是脾气很暴躁的人。我们不吵架，日子就过不去。我应该怎么办？”

“我认为，根本原因是精力过剩。先生，我建议你一天至少要步行十公里。两星期之后打电话告诉我，事情有什么进展。”

半个月之后，那位先生打电话给医生。他兴奋地通过话筒对医生喊道。

“谢谢你，大夫，这一切简直太了不起了！”

“和夫人怎么样？还吵架吗？”

“当然不吵了，要知道我已经离家一百五十公里远了。”

**大智慧**：如果说爱情是自私的，那么婚姻却需要更多的宽容。

## ⊙ 我不希望你迟到

一丈夫下班后在当地一家馆子里消磨得很晚。晚上10点左右回到家时，他的妻子正坐在饭桌旁等他。她没有盘问或责备他，而是爽快地问他想不想吃饭。由于毫无胃口，他离开她上床睡觉去了。

凌晨3点半，闹钟大吵。他匆匆起床，扭亮电灯。看过钟点后，他对妻子咆哮起来，要她作出解释。

“嗯，”她心平气和地回答，“要是你下班后要花4小时返回家中，我想你上班也需要同样的时间。我不希望你迟到！”

**大智慧**：“己所不欲，勿施于人”。每做一件事情，都要考虑一下对方的感受，毕竟是在同一个屋檐下生活。

## ⊙ 喜糖

最近一位学姐结婚,回学校送给每个学妹几包口香糖做喜糖,室友觉得很奇怪:“哪有人用口香糖做喜糖的?”

“有什么不可以,口香糖和结婚不是颇有类似之处吗?初时甜甜蜜蜜,久了就味同嚼蜡了!”

**大智慧**:婚姻使爱情归于平淡,但决不是无味。那种淡淡的清香往往比浓烈的甘甜更持久,并让我们于平淡中习以为常。

## ⊙ 高明的医生

一位妙龄女子对心理医生说,她讨厌她老公,并且想跟他离婚。“我要尽可能地伤害他。”她说。

“如果真是这样的话,”心理医生说,“你最好先跟他说些甜言蜜语,然后当他觉得你是死心塌地地爱着他,并感到不能缺少你的时候,你开始提出离婚要求,这么一来,你就达到伤害他的目的了。”

过了几个月,这位妙龄女子回来报告她进行的情况。“很好,”心理医生说,“现在是起诉离婚的时候了。”“离婚?”妙龄女子愤怒地叫了起来,“不行?我和他才刚坠入情网呢!”

**大智慧**:婚姻是一个创造的过程,很多人往往把不成功仅仅归结为配偶选择不当,而不去追究自身有无创造的能力和耐心,他们一遇挫折就指责对方,甚至轻而易举地“弃旧图新”,以为换个配偶就解决问题了。殊不知,如果你自己不具备创造幸福婚姻的艺术才能,再好的“原材料”也会在你的手里报废。

## ⊙ 巴掌

朋友问老汤姆:“你为什么不结婚?”

老汤姆答道:“一个巴掌拍不响,我一人急有什么用呢?”

后来,老汤姆终于结婚了。朋友又问他滋味如何?他的邻居抢先答道:“每天都听到巴掌声。”

**大智慧**:婚姻归根到底是要靠两个人共同来经营的。如果两个人的结合是由于心灵的碰撞激起了爱情的火花,那么,婚姻的经营则要靠两个人在平平淡淡的生活中相互宽容的默契。

## ⊙ 共同语言

妈妈:“这小伙子漂亮,工资高,工作好,你偏不同意,你到底要找一个什么样的?”

女儿:“我要找一个有共同语言的。”

妈妈:“他又不是外国人,怎么会没有共同语言?”

**大智慧**:门当户对是婚姻最理想的模式。因为门当户对不仅仅是身份、背景、地位上的相称,它的背后是志同道合。

## ⊙ 回电

一个喜猜忌的妻子,无论丈夫到何处旅行,她均会以电报追踪,丈夫对此厌恶之极。

一天,丈夫外出,刚下榻到旅馆里,即接到妻子打来的电报:“别忘了你已婚。妻字。”

丈夫思虑了片刻,立即回电:“你的电报尚未收到。夫字。”

**大智慧**:爱人,不能事无巨细亲密无间,也不能放任自流不闻不问,管中有放,放中有管,松中有紧,紧中有松,两手都要抓,两手都要硬。莺声燕语好过河东狮吼,小鸟依人好过兵戈相接。

## ⊙ 回来的路费

一对新婚夫妇发生了口角。最后妻子

再也忍受不了，哭了起来。“我要跟你吹了，现在我去收拾我的东西，离开这里回娘家去。”

“很好，亲爱的，”丈夫说，“这是给你的路费。”

她数了数，说：“回来的路费怎么办？”

**大智慧**：每一个妻子在发泄不满的同时都会盘算着和好后的浪漫。因为爱，所以每一次的争吵都是种发泄，而绝不是一种选择。

## ⊙ 天气预报员

琼斯太太：史密斯太太脾气真够呛，喜怒无常。史密斯先生怎么能同她相处这么久？”

雷诺太太：他是气象局的天气预报员。

**大智慧**：婚姻的幸福并不要求两个人都是完美的，事实上哪有什么十全十美的人呢，关键是双方能够达到一种默契。

## ⊙ 我们的

燕尔新婚，新娘对新郎说：“今后咱们不兴说‘我的’了，要说‘我们的’。”

新郎去洗澡，良久不出，新娘问：“你在干什么哪？”

“亲爱的，我在刮我们的胡子呢。”

**大智慧**：婚姻决不代表自己的一切理所当然的归对方所拥有。我们只有保持一份独立的自我，才会为对方奉献他（她）所需要的，来自自己的全身心的爱情。拥有一个独立的人对我们的爱会比我们爱我们自己更有成就感。

## ⊙ 不必着急

“我先生昨晚不知又去哪儿了。”

“管他呢。假如你不知道自己的丈夫晚上又去哪儿了，你不必着急，因为你一旦知道后会更着急。”

**大智慧**：很多时候，我们为什么不可以去选择一种相安无事的生活，去小心翼翼地固守一份安宁，而非得去自寻烦恼呢？因此在有些问题的处理上，我们真的没必要太认真，最好牢记住郑板桥“难得糊涂”的至理名言，不要轻易去开启那把似是而非的钥匙，就让它成为一个永恒的谜，飘在我们心安理得的生命里。这，可能是一个最明智，并且皆大欢喜的选择。

## ⊙ 哪天快乐

汤姆和杰克在聚会时聊天。汤姆问：“你这一生中什么时候最快乐？”杰克回答：“我结婚那天。”“那你什么时候最痛苦呢？”“结婚后的每一天。”

**大智慧**：婚姻是爱情的坟墓，还是爱情的延续？那要看你怎么去经营。

## ⊙ 味觉胜过记性

玛丽安和韦伯是一对恩爱的老年夫妇。

一天清晨，玛丽安对韦伯说：“亲爱的，我有点饿了，我想在床上吃些东西。”

“你想吃什么呢？”丈夫面带笑容地问。

“我想吃巧克力冰淇淋，”妻子说。

“好吧，我这就去拿，”丈夫爽快地答应了。

“等一下，韦伯，”妻子请求道，“你最好在巧克力上放一些奶油，你肯定记住了吗？要不然你就写在纸上吧。”

“放心吧，我记住了，”丈夫肯定地说。

韦伯刚起身下楼，又听到了玛丽安的大嗓门：“我还要两个红色的甜樱桃。”

过了大约一刻钟光景，韦伯回到了卧室，把一个火腿三明治递给了玛丽安，她咬了一口，然后皱起眉头说道：“韦伯，你又忘了放芥末！”

**大智慧**:“执子之手,与子偕老”。婚姻的幸福其实很简单,就是能一起共进早餐,一同欣赏金色池塘。

## ⊙ 像老头子了

一位上了年纪的太太对丈夫说:“现在你看我把头发剪得这么短,你是不是觉得我不像老太太了?”

“是的, 是不像老太太, 可像老头子了。”

**大智慧**:两个人一起慢慢变老,坦然面对岁月留下的痕迹,这就是幸福。青丝虽已变白发,但彼此的守候不变,这就是今生最大的浪漫。

## ⊙ 有话在先

姑娘羞羞答答地对男友说:“阿明,婚后我可以分担你的烦恼和忧虑,还可以减轻你的工作负担。”

“亲爱的,放心吧,我并没有任何烦恼和忧虑,也没有什么负担!”

“那你是说不肯同我结婚了?”

“这是什么意思?”

“因为婚后,这一切都会有的!”

**大智慧**:即使有十全十美的人,也不可能有十全十美的婚姻,因为婚姻是两个人的相互结合,然后共同面对更复杂的生活。

## ⊙ 去巴黎

一家大航空公司的订票处接到了一位女士打来的问讯电话。

“我想知道我丈夫霍普金斯先生是否买过飞往纽约的机票。”她急切地问道。

“没错, 霍普金斯先生买了去纽约的机票,20分钟之前,他还预订了两张飞往巴哈马群岛的机票。”接待小姐热情地答复。

“巴哈马群岛!”女士提高了嗓门,“可他刚才来电话却说,纽约的事办完后他还要去新泽西州呆上两周呢。”停顿了一会儿,她说道:“我想订一张机票。”

“飞往巴哈马群岛吗?”接待小姐问。

“不,”女士说,“去巴黎。”

**大智慧**:欺骗别人的后果是严重的,尤其是婚姻中的双方。“世上没有不透风的墙”,忠诚是保证婚姻质量的要素。

# 笑谈婚姻的经营与维护(二)
## ——婚姻的真谛,几多尴尬,几多无奈

卷·首·引·言

一位哲学家曾说,人的本性就是不断超越,就是要求新、求异。具体到婚姻而言,人也许无法将爱和性永远地聚焦在某一个人身上,“天长地久、海枯石烂”虽然表达了人的美好愿望,但却没有彰显人性。婚姻作为一种制度性规定,从单个人的角度看,确实有压抑人性之嫌。

著名作家苦苓曾有这样的笑谈:婚姻如同炒股,宜短线操作(三五年),或当日冲销(一夜情),甚至买空卖空(玩一玩不当真)。若还想长期持股等着分红,早晚会发现人去楼空,手上的股票正如结婚证书,只是废纸一张。于是,苦苓戏言,21世纪将是“新外遇时代”。

如果说“婚姻是爱情的天堂”,为什么很多爱得死去活来的人步入婚姻之后却反目成仇?如果说“婚姻是爱情的坟墓”,为什么夕阳下那一对白发老人却相互搀扶着走完了一生?也许,婚姻就是婚姻,它是一段人生的经历,是需要相互扶携和容忍、相互付出和帮助的人生过程。婚姻既不是什么神圣的殿堂,也不是什么可悲的坟墓,它本身与爱情无关。摆脱掉爱情的陷阱,才有美满的婚姻。

## ⊙ 笑不出

老沈被他夫人逼得没法，才一同到一家照相馆去拍夫妇合影。摄影师对好了镜头之后，向老沈说道："先生！你的脸上一定要露出一点笑容来才好。"老沈看看夫人，说道："请你暂时走开两分钟，好不好？"

**大智慧**：我们想当然的希望自己的另一半因为自己而笑容更多，却总是在日积月累的行为中使自己变成了那个阻止他（她）微笑的人。

## ⊙ 误会

妻子喜欢长跑，但常有些狗向她乱叫。丈夫只好在妻子跑步时骑着自行车尾随在后，手持一根木棍，以便打狗。一天，一个司机看到这场景，看看前面跑着的妻子，又看看手持木棍在骑车的丈夫，不禁叫道："这才是真正的虐待！"

**大智慧**：婚姻的真相，外人永远无法言清。那些我们以为是幸福的，未必是真正的幸福；而那些我们所怜惜的，可能恰恰正沐浴在最完美的爱河之中。对待别人的婚姻，我们唯一该做的就是永远不要去评论。

## ⊙ 大事和小事

妻子："亲爱的，要让我们今后的生活甜甜蜜蜜，以后所有的大事都由你来决定，而所有的小事都听我的安排，怎么样？"

丈夫："听起来真不错，具体讲哪些小事听你的安排呢？"

妻子："我决定应该申请什么样的工作，应该住在什么样的房子里，应该买什么样的家具，应该到哪里度假，以及诸如此类的事。"

丈夫疑惑道："那么哪些大事由我来决定呢？"

妻子："你决定谁来当首相，我国是否应该增加对贫穷国家的援助，我们对原子弹应采取什么样的态度等等。"

**大智慧**：每一个做妻子的内心的真正想法都是想做家长，可是想法的实行往往取决于丈夫对她的爱的程度。

## ⊙ 想当初

妻子对丈夫埋怨道："你如今对我开始冷淡了！结婚前你对我多好！要是路上碰见水洼，你就把我抱过去。可是现在你装着没看见。"

丈夫辩解说："这也不能全怪我，那时你的体重只有现在的二分之一啊！"

**大智慧**：如果想保持被爱的程度不被减退，最有效的办法也许就是保持最初自己被爱时的一切。然而对于女人来说，年龄，容貌，这些都是在变化的，所以保持被爱的更有效的办法就是改变自己的要求。

## ⊙ 事先要求

丈夫是个十足球迷，正全神贯注地看电视上的足球赛。

妻子站在梯子上正粉刷墙壁，她回过头来对丈夫说："亲爱的，如果我从梯子上跌下来，您能不能在比赛休息时间里为我去叫一辆救护车？"

**大智慧**：每个女人都会希望自己的丈夫爱自己胜过足球，可最后我们却总是因为没有胜利的把握而妥协。其实妥协未必是种失败，因为我们都知道，足球是不需要丈夫的。

## ⊙ 开玩笑

妻子:“亲爱的,你能去把昨天晚上用过的碗洗一下吗?”

丈夫:“不,我还没睡醒呢!”

妻子:“我只不过是考验你一下,其实碗都已经洗好了。”

丈夫:“我只是和你开开玩笑,其实我是很愿意帮你干活的。”

妻子:“我也是在和你开玩笑,既然你愿意洗,那就请你快去干吧!”

**大智慧**:婚姻总是把男女培养的足智多谋,不过这种聪明往往只是针对对方。

## ⊙ 清扫落叶

妻子:“如果我们的婚姻是平等的话,你就应该把地上的落叶扫掉一半。”

丈夫:“落到地上的一半树叶是你的,亲爱的,我的那一半还在树上呢。”

**大智慧**:婚后,丈夫们总是喜欢将自己的勤劳赏赐给他人,却在理所当然中享受妻子辛苦的给予。而妻子们所要求的,却永远不是索取,可能只是偶尔要求平等而已。

## ⊙ 共同嗜好

甲:“昨天我太太发现了我的私房钱。”

乙:“结果你们吵架了吗?”

甲:“没有,她说结婚五年以来,终于发现了我们唯一的共同嗜好。”

**大智慧**:在婚姻中,当我们发现对方的作为正是我们自己的作为时,无论这种作为是好是坏,我们都会庆幸终于不再会因为理亏而被埋怨。

## ⊙ 不必结婚

汤姆碰见自己的朋友鲁提斯,只见他垂头丧气,闷闷不乐。

“啊,我亲爱的朋友,您出事了?”

“还是为了那婚姻的事!哎,您说说看,男子究竟在什么时候结婚合适呢?”

“因为是您,我才对您说句老实话:如果还年轻的话,那就不忙结婚;如果年纪大了,那就不必结婚了!”

**大智慧**:婚姻对于男人来说,也许永远都是个可有可无的东西,造成这样后果的原因,却又可能是关于女人。因为每个女人总是想通过结婚来控制男人的生活,可事实上,每个男人都渴望自主的选择人生。

## ⊙ 离后想法

“你和妻子离婚后,有何想法呢?”

“扔掉了一个醋罐子!”

**大智慧**:无论是什么样的妻子,貌美如花或是平淡如水,永远都会担心丈夫是否只属于自己。而好妻子都是被好丈夫爱出来的,丈夫的爱往往会让妻子的担心只在她自己的梦境中出现。

## ⊙ 仍为奴隶

一位旅行者与美国一位上了年纪的黑人闲谈。

“你是不是当过奴隶?”旅行者问。

“是的,先生。”黑人回答。

“然而,你们在战争后不是已获得自由了吗?”“不,先生,”他沉重地说,“我并没有获得充分的自由,因为在战后——我结婚了。”

**大智慧**:男人视婚姻如枷锁,往往都是女人视婚姻为王国的结果。女人将志向定位于家庭的时候,就是封自己为国王的时候,这时候,她们却难发现,自己成为国王的那一天,就是告别了被“国王”保护和宠爱的那一天。

## ⊙ 忠诚保险

有个新婚不久的少妇，走进办公室问：“这里是忠诚保险公司吗？”

“是的，太太。”

“太好了，我要替丈夫投买忠诚保险。”

**大智慧**：婚姻的忠诚永远是当事人自律的结果。当一种忠诚需要保险的时候，只能说明你需要的不再是忠诚，而是索赔的金钱而已。

## ⊙ 有限度

女：为什么结婚前你对我百依百顺，可结婚才三天，你竟跟我打了两天半的架。

男：因为我的忍耐是有限度的。

**大智慧**：“婚姻是爱情的坟墓”，相信这只是部分人的观点。即使真的是爱情在婚姻后不幸触礁，该指责的也绝不是婚姻本身，应该是爱情出了问题。

## ⊙ 赊欠衣服

妻子：“亲爱的，实话告诉你，我背着你向时装店赊欠了价值1000卢布的服装。”

丈夫：“亲爱的，没关系。只要你瞒着我付钱就是了！”

**大智慧**：女人爱美是没有止境的，对于她们的丈夫而言，这可是一件让人欢喜让人忧的事情——谁不希望自己的老婆漂亮地站到人前，可谁又不心疼自己口袋里的钱呢？

## ⊙ 不离婚的理由

妻子吵着要同丈夫离婚。他们去法院的路上，经过一条宽阔但不深的河。丈夫说：“我把你背过河吧！”

妻子伏在丈夫背上，过了河。他俩没走多远，妻子说：“算啦，别离婚了，咱们回去吧。”

丈夫问：“你不是吵着要离婚吗?”

妻子说：“等离婚回来，谁背我过河呢？”

**大智慧**：婚姻是什么？从社会的角度看，婚姻是一种制度；从个人来看，婚姻就是两个人在一起过日子，谁也离不开谁。

## ⊙ 小径

婚姻或许是条通往幸福的大道。可道路两旁那一条条通向幽静处的小径或许更诱人。

**大智慧**：娇艳欲滴的禁果，引诱多少人趋之若鹜，然后又以翻云覆雨之手，将追随者放逐，让他们去承受那一片亘古不变的荒凉与寂寞。

## ⊙ 你要和多少男人结婚

女人：我要是结婚的话，有一大批男人就会痛不欲生。

男人：你要和多少男人结婚？

**大智慧**：婚姻由于过分强调其社会性和制度性，对个体来讲其实是压抑人性的，因为婚姻在一定程度上剥夺了人们再去选择的机会。

## ⊙ 婚姻的障碍

一天,有个美貌的女人找到律师,说:“我有件事情想请教您。”

“是什么事情?”律师郑重地问道。

“我爱着一位绅士,他也爱着我。我们双方的父母也赞成我们的婚事,我们也有信心使婚后的生活美满。”

“那就没有问题啦,”律师费解地问,“为什么你不跟他结婚呢?”

“但是,”美貌女人结结巴巴地说:“我不知道怎样去对我丈夫说才好呀!”

**大智慧**:婚姻和爱情无关。你的一生不可能只爱上一个人,但你只能和一个人结婚。

## ⊙ 灰姑娘番外篇

话说灰姑娘成为王子美丽的新娘后,快乐得不得了。以前的日子,每天要挑水、捡柴、烧饭、洗衣……还常常有一餐没一餐的。现在光是伺候她的宫女就有好几打,而各地进贡的美食和宫廷里时不时的聚宴、御厨精制的三餐满汉全席、下午茶和宵夜,更是让她吃得痛快不已!

如今算来,灰姑娘嫁入宫中也有几年了,王子对她的态度却越来越冷淡,常见到他望着宫外的美少女摇头叹息,灰姑娘百思不得其解……

有天,她心血来潮拿出玻璃鞋穿,不料“锵”的一声!鞋子应声而碎,灰姑娘赶紧把仙母找来,仙母见到她后不禁摇头:“唉,我忘了提醒你‘玻璃鞋限载100公斤’……”

原本灰姑娘对此还不以为意,可是后来她实在受不了王子打算要新美眉做小老婆!于是下定决心的她,来到最佳女主角瘦身中心。服务小姐便带她去一个三温暖烤箱。灰姑娘进到里面,发现已有两个比自己臃肿的欧巴桑在那儿,便自我介绍:

“你们好,我是灰姑娘。二位是……”

“我是睡美人。”

“我是白雪公主。”

**大智慧**:“婚姻是爱情的坟墓”。但能够深刻理解这句话的能有几人?这句名言不是说婚姻扼杀了爱情,而是说支撑婚姻的并不是爱情,支撑两个人走完一生的也不是爱情。相反,稳固的婚姻排斥浪漫的爱情,正如西班牙的一句谚语:“为了爱情而结婚的人,必定生活在悲哀中。”

## ⊙ 树叶和存折

一个病重的人离开尘世的时候,他把妻子和情妇都叫到了自己的床前。面对伤心哭泣的情人,他拿出了一片枯黄的树叶,说:“这是我们第一次见面时,飘落在你肩头的树叶,我一直保存着,把它作为我生命中最宝贵的东西。现在我把它送给你,作为我们爱情的见证。”然后,他又拿出一张存折,对身边的妻子说:“我们争吵了一辈子,以后再也不用吵了,这个存折给你,和孩子们好好生活吧。”

**大智慧**:这个笑话无意鼓动女人去做什么样的情人,尤其是聪明的女人,决不可以做那个只得到一片枯叶的情人。遇到有家室的男人,你必须做一件事情:好好分析自己在对方心中的地位,看清楚自己到底是不是对方真爱的人。

## ⊙ 坟地里挖一个

甲:“我想找一位会做饭、会洗衣、会收拾房间而又不吸烟、不会生气的姑娘做妻子。”

乙:“那你只好到坟地里去挖一个。”

**大智慧**:人海茫茫,男男女女组成的人间社会,应该有最起码的社会分工。

现代社会失去了会做饭、会洗衣、会收拾房间而又不吸烟、不会生气的姑娘，也失去了真正的男子汉，男女角色分工的紊乱是现代社会爱情迷茫、婚姻危机的主要根源。

## ⊙ 万不得已

一小姐带着喝醉酒的先生前去找牧师，请牧师证婚。

牧师说："他醉成这样，我怎么能证婚呢？请改天来好吗？"

小姐满脸愁容，说："牧师，他如果不醉，就绝不会跟我结婚的。"

**大智慧**：不要勉强婚姻，勉强来的婚姻是为自己酝酿的一杯苦酒，最终还要自己来品尝。

## ⊙ 摆脱妙计

一个相貌和脾气都一无可取的女人向女友请教："有什么办法迫使我讨厌的那个男人不再追我呢？"

女友说："和他结婚。"

"我和他结婚？"

"对，我敢保证如果你和他结婚，过不了两天，他就会提出离婚。"

**大智慧**：恋爱时应看重对方是否真诚，结婚后应看重对方是否有责任。没有责任的婚姻是不能长久的。

## ⊙ 的确紧张

先生："亲爱的，我辛辛苦苦赚来的钱，你怎么能轻轻松松就用掉了呢！"

太太："老公啊，我在用那些钱时，心情是很紧张的呢！"

先生："亲爱的，那是我错怪你了，不过你到底把钱花在哪儿了呀？"

太太："打牌啊！"

先生："一下子就把那么多钱用掉，会紧张的呀！"

太太："我的确很紧张呀！"

**大智慧**：有人说，婚姻就是经济。尽管有些夸张，但在一定程度上也道出婚姻柴米油盐的现实。花费比较奢侈的一方应该有所收敛，因为尊重别人的劳动成果是对别人最大的尊重。

## ⊙ 夫妻对话

太太埋怨丈夫说："以前你每天送我一束玫瑰，怎么现在连一朵也不送我了？"

丈夫说："我问你，一渔夫钓到鱼后，是否还要继续喂它饵呢？"

**大智慧**：婚姻使女人卸妆，使男人缴械，它破除了最后的神秘感。

## ⊙ 何必都寂寞

傍晚，妻子对丈夫说："亲爱的，今天不要去啤酒馆了吧！我一个人在家里太寂寞了。"

"这我能理解，埃莉莎。可是，如果我呆在家里，那么我们俩人都会很寂寞的。"

**大智慧**：我们最大的情敌，不是第三者，而是岁月。

## ⊙ 没有妻子的生活

两个男人在谈论他们的妻子。

甲男人:你是否想过没有她你会怎样生活?

乙男人:开销更少。

**大智慧**:物质生活不是婚姻的唯一内容,毕竟人不能只靠吃米活着。

## ⊙ 开关

丈夫经常晚归,妻子向他下通牒:"如果12点前不回家,就把大门关了。"

但丈夫依然我行我素。

妻子改变想法:"如果12点前不回家,就开大门睡觉。"

于是丈夫每天很早就回家。

**大智慧**:在婚姻上,男人不许自己的女人与别的男人交往,却并不限制自己与别的女人来往。这正如自己钱包里的钱不许别人用,而别人钱包里的钱最好能归公一样。言下之意是:男人在乎女人甚于在乎爱情。也就是说,男人不爱老婆时,他仍然不愿放弃老婆,因为老婆是他的女人,是他的财产。所以,男人在外面再怎么花心,他都不会轻易离婚。

## ⊙ 事实相反

妻子:"你这个人太不正经了,每次看见漂亮的女人,简直忘记自己已经结了婚!"

丈夫:"刚刚相反,我每次看见漂亮的女人,心里最难忘的,就是已经结了婚。"

**大智慧**:一位哲学家曾说,人的本性就是不断超越,就是要求新、求异。具体到婚姻而言,人也许无法将爱和性永远地聚焦在某一个人身上,"天长地久、海枯石烂"虽然表达了人的美好愿望,但却没有彰显人性。婚姻作为一种制度性规定,从单个人的角度看,确实有压抑人性之嫌。

## ⊙ 重温旧情

一对夫妇正准备睡觉,突然发现楼房着火了,两人惊慌失措地穿过烟雾弥漫的楼道向外跑。这时,丈夫无意中发现妻子脸上挂着近几年从未有过的甜蜜微笑。

"天哪!现在是什么时候,你还笑得出来!"丈夫惊奇地问。

"我实在太高兴啊!"妻子笑着说,"五年来,这还是第一次你和我一起出门!"

**大智慧**:婚姻是爱情的坟墓,但是如果没有婚姻,爱情将死无葬身之地。

## ⊙ 是否真心

证婚人问新郎:"你是否真心爱新娘?"

新郎:"当然,是真心的。"

"新娘,你愿意永远跟随丈夫,直到死亡?"

"不,我不能每天都跟着他去挨家挨户投递邮件。"

**大智慧**:婚姻之所以需要公证,除了赋予庄严的法律意义之外,还暴露了婚姻在一定程度上的确是要做给别人看的,就像在法律的监督下打击贪污一样,婚姻也要在群众的舆论下避免感情出轨。

## ⊙ 比赛

教堂里在举行结婚仪式。有人悄悄说话:"为什么新郎和新娘要手牵手?"

"那是一种习惯,正如两个拳击手在比赛之前要握握手一样。"

**大智慧**:如果说爱情是场俘获,那婚姻也不妨比喻成博弈,如果我们都能以慎重的态度对待我们的婚姻,至少婚姻的质量会提高很多。

## ⊙ 礼服布料

妻子买了一块纯白色的布料准备做晚礼服。她欢天喜地拿给正在读书的丈夫看，并温柔地问道："你喜欢这块布料吗？"

丈夫漫不经心地答道："很好，我们的床单实在太旧了！"

**大智慧**：理性思维的丈夫关注的更多的是家庭共同的东西，感性为主的妻子关注的更多的是自身，即使有共同的浪漫，也会有这方面的区别。

## ⊙ 烈马与驾驭

"苏格拉底的妻子"是悍妇、坏老婆的代名词。这个女人心胸狭窄，性格冥顽不化，整天唠叨不休，动辄破口大骂。据说，苏格拉底是为了在她那烦人的唠叨声中净化自己的心灵才与她结婚的。有人问苏格拉底："你为什么娶了这么位夫人？"苏格拉底回答："擅长马术的人总要挑烈马骑。骑惯了烈马，驾驭其他的马就不在话下。我如果能忍受得了这样的女人，恐怕天下就再没有难以相处的人了。"

一次，他的妻子大发雷霆后又向他的头上泼水。苏格拉底满不在乎地说："我知道，雷鸣之后，免不了一场大雨。"

**大智慧**：务必要结婚：娶个好女人，你会很快乐；娶个坏女人，你会成为哲学家。婚姻是这样一所学校：男人失去了学士学位，女人获得了硕士学位。

## ⊙ 没结婚的原因

一少年问一老年单身汉："老先生，您为什么至今还没有结婚呢？"

"唉！小伙子，你知道么？在我年轻的时候就下决心，找不到有思想的女性，坚决不结婚。许多年过去了，我终于找到了一位这样的女性。然而，她却拒绝了我，她说她要找一位有思想的男性。"

**大智慧**：许多大龄单身青年，都是因为固执的寻找条件而一再错过。其实，如果直到生命的最后阶段才碰到自己认为最完美的人，和与一个并不十分完美的人创造一个完美的生活哪一种更有价值。有时候，我们需要更理性的来考虑自己的婚姻。

## ⊙ 祖父娶的女孩

我问一个年轻小伙子是否打算结婚。

他对我说：我要一直保持单身生涯，一直等到我遇见和我祖父娶的一样的女孩。

但是现在的女孩和从前可大不相同了。我警告他。

当然是不同了，他说，祖父是昨天才和她结婚的，他们是在迪斯科舞会上认识的。

**大智慧**：有人说婚姻和爱情无关，有人说婚姻和年龄无关。虽然我们不明白婚姻由什么决定，但有一点是肯定的，在这个日益商品的社会里，婚姻肯定和功利有关。

## ⊙ 让他为难

弗林德夫人执意要请一位画家为她画一幅半身肖像。

“画上的我要佩戴钻石项链、绿宝石手镯、纯金耳环和红宝石挂件。”她坚决地对画家说。

“夫人，可您实际上并没有佩戴这些贵重的物品呀。”画家认真地说。

“这你用不着管,”弗林德夫人说,“我这样做是有道理的。我平时身体不太好，我怕万一我死得比丈夫早,而他肯定很快就会另娶一个年轻貌美的女人为妻。有了这幅画,他就难以向新娘讲清这些贵重物品的去向了。”

**大智慧**:人说,“知夫莫若妻”,当感情并不纯粹的时候,那些不纯粹的地方就是我们将来要付出的代价,尽管当时并未表现出来。

## ⊙ 刑满之日

妻子半夜醒来，发现丈夫不在身边。她到处寻找,后来听见地下室有抽泣的声音。妻子发现丈夫一个人在地下室抽泣。

“你怎么了？”

“你还记得20年前,我使你怀孕吗？”

“记得。”

“你父亲要挟我,要么和你结婚,要么就进监狱。”

“是的。”

“如果我进监狱的话，今天半夜就该刑满释放了。”

**大智慧**:幸福的婚姻如同坐上云霄飞车,快乐永远;不幸的婚姻犹如判了终生监禁,是度日如年。

## ⊙ 有一头驴

有一对夫妻经常吵架。一天,经过一番激烈地争吵后,丈夫说:“这到底是为什么呢？难道我们就不能像两匹马一样拉着人生之车往前奔吗？”

妻子回嘴道:“这不可能。”

“为什么？”

“因为我们当中有一个是头驴。”

**大智慧**:人说“门当户对”的婚姻还是有道理的。夫妻双方如果差距太大,是根本走不到一起的。即使在一起,也长久不了。

## ⊙ 遗嘱

1841年,海涅跟巴黎皮货店的一个女营业员欧仁妮结了婚。这是一个不幸的结合。欧仁妮没有受过教育,愚蠢无知而且虚荣心极强。海涅对她的爱情没有能够使她克服自己的缺点。诗人临死的时候,把所有的财产都留给了她,条件是她必须再嫁一个人。

“这样，至少会有一个人会因为我的死而感到遗憾。”海涅这样解释说。

**大智慧**:“江山易改,本性难移。”对于爱情和婚姻，一定要找一个适合你的人,而不要去改变一个人来适合你。

## ⊙ 粗心的教授

费尔丁教授向来粗心大意。妻子让他把一包垃圾顺道丢到楼外废物箱里，他却糊涂地提着上了地铁，又到了实验室，最后又提着回了家。

妻子大吃一惊："你提着什么？"

费尔丁说："哎呀，垃圾忘了丢了。"

妻子拿过来一看，更加吃惊："你从哪儿拿回一包火腿？"

**大智慧**：糊涂的人到处都是，虽然说难得糊涂，但遇到一个生活糊涂的老公可也不是件太舒心的事情。好在如果他对感情不糊涂，剩下的就是要对事情交待清楚了。

# 笑谈人性的真实与感恩

卷·首·引·言

因为活着,所以我们应该感恩。如果没有感恩,活着等于死去。要在感恩中活着,感恩于赋予我们生命的父母,感恩于给我们知识的老师,感恩于提供实现自我价值的企业,感恩于帮助、关心和爱护我们的那些人,感恩于我们的祖国,感恩于大自然……感恩地活着,你才会发觉世界是如此美好。

感恩是一种处世哲学,是生活中的大智慧。人生在世,不可能一帆风顺,种种失败、无奈都需要我们勇敢地面对、豁达地处理。这时,是一味地埋怨生活,从此变得消沉、萎靡不振?还是对生活满怀感恩,跌倒了再爬起来?英国作家萨克雷说:“生活就是一面镜子,你笑,它也笑;你哭,它也哭。”感恩不纯粹是一种心理安慰,也不是对现实的逃避,更不是阿Q的精神胜利法。感恩,是一种歌唱生活的方式,它来自对生活的爱与希望。

在水中放进一块小小的明矾,就能沉淀所有的渣滓。如果在我们的心中培植一种感恩的思想,则可以沉淀许多的浮躁、不安,消融许多的不满与不幸。只有心怀感恩,我们才会生活得更加美好。

## ⊙ 醉酒

一斗牛士在乡间喝酒,朋友们劝他不要多喝,可他为了逞能,喝到摇摇晃晃不能自主,然后抄近路赶往赛场,已有一头公牛卧在场上。斗牛士马上握住双角与之剧烈搏斗,最后公牛落荒而逃。事后斗牛士对朋友们说:刚才我喝得的确多了一点,不然非把自行车上的那小子拽下来不可!

**大智慧**:人们喜欢为豪士的酒后真言而感动,因为真实最能打动人心。可是,如果我们清醒的时候都在真实的生活中扯下小丑的面具示人,那是不是很可悲呢?也许只有我们自己才能看见自己的眼泪!

## ⊙ 美好的记忆

小城里的一个恶棍死了。在他的葬礼上,大家一言不发。

主持人问:

“对死者生前的优点,难道就没有给谁留下美好的记忆吗?”

过了半晌,一个理发师开始说了:

“他毛发稀疏,每次刮脸特别好刮。”

**大智慧**:人来到世间就应该为这个世界增添爱,这绝不是在叫嚷什么神圣的大道理,而实在是因为只有付出了爱,你才能得到爱。

## ⊙ 猫的自由

由于猫儿一贯出入他人房屋及花园而不断引起诸多邻里纠纷,达姆斯达特法庭作出这样一项判决:“猫可以不经允许而自由进入邻居的房屋与花园”。因为根据土地法、宠物管理条例及私人住宅管理条例,实在找不出要对猫的自由加以限制的法律根据。判官还解释说,猫是一种猎食动物,它可能追捕一只邻居的老鼠而理直气壮地进入邻居家,也可能追戏一只蝴蝶而误入他人花园作乐。

**大智慧**:美好的天性是值得每个人加以成全的,因为只有那些美好的、发自于内心的、毫无利益可言的真实存在,才是这个世界的价值所在。

## ⊙ 老苍蝇和小苍蝇的故事

有一天,老苍蝇和小苍蝇在外玩。小苍蝇指着漫天白云问:“妈妈,这是什么?”妈妈说:“这是白云。”小苍蝇指着蓝天问:“这是什么?”妈妈说:“这是蓝天。”又指着鲜花问“这是什么?”。妈妈说:“这是鲜花。”小苍蝇说:“妈妈,既然世界这么美好,那为什么我们吃屎呀!”老苍蝇生气地说:“傻孩子,吃饭的时候,别说脏话。”

**大智慧**:“童言无忌”真的是一点没错,大人可能因为经历的事多了而去刻意隐瞒一些很明白的事实,可小孩稚嫩的话却常常说明了本质。

## ⊙ 宠物医院

一位老太太拨通了兽医的电话:“我的孩子好吗?”

“对不起,这里是宠物医院。”兽医说。

“你以为我不知道?”

“那么,夫人,请问,是猫还是狗?”

“我是你的妈妈!!!”

**大智慧**:生活的确需要一股专心致志的投入精神,但是,闷头关注的事件并不应该蒙蔽我们的整个视野,也不应该让我们的心虚妄地执拗其上——因为,有一些东西,永远是刻骨铭心的扎根于我们的心田!那才是永久的真实和感动……

## ⊙ 补心肝

妻子在厨房做饭,忙得满头大汗。丈

夫却坐在餐桌边悠闲他说:“讲到吃,我最有研究。譬如吃猪脑补头脑,吃猪脚补脚筋,吃……”

这时,妻子端来一盘炒猪心,放在餐桌上,丈夫夹一块放进嘴里,边吃边问妻子:“你知道这猪肝、猪心补的是什么?”

“是补那些没心肝的人。”妻子不耐烦地答道。

**大智慧**:别人为你的付出,是爱的表现。你要记住,在这个世界上,没有人应该为你天经地义地付出,所以,你要对别人的付出有一种感恩之情。

## ⊙ 本能反应

布朗夫妇同他们的孩子们住在伦敦附近的一所小房子里,有时布朗先生下班回家很晚,当他的妻子和孩子们睡着时,他就用自己的钥匙打开房子的前门,悄悄地走进屋子。

有一天夜晚,当他很晚回家时,却把钥匙丢了,于是他只好走近房子按门铃,可是屋内没有动静。他再次按铃,房内仍然没有动静。布朗先生只好敲打卧室的窗户,向他妻子大声叫喊,她也没醒。

最后他停下来,想了片刻,然后像小孩似地说:“妈妈!我要上厕所!”他说得很轻,不过布朗太太马上醒了。

**大智慧**:当一切力量都不奏效的时候,唯独母爱才能创造奇迹。

## ⊙ 悲喜交集

特德·罗宾森接到警察局的通知,叫他前去认领失物。在警察局,一位笑容满面的警察对他说:“您是特德·罗宾森先生吗?”

“我是。”他答道。

“您的自行车找到了。是五天以前在四百英里以外的一个小村庄里发现的。现在已用火车运往您家了。”

特德听到这个消息十分惊讶。他没想到二十年前他十五岁时被偷走的自行车竟找回来了。

**大智慧**:一件事情由于时间的久远而被遗忘,当它再次出现的时候,我们是该抱怨它怎么才被想起,还是该感激它居然一直不曾被忘记?或许,曾经一直抱怨的恰恰是我们在将来的某一天要去感激的。

## ⊙ 真实

西班牙绘画艺术大师P·毕加索(1881—1973年)早年用蓝色和淡红的色调画了许多表现舞台生活和街道生活的作品,后来与乔治·布拉克合作,发展了立体派艺术——最有影响的现代绘画艺术之一。晚期主要从事现实主义人体画创作。

有一次在巴黎,他和一位美国士兵谈起了绘画。士兵坦率地告诉毕加索,他不喜欢现代画,因为它们不真实。毕加索听后没说什么。

几分钟后,这位士兵拿出他女朋友的照片来给毕加索看。

毕加索拿在手里故作惊讶地说:“天啊,难道她就这么一点点大吗?”

**大智慧**:未必只有真实的东西才有意义,如果这个世界一切都那么透明的话,我们人类可能会失去很多有价值的东西,因为真的东西未必是善的,更未必是美的。

## ⊙ 爱的圆圈

一对青年男女坐在沙滩上。男青年在地上画个圆圈说道:“我对你的爱,就像这圆圈一样,永远没有终点。”女青年也用手指在地上画个圆,然后说:“我对你的爱,永远没有起点。”

**大智慧**：爱情真是奇妙的东西。宇宙间无始无终的也许只有三种东西：时间、空间和爱情。爱情弥漫在人世间，成了永恒和纯洁的象征。

## ⊙ 化妆

“亲爱的，你说假面舞会上我怎么化妆呢？”

“那还不简单，既不要戴假发，也不用勾脸谱，更不用戴假睫毛。这样，舞会上就没有人认识你了。”

**大智慧**：惯常戴着面具示众的人，其本色也早已不再真实。

## ⊙ 不敢侮辱

女友：你送我的100元钱一件的衣服，简直是对我的侮辱，我不接受！

男友：那么我应该怎样做才能令你接受呢？

女友：起码买件300元以上的。

男友：对不起！我怎么敢一下子侮辱你三次呢？

**大智慧**：我们有什么理由要求别人的给予和生活的恩赐呢？如果有的话，那应该是自爱、自重、自强和自立，以及对他人和生活的尊重与贡献——授人玫瑰，手留余香！

## ⊙ 数学家的答案

物理学家和工程师乘着热气球，在大峡谷中迷失了方向。他们高声呼救：“喂——！我们在哪儿？”过了大约15分钟，他们听到回应在山谷中回荡：“喂——！你们在热气球里！”物理学家道：“那家伙一定是个数学家。”工程师不解道：“为什么？”物理学家道：“因为他用了很长的时间，给出一个完全正确的答案，但答案一点用也没有。”

**大智慧**：“真”和“善”是完全不同的，“真”的东西未必是“善”(有用)的。在现实生活中，我们却往往把二者混为一谈，总是劳力费神地去追求最正确的东西，但事情的真相有时候对问题的解决毫无用处。

## ⊙ 钥匙

一把坚实的大锁挂在大门上，一根铁杆费了九牛二虎之力，还是无法将它撬开。

钥匙来了，它瘦小的身子钻进锁孔，只轻轻一转，大锁就“啪”地一声打开了。

铁杆奇怪地问：“为什么我费了那么大力气也打不开，而你却轻而易举地就把它打开了呢？”

钥匙说：“因为我最了解它的心。”

**大智慧**：每个人的心，都像上了锁的大门，任你再粗的铁棒也撬不开。唯有关怀，才能把自己变成一把细腻的钥匙，进入别人的心中，了解别人。

## ⊙ 麻将风波

阿月要亲自下厨煮饭，问正在打麻将的母亲要洗多少米。母亲没有听到阿月的问话，一面将手里的牌打出一面说到："九筒！"

结果，那一锅饭让她们家足足吃了一星期。

**大智慧**：生活来不得粗心大意，粗心只会助长我们的无知和堕落。生活需要的是精致，细心，倾情尽心地雕琢质朴和美丽的真实！

## ⊙ 专业语言

1963年2月的一天，白宫举行了盛大的授奖仪式。为表彰著名的美国航空学家冯·卡门在火箭、航天等技术上做出的巨大贡献，美国政府决定授予他国家科学奖章。当时的冯·卡门已有82岁，并患有严重的关节炎。当他气喘吁吁地登上领奖台的最后一级台阶时，踉跄了一下，差一点摔倒在地上。给他颁奖的肯尼迪总统忙跑过去扶住了他。冯·卡门对肯尼迪总统说："谢谢总统先生，物体下跌时并不需要助推力，只有上升时才需要……"

**大智慧**：危难中的人最怕别人落井下石，前进中的人最需要的是"及时雨"。如果你在别人危难的时候落井下石，在别人需要帮助的时候送来"及时雨"，别人都会记住你分别是他最恨和最感激的人。

## ⊙ 自己像是一只老鼠

托马斯·曼在灯下阅读托尔斯泰的《哈泽·莫扎特》，禁不住拍案叫绝：

"啊！好极啦！"

他提起笔来给他的好友阿曼博士写信，信中说：

"最近，我又重读了托尔斯泰的《哈泽·莫扎特》，与这样一头巨狮相比，我感到自己像是一只老鼠。"

**大智慧**：对别人诚挚的欣赏和赞美同样是值得人去赞美和欣赏的。

## ⊙ 巧识罪犯

法官问出庭作证的警察：

"罪犯化装成女人，你是怎么认出来的？"

"很简单，他走过三家珠宝店和五家时装店，连瞧都没瞧一眼。"

**大智慧**：生活纷纷扰扰，人心迷迷蒙蒙。可是，真实和真理就像水中月，雾里花——只要你张开慧眼，细微观察，一定可以发现生活的奥妙！

## ⊙ 错失良机

报上登出一份通缉令，小查理看到了，问："这是什么？"

父亲说："这是抓坏人的通缉令。"

"那么，照片是谁的？"

"是坏人的。"

"啊？"小查理一脸困惑，"为什么不在拍照时就抓住他呢？"

**大智慧**：什么东西都不是既定的。当我们发现了遗憾、发现了丑陋甚至是发现了罪恶的时候，不要去怀疑曾经的真实，其实一切不过是改变了而已。

## ⊙ 以一生报答

英国诗人、讽刺作家理查德·萨维奇(1697—1743年)在伦敦曾一度过着贫困潦倒的生活。由于缺乏食物，他病得很厉害。幸亏医生医术高明，才得以康复。医生一次次送来催索诊费的帐单，萨维奇都无法偿付。最后，医生急了，亲自来到他的家里，对他说："你知道，你欠了我一条命。我希望你有所报答。"

"是的，"萨维奇说，"我欠你一条命。为了证明我对你的诊治不是无所报答，我将把我的一生奉献给你。"说着，萨维奇递给医生两卷书：《理查德·萨维奇的一生》。

**大智慧**：要宽容地对待他人，你偶尔的善举可能改变一个人的一生。

## ⊙ 担心

"勃拉温先生！勃拉温先生！"邻居生气地喊着，"你的三个捣蛋鬼又爬上我果园里的苹果树了。"

"呵！我的上帝，我的老四没在那里吗？"

**大智慧**：第一反应最能体现与人切身相关的东西。

## ⊙ 躲蛇妙法

父亲："阿光，碰到眼镜蛇时该怎么办？"

阿光："先把它的眼镜打破再逃走。"

**大智慧**：眼睛是心灵的窗口，可是我们是不是常常带着有色眼镜观看生活呢？于是真实成为了朦胧的假象。但是，你要知道：生活的真实和心灵的真实是一致的！

## ⊙ 救爸爸

一个小女孩第一次在电话里听到她父亲的声音时，便大哭起来。

她母亲问道："孩子，怎么啦？""妈妈，"女孩指着听筒说，"我们怎样才能把爸爸从这样小小的洞眼里救出来呢？"

**大智慧**：善良就像初然绽放的花朵一样娇嫩和纯洁，一尘不染，多么可贵！愿人人都拥有一份如此淳朴的真和善——这样，我们的世界就会格外美好！

## ⊙ 乌发原因

松本谦三生活得称心如意，看起来似乎比以前更年轻。确实，他那满头灰白头发现在居然变成了一头乌发。他的朋友们对这事议论开了：这到底应归功于这新迁居的名古屋良好的气候，还是归功于最近常吃的菌类食物的营养……众说纷纭，莫衷一是。然而，有一天，松本谦三回到住所时，偶然发现仆人正拿着他的头发刷子刷着他的黑皮鞋。这一看，他顿时什么都明白了。

**大智慧**：我们总渴望奇迹的发生，甚至一厢情愿地把平常事件复杂化。殊不知，世间最精致的美好和感动就在最平常和实在的境遇中——如果刻意的升级，只会助长我们的无知和错误！

## ⊙ 不懂温柔

一对新婚夫妇到海滨去度蜜月。有一天，他俩雇了一艘小游艇在海湾中泛游，夫撑舵，妻司帆，两人感到无限的欢欣。

忽然，海湾中刮起一阵狂风，小游艇立刻跟着东摆西晃起来，丈夫急忙粗鲁地对妻子大声喊叫："喂！快收帆！"

妻子动也不动一下。"喂！赶快收帆！听到没有？"丈夫喊声未毕，小游艇即猛然一个翻身。

结果，这一对新婚夫妇费了九牛二虎之力才爬到游艇背上。

"你为什么不将帆收起呢？"丈夫问道。

妻子听了，眼泪簌簌地掉了下来，说道："你为什么对妻子说话不温柔点呢？"

**大智慧**：尊重别人，善待别人，是对别人最大的爱。

## ⊙ 比你打得准

妈妈："和你最好的朋友打架，你难道不害羞吗？"

儿子："可是他先用石头打我的，所以我也就用石头扔他了。"

妈妈："当他先用石头扔你的时候，你应该马上回来告诉我。"

儿子："那有什么用？我打得比你准。"

**大智慧**：他人对我们的帮助，在某些时候也许并不为我们所感激，因为在面临困难时，我们头脑中可能只存在一种解决模式，并认定此种模式。误认为他人对我们的帮助毫无价值。其实，他们更换了我们解决困难的模式。那种理智的帮助，正是我们该去由衷感激的。

## ⊙ 爱情的眼睛

一对热恋的男女相约会面。在约会的时间，姑娘左等右等不见小伙子到来，心中十分恼怒。事后知道，小伙子为了送一个迷路的老太婆，把约会给耽误了。

回到家里，姑娘伤心地对妈妈哭诉道："他简直不爱我，为了一个老太婆，把我给忘掉了！"

妈妈抚摸着女儿的头，笑嘻嘻地劝道："傻孩子，他能对一个不相识的老太婆那么关心，将来还能不爱你吗?！"

**大智慧**：只有对整个世界充满爱的人，才会真心地去爱他的另一半。只会爱一个人的人不懂真爱。

## ⊙ 没有腿的生活

在法国一个偏僻的小镇上，有一个据说很灵验的水泉，可以医治百病。有一天，一个少了一条腿，拄着拐杖的退伍军人很吃力地走过镇上的马路。旁边的镇民看到他，不禁说道："可怜的人啊，难道他想祈求上帝再给他一条腿吗？"恰巧这句话让退伍军人听到了，他对镇民说："我并不是想祈求上帝再给我一条腿，而是请他帮助我，告诉我在没有了一条腿的情况下，也知道如何生活。"

**大智慧**：生活总是现实的。那个军人之所以没有绝望，是因为他知道自己并没有失去一切，他怀有一颗感恩的心。别以为自己是不幸的，其实幸与不幸以不同的方式存在于我们之间。如果在你拥有时认为那是理所应当，那么在你失去之后也应该平静接受。就像那个少了一条腿的退伍军人，忘记过去，直面未来，学会感恩。

## ⊙ 活着就应该欢笑

一天，一位乡下汉子在过桥时不慎连人带小四轮拖拉机一头栽进一丈多深的河中。谁知，眨眼工夫，这位汉子像游泳时扎了一个猛子般从水里冒了出来，围观的人将他拉了上来。上岸后那汉子竟没有半丝悲哀，却哈哈大笑起来。

人们惊奇，以为他吓疯了。有人好奇地问他："笑啥？"

"笑啥？"汉子停住笑反问，"我还活着——连皮毛都没伤着，不值得笑？"

**大智慧**：世上再没有比活着更值得庆幸的。明白了这个道理，人生才会充满感恩，才会充满欢乐。

## ⊙ 家的概念

卢旺达内战时期，有一个叫热拉尔的人，37岁，他一家有40多口人，父亲、母亲、妹妹、妻子……几乎全部丧生。

最后，绝望的热拉尔打听到5岁的女儿还活着。于是，他冒着生命危险找到了自己的亲生骨肉，他悲喜交集，将女儿紧紧搂在怀里,第一句话就是:“我又有家了!”

**大智慧**:在这个世界上,家是一个充满亲情的地方。没有亲人的人和被遗忘的人,才是真正没有家的人。

## ⊙ 女王敲门

一次,英国维多利亚女王与丈夫吵了架,丈夫独自回到卧室,闭门不出,女王回卧室时,只好敲门。

丈夫在里面问:“谁?”

维多利亚傲然回答:“女王。”

没想到里面既不开门,又无声息,她只好再次敲门。

里面又问:“谁?”

“维多利亚。”女王回答。

里面还是没动静,女王只得再次敲门。

里面再问:“谁?”

女王学乖了,柔声说:“你的妻子。”

这一次,门开了。

**大智慧**:在这个世界上,无论你在朋友还是在家人中间,记得要用爱心平等地对待别人,这样才能赢得别人的爱与尊敬。

## ⊙ 失盗

一次,美国前总统罗斯福家失盗,被偷去了许多东西。一位朋友闻讯后,忙写信安慰他,劝他不必太在意。罗斯福给朋友写了一封回信:“亲爱的朋友,谢谢你来信安慰我,我现在很平安。感谢上帝,因为:第一,贼偷去的是我的东西,而没有伤害我的生命;第二,贼只偷去我部分东西,而不是全部;第三,最值得庆幸的是,做贼的是他,而不是我。”

**大智慧**:对任何一个人来说,失盗绝对是不幸的事,而罗斯福却找出了感恩的三条理由。在现实生活中,有些人把太多事情视为理所当然,因此心中毫无感恩之念。既然是当然的,何必感恩?一切都是如此,他们应该有权利得到的。其实正是因为有这样的心态,这些人才会过得一点也不快乐。

## ⊙ 失去与拥有

有位企业家在商界里有着惊人的成就。他在事业到达巅峰的时期,有一天,他陪父亲到一家高贵的餐厅用餐,现场有一位琴艺不凡的小提琴手正在为大家演奏。

这位企业家在聆赏之余,想起当年自己也曾学过琴,而且几乎为之疯狂,便对他父亲说:“如果我从前好好学琴的话,现在也许就会在这儿演奏了。”

“是呀,孩子,”他父亲回答,“不过那样的话,你现在就不会在这儿用餐了。”

**大智慧**:我们常为失去的机会或成就而嗟叹,而往往忘了为现在所拥有的感恩。

# 第17辑

## 笑谈优秀的品质和习惯

卷·首·引·言

你如果想脱颖而出，胜过其他人，要依靠什么？我想，如果这种“优秀”要持久地存在下去，而不成为水中花、镜中月，就要靠自己内在的一些东西，因为外在的东西是靠不住的。

那优秀到底是什么？优秀是一种习惯，这句话是古希腊哲学家亚里士多德说的。

如果说优秀是一种习惯，那么懒惰也是一种习惯。人出生的时候，除了脾气会因为天性而有所不同，其它的东西基本上都是后天形成的，是家庭影响和教育的结果。所以，我们的一言一行都是日积月累养成的习惯。有的人形成了很好的习惯，有的人形成了很坏的习惯。所以我们从现在起就要把优秀变成一种习惯，使我们的优秀行为习以为常，变成我们的第二天性。让我们习惯性地去创造性思考，习惯性地去认真做事情，习惯性地对别人友好，习惯性地欣赏大自然。

习惯成自然，久而久之，好的习惯就会渗透到你的血液里，表现在你自然的言谈举止中，成了一种品质。在这个意义上说，优秀也是一种品质。行为决定习惯，习惯决定品质，品质决定命运。尝试一下吧，每天改变一点点，你也许会惊喜地发现：优秀原来是一种习惯和品质。

## ⊙ 草包几个

甲:“我跟太太最讲民主,如果我的意见和她相同,她便服从我;如果不一样,我便服从她。”

乙:“我跟太太最讲平等,各管各的:我管理客厅、卧房、厨房,她管理佣人和我。”

丙:“我主张独裁。家中大事由我负责,小事由她负责。还好,结婚五年来,家里没发生过一件大事。”

丁:“现在我是妻管严,在家老婆做主,但是从明天起我要当家做主。”

众人点头:“不错不错。”

**大智慧**:人人都有自己的弱点。有勇气承认就有勇气面对继而去克服,但对于那些不敢承认的人来说,就永远要这样将就了!

## ⊙ 聪明的孩子

有一个聪明的男孩,有一天妈妈带着他到杂货店去买东西,老板看到这个可爱的小孩,就打开一罐糖果,要小男孩自己拿一把糖果。但是这个男孩却没有任何的动作。几次的邀请之后,老板亲自抓了一大把糖果放进他的口袋中。回到家中,母亲很好奇的问小男孩,为什么没有自己去抓糖果而要老板抓呢?小男孩回答说:“因为我的手比较小呀!而老板的手比较大,所以他拿的一定比我拿的多很多!”

**大智慧**:这是一个聪明的孩子,他知道自己的能力有限,而更重要的,他也明白别人比自己强。凡事不只靠自己的力量,学会适时的依靠他人,是一种谦卑,更是一种聪明。

## ⊙ 大纸篓

爱因斯坦被带到普林斯顿大学他的办公室那天,有人问他需要什么工具。“我看,一张书桌或台子,一把椅子和一些纸张铅笔就行了。啊,对了,还要一个大废纸篓。”他说。“为什么要大的?”“好让我把所有的错误都扔进去。”

**大智慧**:成功其实很简单,就是敢于承认自己的缺点和错误,并且毫不犹豫地把它们扔进“废纸篓”里。

## ⊙ 勺子

麦克走进餐馆,点了一份汤,服务员马上给他端了上来。

服务员刚走开,麦克就嚷嚷起来:“对不起,这汤我没法喝。”

服务员重新给他上了一个汤,他还是说:“对不起,这汤我没法喝。”

服务员只好叫来经理。经理毕恭毕敬地朝麦克点点头,说:“先生,这道菜是本店最拿手的,深受顾客欢迎,难道您……”

“我是说,勺子在哪里呢?”

**大智慧**:有错就改,当然是件好事。但我们却常常改掉正确的,留下错误的,结果是错上加错。

## ⊙ 学历最高的人

有一个博士分到一家研究所,成为了该研究所学历最高的一个人。

有一天他到单位后面的小池塘去钓鱼,正好正副所长在他的一左一右,也在钓鱼。

他只是微微点了点头,这两个本科生,有啥好聊的呢?

不一会儿,正所长放下钓竿,伸伸懒腰,蹭蹭蹭从水面上如飞地走到对面上厕所。

博士眼睛睁得都快掉出来了。水上飘?不会吧?这可是一个池塘啊。

正所长上完厕所回来的时候,同样也是蹭蹭蹭地从水上飘回来了。

怎么回事?博士生又不好去问,自己是博士生啊!

过一阵,副所长也站起来,走几步,蹭蹭地飘过水面上厕所。这下子博士更是差点昏倒:不会吧,到了一个江湖高手集中的地方?

博士生也内急了。这个池塘两边有围墙,要到对面厕所非得绕十分钟的路,而回单位上又太远,怎么办?

博士生也不愿意去问两位所长,憋了半天后,也起身往水里跨:我就不信本科生能过的水面,我博士生不能过。

只听咚的一声,博士生栽到了水里。

两位所长将他拉了出来,问他为什么要下水,他问:"为什么你们可以走过去呢?"

两所长相视一笑:"这池塘里有两排木桩子,由于这两天下雨涨水正好在水面下。我们都知道这木桩的位置,所以可以踩着桩子过去。你怎么不问一声呢?"

**大智慧**:学历代表过去,只有学习力才能代表将来。尊重经验的人,才能少走弯路。

## ⊙ 换只手表

乔治·华盛顿是美国的第一位总统。他有一个年轻的秘书,一天早晨,这位秘书来迟了,他发现华盛顿正在等候着,感到很内疚,便说他的表出了毛病。华盛顿平静地回答:"恐怕你得换一只表,否则我就要换一位秘书了。"

**大智慧**:如果错了,就下决心去改正,不要给自己找任何借口,因为借口会让人觉得你没有悔过的态度。

## ⊙ 叫虫

英国科学家查理·罗勃·达尔文(1809—1882年)在一位隐居乡间的故友家做客。友人的两个孩子蓄意趁机逗弄一下这位显赫的科学家。他们捕捉了一只蝴蝶,一只蚱蜢,一只甲虫,一条蜈蚣,取下蜈蚣的躯体,撕下蝴蝶的翅翼,拔下蚱蜢的大腿,摘下甲虫的脑袋,小心翼翼地拼凑起来,粘合成一只奇形怪状、肢体异样的小昆虫。然后他们把它放在匣子里,带到达尔文的跟前。"我们在地里捉到了这个昆虫。达尔文先生,您能否告诉我们:它属于哪一种类型?"达尔文看了一下,随后又向孩子们瞟了一眼,微笑地说:"孩子们,你们留意了没有:在捕捉的时候,它们会不会叫?""会叫的。"他们回答,彼此用臂膀打着暗语。"既是这样,"达尔文说,"那是一个'叫'虫。"

**大智慧**:"知之为知之,不知为不知,是智也。"最博学的人,也不可能通晓人类科学的全部知识。达尔文尚且能幽默地承认自己的"无知",我们这些普通人又何必为知识的欠缺而感到羞愧呢?

## ⊙ 烤酥饼的悬念

以导演惊险恐布片出名的英国导演阿尔弗雷德·希区柯克(1889—1980年)认真地在看妻子做蛋奶酥饼。她一把酥饼放进炉子,他的两眼就直愣愣地盯着炉膛门。

“那里面在干什么呢？”每隔几分钟他就这样问一下，嗓门压得很低，好像害怕蛋奶酥饼听见会发怒似的。

酥饼香味扑鼻的时候，希区柯克太太打开炉膛门，取出一块香甜可口的烤熟了的酥饼，而希区柯克却紧张得浑身精疲力竭。

“下次做酥饼时一定得用有门的炉子，好看清里面发生的一切。”惊险片导演气喘吁吁地说，“我实在受不了这个悬念。”

**大智慧**：有时候，我们真该学习一下惊险片导演这种敬业的精神。生活处处皆学问，正如禅家所言：“担柴挑水，自有妙处”。只要你留心，日常生活会给你很多知识和启示。

## ⊙ 三只乌龟

三只乌龟来到一家饭馆，要了三份蛋糕。东西刚端上桌，他们发现都没带钱。

大乌龟说：“我最大，当然不用回去取钱。”

中乌龟说：“派小乌龟去最合适。”

小乌龟说：“我可以回去取钱，但是我走之后，你们谁也不准动我的蛋糕！”大乌龟和中乌龟满口答应，小乌龟走了。

因为腹中空空，大中乌龟很快将自己的那份蛋糕吃完了。可是，小乌龟迟迟不见踪影。第三天，大中龟实在饿极了，不约而同地说：“咱们还是把小龟的那份吃了吧。”

正当他们要动手吃时，隔壁传来小乌龟的声音：“如果你们敢动我的蛋糕，我就不回去取钱了！”

**大智慧**：诚信最重要，疑心误事多。当今社会人与人之间联系紧密，在这个地球村中，如果丧失了诚信，人类就会像三只乌龟那样三天吃不了一块蛋糕。

## ⊙ 最年轻的岁月

被国人视为正直和廉洁象征的古罗马政治家大加图，80岁时开始钻研希腊语，这使他周围的人大为不解。他们问他：耄耋之年，怎么还学习这么难学的希腊语？大加图回答说：这是他所剩下的最年轻的岁月了。

**大智慧**：“吾生也有涯，而知也无涯”。学习是一生的事情，什么时候学习都不能算晚，除非你自己放弃。

## ⊙ 我没有蛀牙

小男孩儿看完牙医，面带微笑地回到家：“嘿，妈妈，牙医说，我一颗蛀牙也没有。”

妈妈惊讶地瞪大眼睛：“不可能！你每回上床睡觉前都把巧克力盒子里的糖一下子吃完，而且从来不刷牙！”

这时，男孩儿张开了嘴巴——他的牙全被拔光了。

**大智慧**：不能因为水脏就把脏水里的孩子也一起泼掉！

## ⊙ 问夫人

法拉第是近代磁学的奠基人,但是在电灯、电动机、电话发明之前,不少人还怀疑电的用处。一位贵妇人在法拉第讲演后挖苦说:“教授,你讲的这些东西有什么用处呢?”法拉第诙谐地说:“夫人,你能预言刚生下的孩子有什么用吗?”

**大智慧**:怀疑是一件可贵的品质,科学的进步总源于科学家不懈的怀疑精神。但无道理的猜疑却于事无补。古人云“知之为知之,不知为不知”,对于我们不了解的东西,适度的观察比妄下结论更明智。

## ⊙ 牧师

一年轻牧师向老牧师请教:“怎样才能吸引教民的注意力?”

老牧师答:“你可以说:‘我一生中最幸福的时光是在一个女人的怀里度过的’。”

年轻牧师吃惊地看着老牧师。老牧师得意地说:“然后你说‘她就是我的母亲’。”

年轻牧师觉得这招不错。在一次礼拜中,他向人们说:“我一生中最幸福的时光是在一个女人的怀里度过的。”大家都吃惊地望着他。他很得意,却把词忘了。接着他说:“……可是……我却记不起她是谁了。”

**大智慧**:神圣的与低俗的永远是彼此相望的,即使你曾努力地将他们关联起来。

## ⊙ 没收到信

约翰对大卫说:“我给你讲一个故事吧。”

大卫说:“OK!”

于是,约翰开始告诉大卫这么一个故事。

某日,大天使对小天使说:“交给你一项任务,到人间走一遭。给我一个名册,要记下所有玩阴谋诡计的人。”

一个星期后,小天使从人间回来,疲惫不堪,瘫倒在大天使面前:“不可能,这是不可能完成的使命。”大天使和蔼地说:“我的孩子,好好想想,要动动脑子。”

一天后,小天使又从人间回来。满面春风:“给,这是一个名册,上面记录着人间所有不玩阴谋诡计的人。”大天使将这个名册交给上帝,上帝说:“好,给上面所有的人发一封信。”

故事讲完了。大卫迷惑不解:“接着讲呀,信上说什么?”

“看来你也没收到信。”约翰说。

**大智慧**:人不能总想着别人怎样不好,比如不忠厚、不勤奋等等,事实上当你把时间用于指桑骂槐的时候,又怎会想到如何去提升和完善自己呢。

## ⊙ 理发

一名男子到理发店理发。男子对理发师说:“请你把左边的头发剪得短点,右边的头发让它垂到耳朵不要剪,然后在脑

门上给我剪秃像五元硬币大的一块，还要留下一缕长发，使我能把它一直拉到下巴那里。”

“对不起，先生，”理发师道：“这个我可能办不到。”

“办不到？”顾客怒喝，“上次就是你把我的头发剪成这个样子的。”

**大智慧**：很多人并不知道或者不愿承认自己已经把事情做的如此地糟糕，除非你拿出足够的证据。

## ⊙ 修理电话

有一位银行家总喜欢在顾客面前夸耀认识许多名人。一天早上，他看到一位陌生人走进办公室，立即拿起听筒。“是的，阁下，您早，特别打电话给我实在不敢当。什么？是今天吗？不过很抱歉，我已经跟某国大使有约，改天我会打电话过去，非常抱歉，阁下！”

放下听筒的银行家，面对来客说：

“请问贵姓？有何贵干？”

“我是电信局的技师，因为你们这儿早上电话不通，我是来修理的……”

**大智慧**：故作姿态的人有时反会让自己陷入一种尴尬，想想那种被当场揭穿的无地自容吧，也许就此你便懂得了坦诚最有可能展示人的魅力。

## ⊙ 小儿麻痹

有一次在日本的地下铁中，有位患小儿麻痹的乘客在月台慢慢地走向另一头。此时有个调皮的年轻人在后头学他一跛一跛的姿势走了起来，不但从后头追上他，甚至与他并肩同行了一段距离。患小儿麻痹的乘客不想理他，仍旧依自己的步伐前进，年轻人索性超过他，然后再放慢步等他赶上来。此时，一位穿着西装打领带理平头的男子从后头奔来，一脚踢在患小儿麻痹乘客的身上，大骂：“人家患小儿麻痹已经很可怜了，你还学人家！”接着拳头如雨点下……而那年轻人见景则迟迟不敢恢复正常，始终保持原姿势前进……

**大智慧**：也许上帝也有打盹的时候吧！某人应得的惩罚有时候会鬼使神差地落在别人头上，但这并不值得庆幸，因为惩罚已经以另外的方式落在了他自己身上。

## ⊙ 剃去半边

法国大作家维克多·雨果（1802—1885年）正赶写一部作品，十分紧张，可是社交活动占去他不少时间。一天，他想了个绝招：把自己的头发和胡须分别剃去半边。亲朋好友一来，他就指指自己的滑稽相，谢绝了社交约会。待须发还原，他的大作也告成功。

**大智慧**：能做出骄人成就的人，多是能忍受寂寞，耐得孤独的人。

## ⊙ 慈善事业

一天，萧伯纳应邀参加一个慈善团体的舞会。会上，他邀请一位身份平常的慈善团体女成员跳舞。这个女子不好意思地说：“您怎么和我这样一个平凡的人跳舞呢？”

萧伯纳回答：“这不是一件慈善事业吗？”

**大智慧**：如果有颗善良和慈爱的心，即使是再平凡的人，也会让人尊敬。

## ⊙ 闹钟

经理对年轻的助手深为不满：

“您，小姐，每天早晨上班总要迟到，难道您家里没有闹钟吗？”

“有是有，可它太讨厌。每当我睡着

时，它总打铃。”

**大智慧**：当你把一种东西的优秀品质当成是它的缺点时，你已经失去了拥有它的意义。

## ⊙ 作者与编辑

一位文抄公来到一杂志编辑部。

“编辑先生，您读过前不久我寄的那篇小说了吗？”

“读过了，年轻人，读过了。记得我读这篇小说的时候，你可能还没有来到这个世界上呢！”

**大智慧**：不要以为时间会遗忘什么，即使是时光荏苒，诚实依然是人们应当谨记的品质。

## ⊙ 输与赢

“为什么您玩牌时总是那么走运，可赛马您却一次都没有赢过？”

“那是因为，无论如何我也不能把马整个儿握在手里。”

**大智慧**：事物不但需要人用手的把握，更要运用那可贵的理性。

## ⊙ 旅游者的疑问

导游对旅游者说：

“女士们，先生们，你们面前的这座城堡是历史上著名的亚历山大国王的，它兴建于几个世纪之前。”

“为什么非要把它建得离铁路这么远呢？怎么就没考虑会带来许多不便呢？”一位旅游者问。

**大智慧**：善于提出和思考问题的人，绝不会混淆过去和现在。

## ⊙ 嗓子

一个骄横的女人问声乐教授：

“你认为我的嗓子怎么样？唱什么歌最合适？”

“当然，这是一副很有特色的嗓子，遇上火灾或沉船时，它是大有用场的。”

**大智慧**：骄横源自于无知，真正有实力又有魅力的人都是谦卑的，因为广博的知识使得他们能够认清楚自己的位置。

## ⊙ 反正你看不见我

某甲遇见一个人，那个人给了他一棵草，并对他说：“这是隐身草，只要你手里拿着它，别人就看不见你了。”某甲就手拿这棵草来到市场上，旁若无人抓起别人的钱就走。钱主抓住他挥拳就打。某甲说：“随便你打，反正你看不见我。”

**大智慧**：在别人看不见的时候如何行为，是对人品质的一个考验。许多人都有在人前人后表现不一的特点，如果是出于自尊的要求，无可厚非；如果是由于内心险恶的目的，则是很可怕的事情了。

## ⊙ 打赌

看台上，两个素不相识的球迷争了起来。

“甲队准赢。说错了，就把我姓倒写！

“甲队准输。否则，把我的姓横写！”

“你贵姓？”

“姓田，你呢？”

“姓王。”

**大智慧**：有些人的“英勇”表现并不能代表他们具备“英勇”的本质，因为在那种行为的背后，他们根本就毫发未损。真正的英勇，意味着有所牺牲。

## ⊙ 因祸得福

老教授习惯于专心致志地思考问题。有一次，他去洗澡，忘了脱衣，便一屁股坐进浴盆拿起浴巾前前后后，上上下下地忙着擦洗起来。

突然，他发现自己没有脱衣服，连忙一跃，从浴盆里跳了出来。

“万幸，万幸！”他说着笑了，原来他忘了拧开水龙头。

**大智慧**：什么是真正的专心致志？牛顿曾经给出过经典的解释——专心致志是一种能够将你身体与心智的能量锲而不舍地运用在同一个问题上而不会厌倦的能力。孟子也这样说：“今夫弈之为数，小数也，不专心致志，则不得也。”所以说，专心是一种难得的品质。

## ⊙ 假电影票

甲：“我买到一张假电影票，这种人真缺德！”

乙：“假票呢？”

甲：“我把它转卖给别人了。”

**大智慧**：如果一个人没有自我修养的品质，可不是什么好兆头。要知道，要想不被人欺骗，首先你自己要从诚实做起，相信别人就再不能欺骗到你。少一些贪婪，带着自己的诚实，然后你才不至于最终败在自己手中。

## ⊙ 语言美

“我做到了语言美。”

“怎见得？”

“凡是认识我的人，都说我说的比唱的还好听。”

**大智慧**：仁者无敌，最有效的武器其实是真诚。实实在在地告诉对方你想说的，最朴实，最不讲求技巧，反而最能赢得别人的信任。在与人交往时太注重技巧往往适得其反，只会让你失去本色的魅力。

## ⊙ 伟大的医生

一位名医临终时对他周围的医生说：“我将留下三位伟大的医生。”在场的所有医生都希望，这位名医生能将自己的名字作为他的继续人提出。

这位名医却说：“这三位伟大的医生就是水、运动和正确的饮食。”

**大智慧**：人们往往以为从医生那里能找到健康，其实药物只会帮你暂时驱除某种病痛。不是说“以自然之道养自然之身”吗，大自然讲求的是和谐、融洽，因此，只有人的身体和心灵都要养成良好的习惯，才能活得健康自然。

## ⊙ 最好都穿去

阿凡提的妻子准备去参加一个婚礼，不知穿哪一件衣服合适。她花了足有一顿饭的工夫来试衣服，但还是举棋不定，便问阿凡提：“阿凡提，你看我到底穿哪一件合适？”“假如穿了这一件，那件会生气，如果穿了那一件，这件肯定又不高兴，最好你把它们都穿去！”阿凡提回答道。

**大智慧**：在一些非原则性问题上，无需左右摇摆不定，犹豫不决、优柔寡断只会增添不必要的麻烦和累赘。

## ⊙ 主人

小牛见母牛在农民的皮鞭下汗流浃背地耕田，感到很难过，就问：“妈妈，世界这么大，为什么我们一定要在这里受苦，受人折磨呢？”

母牛一边挥汗如雨，一边无可奈何地回答说：“孩子，没办法啊！自从我们吃了人家的东西，就身不由已了，祖祖辈辈就这样啊！”

**大智慧**：优秀是一种习惯，平庸也是一种习惯。毫不夸张地说，习惯一开始就是你的主人，如果被它奴役的时间长了，你就会身不由己，不能自拔，从而沦为它的奴隶。如果习惯被你奴役惯了,你就成了习惯的主人。拥有了好的习惯,你就拥有了成功的基因。

## ⊙ 真实谎言

有位老兄带着妻子及岳父开车经过旧金山的金门桥。刚开过桥,就被站在路边的警察及旧金山市长拦住。警察满脸笑容地对他说:你是自从金门桥建成后第5000000000000000个开车过桥的人,市长先生将发给你五千美金作纪念。那老兄听后高兴得合不拢嘴。警察问他:你拿了这五千美金将干什么?这老兄忙说:我正穷得连开车执照都办不起,所以第一件事就是赶快去办个执照。他的妻子在一旁听得直急眼,赶快抢白跟警察说:别听他瞎说,他一喝醉了酒就胡说八道!一直在车里迷迷糊糊打瞌睡的老岳父这时醒来,看见那警察,气得直嚷起来:你看你看,我早就跟你们说过,这偷来的车就开不远!

**大智慧**:永远记住:人心最大的智慧就是诚实!人性最贵重的品质也是诚实!人间最大的美德还是诚实!世界最大的秘密也正是真实!

## ⊙ 如此作品

妻子:"结婚半年多了,怎不见你搞文学创作?"

丈夫:"我哪有那个才能呀!"

妻子:"结婚前,你在'征婚启事'上不是写了'在省晚报上发表过作品'吗?"

丈夫:"我指的就是那份'征婚启事'。"

**大智慧**:狡猾的小聪明或许可以瞒骗一时,但终究是狐狸尾巴藏不住——原形毕露。因为只有真诚和坦荡才是放之四海而皆准的大智慧!

## ⊙ 不要命了

某日,王小二出门作客,主人先端上一盘豆腐,他很快猛吃起来,其他客人劝他吃慢点,王小二说:"豆腐就是我的命。"尔后客人又端上红烧肉一盘,王小二见了又狼吞虎咽起来,并说:"有了肉,我不要命了。"

**大智慧**:我们常常下定决心或者海誓山盟,但如果那是基于幼稚和虚伪,是不是就太苍白无力了呢?毕竟,生活的厚重和内心的真实不是轻易可以让我们说出口的!

## ⊙ 太太向我求情

怕老婆出了名的老李,却在人面前不肯承认。

一天,他对朋友说:"昨天晚上太太跪下来向我求情。"朋友不信,追问他事情的经过,他才说:"太太跪在床边,低头向床底下说,你到底出来不出来?"

**大智慧**:编造虚伪的谎言,刻意掩饰在意的真实。可是我们这样做究竟掩饰了什么?恐怕只是可怜虚弱的内心,而真实仍然坚毅地站在那里,或许,内心的坚毅才是我们真正需要弥补的!

## ⊙ 智能

约翰在机场候机,闲来无聊站到一台体重机上,荧屏上马上出现"你是约翰,体重87公斤,飞往纽约"的字样。约翰十分惊奇,他十分钟以后戴着墨镜又站到这台机器上,荧屏上马上又显出"你是约翰,体重87公斤,飞往纽约",约翰更加感到神奇了。他跑进盥洗室刮掉胡子,换掉衣服又来到这机器前,荧屏上马上显出"你仍是约翰,你的体重仍是87公斤,你的飞机已于20分钟前飞走了”。

**大智慧**：生活中很多事情乍看起来不可思议，但是我们并不应该幼稚地对此妄加否定和怀疑。因为，真实永远是值得尊重和探讨的，还是让我们保持一股孩子般天真的好奇心吧！

## ⊙ 叠被

教官：龟田，为什么你的棉被总叠得比山本差？

龟田：报告长官，山本入伍前是做豆腐的，而我参军前是做花卷馒头的。

**大智慧**：三岁看老，早期的经历有可能影响你的一生。在你不知不觉中，你会显露出自己最基本最熟悉的动作以及习惯来。

## ⊙ 白板上的黑点

有位老师进了教室，在白板上点了一个黑点。

他问班上的学生说：“这是什么？”

大家都异口同声说：“一个黑点。”

老师故作惊讶地说：“只有一个黑点吗？这么大的白板大家都没有看见？”

**大智慧**：你看到的是什么？每个人身上都有一些缺点，但是你看到的是哪些呢？是否只看到别人身上的黑点，却忽略了他拥有了一大片的白板(优点)？其实每个人必定有很多的优点，换一个角度去看吧！你会有更多新的发现。

# 笑谈情绪的调节与控制

## 卷·首·引·言

生活并不是一帆风顺的，在人生的道路上，不顺心的事情是不可避免的。考试的失败、被人嫉妒或压抑、失恋、疾病等，都可能使人产生苦恼、焦虑、愤怒、恐惧、悲观等不良情绪。因此，要获得和保持良好的情绪，就必须学会善于调节情绪，当不良情绪产生的时候能即时发泄它、排遣它，减少不良情绪对身心的伤害。

## ⊙ 800美元

当老婆刚刚冲完澡出来，老公正要开始淋浴时，门铃响了。

在争吵几秒谁该去开门之后，老婆放弃了，裹了条毛巾急忙下去开门。

她打开门看见Bob，他的邻居。

在她还没开口之前，Bob就说："如果你把那条毛巾拿下，我就给你$800! "

老婆想了想，就脱下毛巾赤裸站在Bob面前，过了几秒，Bob给了钱就走了。

老婆困惑又兴奋于她的好运，裹上毛巾上楼。

当她回到浴室，老公问她："刚才是谁？"

"隔壁的Bob啦! "她回答。

"很好，"老公说，"那他有没有还他欠我的$800？"

**大智慧**：在未了解事情的漏洞之前，永远不要轻易自行判断而造成错误，而且还不知道自己有多难堪。

## ⊙ 答复

父亲要出远门，临走前对儿子说："如果有人来问'令尊在家吗'？你便答复因事出门了，你要是记不住，就看看这张条子。"

父亲走了三天无人来访，儿子就把纸条随手扔了。

第四天有客临门，问："令尊在家吗？"

儿子在怀里找了半天，找不到父亲留下的条子，自言自语道："没了。"

客人吃了一惊，忙问道："怎么没了？"

儿子道："昨晚被我扔了！"

**大智慧**：情绪上的焦虑和不安总是让我们忽略了正在面临的问题。所以，处乱而不惊才是解决问题的必要前提。

## ⊙ 不便直说

一办事员叫住老板，不安地说："董事长，我猜想有您的电话。""猜想？是我的就是我的，还猜想什么！"办事员更加窘迫，结结巴巴地说："来电话的人说，让那个老……老混蛋听电话……"

**大智慧**：当我们得到一个似是而非的答案时，最好不要迫切的追究真相，也许那正是我们最不想知道的。

## ⊙ 果断回答

一位年轻军官想打个电话，但他没有零钱。于是他拦住一位过路老兵："你手头有没有零钱，上士？""我给你找找看。"老兵伸手去掏他的钱包。"你是这样回答少尉的吗？重来一遍。你手头有没有零钱？上士！""报告长官，没有！"老兵果断地答道。

**大智慧**：凡事欲速则不达。当你越是着急做一件事情的时候，你可能距离目标越来越遥远。心平气和的去做，可能会事半功倍。

## ⊙ 军训趣事

军训时，夜里常有紧急集合。今天又传来了夜里集合的消息。大家严阵以待，都在床上假寐一直熬到夜深。凌晨2:00

时，一声长啸划破夜空，于是穿衣的穿衣，叠被的叠被，匆匆来到操场上，却不见教官的身影。正当大家疑惑之际，2楼的一宿舍学生探出头说："各位对不起，泡面的水开了！"

**大智慧**：紧张的时候最容易忙中出错。当你的情绪处在紧张的状态中，每一根心弦都绷得很紧的时候，就是你最容易出错的时候。

## ⊙ 不让失望

清朝时，一老翁过80岁生日，买来十分贵重的纸请文学家刘凤诰写幅寿联。当他来到刘府时，刘凤诰正伏在桌旁写字。刘问道："何时出生？"老翁笑道："十一月十一日。"刘即在纸上书道：十一月十一日。

老翁看了不禁暗暗叫苦，但又不敢出声。刘又问老翁今年多少岁了。老翁答："正好80岁。"刘于是接书下联，一看，上写道：八千春八千秋。

老翁大喜，称谢而去。

**大智慧**：笑到最后才是笑得最好的，不要对还没有完成的事情轻易的下结论，也许在下一分钟就可能变成你所喜欢的样子，不管现在是什么样子。

## ⊙ 了解和亲昵

在阿拉曼战役前夕，丘吉尔召见了他的得力将领蒙哥马利将军。在谈话中，丘吉尔提议他应该研究一下逻辑。疆场勇士蒙哥马利担心自己会陷入纠缠不清的逻辑命题中，便找了个借口推托。他对丘吉尔说："首相先生，你知道，有这样一句谚语，'了解和亲昵会产生轻蔑'。也许我越是研究逻辑，便会越加轻视它。"丘吉尔取下烟斗说："不过我要提醒你，没有一定程度的了解和亲昵，什么也不会产生出来的。"

**大智慧**："绝知此事要躬行"。在对一件事物了解之前，不要武断地表达自己的好恶，因为你根本没有资格。

## ⊙ "礼"尚往来

克妮莉亚·奥蒂斯·斯金纳，美国影星和作家，出演过多部名剧，受到广泛欢迎。她与萧伯纳的口舌之争让人难忘。

那还是在她年轻的时候，斯金纳出演萧伯纳戏剧《康蒂妲》的主角，她早有名声，在这次演出中更是登峰造极。演出结束后，萧伯纳拍来了电报："最好的，最伟大的。"

女演员以为是对她的嘉奖，便很快回电说："这么高的荣誉实在过奖了。"

没两天，萧伯纳又拍来了电报："我指的是剧本。"

斯金纳小姐也迅速地回电说："我指的也是那本东西。"

**大智慧**：不要把底牌过早地摆在你的对手面前，这样，你什么时候都会有反击的余地。

## ⊙ 过去的好时光

一天下午一个年轻人在高尔夫球场准备开球，这时过来一个年老的绅士，询问是否可以和他一起打几杆。因为年轻人是独自一个，就爽快地答应了。开球以后，老人打的一点也不赖，虽然球击得不很远，但却是扎扎实实地前进，几乎没有浪费时间。当他们来到第九洞前时，年轻人看到一棵枝繁叶盛的大树挡住了球路。年轻人反复观察测量，想找出避开大树的方法。几分钟后，老人开了腔：

"年轻人，知道吗？我在你的那个年纪，就会狠命一击，把球从树顶上打过去。"

被老人一激，年轻人玩命挥杆，向球

击去。不幸,球直接飞进了树冠,然后掉下地面,又滚到了眼前。这时,老人又说道:“当然了,我在你那个年纪的时候,这棵树只有两米来高。”

**大智慧**:容易冲动是年轻人的通病,冲动必然考虑不周,易犯错误。能克服这点,保持冷静的人立刻能成为同龄中的佼佼者。

## ⊙ 几率

有一个人一直很怕搭飞机，因为他很怕机上有人带手榴弹。他一直克服不了这层心理障碍。有一天,终于去看了医生。医生等他说完之后，给了他一个建议,要他随身带一颗手榴弹。“因为,据统计，飞机上有一颗手榴弹的几率是一百万分之一。但是按照数学的几率来算,飞机上同时出现两颗手榴弹的几率是一兆分之一。这样子就可以大大降低你的危险了。”

**大智慧**:安抚一个人的方法是一定要转移他的注意力,并能给他一个充足的理由让他安静下来。

## ⊙ 炉火与肝火

英国物理学家依撒克·牛顿(1642—1727年)有一次他写信给朋友洛克,并在

信中毫不留情地批评了洛克的著作。在收到洛克的极为不满的信后，牛顿复信说:“我记得我给你写过信，但不记得信里对你的书说了些什么。请你把信抄给我,我将尽可能加以解释。”他抱歉地解释说,“当时由于我经常坐在炉火旁,所以不能控制自己的肝火。”

**大智慧**:环境能够影响你的心情,做任何事情的时候,都应该找一个相应的工作环境,这一点很重要。

## ⊙ 忙中出错

董事长为参加宴会,在公司门口急急忙忙地跳上一部的士,同时大声说:“我要赶时间,开快点！只剩下二十分钟了！”

说完便打开手上的晚报来看。一直看了十几分钟,他才抬起头来,一看,车子还在公司门口。他大为生气,正要找司机发火时,才发现车上根本没有司机。

**大智慧**:越是忙的时候越要保持冷静,不能犯错,否则就真的应验了那句老话——欲速则不达。

## ⊙ 误会

有一小型飞机中途引擎失灵,驾驶员在一条人车稀少的州公路降落。驾驶员跳出来向唯一看到的一辆汽车走去,希望能搭便车到最近的出口。这辆汽车缓慢的停在路旁,坐在驾驶座的女人探出头紧张地说道:“我会马上开走的,先生,只要你告诉我怎么回到公路上。我会把车子尽快开离飞机场的！”

**大智慧**:越是在陌生的环境,越是要保持冷静的头脑。不能随便选错了参照系。

## ⊙ 恶毒的语言

法官:“他在打你以前,你有没有设法

阻止他？”

原告：“有啊！我用各种最恶毒最难听的语言去阻止他，可是他仍然狠狠地揍了我一顿。”

**大智慧**：用油浇火，只会使火燃烧得更加热烈。不要妄图以为恶毒的语言只属于道德的范畴，只要它足够严重，等待你的将会是侮辱、诽谤的罪名。

## ⊙ 顺序有误

在某外交官的晚宴上，一位刚到美国的法国外交官有点局促不安，因为每个人都要站起来讲几句话，但是他的英语实在不行。先有贵宾说：“我们来敬东半球的女性一杯。”后来又有人敬西半球的女性一杯。轮到那法国外交官讲话时，他站起来说：“各位，让我们为女性的两个半球干杯吧。”

**大智慧**：当你不是很有把握的时候，真的不要鲁莽做事。要知道，适当的谦卑比逞强装懂更能让人接受。

## ⊙ 责怪

经理责怪秘书：

“谁让你把我写字台上的灰擦掉呢？我在那上面记了好几个电话号码，现在一个也找不见了。”

**大智慧**：在指责别人的同时，是否应该需要自己先想一想，也许自己一开始就已经错了。

## ⊙ IBM和波音777

波音777是有史以来第一架完全在电脑虚拟现实中设计制造的飞机，所用的设备完全由IBM公司所提供。试飞前，波音公司的总裁非常热情的邀请IBM的技术主管去参加试飞，可那位主管却说道：“啊，非常荣幸，可惜那天是我妻子的生日，So……”

波音公司的总裁一听就生气了：“胆小鬼，我还没告诉你试飞的日期呢！”

**大智慧**：没有弄明白整个情况之前，不要过早的暴露自己的想法，让自己陷于被动。

## ⊙ 确认身份

一名男子去银行兑付支票。工作人员对他说：“好的，不过必须先要确认一下您的身份。”

这名男子照了照镜子，点头说道：“对，这是我！”

**大智慧**：在搞清楚问题之前，最好不要冒失、武断的采取行动，不如确认一下问题的关键所在！

## ⊙ 不划算

在一次宴会上，一位火箭专家热情地向朋友们宣告：“最近，我们将把几只老鼠送到一个遥远的星球去。”

话音未落，一位女士插嘴说：“哟，这样去消灭老鼠，不是太花钱了吗？”

**大智慧**：当我们面临着一场与惯常情形不同的情形时，唯一该做的就是附带思考的观察与总结。不要任由自己的惯常思维脱口而出惯常的语言，因为那会让所有的人了解，我们不过是个惯常的人。

## ⊙ 难以从命

爱发牢骚的老头布朗先生老是抱怨他的发式，愤愤地指责他的理发师。一次刚理完发，他说："我要我的头发从中间分开。"

"我不能这么做，先生。"理发师说。

"为什么？"布朗先生咆哮道。

"因为您的头发是奇数的，先生。"

**大智慧**：无来由地抱怨久了的时候，并不是我们的发泄得到了最完全的体现。相反，事情的结果往往就是他人于惯常中轻易的寻找到了足以让我们更抱怨的方法，并以此来攻击我们。

## ⊙ 新兵跳伞

新兵在第一次接受跳伞训练时，都心惊胆战，不敢往下跳，教官便抓起一个新兵从飞机上扔了下去。当抓到第二个士兵时，那位士兵挣扎着，教官不容他说话，也把他扔下去了。这时，其余的新兵笑了起来。教官训斥道："笑什么？胆小的家伙！"其中一个新兵解释道："你把驾驶员扔下去了。"

**大智慧**：在没有弄清楚事实的情况下，切忌冲动地做出决定，否则出现上述教官那样荒唐的行为时，后悔为时已晚。

## ⊙ 熊

从前有兄弟俩要上山去打熊，他们俩在山上走了一天什么也没有找到。这时前面出现一个草屋，兄弟俩就过去，见到了一位老人，老人让他们住下了。

第二天，兄弟俩起来就问老人在山上怎么才能打到熊。老人说："你们见到山洞就向里面叫呜呜的声音，里面要有呜呜的声音你们就向里面开枪。"兄弟俩听完千恩万谢，说："我们要是打到熊一定会回来报答你的。"说完兄弟俩再就走了。老人信已为真，在家等啊等啊，兄弟俩也没回来。老人为此得了病住进医院，刚进入病房就见到那兄弟俩，就问兄弟俩怎么在这。兄弟俩一见到老人就非常生气地对老人说："我们俩就是相信你的话上山，好不容易找到一个山洞，我们就向里面叫呜呜的声音，里面也传出呜呜的声音，我们就向里面开枪。这时就冲出一辆火车把我们给撞进了医院。"

**大智慧**：面对事情要用头脑，理智、细心的分析对待。不分大小、不分主次，眉毛胡子一把抓，最后只能被碰得头破血流。

## ⊙ 如此送站的两个傻瓜

火车准备开动，三位男士匆匆忙忙跑向站台，发现火车已经开始启动，这三个男士便沿着站台箭步追赶上去。

跑在最前面的两个人终于在最后一刻跳上了车厢，剩下一个他真的追不上了，只好停步下来，看着火车缓缓离去。

突然，那人哈哈大笑。站台工作人员不解地问：

"先生，你赶不上火车还有什么好笑的？"

"不是啦！"那人边笑边说，"本来坐火车的是我而不是他们，他们只是来送站的。"

**大智慧**：生活总是发生错位，人生也会上演本末倒置。要怪只怪我们的心太急，总是向前盲目的冲刺，却不知何为所求。其实不必焦急，是你的想跑也跑不了；当然也无需烦恼，不是你的想得也得不到！

## ⊙ 英雄气短

一位太太把支票递进银行的窗口并难为情地说道："对不起，我丈夫的签字有点儿难认。我没想到，他见我拿着手枪，会吓成那个样子……"

**大智慧**：我们想要获得的东西，在我们不惜一切将要获得的时候，总是很容易将那种可能并不高明甚至被禁止的获得手段于将要胜利的亢奋中不经意间告知。

## ⊙ 高雅的宫殿何人去

伊萨克·巴罗(1630—1677年)是英国著名的数学家，曾任剑桥大学数学教授，对几何学颇有建树。他还是位名教士，著有大量久负盛名的布道文。他为人谦和可亲，然而却与当时的国王查理二世的宠臣罗切斯特伯爵结下了难解之仇，只要碰到一起，终免不了舌战。

据说，罗切斯特曾将巴罗教士讥为"一座发霉的神学院"。

某日，巴罗为国王作祈祷后与罗切斯特狭路相逢。罗切斯特向巴罗深深地鞠了一躬后，语带讥讽地说："博士，请您帮我系上鞋带。"

巴罗答道："我请您躺到地上去，爵爷。"

"博士，我请您到地狱的中心去。"

"爵爷，我请您站在我对面。"

"博士，我请您到地狱的最深层去。"

"不敢，爵爷，这样高雅的宫殿应留给您这样有身份的人啊！"说完，巴罗耸耸肩走开了。

**大智慧**：唇枪舌战也需要技巧，毫无目的的谩骂和讽刺往往不得要领，甚至会由于理智不清、情绪高涨而被对方抓住弱点和破绽。

## ⊙ 你叫什么名字

一次亚历山大偕同妻子出国。在边防检查护照时，检查官问他妻子叫什么名字。这时他怎么也记不起来她叫什么。检查官怀疑地看着亚历山大。正在这时，他的妻子进了检查站的屋子，亚历山大马上对她说："卡佳！看在上帝的面上，你叫什么名字来着？"

**大智慧**：生活中经常有这样一种现象：如果过于熟悉一种事物，总是让我们于情急中对它的记忆一片空白。但是，也正是由于这种过分的熟悉，我们于不经意间无法将其摆脱。于是，熟悉的就无法再淡漠。

## ⊙ 广告

在美国某城市的大街上贴着一张广告："如果你给我寄来一百美元，那么我就告诉你得到一千美元的办法！"有人真的寄去了一百美元和一封信，得的回答是："你找十个像你这样的傻瓜！"

**大智慧**：在诱惑面前，要学会保持冷静、清醒的头脑，否则你可能直接得到的收益是——花钱买教训。

## ⊙ 回家之路

警察看见一个醉鬼摸着一个大木桶的边在绕圈子，便问："你怎么啦？"

"没事！我回家！这木头围栏的尽头就是我的家。"

**大智慧**：我们是不是也时常走进人生的死角，即使碰得头破血流也不愿回头？所谓山穷水复疑无路，柳暗花明又一村，还是冷静和变通一下吧！

## ⊙ 报警

一天深夜，值勤的警官罗伯特接到一个报警电话。打电话的人自称在第十三街区，他从夜总会出来后，发觉自己车里的方向盘、刹车、加速器等等都让小偷给卸去了。

罗伯特立刻表示前往出事地点。

就在他开动巡逻车准备出发的瞬间，电话铃又响了起来，罗伯特只好下车再拿起电话筒。

打电话的仍是刚才那位报警的人：“实在对不起，先生，您用不着来了。我喝多了，刚才一阵冷风吹来，我才发现自己原来是坐在车内的第二排座位上。”

**大智慧**：当我们发现自己一无所有的时候，可能并不是事实的真相。让自己冷静下来，也许你会发现，一切还是老样子。在自己的森林中迷路，并不代表你失去了属于你自己的森林。

## ⊙ 可怜的老先生

一天，一位老先生沿街缓慢地行走，看见个小男孩正要够一个门铃，但门铃太高，他够不到。老先生心地善良，就停下步子对孩子说：“我来给你打铃吧。”然后他使劲儿打铃，整个房子里的人都听到了铃声。

那个小孩对老先生说：“现在咱们逃走吧，快！”

老先生：“……”

**大智慧**：看到困境中的人，即使你怀着善良的心愿，最好也要搞清楚怎么回事再付诸行动。

## ⊙ 瞎起劲

新学期一开始，大学里来了许多日本和韩国留学生，他们大都不懂汉语。

有一次，我请两位朋友到留学生食堂吃饭，不巧的是菜票忘带了。于是，我拿出二十元钱，走到一个正在吃饭的学生面前，用英语问他，能否从他那儿买些菜票，可他没反应。我又用刚学的日语问他，他依然不懂。我急了，用一个韩语单词拼在一起，外加手势，吃力地做给他看，可他还是木然。

“对不起，你能讲中文吗？”他略有歉意地问。

天哪，他根本就是一个中国人。

**大智慧**：在没有了解事情的真相之前，最好不要轻易自行判断而造成错误，要不然自己就会很难堪。

## ⊙ 结婚礼物

一对刚结婚不久的夫妻，有一天，妻子的一个挚友到他们家吃饭，不知怎么着弄断一根叉子，妻子正在处理时，丈夫安慰友人道：“海伦，不要太在意，那是便宜的烂货。”

妻子立刻回头大叫道：“那是海伦送我们的结婚礼物啊！”

**大智慧**：生活中经常有好心办错事的情况，原因就是我们太轻易发表意见，太冲动去行动。三思而后行，才能行之有效。

## ⊙ 近视

一个近视眼看见高高的杆子上挂着一块牌子。他瞅了半天也没看清上面写的什么内容，索性爬了上去，一直爬到一个窗台上，靠近牌子，仔细一瞧，原来上面写的是：

“小心烟筒！”

**大智慧**：不要随便就满足自己盲目的好奇心，当你看清楚那其实是一个陷阱的时候，很可能已经晚了。

## ⊙ 鱼死网破

生产队有一位社员种了一株南瓜，几个月来辛辛苦苦栽培，可结的头一个南瓜就被人偷摘去了。种瓜者一见火冒三丈，盛怒之下，用镰刀把这郁郁葱葱的南瓜株劈得粉身碎骨，边劈还边骂：“种瓜吃不到,大家都不要。”

**大智慧**:不劳而获的窃贼是应该受到谴责的,但因丢蛋而杀鸡的做法明智与否也值得商榷。盗贼是可防可捉的,丢了瓜也还是可以再长的,仅因丢了一个瓜而逞一时之气,把盛花期的瓜株毁灭,岂不可惜?

## ⊙ 马、鹿与人

一匹马找到一块丰美的草地,常到这里饱餐一顿。可是后来,一只鹿也发现了这秘密,趁马不在时也跑来吃点草。

马发现了这件事,觉着鹿侵占了自己的利益,想报复鹿,但自己又无能为力,就请人来帮忙。人说:“我也没办法,除非你套上辔头,我骑上你才能追上它,惩罚它。”

人骑着马,惩罚了鹿。之后,便把马拴在了槽头。

这时,马才省悟过来,长叹道:“我真傻,为着一点小事而图报复,反而使自己沦为奴隶。

**大智慧**:逞一时意气之快,睚眦必报本就不可取,为了打击报复又不择手段,终会让自己付出沉重代价。

# 笑谈坚定的意志和信念

## 卷·首·引·言

一天，我发现一只黑蜘蛛在后院的两檐之间结了一张很大的网。难道蜘蛛会飞？要不，从这个檐头到那个檐头，中间有一丈余宽，第一根线是怎么拉过去的？后来，我发现蜘蛛走了许多弯路——从一个檐头起，打结，顺墙而下，一步一步向前爬，小心翼翼，翘起尾部，不让丝沾到地面的沙石或别的物体上，走过空地，再爬上对面的檐头，高度差不多了，再把丝收紧，以后也是如此。

蜘蛛不会飞翔，但它能够把网凌结在半空中。它是勤奋、敏感、沉默而坚韧的昆虫，它的网制得精巧而规矩，八卦形地张开，仿佛得到神助。这样的成绩，使人不由想起那些沉默寡言的人和一些深藏不露的智者。于是，我记住了蜘蛛不会飞翔，但它照样把网结在空中。奇迹是执着者造成的。

信念真是一种无坚不摧的力量，当你坚信自己能成功时，并不是这种信念让你直接成功，而是这种信念使我们产生了走向成功的努力和行动。

## ⊙ 失去与相信

有一个人被判了死刑。在刑前他向国王保证:“陛下,在一年之内,我可教会陛下的马飞翔。如不能,您可以处我酷刑。”

于是国王判了他缓刑。他是怎么想的?他想:“在一年之内,国王可能死去;如不死我也许会死去;如我不死,也许国王的马真会飞翔起来哩!”

**大智慧**:与其失去一切,不如相信奇迹!

## ⊙ 真理

“你觉得什么东西最近?”

“当然是死亡。”

“那你说什么东西最远?”

“当然是希望。”

**大智慧**:选择放弃是再轻易不过的了,最难的是坚持自己的理想和追求。

## ⊙ 万能的天神

某所小学上课中,有一个小朋友正在和邻座的同学讲话。突然,他发觉老师正凶恶的看着他。他心想:天啊!我死定了!万能的天神请救救我吧!

这时,天空中突然出现一道光柱,然后有声音跟他讲:“还没死定,赶快拿起桌上橡皮擦丢老师。”于是,小朋友就立刻照神的吩咐做了,用尽吃奶力气把橡皮擦丢向老师。老师吃惊的愣了一下,然后拿起藤条走下讲台,那个声音又说了:“呐!现在你才真的死定了!”

**大智慧**:世上没有万能的东西,轻易相信别人的话,丧失本身的判断力,常会造成无法收拾的结局。

## ⊙ 卖伞者

“下吧,雨下得越大我越高兴。”

“你真是个乐天派。”

“不,我是卖雨伞的。”

**大智慧**:谁不会在顺境中心情舒畅呢,真正的乐天派是在逆境中依然保持自己的信心和努力。

## ⊙ 家里也不安全

有位水手正准备出海远航,朋友问他:“你父亲是怎么死的?”

“死于一次航海事故。”

“你祖父呢?”

“也死在海上。一次突如其来的热带风暴夺去了他的生命。”

于是朋友劝道:“那你为什么还要当水手去航海呢?”

水手淡然一笑,反问道:“你父亲是怎么死的?”

“死在家里。”

“你祖父呢?”

“也死在家里。”

“亲爱的朋友,那你为什么还要呆在家里呢?”

**大智慧**:生命的活力源自一种执著坚定的信念,若仅仅追求生活的安逸,活着无非是一个等死的过程。

## ⊙ 了解自己

正逢割草时期,农场急需人手,于是农场主人想请汤姆帮忙。汤姆想了想问道:

“会给我多少钱?”

“我会视你工作的情形而定。”农场主人诚恳地回答。

汤姆想了一会儿,便摇头说:

“这样的话,我大概拿不到多少钱。”

**大智慧**：一个人意识到了自己的不足，接下来要做的就是努力去改进。记住，别人对你的信心来自于你对自己的信心。如果连你自己都觉得“是的，我就是这样了，不会更好了”，那别人又怎能看好你呢？

## ⊙ 文章简洁的秘诀

海明威是美国的一位著名的作家，他的文章和作品素以精练、富有新意而著称。有一次，有个记者向他请教文章简练的秘诀，海明威直截了当地回答说：“我站着写作，而且用一只脚站着。我用这种姿势，使我处于一种紧张状态，迫使我尽可能简短地表达我的意思。”

**大智慧**：有人之所以能够在自己的行业超越他人，不是因为他是什么天才，而是他以坚强的意志首先超越了自己。

## ⊙ 钓鱼

众所周知，钓鱼的人要少说话少活动。

据说有两个钓鱼的人坐船来到海上垂钓，整整四个小时没说一句话，也没动一次。就在这时，其中之一抬了一下腿。于是伙伴告诉他：“你听着！过去的四个小时里，你已抬了两次腿了。你到底是来钓鱼还是来跳舞的！”

**大智慧**：只有对感兴趣的事情，人们才会最大程度上去投入，而对所有的辛劳浑然不觉。

## ⊙ Good morning，Sir！

陈阿土是一个农民，从来没有出过远门。攒了半辈子的钱，终于参加一个旅游团出了国。

国外的一切都是非常新鲜的，关键是陈阿土参加的是豪华团，一个人住一个标准间。这让他新奇不已。

早晨，服务生来敲门送早餐时大声说道：“Good morning，Sir！”

陈阿土愣住了。这是什么意思呢？在自己的家乡，一般陌生的人见面都会问：“您贵姓？”

于是陈阿土大声叫道：“我叫陈阿土！”

如是这般，连着三天都是那个服务生来敲门，每天都大声说：“Good morning，Sir！”而陈阿土亦大声回道：“我叫陈阿土！”

但他非常生气。这个服务生也太笨了，天天问自己叫什么，告诉他又记不住，很烦的。终于他忍不住去问导游“Good morning，Sir！”是什么意思，导游告诉了他，天啊！！真是丢脸死了。

陈阿土反复练习“Good morning，Sir！”这个词，以便能体面地应对服务生。

又一天的早晨，服务生照常来敲门，门一开陈阿土就大声叫道：“Good morning，Sir！”

与此同时，服务生叫的是：“我是陈阿土！”

**大智慧**：这个故事告诉我们，人与人交往常常是意志力与意志力的较量。不是你影响他，就是他影响你，而我们要想成功，一定要培养自己的影响力。只有影响力大的人才可以成为最强者。

## ⊙ 成功的秘诀

一个爱说废话而不爱用功的青年，整天缠着大科学家爱因斯坦，要他公开成功的秘诀。

爱因斯坦厌烦了，便写了一个公式给他：A=x+y+z。爱因斯坦解释道：“A代表成功，x代表艰苦的劳动，y代表正确的方法……”“z代表什么？”青年迫不及待地问。“代表少说废话。”爱因斯坦说。

**大智慧**：古人说得好：无志之人常立志。不能脚踏实地的空想家永远都不会成功。

## ⊙ 动情的老歌星

一天，年逾古稀的法国歌星莫里斯·谢瓦利耶(1888—1972年)在后台和喜剧演员菲尔·西尔弗聊天。恰在此时，一群漂亮的女演员叽叽喳喳地从他们身旁走过。谢瓦利耶看着她们，不禁发出慨叹："唉，要是我再老20岁就好了！"

"你的意思是再年轻20岁吧？"西尔弗问道。

"不，要是我再老20岁，那么，这些年轻的姑娘就不会使我烦恼了。"谢瓦利耶动情地说。

**大智慧**：如果没有希望，还不如彻底绝望。没有了希望，但又觉得心有不甘，也许是最尴尬的事情了。正如鲁迅先生所说："浊浪在拍岸，站在山冈上者和飞沫不相干，弄潮儿则于涛头且不在意，惟有衣履尚整，徘徊海滨的人，一溅水花，便觉得有所沾湿，狼狈起来。"

## ⊙ 来不及了

幽默作家班奇利，在一篇文章中谦虚地谈到他花了15年时间才发现自己没有写作才能。结果一位读者来信："你现在改行还来得及。"班奇利回信说："亲爱的，来不及了。我已无法放弃写作了，因为我太有名了。"

**大智慧**：人有时狂妄一下又何尝不可？适当的狂妄会让你信心倍增，尤其对那些思想火花四处迸发的人来说更是如此。

## ⊙ 用得着吗

爱迪生对于穿着很不介意。有一天，这位科学家在纽约偶然遇到一位老朋友。"爱迪生先生，"那位朋友说道，"看您身上这件大衣已经破得不像样了，您应该换一件新的。""用得着吗？在纽约没有人认识我。"爱迪生毫不在乎地答道。几年以后，爱迪生在纽约街上又碰见了那个朋友，这位大发明家还是穿着那件破大衣。"哎呀呀，爱迪生，"那位朋友惊叫起来，"您怎么还穿这件破大衣呀？这回，您无论如何要换一件新的了！""用得着吗？"爱迪生仍然毫不在乎地回答："这儿已经是人人都认识我了。"

**大智慧**：很多事情不是有没有必要的问题，而是你是否关注的问题。不是身心投入的东西，你永远都会觉得没有必要。

## ⊙ 看质量

一个牧师询问一个士兵是否祷告。士兵说他祷告。

"什么时候？每顿饭前吗？"

"那就得看摆出来的饭菜质量如何了。"

**大智慧**：真正的信仰面前，你会不自觉地忘记口舌之欲，以及更多实际上在困扰人的东西。

## ⊙ 孙女的疑问

"爷爷，"孙女问，"您为什么要读

《圣经》呢？"

"准备最后一次考试呵，孩子。"

**大智慧**：如果说《圣经》能帮你通过最后的审判，那是由于信仰对人的成就。

## ⊙ 药片

早晨，护士走到病人床前询问病情。

"喂！安德列，夜里睡得怎么样？"

"好极了。这多亏了我在临睡前服用了您拿给我的那个药片。"

"可那药片怎么还摆在你的床头柜上呢？"

"是吗？这不可能。哟！坏了，我刚才发现我的衬衫上少了一个钮扣……"

**大智慧**：人的肉体和精神确实有着一种微妙的关系。自欺欺人的"精神胜利法"固不可取，但适当的心理安慰和精神鼓励确实能起到比"药物"更好的效果。你没有看见吗？上面那个病人在没有吃药的情况下还是睡了一个好觉。

## ⊙ 暴发户

一个暴发户成了远近闻名的富豪。一天早晨，他起来看花，却忽然哼哼唧唧说自己病了。妻子问他得了什么病，他说："今天早晨看花被蔷薇花的露滴伤了一下，你快去请医生。"妻子说："你忘了，当年和你一块讨饭时，在树林里被大雨淋了一夜，你也没病成这个样子呀！"

**大智慧**：人会随着环境和条件的变化而变化：在艰苦的条件下能经受住考验，意志坚定；身处优越环境时却容易娇惯出好多坏毛病。

## ⊙ 穷摆阔

一位穷书生，最怕别人说他穷，平时总是在人前强装出很阔气的样子。一次，一个小偷夜里到他家里偷东西，见房子里空空如也，没有什么好偷的，就骂着走了。书生躲在暗处见小偷要走，急忙摸出床头仅有的几个铜钱，追上去送给小偷，还一再叮嘱小偷说："您这次来，我虽然十分怠慢，可是在别人面前，还万望为我美言。"

**大智慧**：人不分贫富皆平等，与其花时间乞求别人施舍的同情，维护可怜的自尊，不如认真的思考自立自强的方法。

## ⊙ 初次登台

美国两个歌舞演员在谈话。

"我初次登台就得到许多钱，让妻子开了个花卉店。"

"我比你强，我初次登台，观众就送给我一幢房子。"

"我可不信！"

"是给了，当然，每人只给了一块砖头。"

**大智慧**：那些懂得坚持的人像保了险一样，无论他们受挫多少回，仍将朝着阶梯的巅峰顶端迈进，即使在失意之后，也会再次收拾好自己，卷土重来，继续努力尝试。也许，我们应该祝福和相信他们终会登顶。到那时，全世界的人都会喊："好棒啊！我早就知道你可以办到的！"

## ⊙ 买马

有个农夫想买一匹马。卖主走到他跟前说："我为您准备了一匹最好的马，五岁，体壮如牛，一口气能跑二十公里。"

"一口气跑二十公里？不行，这匹马对我来说不合适。"

"为什么？"

"从我家里到市场只有十五公里，这样一来，每次我得往回步行五公里！"

**大智慧**：当一种优秀被他人所回绝的时候，不见得就是这种优秀不足以称之为优秀，可能恰恰是拒绝了优秀的那个人根本不理解这种优秀，而且没有能力去消受这种优秀。我们很多时候被人拒绝与抛弃的时候，就是这样的情形。

## ⊙ 写作重于生命

美国作家辛克莱在耶鲁大学念大四的时候，对名教授羌赛·丁格说："我这一生最想做的工作是写作。"

教授对他说："那你会饿肚子啊。"辛克莱说："只要我能写作，我不管肚子饿不饿。"

丁格教授说："哦，那你会成功的。"

**大智慧**：虽然不赞成拿身体来做赌注，不过成就事业需要的就是这种可以不顾一切，全身心投入的勇气和精神。

## ⊙ 鲨鱼与鳄鱼

在一个河塘边，一个旅游者问一个村民：这个河里能洗澡吗？村民说不能，因为这里有鳄鱼。旅游者很吃惊的问：那河的下游呢？村民看了看旅游者说：当然可以了，因为这的鳄鱼怕那的鲨鱼……

**大智慧**：逃出池塘的泥淖，却又掉进了无底的深渊。"彼山"也并不一定比"此山"高。对于某种不适合自己的环境，最好的方法或许并不是马上逃离，而是试着去改变它。虽然这很难，但并不意味着做不到。

## ⊙ 地狱有石油

一位石油大亨到天堂参加会议，一进会议室发现座无虚席，自己没地方坐了。他灵机一动大喊一声："地狱里发现石油了！"这一喊不要紧，天堂里的石油大亨们立刻纷纷起身向地狱跑去，很快天堂里就剩下那位后来的石油大亨了。孤单一人的大亨此时面对空荡荡的会议室，心想：大家都跑了过去，莫非地狱里真的发现石油了？于是，他也急匆匆地向地狱跑去。

**大智慧**：坚持己见，克服自己的从众心理并不如想象中那么容易，但是若想赢得成功，就要坚决战胜这种不容易，否则很容易变成一棵"墙头草"

## ⊙ 安静的方法

班上正在开班会，同学们七嘴八舌，非常吵。这时，班主任说："各位同学，现在我们来做个脸部运动，请大家把嘴张成O型。"大家很合作地做着动作，整个教室顿时鸦雀无声。老师接着说："根据我多年的经验，要让学生马上由吵闹变安静，这是最有效的办法，屡试不败。"

**大智慧**：若一件事情很难用通常的

方法凑效的话，不妨用一个新奇而冠冕堂皇的理由试一试。

## ⊙ 数到100再说

某冬日，上课了，伊万老师背靠教室壁炉站着，对学生们说："说话前要多考虑，至少要数到50下才说，重要的话要数到100下。"

学生们争先恐后地数起来，最后不约而同地爆发出："99、100，老师的衣服着火了！"

**大智慧**：规限太多，便会导致丧失最起码的活力。因此，话不能说得太死，否则便没有了回旋的余地。

## ⊙ 多此一举

一位游泳运动员横渡英吉利海峡，当他登陆时，许多喝采的人围住了他。一个人走上前来，不解地问道："您还不知道这儿有轮船航行吗？"

**大智慧**：多数时候人们只愿意去做公认的有意义的事情，觉得那是理所当然。可是，他们也许不懂得，很多看来不可思议的事情，在我们精神的坚持下，骄傲地成为现实——那就是巨大的意义！

## ⊙ 谁是总统

高速公路上克林顿夫妇的汽车抛锚，加油站的工人走上前来，希拉里悄悄耳语："比尔，他是我的初恋情人。""幸好你没嫁给他，不然你就成不了第一夫人了。"希拉里冷静地回答："不，要是我当年嫁给他，现在他就是总统了。"

**大智慧**：时刻拥有自信，你将永远是胜利者。

## ⊙ 好心不得好报

珀西眼睛下边青了一块，他母亲很担心。听他说是学校一个叫比利的蛮不讲理的同学打的，就对他说："你要和他交朋友，拿这块蛋糕去给他，和他握手。"

两天以后，珀西另一只眼睛下边青了一块。他母亲问他："这又是怎么回事？""比利还想要蛋糕。"

**大智慧**：面对邪恶，我们唯一能做的就是绝不妥协。因为，你的妥协只代表着尊严的丧失，并激发了更多的邪恶。

## ⊙ 非车不可

一个农夫牵着头牛，气喘吁吁地在通往赛伦塞斯特的路上走着。这时，一位骑摩托车的人从他身边经过，农夫忙拦住他问："到赛伦塞斯特还要多久？"

"是牵着牛走，还是不牵牛走？"他反问。

"牵着牛走，我想。"农夫说。

"那么我回答不了，"他说，"我，以及所有的人，去那里都是骑摩托车的。"

**大智慧**：生活中一个目标的实现并不是只有一种方法，当他人经常使用的那种方法对我们来说是不可实现的时候，只要我们坚持并具有足够的耐心，成功一样属于我们。

## ⊙ 胆小的狩猎者

在非洲丛林，当地人对从欧洲来的狩猎旅游者说：

“先生，我在离这儿不远的北边发现了老虎的脚印。”

“太好了，谢谢你。顺便问问你，从这儿往南走的路在哪儿？”

**大智慧**：只有勇气才敢和危险迎头赶上，而怯懦只会落荒而逃。

## ⊙ 忍耐

国王狄奥尼修啐了阿里斯提卜一口，阿里斯提卜忍受了。面对别人的非议，他说：“渔夫为了捕到一条小鱼不惜让海水溅身，我要捕一条大鱼，有什么不可以忍受的呢？”

**大智慧**：退一步，再退一步，乃是处世之法；进一层，再进一层，乃律己之方。

## ⊙ 打妻

母猪下崽一窝，只只肥憨。夫算计指日可市，窃喜。

一日回家，发现消失一只，问妻，答曰：让狼叼走。甚怒。又一日归家，再失一只。妻曰狼又来矣。遂不敢稍出，果数日无狼患。

夫又遇急事外出，嘱妻悉心看护。出村口，忽忆起一事，折回家中。见妻正于厨间忙碌，一脸烟灰不顾。小猪已将熟矣。大怒，打妻。妻一旁啼哭。夫趋前揭开锅盖，香味扑鼻，尝之大喜，连呼好香。妻忙止住啼哭：“尚未放姜，放姜更香。”

**大智慧**：对一些事物深恶痛绝的同时，又默默地享受着这些事物所带来的实惠。这时候，你是否还能坚持自己的原则？

## ⊙ 笨蛋

甲：“我那一批火焙鸡仔还不破壳而出，我真等得有点不耐烦了！”

乙：“笨蛋！为何不早找老朋友商量？”

甲：“请问有何良策？”

乙：“这还不容易！加添两倍火力，便可以缩减一半时间。”

**大智慧**：卡夫卡曾经说过，所有人类的错误都是无耐心，是过于匆忙地将按部就班的步骤打乱，用似是而非的桩子把似是而非的事物圈起来。耐心需要特别的勇气，对理想和目标全然地投入，需要不屈不挠，坚持到底的精神。

## ⊙ 佛教徒与观音

有一佛教徒走进庙里，跪在观音像前叩拜。他发现自己身边有一个人也跪在那里，那个人长得和观音一模一样。

他忍不住问：“你怎么这么像观音啊?”

“我就是观音。”那个人回答道。

他很奇怪：“既然你是观音，那你为何还要拜呢？”

“因为我也遇到了一件非常困难的事，”观音答道，“然而我知道，求人不如求己。”

**大智慧**：求人不如求己，因为只有你会永远帮助你自己，而别人对你的帮助却始终存在着不可预知的变数。脚下的土地，坚定的位置，才是你获得自身力量的源泉。而一味地依靠别人，把自己的命运让渡给别人来操纵，岂不是一件可悲的事情？

## ⊙ 军犬的错误

军犬黑子目光如电，精神饱满，威风凛凛，每逢甄别嫌疑犯时总能让做贼者先心虚起来。

随着训导员的一声号令，黑子很快就用嘴把丢失的东西从隐秘处叼了出来，接着又向站着的人群跑去，没费多少工夫，就叼住了那个小偷。

黑子兴奋地望向训导员，等待着嘉奖。但训导员却使劲摇着头对黑子说：“不！不是他！再去找！”

黑子大为诧异，眼睛里闪出迷惑的光。平时对训导员的绝对信赖，又使它转回头重新开始了更为谨慎的辨认。专业告诉黑子，它没错！于是重新又把那个小偷叼了出来。可是训导员却不容置疑：“不对！再去找！”

黑子迟疑地盯着训导员，转回身去花更长时间去嗅辨。最后，它还是站在了小偷的身边，向训导员坚定地望去：就是他！不会是别人！

“不！绝对不是！”训导员大声吼着，表情也严峻起来。

黑子的自信心被击溃了，他相信训导员超过相信自己。它放弃那个小偷，去找别人。可是不对啊！气味骗不了黑子。它焦急地踱着步，在每个人的脚边都停一会儿，忽儿急促地嗅辨，忽儿扭回头去窥测训导员的眼神……最后，它根据训导员的眼色把一个假小偷给叼了出来。

训导员与那些人一起哈哈大笑起来。黑子糊涂了，愣在当场。之后，训导员告诉黑子：“你本来是对的，可错就错在没有坚持。”

**大智慧**：打击被管理者工作的信心，有时甚至会改变他积极的人生态度。而反过来，既然确定了目标就不要轻易去改变，否则也会顾此失彼，得不偿失。

# 第20辑

## 笑谈努力行动与收获

卷·首·引·言

宇宙中有一种伟大的定律,叫付出定律。它告诉我们,只要你有付出,就一定有获得。获得不够,表示付出不够,想要得到的更多,你必须付出更多。不了解付出定律的人非常多,他们虽总是想得到什么,可他们总是得不到,因为他们从来不想先付出什么。

当你一直不断地在付出,并不计较回报的时候,你会发现,很多收获是自然而然得来的。

只要你能先付出,并不断付出,让别人得到他想要的,别人就一定会还给你你想要的,你能让上天欠你债,总有一天上天也会还你债的。

付出与收获永远是成正比的,付出越多,收获越多。但有时你会发现,付出与收获不成正比,也就是说你付出得多,但收获得少。此时,你千万不要停止付出,因为最后可能有一天,你会付出得少,但收获得多。时间会证明你的付出是没有白费的,只是随时间累积成反比而已,但它还是符合付出定律的。不幸的是99%的人都在这个时候停止付出了。

你知道为什么花园里能开满花吗?因为花粉在不断地传播。你知道花粉为什么能传播吗?因为蜜蜂在采花蜜,蜜蜂传播了花粉,花因为付出花粉给蜜蜂,才有办法获得生命的延续,大自然的法则告诉了我们这个道理。

只要你不断地付出,你会发现,你的生活也会越来越富有、越来越成功。

## ⊙ 互讽

一位青年给刮脸刀生产厂家写了如下一封信："各位先生，在这封信里我给贵厂寄去10美元，购买你们大做广告宣传的刮脸刀一把，预先表示谢意。"

附言："十分抱歉，忘了装10美元。但我完全相信，像你们这样注重信誉的厂家，同样也会把刮脸刀寄给我的。"

青年人接到这样的回复："尊敬的先生，您寄来宝贵的订货信已收到，我们及时回复，并立即寄给您刮脸刀一把，希望您能喜欢。"

附言："在匆忙中忘了装刮脸刀，但我们毫不怀疑，像您这样顾全脸面的人，可以暂时不使用它。"

**大智慧**：用自己的愚蠢去对付别人，得到的也只能是愚蠢的结果。你不能奢望自己没有付出就想有所收获！

## ⊙ 收藏在柜子里的工作人员

法国著名科学幻想小说家儒勒·凡尔纳著作丰富，仅小说就有104部，人们就传言他有一个"写作公司"。公司里有不少作者和科学家，而他只不过是占有别人的劳动成果罢了。

听了这个传言，有个记者特地前去采访。凡尔纳知道他的来意后，便微笑着把他领进了工作室，指着一排排柜子对他说："我公司的全部工作人员都在这些柜子里，请你参观一下吧！"

柜子里分门别类地放满了科技资料卡片。

**大智慧**：真金不怕火炼，真正付出努力得到结果的人是不需要惧怕任何怀疑和质问的。

## ⊙ 遵守诺言

J·科佩(1842—1908年)，法国著名诗人，1884年被选为法兰西院士。有一次，一位不太出名的作家的妻子跑来找科佩，请他在法兰西学院选举院士时帮他丈夫一次忙。她说："只要有你的一票，他一定会被选上的。如果他选不上，一定会去寻短见的。"科佩答应了她的要求，投了她丈夫一票，但此人并未选上。

几个月后，法兰西学院又要补充一个缺额了。那位太太又来找科佩，请他再鼎力相助。

"呵，不，"科佩回答说："我遵守了自己的诺言，但他却没有遵守。因此，我不好再履行义务了。"

**大智慧**：别人的帮助只能助你一臂之力，但不能决定你的成败。真正决定你成败的是你付出的汗水。

## ⊙ "医嘱"

写《名利场》的英国著名作家萨克雷(1811—1863年)一生助人为乐，做好事从来不留名。

当他知道朋友有困难时，便常常用别名、假名甚至不写名汇款，给人以接济。寄钱时，他把钱装在用过的药品盒里，并附有一份“医嘱”，上面写明“服法”：“每次服一粒，急时‘服用’！”

**大智慧**：别人对你的帮助，尤其是物质上的给予，千万不能当作天上掉下来的馅饼，而应该把它当作自己自力更生的跳板和资本。否则，你最终还是一无所有。

## ⊙ 乞丐的愿望

一群犹太人站在巷子里，每人都在为自己祝福。有的想成为富翁，有的想娶富翁的女儿，有的祝愿妻子能生个小孩。

在这群人中间有一个乞丐，他也喃喃地对天祈祷着什么。

“喂，”有人问他，“你为自己祈祷什么呀？”

“我祝愿自己是这座城市里唯一的乞丐。”

**大智慧**：每个人都拥有自己的梦想——那是我们的聪明和精神在远处的集合点！但是，你别忘了，这个在实现之前尚处于想象之中的光点在现实大地上的投影，才是我们脚下真实的起点！

## ⊙ 吃了狗肉以后

有个游手好闲的人，家里十分贫穷。一天，他吃了糠后出门，在路上遇到了一个老者。老者正在吃饭，就招呼他一起吃。他说：“早晨刚在家里吃过狗肉，吃得太饱了。有酒喝一杯还可以。”老者便请他喝酒，可他喝酒后就吐了。老者见他吐出来的全是糠，就问他：“你说吃的是狗肉，怎么吐出来的都是糠？”他歪着头想了好久，说道：“我吃的是狗肉，想必这狗是吃糠的。”

**大智慧**：生活中不乏这样死要面子活受罪的人。如果可以丢掉懒惰，辛勤劳作，还会克服不了困难吗？

## ⊙ 算命

阿珠：你相信星座算命吗？

阿花：我们处女座的人，不是随便就会相信星座算命的！

**大智慧**：命运究竟是上天注定，还是事在人为？人们总有捉摸不定的感觉，但至少，我们脚下的大地是坚实的，笃定的。与其问路在何方？不如走好脚下的路！

## ⊙ 婚姻

丹妮太太：“琼斯，听说你同丈夫离婚了，只用了一个星期就把手续办好了。你一定付给律师很多钱吧？”琼斯：“一个子也没付。”丹妮太太：“为什么？”琼斯：“那位律师已成为我的未婚夫了。”

**大智慧**：当我们自以为不劳而获的时候，也许我们自己已经成为了这个赌局的全部赌注。

## ⊙ 乞丐的逻辑

两个乞丐在交谈。

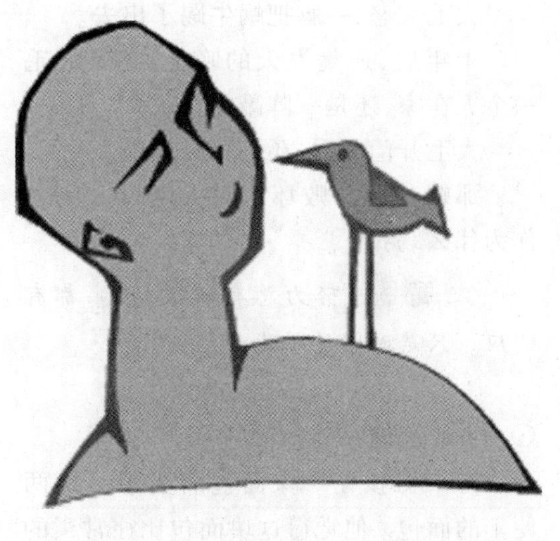

"你知道安东最近的情况吗？"

"不知道，他怎么了？"

"他去上班了。"

"哼！我一直认为，这小子为了钱什么事都会干出来的。"

**大智慧**：坐等财富到来的人远远没有资格取笑那些为之付出正当努力的人。

## ⊙ 侍者的愿望

有人问一餐厅侍者：

"当前，你最强烈的愿望是什么？"

侍者沉思片刻，回答：

"希望所有准备来餐厅的顾客都改变主意回家用饭，希望他们都把小费通过邮局给我寄来。"

**大智慧**：想节省所有的过程而直接得到报偿，那终究只是人的一种想象，起码从长远来看是这样的。

## ⊙ 为什么踢我

一年夏天的晚上，8岁的大毛独自在家。

突然，传来一阵敲门声。他开门一看，没有人，再朝地上一看，看见只蜗牛。

那蜗牛对大毛说："我饿坏了，能给点吃的吗？"

大毛大怒，一脚把蜗牛踢了出去。

十年后，还是夏天的晚上，还是大毛一个人在家，还是一阵敲门声。

大毛开门一看，还是那只蜗牛。

那蜗牛气急败坏地对大毛说："刚才你为什么踢我？"

**大智慧**：努力总有回报，凡事都有回应。只是时间的早晚而已。

## ⊙ 与人方便

有个男孩在一家面包店买了一块两便士的面包。他觉得这块面包比往常买的小得多，便对面包师说："你不认为这块面包比往常的要小些吗？""哦，没关系。"面包师回答说，"小一些，你拿起来就轻便些。""我懂了。"男孩说着，就把一个便士放在柜台上。正当他要走出店门时，面包师叫住他："喂，你还没有付足面包钱！""哦，没关系。"小孩有礼貌地说，"少一些，你数起来就容易些。"

**大智慧**：不要试图以低劣的理由来搪塞似乎看来不如你的人，贪小便宜并不如想象中的容易，付出多少就会得到等值的结果。

## ⊙ 擦窗户

门铃响了。主人打开房门，见门前站着一个人，他说：

"太太，您愿意雇我为您擦擦楼上的窗户吗？"

"好吧，去干吧！"

过了几分钟，门铃又响了。有个人在门外说：

"您还雇我为您擦楼上的窗户吗？"

"怎么这么巧，你们的一个同行已经干上了。"

"是的，不是，"那个人说，"是我刚从窗台上掉下来了。"

**大智慧**：在你做一件事情的过程中，偶尔的失误是完全可以谅解的。只要你坚持努力，就一定能找到正确的方法并最终完成任务。

## ⊙ 抗旱的方法

农夫甲："去年大旱，我吃足了苦头。今年我想了个办法，保证不怕旱。"

农夫乙："太了不起了，能告诉我是什么办法吗？"

农夫甲："我在每一行麦子旁边，都种一行洋葱。洋葱一长出来，麦子就会呛得整天流泪。”

**大智慧**：确实，在生活和现实中，不少人试图把自己份内的事情交给他人去解决。这仅仅只是一个人的一厢情愿而已，现实并不能让他心想事成。人如果常常把注意力停留在对其他因素的期待中，自己不再去努力，结果是什么也得不到。

## ⊙ 鳄鱼

一个波兰人看到朋友穿了一双鳄鱼皮鞋，大为羡慕。一问之下，价钱昂贵非凡。他便决定自己去猎杀一只鳄鱼。他找到一个沼泽，跳下水去和一只鳄鱼恶斗许久，好不容易才把鳄鱼拖上岸，却大叹一口气道：“浪费了那么多时间，这只鳄鱼竟然没穿鞋。”

**大智慧**：当我们急于获得什么的时候，总是放弃了应有的思考。为一个浅显的目标而盲目地追寻，总是让我们在收获面前一无所获。

## ⊙ 大人物

一位访问者到一个著名的小镇观光，他问一个当地孩子：“你能告诉我，这镇上曾经诞生过什么大人物吗？”那小孩回答道：“没有，我们这儿出生的全是婴儿。”

**大智慧**：所有的成就都是伴随成长而来的，也许有生而富有的人，却永远都不会有生而伟大的人。“伟大”这个词永远都是要用拼搏换回来的。

## ⊙ 缝

一老妇人对站在面前的乞丐说：“这条裤还是满好的，用上个把钟头缝一缝，会跟新的一样。”

“多谢了，太太，”乞丐说，“那我过一个小时来拿，怎么样？”

**大智慧**：我们对生活总抱持着太多的期待，总想拥有更多。但是，生活并不亏欠我们什么。自己想要，动手来拿！过分的要求生活、依赖生活，只会被生活拒绝于门外！

## ⊙ 寻找答案

乞丐某日去找拉比，他说：“哎，拉比，我要向您提一个最难的问题，如果一个人饿了，他又身无分文，那该怎么办呢？”

拉比想了想，给他几个硬币。

第二天，乞丐又敲开了拉比的门：“拉比，我有个最难最难的问题。”

“是不是和昨天的一样？”

“对极了，拉比。”

“我不是已经告诉你那个问题的答案了吗？”

乞丐笑了笑：“是的，拉比。不过，当我回家后，我本想好好地领会您的答案，可您的答案已经不在了。现在只好请您再给我一个新的答案……”

**大智慧**：生活没有一劳永逸的解答，唯有持续不断的努力。人生也没有什么救世主，能拯救你的人只有你自己！相信自己，好好努力，生活决不会亏待你——因为你就是自己的上帝！

## ⊙ 联想

考试之前，同班的三个好朋友碰到

一起。

小斌："今天考试我不用担心，因为昨晚我看了个电视剧《明天交好运》。"

小华："我也不用担心，因为今天早上我喝了几口'聪明泉'水。"

小林一听，一下子脸都变得白了："糟糕，刚才在上学路上我吃了一大把'傻子瓜子'，这下可完了！"

**大智慧**：生活不会系于浅薄无知的迷信，甚至运气，因为那只在晴空中轻巧滑过的雨燕，若想飞翔，自由的翱翔于高空，只能寄望于自己锻炼出雄鹰的力量和勇气！

## ⊙ 记忆的诀窍

甲：我昨天买了一本《记忆的诀窍》，真太好了，我昨晚一口气就把它读完了。

乙：能否借给我读一读？

甲：当然可以，咦，我把它搁在哪儿了？

**大智慧**：对待生活，我们是不是总浅尝辄止，急功近利呢？还是好好的用心体味和真诚地切实努力吧！善待生活，它才会诚实地回馈你！

## ⊙ 巧克力杏仁

一无牙老人在医院休养，某女护士常占其便宜，取走咬不动的食物。一天巡至，见有杏仁一碟。老人说："这是我朋友送

的，我不要了，你给我倒了吧。"护士取走后又悄悄吃了，随后对老人说："你的朋友真怪，明知你没有牙却要送这种东西。"

"哦，"老人说，"他知道我爱吃那上面的一层巧克力。"

**大智慧**：万事皆有因果。天下没有白吃的午饭，没有掉下的馅饼。因此，在忽然得知自己中大奖的时候应当马上警惕起来，并尽快查明，确认真假与否。

## ⊙ 真枪实弹

电影大亨决心制作一部有史以来规模最大的巨片。"我要动用前所未见的阵容来演那战争场面。"他扬言，"双方各用两万五千名临时演员。"

"好极了！"导演半信半疑地说，"可是，我们怎样付得起那么多钱给他们呢？"

"计划的妙处就是，"大亨回答，"我们要用真枪实弹。"

**大智慧**：宏伟蓝图固然需要规划，但是最重要的，却还是得有一个实事求是的态度。一步一个脚印，脚踏实地才是树起理想大厦根基之所在。

## ⊙ 先去买张彩票

有个不得志的中年人每隔三两天就到教堂祈祷，而且他的祷告词几乎每次都相同。

第一次他到教堂时，跪在圣坛前，虔诚地低语："上帝啊，请念在我多年来敬畏您的份上，让我中一次彩票吧！阿门。"

几天后，他又垂头丧气回到教堂，同样跪着祈祷："上帝啊，为何不让我中彩票？我愿意更谦卑地来服侍你，求您让我中一次彩票吧！阿门。"

又过了几天，他再次出现在教堂，同样重复他的祈祷。如此周而复始，不间断地祈求着。

到了最后一次，他跪着："我的上帝，为何您不垂听我的祈求？让我中一次彩票吧！只要一次，让我解决所有困难，我愿终身奉献，专心侍奉您！"

就在这时，圣坛上发出一阵宏伟庄严的声音："我一直垂听你的祷告。可是——最起码，你也该先去买一张彩票吧！"

**大智慧**：梦想是成功的起跑线，决心则是起跑时的枪声。行动犹如跑者全力的奔驰，唯有坚持到最后一秒的，方能获得成功。

## ⊙ 富翁和服务生的差别

美国石油大王洛克菲勒经常到一家餐厅吃便餐。每次餐后，他都留下1美元给服务生当小费。

有一天，洛克菲勒又到这家餐厅用餐，餐后他还是给了服务生1美元小费。服务生忍不住说："假如我是你，就不会如此吝啬，给这么少的小费。"

洛克菲勒答到："就因为这样，你才是一个服务生。"

**大智慧**：很多人之所以不能致富，很大一个原因就是他们存在一种不劳而获的思维，习惯接受别人的施舍和给予，而忘记了靠自己的努力去获取成功。其实，在这个世界上，除了自己的双手和头脑，什么东西能让你依靠一辈子呢？

## ⊙ 可以放大500倍

老大终于找到了一份称心的工作。

这天，他拿到了第一个月的薪水，想买一件好东西。于是，他来到百货商场，见一位营业员正在摆弄一些器械。他好奇地看了半天，然后决定买下它——一架显微镜。

回到家里，老二见哥哥捧回一样东西，便好奇地问道："这是做什么用的？"

"唉，你不懂，这是显微镜！可以放大500倍呢！"

"喔，那太好了。就是说1个铜元，可以看做5元的钞票啰！"

**大智慧**：质变和量变有着本质的不同。鸡生蛋，蛋生鸡的发财梦，无聊的时候可以做做，就不要当真了。脚踏实地的走好每一步最为重要。

## ⊙ 农夫和麦子

一次，有人问一个农夫他是不是种了麦子。

农夫回答："没有，我担心天不下雨。"

那个人又问："那你种了棉花了吗？"

农夫说："没有，我担心虫子吃了棉花。"

于是那个人又问："那你种了什么？"

农夫说："什么也没有种。我要确保安全。"

**大智慧**：风险越大，收益越大，这是一个我们都非常熟悉的经济学原理。一个不敢冒任何风险，不愿意承担任何责任的

人，只有什么也不做，但结果就和上面的那个农夫一样，什么也不会得到。我们必须学会冒险。也许，生活中最大的危险就是不冒任何风险。

## ⊙ 哥哥的儿子

语法课上，老师在黑板上出了一道题目：请把“我的哥哥去学校”这句话改成将来式。

老师叫汤普森上去改写，汤普森走到黑板前，迅速写道——“我哥哥的儿子去学校。”

**大智慧**：超前意识并不一定是正确的。有的时候循规蹈矩才是正确的选择，脚踏实地的做事思考，才有正确的答案。

## ⊙ 怎样当教授

大学生：“我常常梦见自己当了教授。有什么办法让梦想实现呢？”

教授：“少睡点觉。”

**大智慧**：不积跬步，无以至千里。只靠梦想换不来实际的需求，只有靠运用自己的辛勤和汗水，才能够梦想成真。

## ⊙ 不同之处

有人问哲学家亚里士多德：“你和平庸人有什么不同？”

“他们活着是为了吃饭，而我吃饭是为了活着。”哲学家回答说。

**大智慧**：有追求的人才会有成就，无志空活百岁。碌碌无为的人生注定充满了遗憾，趁着年轻，多做一些应该做的事情吧！

## ⊙ 只选其一

有人去白宫拜访第二十六届总统西奥多·罗斯福，罗斯福的小女儿艾丽丝在办公室跳进跳出，不时打断他们的谈话。

那人抱怨说：“总统先生，难道你连艾丽丝都管不住吗？”罗斯福无可奈何地说：“我只能在两件事中做好一件。要么，当好合众国总统；要么，管好艾丽丝。既然我已经选择了前者，对后者就无能为力了。”

**大智慧**：每个人都是社会意义的人，自然在不同的时候扮演着不同的角色：儿子，父亲，职员，老板等等，压力是不言而喻的。要想做得好，就要在扮演每个角色的时候都全力投入。

## ⊙ 实验的结果

美国政治家查尔斯·爱迪生在竞选州长时，不想利用父亲（大发明家爱迪生）的声誉来抬高自己。他在做自我介绍时这样解释说：“我不想让人认为我是在利用爱迪生的名望。我宁愿让你们知道，我只不过是我的父亲早期实验的结果之一。”

**大智慧**：“吃自己的饭，流自己的汗，靠天靠地，不算是好汉。”郑板桥的话犹然在耳。别人的光环无论多么光彩耀人也无法笼罩你一生，你必须用双手摘取属于自己的桂冠。

## ⊙ 没空

“你怎么一天到晚老是玩？”

“晚上光睡觉，没空玩嘛！”

**大智慧**：玩是人生的一部分，也是人之本性，但绝不能游戏人生。人生在世，转瞬即逝，实属不易！一定要珍惜时光！努力镀出生命的永恒魅力，方不枉此生！

## ⊙ 贝多芬的胸像

有一位钢琴家对作曲家雷格说：“最近我演奏的成绩步步提高，使我有能力购买一架新钢琴。我想在钢琴上再摆个音乐家的胸像，你说买莫扎特的好呢，还是贝多芬的好？”

雷格并不承认这位钢琴家的才能，当即回答：“我看还是买贝多芬的吧！他是聋子！”

**大智慧**：真正的努力是默默无闻的，虚假的努力是摆在口头和外在形式上给别人看的。

## ⊙ 一毛不拔

猴子死后去见阎王，要求投生做人。

阎王说：“你要做人，必须把身上的毛都拔掉。”就叫夜叉过来，给它拔毛。才拔一根，猴子就痛得大嚷起来。

阎王说：“看你，一毛不拔，怎能做人呢？”

**大智慧**：没有付出，永远不能实现梦想，何况是不可能实现的梦想。

## ⊙ 泥土和国王

英格兰国王威廉二世（1027—1087年）指挥军队攻进英格兰东南的佩文西时，不慎被绊了一下跌倒在地。手下人大惊失色，认为这是不祥之兆。可威廉很快就站了起来，高高举起沾满泥土的双手，大声喊道：“感谢上帝，赐予我应有的王国，英格兰的国土就在我的手中！”

**大智慧**：逆境人人都会遇到，但是更多的人被绊脚石绊倒以后就再也爬不起来了，更不会化不利为有利，把绊脚石变成垫脚石。

## ⊙ 等待

一位探险家在森林中看一位老农正坐在树桩上抽烟斗，于是他上前打招呼说：“您好，您在这儿干什么呢？”

这位老农回答：“有一次我正要砍树，但就在这时风雨大作，刮倒了许多参天大树，这省了我不少力气。”

“您真幸运！”

“您可说对了，还有一次，在暴风雨中闪电把我准备要焚烧的干草给点着了。”

“真是奇迹！现在您准备做什么？”

“我正等待发一场地震把土豆从地里翻出来。”

**大智慧**：我们承认世界上确实有一些人，运气特别的好，要风得风，要雨得雨。但是，运气不可能跟随你一生。假如凡事都靠运气，最终你将会被好运气弄得一事无成，一无所有。

## ⊙ 许愿

有一对同龄夫妇，一齐欢度他们的60

岁生日。正在热闹时,突然,天使出现了。

天使说:“我祝福你们的60岁生日,你们许愿吧!我一定成全。”

60岁的老婆说:“我好想环游世界。”

天使说:“成全你。”当!太太手上是环游世界的飞机票。

天使问60岁的老公:“你呢?许什么愿?”

老公问:“真的一定会成全吗?”

天使说:“我从不反悔。”

于是,老公高兴万分的许愿:“我希望我现在能抱着比我小30岁的女人。”

天使说:“成全你。”

当!老公变成了90岁。

**大智慧**:许多人都期望得到,却忘了自己要付出什么。换句话说,在期望由外在得到什么以前,应该先想想如何从自我内在来创造。许多东西,不在于别人给不给你,不妨先看看自己已经拥有的,再问自己有什么资格获得;最后想想,要怎样的努力才能得到。

## ⊙ 魏什么

有一德国人酷爱中国文化,取名魏特茂,一日遇一老翁,两人寒暄起来,老翁:“您贵姓?”“我姓魏。”“魏什么?”“为什么?难道姓魏也要讲原因吗?”

**大智慧**:对待生活,若采取一知半解的态度,难免自欺欺人,最终还是会被生活玩弄。所以,还是老老实实,谦虚诚恳的闷头努力吧!

## ⊙ 前面也有雨

有个人在雨里慢慢行走。路上有人见了觉得奇怪,问他道:“雨下得这么大,你怎么不快点儿走?”

他从从容容地答道:“快点儿走有啥用?前面也有雨嘛!”

**大智慧**:也许我们无法改变现实,但主动去努力总是强过在一开始就认为自己没有用!

## ⊙ 免费的午餐

狮子想出一个计策,准备害死一头大公牛。

狮子对公牛说,它杀了一头绵羊当祭品,请公牛共享。其实狮子是准备在公牛躺下来吃饭时,趁机将它杀死的。公牛赴约了,但是看到很多铜盆和大铁叉,却没看到绵羊,就一声不响地回去了。狮子因此责备公牛,说自己并没失礼之处,为什么毫无理由就走了呢?公牛说:

“这不是没有理由的,因为我看不到绵羊,却只看到准备烤牛肉的工具。”

**大智慧**:天下没有免费的午餐。没来由的请柬说不定就是鸿门宴。

## ⊙ 理由充分

一辆载满乘客的公共汽车沿着下坡路快速前进着,有一个人从后面紧紧地追赶着这辆车子。

一个乘客从车窗中伸出头来对追车

子的人："老兄！算啦，你追不上的！""我必须追上它，"这人气喘吁吁地说，"我是这辆车的司机。"

**大智慧**：有些人必须非常认真努力，因为不这样的话，后果就十分悲惨了！然而也正因为必须全力以赴，潜在的本能和不为人知的特质终将充分展现出来。

## ⊙ 买一送一

某书店打出促销广告："新书到店，买一送一。"

顾客："买什么送什么？"

售货员："一本新书，一本勘误表。"

**大智慧**：世界上没有免费的午餐，如果天上真的掉下了5000万，那也说不定会把你压死。

# 笑谈躬身实践与体验

卷·首·引·言

法国意识流大师马塞尔·普罗斯特说:“真正的发现之旅不在于发现新的领域,而在于拥有新的目光。”

看待事物的不同角度,也可以使我们成为不同的观察者。

站在圆明园的废墟中,可以只看见凌乱的石块,或也可看见其中所蕴涵的历史沉淀。

仰望繁星密布的夜空,可以只看到满天的星星,或者也可以区分不同的星球、星座,还能看到翱翔天宇的卫星。

当理想牌汽车在网路上奔驰时,车子发出的声音,对我来说就是噪音,而对机械师而言,点滴的杂音则可能是判断火花塞、弹簧等出问题的根据。

我们以自己区分事物的目光看待一切,如果这种目光越开阔,决定我们行动的可能性就越多。

当我们有了不同的目光,站在不同的角度时,事物呈现了多样性,很多事情出现了不同的可能性。

## ⊙ 钉钉子

工程师、物理学家和数学家同时接到一个任务：将一颗钉子钉进一堵墙。工程师造了一件万能打钉器，即能把任何一种可能的钉子打进任何一种可能的墙里的机器。物理学家对于榔头、钉子和墙的强度做了一系列的测试，进而发展出一项革命性的科技——超低温下超音速打钉技术。数学家将问题推广到N维空间，考虑一个一维带扭结的钉子穿透一个N维超墙的问题。很多基本定理被证明……当然啦，这个题目之深奥使得一个简单的存在性都远非显然。

**大智慧**：著名哲学家维特根斯坦曾经说过："世界的意义在世界之外。"人的经历不同，观念不同，知识结构不同，哪怕是把一颗钉子钉进一堵墙这么简单的一件事情，也会有不同的反应和作为。

## ⊙ "相对论"妙解

有一次，群众包围了从德国移居美国的科学家爱因斯坦(1879—1955年)的住宅，要他用"最简单的话"解释清楚他的"相对论"。当时，据说全世界只有几个高明的科学家看得懂他关于"相对论"的著作。

爱因斯坦走出住宅，对大家说："比方这么说——你同你最亲的人坐在火炉边，一个钟头过去了，你觉得好像只过了5分钟！反过来，你一个人孤孤单单地坐在热气逼人的火炉边，只过了5分钟，但你却像坐了一个小时。——唔，这就是相对论！"

**大智慧**：世间任何事情都是相对的，可以说根本就不存在原本的"真相"。胡适评价历史时说："历史就是一个任人打扮的小姑娘。"世间的事情何尝不是如此，又有哪一件事情不是透过"有色眼镜"折射出来的呢？

## ⊙ 错位思考

有二个妇人在聊天，其中一个问道："你儿子还好吧？"

"别提了，真是不幸哦！"这个妇人叹息道："他实在够可怜，娶个媳妇懒得要命，不烧饭、不扫地、不洗衣服、不带孩子，整天就是睡觉，我儿子还要端早餐到她的床上呢！"

"那女儿呢？"

"那她可就好命了。"妇人满脸笑容："她嫁了一个不错的丈夫，不让他做家事，全部都由先生一手包办，煮饭、洗衣、扫地、带孩子，而且每天早上还端早点到床上给她吃呢！"

**大智慧**：同样的状况，但是当我们从"我"的角度去看时，就会产生不同的心态。站在别人的立场看一看，或换个角度想一想，很多事就不一样了。你可以有更大的包容，也会有更多的爱。

## ⊙ 好消息和坏消息

医生：布朗太太，我要告诉你一个好

消息。

布朗：好消息？那太好了！但是您应该说“布朗小姐”，不是“布朗太太”。

医生：布朗小姐，我要告诉你一个坏消息。

**大智慧**：很多事情本身并没有错，错的是发生的时间和地点。这就是为什么许多人总说：“如果再等一等，也许结果会更好。”比如感情，在正确的时间遇到正确的人，是完美的缘份；而在错误的时间遇到正确的人，是美丽的遗憾。

## ⊙ 横看成岭侧成峰

有两个台湾观光团到日本伊豆半岛旅游，路况很坏，到处都是坑洞。

其中一位导游连声抱歉，说路面简直像麻子一样。

而另一个导游却诗意盎然地对游客说：

“诸位先生，我们现在走的这条道路，正是赫赫有名的伊豆迷人酒窝大道。”

**大智慧**：虽是同样的情况，然而不同的意念，就会产生不同的态度。思想是何等奇妙的事，如何去想，决定权在你。

## ⊙ 迷信风水

一个非常迷信风水的人，凡事都得请教风水先生，预卜凶吉祸福。一日，他坐在一堵墙下，墙忽然倒塌，把他压在下面。他大喊救命，仆人们走来一看，说：“东家，请忍耐一下！我们得先去问问风水先生，看看今天宜不宜动土。”

**大智慧**：具体问题具体分析，形势不同，所采取的办法也应该灵活掌握。

## ⊙ 天堂和地狱

比尔·盖茨到上帝那报到，要求在决定最后住在天堂还是地狱之前先参观一下。比尔·盖茨看到天堂里人们过着平静的生活，但日子不温不火，而地狱里到处是阳光沙滩和投怀送抱的三点式美女。

于是，比尔·盖茨决定住地狱。一个月后，上帝决定看看比尔·盖茨在地狱里过得怎么样，结果看到年轻的亿万富翁正在一个冰冷的小黑屋里忍饥挨饿。比尔·盖茨向上帝大喊，要求投诉：“为什么和我看到的那么不一样？”“比尔，你之前看到的是屏幕保护。”

**大智慧**：世上的事情并不那么简单，看到的和实际情况往往是两回事，甚至截然相反。所以不要太依赖自己的眼睛。

## ⊙ 随您的便

在法国“你”与“您”是有严格区别的，只有极为要好的朋友间才能彼此以“你”相称。法国总统希拉克有一位十分要好的朋友，当这位朋友得知希拉克当选法国总统时，他很犹豫，不知该叫他“你”还是“您”。在一个私下的场合，这位朋友问希拉克今后是叫他“你”还是“您”。希拉克的回答是：“那就随您的便了”

**大智慧**：横看成岭侧成峰，从不同的角度看问题会得到不同的答案。如何去看，那就全随自己的意思了。更客观的来说，看问题要全面。

## ⊙ 墙上画门

有一家疯人院。一天，院长想看看有多少人病好了，就让护士在墙上画了扇大门。只见一个个病人都疯了一样的往墙上撞。院长很失望。忽然他看见只有一个病人无动于衷。院长很是高兴，忙跑过去问他：“难道你不想跟他们出去？”病人答道：“这帮傻帽，我这儿有钥匙！”

**大智慧**：我们总会信奉这样一句俗语“当局者迷，旁观者清”。总觉得旁观者的地位要高些，但这里两个旁观者并不比当局者清楚多少。它告诉我们，即使是真理和客观规律，也会由于不同的时代和社会环境产生不同的变化。也许，与时俱进是最好的办法。

## ⊙ 设身处地

一天，丈夫外出弄脏了件白外衣，借了朋友一件黑外衣穿回家。到了家门，看门的家犬狂吠不止，并想扑到他身上。丈夫很生气，正想拿起一根木棒打它时，妻子出来说：“算了吧，别打它。”

“这条狗真可恶！”丈夫生气地说，“连我也认不出来。”

“亲爱的，你也设身处地为它想想，”妻子说，“假如有天这条白狗跑出去，变成一条黑狗回来，你认得出来吗？”

**大智慧**：我们每个人在责问别人的时候，都需要先设身处地的想一想，是否自己有哪些地方做得不对。“待人要宽，律己要严。”

## ⊙ 哲学语言

一个天气晴朗的下午，美国实用主义哲学家约翰·杜威（1859—1952年）和几位哲学界的同事在百老汇大街上闲逛。突然有人提议去看一场露天电影，刚才还在思考和讨论的他们还未来得及细想，便举步向一家露天电影院走去。等这伙哲学家抵达了目的地，才开始意识到托马斯·鲍威尔的话：“电影要求黑暗，可黑暗在世界这个角落的白天里并不那么猖獗。”

**大智慧**：不身临其境，就永远不会理解弦外之音。

## ⊙ 猪、绵羊、乳牛

一只小猪、一只绵羊和一头乳牛，被关在同一个畜栏里。

有一次，牧人捉住小猪，猪大声号叫，猛烈地抗拒。

绵羊和乳牛讨厌它的号叫，便说：“他常常捉我们，我们并不大呼小叫。”

小猪听了回答道：“捉你们和捉我完全是两回事。他捉你们，只是要你们的毛和乳汁，但是捉住我，却是要我的命呢！”

**大智慧**：立场不同、所处环境不同的人，很难了解对方的感受。

## ⊙ 当作新的

考古家：“这个瓶子已经有两千年历史了，搬运时你们要特别小心呀！”

搬运工：“放心好了，教授，我们会把它当作新瓶一样小心的！”

**大智慧**：中国古代思想家孟子曾经说过：“万物皆备于我。”在不同背景和教养的人眼里，同样事物的可贵之处各个不同。

## ⊙ 拔牙趣话

彼得:哎呀！我的牙疼死了！

汤姆:如果要是我的牙这么疼,我早就把它拔掉了。

彼得:如果要是你的牙,我也早就把它拔掉了。

**大智慧**:俗话说“站着说话不腰疼”。有时候,只有事情真正降临到自己头上,才会有切身的体验。

## ⊙ 初恋味道

某家酸奶公司在酸奶饮料广告上这样写道:“甜而酸的酸奶有初恋的味道。”

新闻记者问:“如果小孩子问什么是初恋的味道时,怎么办?”经理马上回答说:“没啥,回答说初恋的味道就是酸奶的味道就行了。”

**大智慧**:不要过多的用一种实体去体会一种感觉。可能在不经意间,实体已经成了全部,那种美妙的感觉你再无从想起。

## ⊙ 狗

克尔对朋友说:

“你不知道我的这只狗有多蠢！早晨我好心带它去做操,可它却偏要跑到厨房去喝粥。”

**大智慧**:把自己的喜好强加于他者,这就是你的不对了。因为很多时候,所谓对的、好的事情都是相对的。

## ⊙ 虚构能力和写实能力

英国抒情诗人埃德蒙·沃勒(1606—1687年)写过一首诗,赞美奥利弗·克伦威,被许多人认为是一首以政治为题材的杰作。沃勒后来又写了一首颂扬查理二世的诗,可这首诗被公认是下乘之作。查理二世对此大为不快。诗人对他解释说:“陛下,诗人的虚构能力远大于写实能力。”

**大智慧**:我们很容易对历史产生美感,是因为它没有让我们有真正的切肤之痛。所以,人们常常用放大镜观察生存的环境,而用望远镜窥探历史。

## ⊙ 变味的鸡蛋

《福尔摩斯探案集》的作者阿瑟·柯南道尔(1859—1930年)曾当过杂志编辑,每天要处理大量退稿。一天,他收到一封信,信上说:“您退回我的小说,但我知道您并没有把小说读完,因为我故意把几页稿纸粘在一起,您并没有把它们拆开。您这样做是很不好的。”

柯南道尔回信说:“如果您用早餐时盘子里放着一只坏鸡蛋,您大可不必把它吃完才能证明这只鸡蛋变味了。”

**大智慧**:有些东西,未必非要亲身体验才能验证它的好坏,否则我们还需要知识和传统做什么?同样,我们也没有必要经历很多坎坷才能证实自己的成熟。记住,并不是所有的东西都必须要躬身体验的,并不是所有的苦难都是我们必须去承受的。

## ⊙ 回报

父亲:我打你,是因为我太爱你了。

儿子:我长大后,一定好好回报你对我的爱。

**大智慧**:想别人怎样对待你,就该怎样去对待别人。

## ⊙ 简单的问题

“你知道鱼为什么不会说话吗?”

“不知道。”

“这都不知道?如果把你的头按在水里,你不是同样一句话也说不出来吗!”

**大智慧**:以己度人很容易让你把自己的想法强加在别人身上。

## ⊙ 岸边对话

两个大腹便便的先生站在岸边观看,河里有一群裸泳者正在嬉戏。

“真不像话!简直伤风败俗,应该即刻要求政府明令禁止。”一个人几乎喊起来。

“看来您一定是个道德高尚的人。”另一人说。

“不,我是游泳衣厂的老板。”

**大智慧**:愤怒出诗人,商人的愤怒则纠缠于利益。

## ⊙ 医生与病人

医生:如果这个手术很有必要,你能付清全部手术费吗?

病人:如果我不能付清全部手术费,这个手术就没有必要吗?

**大智慧**:正因为个人的出发点和立场不同,才有了利害之争。

## ⊙ 万一他们把你放回去

国王外出,阿凡提给他赶马。路上国王被强盗抓住了。

国王对阿凡提说:“当我的臣民知道我在这儿受苦,他们该多么悲痛啊!”

阿凡提说:“也许有朝一日他们还要更加悲痛哩!”

“你是说,万一我被这些强盗杀害了?”

“万一他们把你放回去……”

**大智慧**:人往往只从自己的角度出发考虑问题,而从其他人的角度来看,事情的结果往往是不一样的。

## ⊙ 连锁反应

阿明对邻居抱怨:“你把你的狗扔掉好不好?它昨天晚上叫个不停,我老婆不得不停止练歌。真倒霉!”“真对不起,”邻居答,“是尊夫人先叫的。”

**大智慧**:生活在同一个环境中,相

互的影响在所难免。当你在指责别人时，应该注意一下自己是否也存在过失。

## ⊙ 当了美国总统之后

一位来自美国的黑人哥们儿皮特跟我说："考完试我得赶紧回美国去。"我问他："干吗呀，这么着急？"他说："我得赶在大选前回去，准备参加总统选举，当美国历史上第一位黑人总统。"看着他一本正经的样子，我真差点把他当成了曼德拉的嫡系传人。我强作不笑，顺着他问："那您当了美国总统，第一件大事想干什么？"

皮特没加思索，脱口而出："先把白宫改成黑宫！"

**大智慧**：不同阶层的人有不同的利益观和价值取向，只有一点是相同的：时刻维护自身的利益。

## ⊙ 拼死吃河豚

从前，有一对夫妻听说河豚有毒，但很好吃，于是便买回来一些。但煮好了谁也不敢先下筷。过了一会儿，妻子流着泪说："还是我先尝尝吧，只是求你，我死后你要好好带孩子，他们成人以后，叫他们万万不要吃河豚！"

**大智慧**：生活中，常常会有许多人不惜以身试法，明知不可为而为之，换取所谓的教训。这样浪费精力，对他们来说其实没有任何意义。

## ⊙ 催眠曲

邻居："您的宝宝夜里一点儿都不吵我。不过请您最好别再唱催眠曲了。"

**大智慧**：我们作为当局者，往往被主观的偏见蒙蔽在迷惑之中，看不到问题的所在。这时，还是去问问清醒的旁观者吧！

## ⊙ 特长

有一次上语文课，老师问小百事通："你能解释一下'特长'的意思吗？"

"能！"小百事通十分神气地说，"特长就是特别的长处。"

教师说："对，你现在能用它造个句子吗？"

"能！"小百事通又十二分神气地说，"我叔叔的头发和指甲都特长！"

**大智慧**：我们总是能很正确的概括出一个词语的涵义，却总是在举例或是实践中忘记了它的真正价值。或许其实我们最初的理解就只是肤浅的理解而已。比如"宽容"、"爱"、"勇气"。

## ⊙ 买书

在书店里，一位顾客问售货员："我打算去意大利度两周假，请问这里有没有旅游指南之类的书？"

"先生，您来得巧极了，这是昨天才到的新书，书名叫《意大利十日游》。"

"好极了！可是剩下的那四天我将怎么办呢？"

**大智慧**：别人的建议永远只是建议，我们自己的行为最终还要自己进行。过多的依赖他人的建议，只会让我们遗忘了自己。

## ⊙ 新吉尼斯纪录

刘备："子龙，你在百万军中取上将首级，如囊中取物，你的英名可列入吉尼斯大全。"

赵云："主公，这次我准备去找一下安南，让他与我解释一下，为什么说我滥杀无辜，不让我提名。"

**大智慧**："横看成岭侧成峰，远近高低各不同。"不同的人有不同的价值观与衡量标准，这不同之间便难免有矛盾与冲突。因此，要获得另一个人的承认，往往是首先要看你是否符合了他的标准。

## ⊙ 被冷落的顾客

老王在餐厅坐了很久，看到别的客人吃得津津有味，只有他仍无侍者来招呼，便起身问老板："对不起，请问我是不是坐到观众席了？"

**大智慧**：人人都为自己的生活忙碌，不过还是应该适时地抬一下头，注意一下别人的境遇。毕竟，生活不能冷落任何一个角落，人性也是天生寻求公平的！

## ⊙ 迷惑不解

在盖狄堡一家餐馆工作时，我主要是

招呼那些去那里看古战场的游客。一天傍晚，一对夫妇进来吃晚餐，我问他们那天的游览怎么样。

"好极了，"男的回答，"但是在这么多纪念碑中间打那场战争，一定很难打。"

**大智慧**：这个世界不乏本末倒置，买椟还珠的人。做事情看问题要透过现象看本质，这句话说起来容易，做起来不易。

## ⊙ 新鞋

莫里森买了一双新鞋却不穿。一星期后妻子问他："你为什么还不穿那双鞋呢？""明天就可以穿了。买鞋时售货员对我说，头一个星期，这双鞋会有些夹脚。"

**大智慧**：实践出真知。画饼充饥、望梅止渴、纸上谈兵的做法，在现实中大部分时候是要不得的。

## ⊙ 抽象派学生

一位醉心抽象派和立体派绘画的艺术学院学生，在画展中花了一小时选画，终于对一幅白底黑点镶铜边框的画大为倾倒。他问："这幅画要多少钱？"

"这是电灯开关！"

**大智慧**：当我们醉心于行走在自己主观打造的迷宫里时，满心欢喜地认为这就是整个世界。在几经周折往返，看到了一丝光亮，以为那就是希望的出口——哪知，原来我们才碰触到真实！

## ⊙ 白手起家

为了劝说女朋友不去酒店消费，汤姆说："你知道吗，百万富翁都是一分钱掰成两半儿用，白手起家的！"

女朋友说："对呀，不把这些钱花掉，你怎么白手起家？"

**大智慧**：一种奢侈的性格是很难

通过勤俭的道理将其改变的。唯一可以使之变化的，只有事实上的不得不经受的挫折。

## ⊙ 哪个远

老师：罗伯特，伦敦和月亮哪个离你远呢？

罗伯特：伦敦，先生。

老师：为什么？

罗伯特：我根本看不见伦敦，可经常看到月亮。

**大智慧**：那些参与了内心感受的发现往往是复杂而间接的。眼睛之所以欺骗人的内心就是因为它对事物的感觉太过直接。表象的往往是错误的。

# 第22辑

## 笑谈成功、失败与得失

卷·首·引·言

已经有多少的书籍和故事在试图告诉人们如何才能成功,它们讲述的道理让人们眼花缭乱。其实,并不需要多么复杂的道理。有时候,成功仅仅需要一个小小的行动。

人最不缺少的就是梦想。每个人都有这样的经历:曾经想怎样怎样,想达到某种目标,想实现怎样的理想。但是,当时间的轮子隆隆碾过,回首往事时,有多少人能问心无愧地面对当初的梦想呢?是的,可能你有各种各样的理由和借口,当初的那个梦想太幼稚了,因为什么样的困难啊等等。只要你愿意,你总是能找出足够多的理由来。但是,我想问的是,你确实真正地行动过吗?就像故事中的那位祈祷者,你真正去买过彩票吗?

古希腊格言讲得好:"要种树,最好的时间是10年前,其次是现在。"同样,要成功,最好的时间是三年前,其次是现在。再没有别的可能了,剩下的只能是失败。

普通人的心理,总是希望各项条件尽量完备。他们觉得已经没有风险或把握比较大的时候,才会动手做某件事。这样的心理,不是赢家的心理。他们忽略了一个重要的因素——人。成功虽然没有想象的那么难,但是成功也并不是一蹴而就的。成功需要一点点冒险,甚至是一点点挫折和失败。那种"万事俱备,只欠东风"的成功,从来是不可靠的。

古语说得好:"千里之行,始于足下。"你可能曾经看过,某些人在接近人生旅程的尽头时,回顾一生,说:"如果,我能够有不同的做法……如果,我能在机会降临时,好好地利用……"这些未能得到满足的生命,只充塞着数不清的"如果",他们的生命在真正起步之前就已经结束了。

大胆地迈出你的第一步吧!

### ⊙ 爱因斯坦和卓别林

著名科学家爱因斯坦非常推崇卓别林的电影。一次,他在给卓别林的一封信中写道:"你的电影《摩登时代》,世界上的每一个人都能看懂。你一定会成为一个伟人。爱因斯坦。"

卓别林在回信中写道:"我更加钦佩你。你的相对论世界上没有人能弄懂,但是你已经成为一个伟人。卓别林。"

**大智慧**:并不是只有演员才能成为万众瞩目的人物,看看那些蜂拥报考表演的孩子,有多少人真正懂得,只有付出100%的努力,做事情才可能成功。投机取巧是不可能成就伟人的。

### ⊙ 成功经验

记者向一位千万富翁问成功经验。"我之所以会发财,完全是我太太的功劳。"富翁感慨万千地说。

"尊夫人是怎样帮助你的呢?"

"嗯,告诉你好了,"富翁说,"那是因为我好奇地想知道,究竟得赚多少钱她才会满足?"

**大智慧**:不同地位,不同行业,不同身份,不同背景的人都会成功。很多人都想知道成功的秘诀是什么,"只有偏执狂才能成功",对目标的执著无疑是最大的原因。

### ⊙ 白费口舌

一架飞机在一个小城镇着陆了。这里的人们都没有见过飞机。飞机着陆后,参观的人络绎不绝,人们纷纷要求飞行员解释飞机是如何飞起来的。飞行员用科学原理向参观者作了细致的、长时间的解释。他讲完以后,一位漂亮的姑娘说:

"我们都懂了,只是还有一件……"飞行员说:"哪一件?""我不理解是什么东西使飞机上天的!"

**大智慧**:我们所有的努力对某些人来说,可能被看在眼里,却从来没有被放在心上。不要抱怨,或者为他再努力一次,或者换个对象去努力。

### ⊙ 吹牛比赛

一个美国人和一个法国人在互相对着吹。法国人说:"我们国家新近有人发明了一种机器,将活生生的肥猪从机器的这边入口赶进去,从机器的另一头就会源源不断的流出美味香肠来。"美国佬说:"这没什么了不起,这种机器在我们国家已经有了改进。如果香肠不合胃口的话,把香肠仍旧送回机器,肥猪就从另一头跑出来了。"

**大智慧**:如果一个问题的立论不可信,那么出现任何的结论都是可以接受的。对于我们而言，重要的是开始就要切实可行。对结果的质疑往往是因为我们开始就犯了错误。

## ⊙ 倒过来试试看

有一天，一个初学绘画的人去拜访德国著名画家阿道夫·门采尔，向他诉苦说："我真不明白，为什么我画一幅画只消一天工夫，可是卖掉它却要等上整整一年？"

阿道夫·门采尔听了说："亲爱的，请倒过来试试，要是你能花一年工夫去画它，那么只用一天，就准能卖掉了。"

**大智慧**："台上一分钟，台下十年功"。如果想得到大家的认可，就必须付出默默无闻的努力。

## ⊙ 梵·高的耳朵

休·特洛伊（1906—1964）是一个不惜用恶作剧来招揽观众的美国艺术家。1937年，现代艺术博物馆在美国首次举办梵·高画展。特洛伊认为梵·高的绘画并不能吸引成千上万的人来观看，而添一些耸人听闻的画家的私生活内容倒更有吸引力。于是他剁碎牛肉做了一只人的耳朵，把它陈列在一只精制的天鹅绒的小盒子里，下面贴了一则说明：1888年12月24日，梵·高割下这只耳朵，送给他的情妇，一个法国的妓女。盒子一放进陈列厅，就立即招来了许许多多的观众。

**大智慧**：你必须要承认：在这个世界上，大部分人都是庸俗的。你如果想成功，就必须要学会迎合这一大多数群体，无论在言语上还是在行为上。

## ⊙ 附加条款

在一次制定美国宪法的会议上，有位议员说："在宪法里要规定一条：常规部队任何时候都不得超过5 000人。"

华盛顿平静地说："这位先生的建议的确很好。但我认为还要加上一条：侵略美国的外国军队，任何时候都不得超过3 000人。"

**大智慧**："没有调查就没有发言权"，这是一个真理。掌握的信息越多，做出的决策越趋于合理，这也是为什么基于科技的信息化这么重要。"纸上谈兵"的代价是可怕的。

## ⊙ 路牌

某游客看到前面路上横了块路牌，上写："此路不通，请绕行。"他向前几步，看看道路并无异样，想想也许不过是个善意的玩笑，于是继续向前走。

一会儿，一座断桥挡住了去路，他只好悻悻而归。走近路牌时，只见它的背面写着："欢迎归来，你这笨蛋。"

**大智慧**：并不是每个人都聪明到能听取善意之建议的程度，有些人总愿意亲自去碰壁后再回头。

## ⊙ 盼望小偷

乡间有个小偷，夜里来到迂公家窥

探，正好被从外面回来的迂公看见。小偷慌忙夺路而逃，情急之下连从别人家偷来的羊皮袄也顾不得了。迂公从地上拾起小偷丢下的羊皮袄，穿在身上一试很合身，心里非常高兴。

由于这次白白捡了个大便宜，以后他每次夜里回到家时，见到门庭平安无事，心里就很失望，总是皱紧眉头，不住地念叨着："今夜怎么就没来小偷呢？"

**大智慧**：没有付出，就没有回报。不要妄想天上会掉馅饼，也不要企盼奇迹会一再出现。人生是公平的，你骗它，它就会骗你。

## ⊙ 让人左右不是

美国第36位总统林登·贝恩斯·约翰逊（1908—1973）26岁时被任命为全国青年总署德克萨斯州分署署长。他在任期间对手下人十分严格，喜欢讲他们的不是。

一次，他走过一个同事的座位，看到他的办公桌子上堆满了文件，就故意提高嗓门说："我希望你的思想不要像这张桌子这样乱七八糟。"这样，同办公室的人都听得一清二楚。

这位同事费了好大的劲，才在约翰逊第二次巡视办公室前把文件整理好了，并清理了桌面。约翰逊又来到办公室时，一看原来乱糟糟的桌面变得空空荡荡，于是说："我希望你的头脑不要像这张桌子这样空荡荡的。"

**大智慧**：如果想成功，你的头脑每天都应该保持清醒，有条不紊地运转，既不能一片空白，也不能一团糟。

## ⊙ 泄露天机

一青年遇劫，奋勇抵抗。激战之后，歹徒终于把青年制伏，一搜他的口袋，才有两块七毛钱。"难道你就为这点钱拼命？"歹徒问。"哎呀，"青年说，"早知道你只要这么点的话，我准会双手奉送。我还以为你要抢我藏在鞋里的三千块呢。"

**大智慧**：有时候，就是因为一点点的不小心，成功就会变成失败。"行百里者半九十"，小心才会不出错。

## ⊙ 一句话演讲

美国飞机发明家莱特兄弟是一对很善于思索、又刻苦钻研的兄弟，可是他们却是一对最不善于交际的难兄难弟，他们最讨厌的就是演讲。有一次在某个盛宴上，酒过三巡，主持者便请大莱特发表演说。

"这一定是弄错了吧？"大莱特为难地说，"演说是归舍弟负责的。"

主持者转向小莱特。于是小莱特便站起来说道："谢谢诸位，家兄刚才已经演讲过了。"

就这样推来推去，人们还是不放过兄弟俩，经各界人士再三邀请，小莱特只说了这样一句话：

"据我所知，鸟类中会说话的只有鹦鹉，而鹦鹉是飞不高的。"

这只有一句话的演讲，博得了人们长时间的热烈鼓掌。

**大智慧**：越会说话的人，说话越多的人，可能是越没有能力做实事的人。因为，人的精力是有限的，他总是挖空心思地思考如何说话，哪还有精力去做事情？

## ⊙ 意识

爱因斯坦的二儿子爱德华问：“爸爸，你究竟为什么成了著名人物呢？”

爱因斯坦听后，先是哈哈大笑，然后意味深长地说：“你瞧，甲壳虫在一个球面上爬行，可它意识不到它所走的路是弯的，而我却能意识到。”

**大智慧**：大凡成功的人士，都会有意识地选择一条最适合自己的道路，而且会时常回头看看自己走过的路，以便及时调整自己的方向。

## ⊙ 音乐家和马车夫

意大利音乐家帕格尼尼雇了一辆马车赴剧院演出，眼看就要迟到了，他请车夫快点赶路。

“我要付给你多少钱？”帕格尼尼问道。

“10法郎。”

“你这是开玩笑吧？”

“我想不是，今天人们去听你用一根琴弦拉琴(指帕格尼尼演奏他创作的一些G弦上的技巧艰难深的乐曲)，你可是每人收10法郎！”

“那好吧，”帕格尼尼说，“我付你10法郎，不过，你得用一个轮子把我载到剧院。”

**大智慧**：蝉眠三秋为鸣一月，台下十年台上十分。人们只看到绚丽的烟火绽放的那一瞬间，却不知道别人为此默默付出的努力。越是看起来简单的东西往往做起来越难。

## ⊙ 争雁

从前有兄弟二人，看到大雁从头顶上飞过，便要拿弓射。将射之时，哥哥说：“射下来煮了吃。”弟弟反对说：“鹅煮了吃好，大雁应该烤着吃。”二人争论不已，只好去让村里的长者评判。长者让他们把雁分成两半，一半煮，一半烤。判完后，兄弟俩再去找雁，大雁早就飞得无影无踪了。

**大智慧**：机遇是可遇不可求的，一旦错过，终生不可能再有。

## ⊙ 注意观察

德国著名内科医生约翰·舍莱恩不但有着高超的医术，他的启发式教学方法同样受人称颂。在一次实习课上，他给大学生们讲述：“作为一个医生应该具备两种品质：第一，不苛求清洁；第二，要有敏锐的观察力。一些老医生在诊断糖尿病时，往往亲口尝一尝病人尿液的味道。”说完，舍莱恩给同学们进行了示范——把一根手指浸入盛有尿液的小杯子里，然后伸到嘴里舔了舔。做完这个动作，舍莱恩问学生们：“谁来试一遍？”

一名勤奋的学生照样尝了尝尿液的味道。舍莱恩摇摇头对他说：“同学，你的

确不是洁癖，这很好，但是，你没有观察力。你并没有发现，刚才我把中指浸入小杯子里，而舔的却是无名指。

**大智慧**：人入社会，百川纳海。人如一名狙击手，枪固然重要，眼睛不亮，也是枉然。

## ⊙ 耳聋的优越性

美国科学家、发明家爱迪生童年生活非常困苦，常在火车上兜售糖果、点心和报纸。有一次，在火车上卖报时，一个心毒如蛇而力大如牛的火车管理员粗

暴地打坏了爱迪生的耳朵，从此，爱迪生成了聋子。

以后，爱迪生常说："我真得感谢那位先生，在这个嘈杂的世界上，是他使我清静下来，不必堵着耳朵去搞实验了。"

**大智慧**："塞翁失马，焉知非福"。无需过多的在意你失去的东西，而要努力欣赏上帝为你打开的另一扇窗里的风景，也许你会获得更多的愉悦和成功。

## ⊙ 高龄的原因

马尔科姆·萨金特（1895—1967），美国音乐指挥家和风琴手。他为古典音乐在年轻听众心目中的复活尽了很大的努力。在他70岁诞辰时，一个采访者问他："您能活到70高龄，应该归功于什么？"

"嗯，"指挥家想了想说，"我认为必须归功于这一事实，那就是我一直没有死。"

**大智慧**：并不是任何一个了不起的成就在开始都有个高尚的理由。

## ⊙ 重视

Bob："你儿子出去好几年了，现在有什么成就？"

John："有什么成就我不知道，不过政府对他很重视。"

Bob："怎么重视？"

John："警察局出了告示，如果有人告知他的消息，将获得10万美元的奖金。"

**大智慧**：并不是所有的被关注都是由于被关注者的优秀。当我们并没有什么突出的作为而被关注的时候，不妨多想想是不是出了什么岔子？可能人们关注的正是我们的漏洞。

## ⊙ 威慑力

一位法律系学生到法院实习，审判一件杀人案，他指着凶器问被告："你见过这把刀吗？"

实习生反复向被告交待了政策，可被告仍然矢口否认。

退庭后，实习生回忆这次审判，觉得自己态度不够严厉，缺乏威慑力量。于是，第二天开庭时，他紧皱双眉，圆睁双目，拍着桌子厉声问道："说！见过这把刀吗？"

"见过。"被告低声回答。

实习生认为自己的威慑力发挥了作用，他又拍了下桌子，问道："说！什么时间？什么地点？"

"昨天，这里。"被告哆哆嗦嗦地答道。

**大智慧**：有些手段和途径，我们自以为正确，其实未必产生正确的结果。虽然我们已经嗅到了成功的气味，到了终

点，等待我们的可能只是失落。

## ⊙ 自动刮脸机

“我的理发店里新添置了一台由我发明的自动刮脸机，顾客只需把头伸进去，一秒钟后，他的脸就会被刮得干干净净。”

“这根本不可能。要知道每个人的脸大小长短是不一样的。”

“你说的不错，这也就是头一次会出点麻烦，可以后就会好了。”

**大智慧**：有的事情失败了还能重来，有的却是失败了再不能从头开始。只有这一点分清楚了，才能避免那些不必要的非常冒险。

## ⊙ 自食其果

一位作家以吝啬著称，他写了一本书，专门赞扬吝啬和吝啬鬼。出版后，出版商只付了他很小一笔稿费，连买稿纸的钱都不够，并对他说：“读了你的大作，非常钦佩。我认为应该按照你在书中赞扬的吝啬鬼的方式行事，凡是向学者请教的人都不会吃亏。”

**大智慧**：当你自己的优势被别人利用时，你的优势也就转变成了你的劣势。

## ⊙ 吹牛的人

有一个爱吹牛的人，有一天遇见三个大汉要揍他，于是便与那三个大汉打了起来。

回来以后便吹起牛来。

“我让他们打了两个小时硬没把我打倒。”

别人问怎么回事。

他说：“绑树上打的。”

**大智慧**：我们自以为骄傲的事情再追究下去可能就是令我们发窘的事情。凡事适可而止，多么骄傲的事情背后，真正的辛酸只有我们自己知道。

## ⊙ 坐在炸药桶上

I·普特南(1718—1790)，美国独立革命时的重要将领之一。早期参加过法国和印度之间的战争。在法印战争期间，一位英国少将向普特南提出决斗。普特南知道对方的实力和经验，如真干起来，自己取胜的机会很小。于是他邀请这位英国少将到他的帐篷里采用另一种决斗方式。两个人都坐在一个很小的炸药桶上，每个炸药桶里都有根烧得很慢的导火线，谁先移动身体就算输。在导火线燃烧时，英国少将显得极度不安，而普特南则悠然地抽着烟斗。看到旁观者都纷纷走出帐篷，少将再也坚持不住，从小桶上跳了起来，承认自己输了。这时，普特南才对他说：“这桶里装满了洋葱，不是炸药。”

**大智慧**：导致我们取得最终胜利的

不见得是我们自己本身的能力，而恰恰是我们对事件整个流程的了解与熟知程度。有时候，我们的失败往往也是由于自己的陌生与他人的熟悉。

## ⊙ 你要打赌吗

有一男子走到酒吧，向酒保说："你要打赌吗？五十美元，打赌我能咬我的眼睛！"酒保认为不可能，就接受了打赌。

那男子把假眼球拿出来，放在嘴里咬。酒保只得乖乖赔了五十美元。

不一会，男子又说："要不要翻本？五

十美元，打赌我能咬我另一个眼睛！"酒保看那人没用导盲犬，也没拿拐杖，不可能两眼都是假的，于是就接受了。

那男子把假牙拿出来，咬另一个眼睛。酒保只得又乖乖赔了五十美元。

男子喝完啤酒，走出酒吧。不久又回来了，他对酒保说："好了，这次让你有机会翻本，一百美元，打赌我能尿进啤酒杯，一滴也不漏！"酒保心想：这怎么可能？于是就接受了。

那男人拉开裤头就尿起来，但满地都是，一滴也没射进酒杯。

酒保高兴极了，拿回一百元，吹起口哨清理残局。

此时，他看见那男子笑咪咪地在一旁抽烟，很惊讶，于是就问："老弟，我不明白为什么你那么开心，你不是已经把赢走的一百元输回给我了吗？"

那人笑咪咪答道："老兄，看到那边的三个人吗？我和他们打赌五百美元，说我能在你的酒吧里撒尿，而你会笑咪咪、吹着口哨清理残局！"

**大智慧**：有时候为了一次胜利，在中途我们往往选择了失败。因为我们自己了解，什么样的失败是最后的胜利所必需的。

## ⊙ 投稿

法国作家大仲马有一个朋友，他向出版社投稿经常被拒绝。

这位朋友就来向大仲马求教。

大仲马的建议很简单：请一个职业抄写人把你的稿子干干净净地誊写一遍，再把题目做些修改。

**大智慧**：不要以为决定你是否能成功的仅仅是你的能力。有时候，造成功败垂成的往往是一些琐事和无关痛痒的小事。谁忽视这些琐事和小事，估计离失败就没有多少距离了。记住，细节决定成败！

## ⊙ 母鸡

母亲节到了，小鸡们纷纷回家为母亲过节，问：谁是世界上最伟大的母亲？母鸡答：当然是你们的妈妈啦——只要随便给个破筐就能下蛋。

**大智慧**：条件是成功的要诀吗？我们总是很在乎外在的条件，认为它的简陋会妨害我们智能的发挥。可是，真正有实力者从来不会计较这些，因为他们知道，自己的金蛋比外在的金碗要值钱得多！

## ⊙ 新工作

甲："我刚应聘到一份新工作，我下面有三十几个人。"

乙："恭喜你！那你是应聘经理了？"

甲："不，我负责管理及打扫墓园。"

**大智慧**：职业场上，并不是所有的成功都意味着对他人的操控。那种于具体的工作中对事件的精致把持，未尝不是种成功的标志。

## ⊙ 忘却

有人问苏格拉底："苏格拉底先生，你可曾听说……""且慢，朋友，"这位哲人立即打断了他的话，"你是否确知你要告诉我的话全部都是真的？""那倒不，我只是听人说的。""原来如此，那你就不要讲给我听了，除非那是件好事。请问你讲的那件事是不是好事呢？""恰恰相反！""噢，那么也许我有知道的必要，这样也好防止贻害他人。""嗯，那倒也不是……""那么，好啦！"苏格拉底最后说道："让我们把这件事忘却吧！人生中有那么多有价值的事情，我们没工夫去理会这既不真又不好而且又没有必要知道的事情了。"

**大智慧**：人生有很多有意义的事情等着我们去做，不要把精力和时间浪费在那些虚假、无益和无聊的事情上。

## ⊙ 眼皮最大

老师："世界上什么东西最大？"

学生："眼皮。"

老师："为什么？"

学生："只要把眼一闭，全世界都被遮住了。"

**大智慧**：一叶障目，不见泰山；两豆塞耳，不闻雷霆。有的时候我们容易被眼前一点点的事情所迷惑，而忘记了后面更大的东西。拨开障碍，你会看到你希望看到的。

## ⊙ 紧急保险

在保险公司里，一位顾客喘着粗气挤到柜台前要求为他的房子保火险。

"请稍候。"公司职员很有礼貌地回答说。

"务请通融即办，"那人央求道，"房子已经冒烟了。"

**大智慧**：等到火烧眉毛时才想到采取措施，其实已经没有谁再能帮到你。

## ⊙ 读者来信

躺在医院吊床上、两腿打着石膏的病人在给出版社的总编写信：

"尊敬的先生，你社出版的《跳伞自修读本》第22页第5行上的提法显然是错误的……"

**大智慧**：从书本理论到现实生活中的实践，是一个跨越性的阶段，更是一个不断摸索、不断尝试的过程，不可能一蹴而就。违背了认识事物的规律，必然会遭

到失败。

## ⊙ 收音机里的英语

一个非洲酋长到伦敦访问,一群记者在机场截住了他。"早上好,酋长先生",其中一人问道,"你的路途舒适吗?" 酋长发出了一连串刺耳的声音——哄、哼、啊、吱、嘶嘶,然后用纯正的英语说道:"是的,非常地舒适。""那么,您准备在这里待多久?"他发出了同样的一连串噪音,然后答:"大约三星期,我想。""酋长,告诉我,你是在哪学的这样流利的英语?"迷惑不解的记者问。又是一阵哄、哼、啊、吱、嘶嘶声,酋长说:"从短波收音机里。"

**大智慧**:辩证唯物主义说,任何事情都是利弊结合的。我们学习吸收别人的知识经验,要"取其精华,去其糟粕",有选择的接受。全盘接受的后果只能导致全盘错误。

## ⊙ 视力太差

"大夫,我的视力越来越差了,请给我治一治。"

"太太,可以看得出来你的视力确实很差。因为这里不是医院,而是理发店。"

**大智慧**:很多时候,问题是渐渐积累而成的,可是我们常常熟视无睹,不以为意。可是,一旦问题发展到十分恶劣的地步,往往又悔不当初。那为什么不防微杜渐,及早打算呢?

## ⊙ 倒塌的高墙

有个老太太坐在马路边望着不远处的一堵高墙,总觉得它马上就会倒塌,见有人走过去,她就善意地提醒道:"那堵墙要倒了,远着点走吧。"被提醒的人不解地看着她,大模大样地顺着墙根走过去了——那堵墙没有倒。老太太很生气:"怎么不听我的话呢!"又有人走来,老太太又予以劝告。三天过去了,许多人在墙边走过去,并没有遇上危险。第四天,老太太感到有些奇怪,又有些失望,不由自主便走到墙根下仔细观看。然而就在此时,墙倒了。老太太被掩埋在灰尘砖石中,气绝身亡。

**大智慧**:许多危险来源于自身!提醒别人时往往很容易,很清醒,但能做到时刻清醒地提醒自己却很难。

## ⊙ 机不可失

老师问杰克:"请你告诉我,什么时候摘苹果最好?"

说完他转身对其他学生说:"不准提示!"

杰克站起来，不假思索地回答："下雨的时候最好。因为园丁呆在屋里，狗也不在园子里。"

**大智慧**：机不可失，时不再来。做任何事情一定要抓住机会，该出手时就出手。也许这一次的丧失就是永远的失去。

## ⊙ 我是毛驴

街上发行"福利奖券"，当场开奖，凡印有牲口图案的即为中奖者。

某人拆开一看，中了一等奖，喜不自禁，大声叫道："我是毛驴！我是毛驴！"

旁边一人屡摸不中，气急败坏地说："喊什么？只要是牲口，都有奖！"

**大智慧**：人们往往容易被一时的成功冲昏头脑而做出有损身份的事情，也喜欢因为自己的失败而迁怒于人，甚至出口伤人来寻求心理的平衡。成功与失败都是相对的，也只是一时的。平静地对待成功与失败，做到成败不惊才是我们追求的重点。

# 笑谈人类的弱点和劣势

## 卷·首·引·言

西方著名哲学家培根曾经尖锐而深刻地总结了人类根深蒂固的弱点和劣势,他称之为“四大假相”。

一是“种族假相”。人们认识事物时,往往从主观出发,喜欢以自身为尺度(先入为主),把个人的意志和感情灌输在对事物的认识活动中,并把它们强加给客观世界,从而歪曲了事物的真相。培根认为,这类假相植根于人类的天性中,是人人共有的,所以称为“种族假相”。二是“洞穴假相”。这是指个人所特有而非人类所共有的一种偏见。由于个人在环境、教育、性格、爱好等方面不同,人们在观察事物时,往往把自己的个性、偏爱渗入到事物中而歪曲事物的真象。这类假相如同每个人囿于自己的“洞穴”坐井观天,看不到事物的全貌一样,所以称为“洞穴假相”。三是“市场假相”。这是指人们在交往中由于语言使用不当而造成的混乱和偏见。这类假相,由于是在人们交往中产生的,像市场上劣货的叫卖一样,以假冒真,以次充好,所以称作“市场假相”。四是“剧场假相”。指盲目崇拜权威、迷信传统所造成的偏见。

宇宙万物都有自身的弱点,有些也许还是致命性的。但是,能够认识到自身弱点且能够毫不留情揭露出来的,就只有人类了。人类也因此而成为了万物之灵。毕竟,只有认识了弱点和劣势,才有改造和根除这些弱点和劣势的原发性冲动,人类才会更加完美。

## ⊙ 爸爸早结婚了

有一次弗洛伊德对他的大女儿说："我感觉到，近两年来你在为一件事犯愁，你认为自己不够漂亮，找不到丈夫。我可没把这当回事，在我眼里，你很漂亮。"

他女儿笑了笑回答："可你不能娶我，爸爸，你早已结婚了。"

**大智慧**：有时候，我们总是习惯于以自己的意见代替别人的想法，因为我们总觉得我们了解别人。事实上，只有当事人最了解自己的感受。所以，尊重别人的感受和选择是一个高尚的品德。

## ⊙ 擦谁的皮鞋

当林肯正在擦他自己的皮鞋时，一个外国外交官向他走来。

"怎么，总统先生，您竟擦自己的鞋子？"

"是的。"林肯回答，"那么您擦谁的鞋子？"

**大智慧**：每个人都有自力更生的能力，但未必每个人都有自力更生的习惯。

## ⊙ 被迫买鸟

甲对乙说："我知道你不喜欢小鸟，但我有办法让你养鸟。"

乙说："开什么玩笑？既然我不喜欢鸟，我就不会去买，也不会去抓，怎么可能弄只鸟来养呢？"

第二天，甲送来一个非常精致漂亮的鸟笼子，这个鸟笼子别致到乙无法把它随便放在什么地方，考虑再三，就把它挂在客厅里了。这之后，一旦有客人来访，都会问乙："你养的小鸟飞了吗？"或是"你养的小鸟什么时候死掉的？"乙反复回答，他其实并没有养鸟，只是觉得这只鸟笼子好看，所以就把它挂起来了。可来访者总是追根问底："没养鸟怎么会有这么漂亮的鸟笼子？既然不养鸟，又何必挂一个空着的鸟笼呢？"于是乙只好把自己与甲打赌的事说了一遍又一遍，可是来访者都不太相信，追问为什么要打这样的赌……乙被问得不胜其烦，不几天，只好买了一只小鸟养在笼里。

**大智慧**：物种中最大的弱点就是经常是在头脑中挂上笼子，然后不得已往里边装上些什么东西。

## ⊙ 优柔寡断

精神病医生问病人："您说您确实是个优柔寡断的人吗？"

"也许是，也许不是，大夫。"

**大智慧**：一个人无论说些和做些什么，都是在诠释他自己。

## ⊙ 吻画

约翰·辛格·萨金特(1856—1925)，美国人像画家，特别善于画富人和名人的像。在一次晚宴上，萨金特发现自己身边坐着一位热情洋溢的女倾慕者。"哦，萨金特先生，前两天我看到了您最近的一幅画，忍不住吻了画上的人，因为那人看上去太像您了。"她动情地告诉萨金特。"那么,它回吻了您吗?”画家笑着问。“什么?它当然不会。”“这么说,它一点儿也不像我。”萨金特得意地笑了起来。

**大智慧**:古人云:“画人画虎难画骨,知人知面不知心。”“形似”易得,“神似”难求。在生活中,我们总是倾向于从一张似曾相识的面孔推断其性格,事实往往证明那是错的,甚至是相当危险的。

## ⊙ 炫耀

“亚洲是我长期以来最喜爱的旅游目的地,”一位女士在宴会上炫耀说,尽管她还从未离开过美国,“那魔术般的神秘和不可思议,简直美妙得令人难以置信!尤其是中国,可真是亚洲的一颗明珠!”

“亚洲的塔是什么样子?”坐在她旁边的一位先生问道,“您见过吗?”

“岂止见过?亲爱的,我还同他们一道

吃过午饭呢。”

**大智慧**:虚荣心是一种可怕的心态,它往往让人滑向深渊而不自知。每个人都有或多或少的虚荣心,我们要做的是在一定程度上遏制它,避免让它影响我们自身的品格。

## ⊙ 艺术品和人

美国油画家和版画家惠司勒(1834—1903)口才极好。未成名前,他靠替人画肖像为生。他画肖像时,从不故意把画画得美一些来取悦于人,而且常把别人的缺点不加修饰地画出来。

一次,他替人画完一幅肖像画后,那人把自己的像看了好久,然后很不高兴地问惠司勒:“你说你能把这画称为艺术品吗?”

“你说你能把自己称为一个人吗?”惠司勒冷笑一声说。

**大智慧**:所有的人都喜欢听别人说自己的好话,这也许是人性的弱点,而且还是致命的弱点。如果有一天,人类开始反思自己的劣迹,正视自己的缺点,人类才会有真正意义上的进步和升华。

## ⊙ 第二流的评论

英国电影女明星布雷斯韦特(1873—1948)以漂亮和演技出名。此外,她伶俐的口齿也让人佩服。

一次,戏剧评论家詹姆斯·埃加特单独碰上了布雷斯韦特小姐。他想开个玩笑,便对她说:“亲爱的小姐,我有个想法已经搁在心里多年了,今天就对你坦诚直言吧。在我看来,你可以算作我们联合王国里第二个最漂亮的夫人。”

埃加特以为布雷斯韦特听了此话,一定会问他有幸荣登榜首的是哪一位。出乎他的意料,布雷斯韦特静静地说:“谢谢你,埃加特先生。我在第二流最佳评论家这里,也就只希望听到这种评价了。”

**大智慧**:我们太在乎别人对自己的评价了,以至于长期活在别人的眼睛里。“走自己的路,让别人去说吧!”我们太熟悉这句话了，为什么身体力行地做起来，却又那么困难？

## ⊙ 第一卓别林

卓别林以他的讽刺喜剧艺术名震影坛，模仿他的人也多起来了。某公司特别举办了一次比赛，看看谁最像卓别林，并请了一些研究卓别林的专家担任裁判。卓别林听到这个消息，也赶来参加比赛。但是评判结果他却屈居第二。

发奖的那一天，公司邀请真卓别林前来讲话。卓别林回信说："世界上只有一个卓别林，那就是我。为难的是，应该尊重评论家的意见，我既被评为第二名，还是请

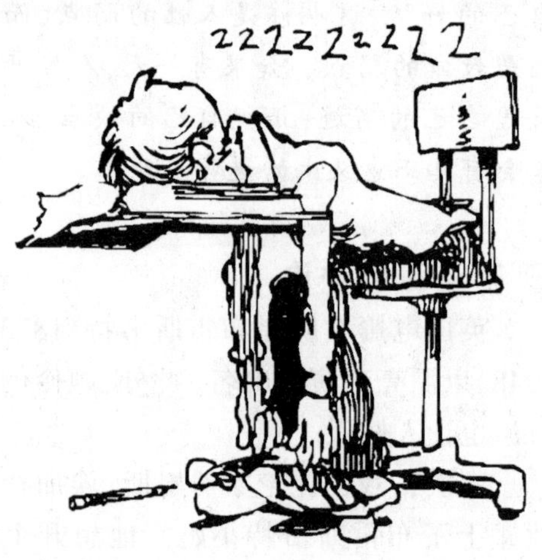


第一卓别林讲话吧。"

**大智慧**：著名哲学家培根曾经指出过人类的"四大假相"，其中之一就是"洞穴假相"，指由于个人在环境、教育、性格、爱好等方面不同，人们在观察事物时，往往把自己的个性、偏爱渗入到事物中而歪曲事物的真相。这类假相如同每个人囿于自己的"洞穴"坐井观天，看不到事物的全貌一样，所以称为"洞穴假相"。要想走出"洞穴"，你就必须摆脱偏见。

## ⊙ 过犹不及

从前有一个乡村，举行一个赞美父德的大会。大会开始时主席作报告：今天举行这个会，目的是宏扬孝德，且互相鼓励，见贤思齐。所以希望各位都据实的报告，不要夸张，亦不要自卑而隐匿不说，尽量把事实说出来，让大家做个处世做人的模范。

第一个人说："我父亲身材魁梧，很有力气，做事也有魄力，所以受人称赞。"

第二个说："我父亲生得眉清目秀，英俊潇洒，而且对人彬彬有礼，所以受人尊敬。"

第三个说："家父是一位仁慈的长者，常常布施救济贫苦的人，是一位乐善好施的人。"

有人说"我父亲见义勇为"，有人说"我父亲智识很高，博学多闻"，有人说"我父亲无论做什么事都有信用"，有人说"我父亲对人很客气很有礼貌"等等说词。

场中有一位青年，不服气地跑出来说："我的父亲才是伟大的呢？"

众人问："怎么伟大？"

他说："我父亲是一位清净而无欲的人。"

众人说："啊！世间每一个人都深陷于五欲(财色名食睡)而受五欲的驱使，谁能无欲，即是真的伟大。不知令尊是哪一方面的无欲？"

他说："我父亲是从小就断绝淫欲，所以是很清净的人。"

众人说："你父亲既然从小断淫，那你的身体从哪里来？是天上掉下来的吗？"

**大智慧**：人人爱听假话，人人爱说假话，所以世间小人多而君子少。如演戏一般彼此都应付应付，真心相待者少之又少！"君子之交淡如水，小人之交甜似蜜"。人人爱甜，不爱淡，故虚伪就多了。淡即实意多，甜即虚伪多，淡能永远，而甜即难持久。世间万事万物"物极必反"，而且是相对的。善恶、好坏、邪正、是非、甜苦等等，有亲必有冤，有快乐必有痛苦，这都是一

种循环。

## ⊙ 和军医打赌

每个健康的小伙子都得服兵役，可是约翰从来没入过伍。一位军官问他："你，身强力壮的，怎么不为国家履行义务呢？"

"我自己也正在纳闷呢？"约翰回答说，"每一次征兵体格检查，我都向军医说我没病，还掏出大把钞票和他们打赌，但是我一次也没赢过！"

**大智慧**：人真的是很奇怪的动物，也许他们已经习惯了某种虚伪或者逃避，对于诚实和承担反倒不敢相信了。

## ⊙ 烟鬼

某喜烟者多次决心戒烟，总不见成效。他一边无可奈何地嘀咕着，一边又掏出一支烟美美地抽了起来。同伴忠告说："抽烟害处大，又费钱。不如在想抽烟时买两根奶油冰棍试试。"他马上接着说："早就试过了，怎么也点不着！"

**大智慧**：对一个东西的过分痴迷往往意味着它在这个人的生活中无处不在。

## ⊙ 考古与外交

美国驻以色列大使托马斯·布金在拜访了一位正在挖掘古物的考古学家后，很有感触地说："考古和外交正好相反，考古要揭示的是未知的事实；而外交则是掩盖已知的事实。"

**大智慧**：揭示事实与掩盖事实是人类共同的需要，只不过大家的分工不同罢了。

## ⊙ 毕业考试

侦探学校举行毕业考试，有一个问题是：公路上有一辆汽车飞驰，没有开灯。突然之间，有一个穿黑衣服的醉鬼走到路中间。这时没有路灯，也没有月亮。眼看那个人就要被汽车撞倒，但汽车忽然刹住了，是什么原因？

有人答："因为醉鬼的眼睛发光。"

有的答："因为醉鬼大声叫喊。"

"都不对。正确的答案是：当时是白天。"

**大智慧**：最简单的答案你往往想不到，因为你好像早已习惯了复杂地理解这个世界。

## ⊙ 谁打破了碗

晚饭后，母亲和女儿一块儿洗碗盘，父亲和儿子在客厅看电视。

突然，厨房里传来打破盘子的响声，然后一片沉寂。

儿子望着他父亲，说道："一定是妈妈打破的。"

"你怎么知道？"

"她没有骂人。"

**大智慧**：我们习惯以不同的标准来看人看己，以致往往是责人以严，待己以宽。

## ⊙ 我的钱

一位好心的男子常把钱给他家附近的乞丐。

有一天，这乞丐对他说："先生，我想请教你一个问题，两年前，你每次给我十

元钱，去年减为五元，到了今年，每次只有一元了。这是什么缘故？”

那人答道：“两年前我还是个单身汉，去年我结了婚，今年家里又添了个孩子。为了家用，我只好节省自己的开支。”

乞丐听了生气地说：“你怎么可以拿我的钱去养活你家里的人！”

**大智慧**：一切从自己出发，这是很多人的通病。

### ⊙ 经验主义

已出版两部小说的作家安妮与喜好文学的麦克争论着。安妮终于忍不住暴躁地说道：“不，麦克，你根本不知道什么是

小说，因为你连一本小说也没有写过。”“没这回事，”麦克说道，“这样的论调实在是很差的经验主义。你想想看，我不曾生过鸡蛋，但菜肉蛋卷味道如何，我可比母鸡还清楚。”

**大智慧**：经验主义确实是要不得的。生活的意义是向未来无限敞开的，有时“读者”比“作者”更能理解“作品”，真正身在其中的人有时未必知道其中的滋味。

### ⊙ 如释重负

约翰被牙疼折磨了几天，终于下决心去找牙医了。他战战兢兢地按了门铃，护士说：“对不起，大夫不在家。”约翰如释重负地吁了口气，问：“您能否告诉我，下次他哪天不在家，我可以再来？”

**大智慧**：“讳病忌医”这个成语出自《韩非子·喻老》。其实我们每个人都有这样的心态，“人有过，不喜人规”，意思是人有过，不喜欢被人纠正。这样的后果只能是“灭其身”。所以，有了问题，一定不要逃避。否则，小问题终会变成大问题。

### ⊙ 你讥我讽

法国名人波盖取笑美国人历史太短，说：“美国人没事的时候，往往喜欢怀念祖宗，可是一想到祖父一代，就不能不打住了。”

马克·吐温回敬说：“法国人没事的时候，总是想弄清他们的父亲是谁，可很难弄清。”

**大智慧**：没有历史和传统未必是件坏事情。托尔斯泰曾经说过：“勇气来自于无知。”历史太悠久，传统太深厚，很有可能成为推陈出新的障碍。对人来说也是如此，知道的太多，顾虑太多，前进的勇气也就没有了。

### ⊙ 康德的惊讶

一位熟人正同一位妇女告别，康德问他：“这是你的未婚妻？”“是的。”这位熟人回答，“你对于我的选择感到惊讶吗？”康德笑着说：“不，我惊讶的是她的选择。”

**大智慧**：我们习惯于从别人的态度中揣测别人的想法，这是动物的本能性。但是作为智慧生物的复杂性，微笑并不总是意味着赞同。了解别人想法的最好办法是——问清楚。

### ⊙ 说谎

一个已婚的男子和他的秘书正进行着火辣辣的婚外情。有一天下午他们再也

隐藏不了心中燃烧的热情，两人就一路冲到秘书的住处缠绵了一整个下午。完了之后，两个都累了，一直睡到八点才醒来。他们赶快整装，然后这位男子要秘书把他的鞋子拿到外头的草坪去磨一磨。她觉得莫名其妙，不过还是照他的话办了。男子终于回到了家。太太在门口迎接他回来，生气地问他上哪儿去了。

男子答道："我说不了谎。我的秘书和我正有一手。我们俩今天早下班，然后到她住的地方缠绵一整个下午，一直到累了睡着了。那是为什么我晚归的原因。"

太太瞧瞧他，注意到了他的鞋子，然后说："我看到你鞋子上有草，你又跑出去打高尔夫球了，对不对？"

**大智慧**：当人费尽心思寻找真相的时候，反倒没有发现其实它就挂在嘴上，只是人不敢去相信罢了。这是人的一种思维的误区，也是常常被他人利用的弱点。

## ⊙ 使水沸腾的人

C·H·司布真(1834—1892)，英国浸信会教的负责人。他以自己的口才和文才俘获了大批的听众，也使他在20岁时就成了一名著名的传教士，当然也就免不了成为舆论中心。不过他都能淡泊处之。

一次，他又被评定他的功绩的众多争论者所包围。一位朋友开玩笑地说："我听说您又掉入了热水之中。""不止我一个人在热水中，"司布真说道，"其他的人也都在热水中，我不过是个使水沸腾的人。"

**大智慧**：一个人最难的是能清楚的明白自己，并能给自己定位，尤其是在有些成就之后。

## ⊙ 提琴不喝茶

一位贵妇邀请帕格尼尼第二天到她家去喝茶。帕格尼尼接受了邀请。贵妇很高兴，告别时，笑着对帕格尼尼补充说："亲爱的艺术家，请你千万不要忘了，明天来的时候带上您的提琴！""这是为什么呀？"帕格尼尼故作惊讶地说，"夫人，您是知道的，我的提琴从不喝茶。"

**大智慧**：人性都是有这样占小便宜的心理，希望能用较小的付出换来很多的收益。可是天下没有免费的午餐。

## ⊙ 扎猛子

"你会扎猛子吗？"

"那谁不会！"

"你能在水中待多久？"

"那可不好说。"

"怎么？"

"我在水中的时间长短完全看你何时把我拉出水面。"

**大智慧**：人说大话的时候从来都是脱口而出的，就是被别人识破了，也死撑着决不改口。

## ⊙ 羡慕

"猴子的生活比人要好多了。"

“为什么？”

“它们不会说话，因此也就没有挑拨、中伤、造谣这类的事情了。”

**大智慧**：语言本是万物之灵的杰作，但却诱发了人身上一些比动物还要恶劣的品质和习性。一切的猜疑、中伤、造谣都因它而起，一切的祸端、矛盾和冲突都由此而生。

## ⊙ 不会自杀

“请问，家父是自杀身亡的吗？”

“怎么可能，他曾经是个大夫。”

**大智慧**：能看透别人问题的未必能解脱自己。

## ⊙ 请假

亨利打电话给公司经理，称他患了喉炎，不能前去上班。

“如果你是患了喉炎，为什么在电话里说话声音还不轻点？干嘛还要大喊大叫的？”经理不无怀疑地问。

“我说话声音为什么要轻一点？患喉炎又不是什么秘密。”

**大智慧**：也许事情本身没有可指责的，但若成为你谎称的理由便不怎么光彩了。

## ⊙ 夸大狂

“谢谢您，大夫。是您治好了我的夸大狂。如今，我已是一个无与伦比的、非同寻常的真正的人，说话也变得非常谦虚。”

**大智慧**：虽说是本性难移，但尽可能地保持清醒总会对人有所帮助的。

## ⊙ 公鸡

“你的这只公鸡一定非常懒吧？”一位农民问另一位农民。

“哪儿的话！每天天一亮，当邻居家的鸡开始打鸣时，我的鸡总会从梦中醒来，不断地点头表示同意……”

**大智慧**：只是听取别人对事情的见解而一味地附和，这也是懒惰的一种表现。

## ⊙ 大夫的难题

医生对一位上年纪的病人说：

“请原谅，夫人。我实在无法使您变得年轻。”

“这我并不需要。我只希望能使我不再衰老就行。”

**大智慧**：试图改变将来必然的趋势同要取消过去的印记一样，是人的非分之想。

## ⊙ 探视

两个砍柴人敲林中小屋的门。

“您好！”

“您好！”屋主人回答道。

“我们刚才在林中发现了一具尸体，我们担心会是您呢！”

“什么样呢？”

“跟您的身材差不多。”

“是穿红色法兰绒衬衫吗？”

“不是，是深棕色的。”

“那么说，谢天谢地，他不是我。”

**大智慧**：有时人好像习惯了让外在的东西把自我淹没，以至于一些时候他们还要靠这样或那样的标签才能辨认出自己。

## ⊙ 羊和鸽子

法官转向被告问道："你的妻子肯定地说，你对她很残酷，她没法跟你生活下去。你有什么要替自己辩解的吗?"

"这是个借口，她把一只山羊带进我们的卧室，并且硬要让这只山羊住在那儿，可以想象，卧室里的气味多么大。这，我无法忍受。""难道您就不能开开窗子吗？"法官问。

"那怎么行？这样，我的所有鸽子都会从卧室飞跑的呀！"

**大智慧**：很多时候，我们最先考虑的总是自己。一味地埋怨他人的缺点，却对自己的错误视而不见。

## ⊙ 无理抱怨

两个人一起吃饭，只有两条鱼，一大一小。一位先把大的吃了，另一位勃然大怒。"多不合适！"他抱怨说。"怎么了？"另一位问。"你吃掉了那条大的，如果我是你就不会这样做。""你会怎样呢？""我当然是先吃小的。""那好哇，你抱怨什么，那条小鱼不是还在那里吗！"

**大智慧**：人性的自私总是在不经意间被体现，很多时候我们的抱怨并不是为了使事情变得更公平，而是希望自己获得的更多一些。

## ⊙ 水手看病

一位远航归来的水手病了。船靠岸后，船长同他一起去看病。

"病情严重吗？"船长问医生。

"没什么，遇到这种病情，我通常的治疗方法是让病人乘游艇到海上去。"

**大智慧**：有时我们说，习惯像是人的一种病——习惯了一个地方会得"思乡病"，习惯了一个人会得"相思病"，可有什么医术能治愈这种伤痛呢——那就开一方叫做"回去"的药吧。

## ⊙ 听大夫的

一路人被载重汽车撞倒，他被抬进了医院。医生只粗略地看了一下，便说人已死了。听到这句话，躺在担架上的路人欠了欠身子，大声说：

"我怎么死了？我还活着。"

"别出声，"路人的妻子说，"躺好，不要动，一切都要听从大夫的，大夫的经验最丰富。"

**大智慧**：面对权威，人很容易放弃自己的判断，哪怕眼前还有铁一样的事实在向他证明权威的错误。

## ⊙ 安全返航

某领导人专机飞过太平洋，遇到风暴，飞机地板被掀去，领导人与一干随从反应敏捷，牢牢抓住能抓住的东西，统统吊在高空的飞机上。突然一道闪电打中飞机，飞机成了滑翔机，慢慢地往下滑落。有经验的飞行员说："飞机载重量过大，如果能轻100公斤，就有拉起的希望了。"大家听了都无声地注视着这位领导人。领导人明白大家的意思，说："好吧，不过我还有几句话要说。"大家露出幸福的表情，竖耳听着思索怎么回去传达这些话。领导人清清嗓子，顿了一下说："我的话说完了。"大家照例啪啪地鼓掌……于是领导人安全返航了。

**大智慧**：不是所有的阿谀拍马都有适用的场合，平日养成的陋习到关键的时刻可能会变成致命的弱点，尤其是在碰到善于利用你的弱点的人的时候。

## ⊙ 正路

父子俩上街赶集，路过一个拐弯处，儿子嫌拐弯太远，就从田野里抄近路走过去，父亲喝斥他的儿子不走正路走邪路。不久，父子俩又从这里路过，发现抄近路的地方已踩出一条新路，原来的弯路已很少有人走了，父亲不知不觉地也跟着儿子走上了这条近路。

忽然，儿子发现原来的拐弯路上走着的行人不小心摔倒了，要过去搀扶。父亲瞪了他一眼训斥道："不好好走正路，管那走邪路的干啥！"

**大智慧**：即便知道是谬误，但随声附和的人多了，谬误反倒成了真理。人往往用从众的心理来获得群体的认同，也正因此失去了自己的立场、原则。

## ⊙ 传教士买鸡

一位养鸡场的主人一向不喜欢传教士，认为他们假仁假义，所以总信口散布传教士的坏话。一天，有个传教士来买鸡，生意上门总不好往外推，就让他自己挑，结果他挑了半天选了一只毛掉得差不多、秃头又跛脚的公鸡。主人很奇怪问为何，传教士回答："我要回去把它养起来，路过的人问起就说是你养的鸡。"主人连忙摇手说："不行，我这其它的鸡都很好，这只不知怎么回事。你拿它当代表，对我实在不公平。"传教士笑着说："同理，你拿个别传教士的行为来当代表，对我们来说，也是不公平的。"

**大智慧**：人们的思维中总有先入为主、以偏概全的习惯。人与人之间，需要更宽广、高层的全面观点，不要一竿子打翻一船人，避免许多可能出现的失衡。

## ⊙ 祈祷对象

威利高声祈祷道："上帝啊！求你在我生日的那天赐我刚才想买的那件玩具吧！"

姐姐说："弟弟，不要太大声啊！上帝并不是聋子。"

威利轻声地答道："姐姐，我怕妈妈听不清楚呀！"

**大智慧**：我们总是假装将自己的要求在一个人的面前说给另一个人听，其实我们大家都清楚，谁才是真正在听的那个人，谁又是能够满足你愿望的那个人。心照不宣的事情时有发生。

## ⊙ 取名

有一个妇人，快要生产时疼得特别厉害，就对丈夫发誓说："从今以后，我再也不干养儿育女的事了。"

丈夫说："那我就听你的。"等到生下一个女儿后，夫妻俩商议给孩子取名字。妻子说："就给她取名叫'招弟'吧。"

**大智慧**：人因为痛苦而想放弃一些想法，但往往是疼痛过后，马上又热情地投身到自己发誓弃绝的事情中去。

## ⊙ 小足球迷

8岁的小亮亮自豪地坐在观众席上，紧张地等待足球比赛开始。有一位先生弯下腰来问他："小朋友，你的票哪儿来的？"

"从父亲那里得到的。"

"你父亲呢？"

"他大概还在家里找他的票哩！"

**大智慧**：自私地获取利益满足自己的欲望或许很舒心畅快。但是，你有没有想过，那个被你伤害的人，那件被你搞坏的事，都淹没在你自私的影子里——人性最黑暗的深渊！

## ⊙ 爱花钱的妻子

妻子拿着一叠帐单向丈夫抱怨说："都怪你月初大吃大喝，现在没钱了。这房租、水电费、煤气费怎么付？"

"都怪我不好，我的毛病是：有钱就要花。"丈夫作了一番检讨。

见妻子消了气，又补充了一句："而你的毛病是：没有钱也要花。"

**大智慧**：婚姻中的双方最理智的时刻莫过于当对方犯错的时候。这个时候每个人在犯错的一方面前都会是个公正的法官，有理有据、惩罚分明。只是这种审批从不针对自己。

## ⊙ 老天爷

一天深夜，有个小偷闯入了一所大房子。他事前已经确信主人不在家。正当他走过客厅的时候，突然听到有人说："老天爷在看着你。"

小偷背脊一阵发凉，动也不敢动。过了好一会儿，再也没有别的声音，于是他继续往前走了两步，却又听到有人说："老天爷在看着你。"

一只鹦鹉在笼子里对他说话。

"原来是你！"小偷松了一口气，"刚才就是你在对我说话吗？

"没错。"鹦鹉回答。

"你叫什么名字？"小偷问道。

"克拉伦斯。"鹦鹉说。

小偷忍不住笑了起来："哪个傻瓜会给自己的鹦鹉取名叫'克拉伦斯'？"

鹦鹉冷笑道："就是同一个傻瓜给他那只看家的大狼狗取名叫'老天爷'。"

**大智慧**：我们对他人的嘲笑往往是建立在我们自以为获胜的基础之上的，可是这种于嘲笑中的自我放松却更容易让我们失败，并成为他人的笑谈。

## ⊙ 剪报做啥用

妻子见丈夫在剪报纸，好奇地发问。

丈夫答道："我剪的是一篇有趣的报道，说的是一位男人因妻子老搜他的口袋而最终离婚。"妻子又问道："你要它干什么？"丈夫答道："放在我的口袋里。"

**大智慧**：当我们知道了他人所惧怕的事情，并因此而让我们采取了一定的对策保全自己的时候，总是忽略了其实这种保全本身就代表着我们所惧怕的事情早已被他人发现。

## ⊙ 高招

某地的洗车业竞争得很厉害。有个洗

车铺贴出了一张告示说,他们为红色车辆提供优惠服务。一个星期后,又变成了蓝色车。再后来,各种颜色的汽车都轮了一遍。

不久以后,当人们开车又路过此地时,看到排着长队的小汽车,却没有优惠服务的告示。新的广告牌上是这么写的:“您的妻子打电话来,叫您不要忘记洗汽车。”

**大智慧**:当人们的一种消费只是单纯的为了他们自己的时候,在某些时候,总是可以将其省略掉。而当这种消费是为了他们获得别人的肯定时,往往总是会让人们不惜重金选择最好的。

## ⊙ 奉献

赫鲁晓夫来到农村视察,想要知道人

民对党的忠诚度如何,便问一位衣着破旧的农夫:“如果你有两亩田地,愿意奉献其中一亩给伟大的党吗?”

农夫答道:“是的!我愿意!”

赫鲁晓夫:“如果你有两幢房屋,愿意奉献其中的一幢给伟大的党吗?”

农夫说:“是的!我愿意!”

赫鲁晓夫:“如果你有两辆轿车,愿意奉献其中一辆给伟大的党吗?”

农夫说:“是的!我愿意!”

赫鲁晓夫:“如果你有两头牛,愿意奉献其中一头给伟大的党吗?”

农夫说:“不!我不愿意!”

赫鲁晓夫:“咦?为什么?”

农夫说:“因为我真的只有两头牛呀!”

**大智慧**:人总是自私的,所谓人不为己天诛地灭。当关乎到其切身利益的时候,人就没有凭空想象中的那么慷慨激昂了,他们关心的只是自己得到了什么。

## ⊙ 担心

妻子对丈夫说:“你每次出门,我都会非常担心。”

“亲爱的,别担心,”丈夫安慰她道,“我会随时回来的。”

“这正是我所担心的。”

**大智慧**:“担心”这个词其实是个情感色彩很暧昧的词,因为当你对一个人说担心的时候,他一定会认为你是在为他考虑,而事实上,你所有的担心都是由于你自己无法承受你所不希望发生的事情发生后的结果而已。

## ⊙ 不走运的丈夫

一妇女对其女友说:“我丈夫当过军官,曾多次参加战斗。他老是不走运,每次战斗中,他不是失一只胳膊,就是掉一条腿。”

“他参加过多少次战斗?”女友颇感兴趣地问。

“八次。”那女人不无自豪地答道。

**大智慧**:当一种虚荣心足以掩盖了自身应有的常识的时候,我们力求得到称赞的,就会变成我们为之羞耻的。

## ⊙ 亚当夏娃

一个英国人,一个法国人,一个苏联人,一同欣赏一幅伊甸园里亚当夏娃的画。

“他们显然是英国人,”英国人说,“她只有一个苹果,却送给了他吃。”

“不，”法国人说，“他们一起裸体吃水果，一定是法国人。”

“他们是苏联人，”苏联人斩钉截铁地说，“他们没衣服穿，差不多没东西吃，却仍然以为自己在乐园里。”

**大智慧**：自欺欺人的行为，受害的最终是自己，能认识到自己的错误的人无疑是智者。可生活中的我们，总是能看到别人的毛病，却很少反省自己。

## ⊙ 转向

一医生正在检查病人，突然护士急急火火地跑了进来：“医生，那个你刚看过的病人出医院门的时候又倒下了。我该怎么办呢？”

医生镇定自若地说：“把他转个向，就好像他刚从门外进来一样。”

**大智慧**：当我们意识到自己的作为不再具有价值的时候，我们立刻能想到的解决方式总是推卸责任，制造与己无关的假象。因为当我们意识到无法取悦一个人的时候，我们就会想尽办法获得大众的同情与承认。

# 笑谈思维的定势与改变

## 卷·首·引·言

人一旦形成了习惯的思维定势，就会习惯地顺着定势的思维思考问题，不愿也不会转个方向、换个角度想问题，这是很多人的一种愚顽的“难治之症”。

比如说看魔术表演，不是魔术师有什么特别高明之处，而是我们大伙儿思维过于因袭习惯之势，想不开，想不通，所以上当了。比如人从扎紧的袋里奇迹般地出来了，我们总习惯于想他怎么能从布袋扎紧的上端出来，而不会去想想布袋下面可以做文章，下面可以装拉链。

在生活的旅途中，我们总是经年累月地按照一种既定的模式运行，从未尝试走别的路，这就容易衍生出消极厌世、疲沓乏味之感。所以，不换思路，生活也就乏味。

很多人走不出思维定势，所以他们走不出宿命般的可悲结局；而一旦走出了思维定势，也许可以看到许多别样的人生风景，甚至可以创造新的奇迹。因此，从舞剑可以悟到书法之道，从飞鸟可以造出飞机，从蝙蝠可以联想到电波，从苹果落地可悟出万有引力……常爬山的应该去涉涉水，常跳高的应该去打打球，常划船的应该去驾驾车，常当官的应该去为民。换个位置，换个角度，换个思路，也许我们面前是一番新的天地。

新问题。

## ⊙ 救火

一天，数学家觉得自己已受够了数学，于是他跑到消防队去，宣布他想当消防员。

消防队长说："您看上去不错，可是我得先给您一个测试。"消防队长带数学家到消防队后院小巷，巷子里有一个货栈，一只消防栓和一卷软管。

消防队长问："假设货栈起火，您怎么办？"

数学家回答："我把消防栓接到软管上，打开水龙，把火浇灭。"

消防队长说："完全正确！"

最后一个问题："假设您走进小巷，而货栈没有起火，您怎么办？"

数学家疑惑地思索了半天，终于答道："我就把货栈点着。"

消防队长大叫起来："什么？太可怕了！您为什么要把货栈点着？"

数学家回答："这样我就把问题化简为一个我已经解决过的问题了。"

**大智慧**：大部分人都在凭惯常的思维做事情，不愿意探索新的解决问题的方法，好像只有凭以前的经验行事，心里才踏实，感觉才牢靠。如果是这样，我们以前的经验从哪来呢？求知是人的本性，只有不断探索，才能丰富人生的阅历；因循守旧，固步自封，根本无法应对层出不穷的新问题。

## ⊙ 约翰旁边的那个人是谁

约翰和迈克打赌二千美元，说他能和麦当娜共舞一曲，约翰果然赢了。接着他赌他能和克林顿共进晚餐，迈克又输了。最后约翰赌他能和教皇一起出席重大的宗教仪式，在那个仪式上，约翰和教皇站在一起，远远地他看到迈克旁边的一个人和他耳语了一句，迈克就晕倒在地上了。

事后迈克解释说："你和麦当娜在一起我不感到吃惊，和克林顿共进晚餐也没什么，可当你和教皇出现，我旁边的那个人问了我一句话时，我却晕倒了。他问的是'约翰旁边的那个人是谁'。"

**大智慧**：我们总认为世界上有些事情是众所周知，理所当然的。带着这样的经验处理事情，有时候会出错误。尽管这样的错误不多见。

## ⊙ 弹不了的曲子

奥地利作曲家莫扎特是海顿的学生。有一次他和老师打赌，说他能写一首曲子，老师准弹不了。

海顿自然不相信。莫扎特用了不到5分钟，就匆匆地把乐谱稿子写完，送到海顿的面前。

"这是什么呀？"海顿弹奏了一会儿后惊呼起来，"我的两只手分别弹向钢琴的两端时，怎么会有一个音符突然出现在键盘的当中呢？这是任何人也弹不了的曲子。"

莫扎特微笑着在钢琴前坐下，当弹到那个音符的时候，他弯下身来，用鼻子弹出了那个音符。

**大智慧**：人都是靠经验做事情的，难免会墨守成规。有些事情不是不可能，是你没有打破习惯思维和“游戏规则”，限制了自己的想象力。《孙子兵法》上说的“出奇制胜”正是这个道理。

## ⊙ 到底哪一个死了

一位学者听说一对孪生兄弟中有一个死了，后来他碰见另一个的时候，问道：“你们到底哪个死了，是你呢还是你兄弟？”

**大智慧**：过于痴迷于某种名义上的界定，往往导致人面对事实的不清醒。

## ⊙ 我有急事

一位学者骑马来到一处渡口，上船以后依然骑在马上。大家问他何以如此，学者答道：“我有急事，这样不是走得更快些吗？”

**大智慧**：人之所以固守成规，是因为他们不懂得分辨不同情景下起作用的是什么因素。

## ⊙ 不得了

“我妻子读完《快乐的兄弟俩》这本书以后，生了一对双胞胎。”哈罗德对他的两个同事说。

“那不算什么。”一个同事接着说，“我的妻子读了大仲马的《三个火枪手》，生下来的是三胞胎。”

另一位同事听了这一番话，不禁脸色发白，他心急如焚地喊了起来：“我的天啊！不得了，我妻子正在读《阿里巴巴和四十大盗》，我必须立即回家。”

**大智慧**：不是所有的事情都会套用一个公式进行，太教条的时候，往往是忽略常识最严重的时候。

## ⊙ 发明

意大利人对犹太人说：“我们在古罗马的底下发现了电缆，说明了我们祖先就发明了电话通讯。”

犹太人：“那你知道在耶路撒冷发现了什么吗？”

意大利人：“什么？”

犹太人：“什么也没发现。”

意大利人：“啊？”

犹太人：“那说明了我们的祖先已经发明了无线电。”

**大智慧**：反败为胜有时候源于另类的思维。

## ⊙ 空杯论禅道

有一天，有位大学教授特地向日本明治时代著名禅师南隐问禅，南隐只是以茶相待，却不说禅。

他将茶水注入这位来客的杯子，直到杯满，还是继续注入。

这位教授眼睁睁地望着茶水不停地溢出杯外，直到再也不能沉默下去了，终于说道：“已经漫出来了，不要再倒了！”“你就像这只杯子一样，”南隐答道，“里面装满了你自己的看法和想法。你不先把你自己的杯子空掉，叫我如何对你说禅？”

**大智慧**：千万不要让自己的经验知识成为你获得新知识的障碍。

## ⊙ 新泽西的猎人

两个来自新泽西的猎人在森林中打猎。

一个人突然倒在了地上，翻起白眼儿，停止了呼吸。同伴看到这种情况，拿起手机，给急救中心打电话。他惊慌地对值班员叫道："我的朋友死了！我怎么办？"值班员温和地说："不要紧张，别着急，我来帮助您。可是您得让我们相信，他确确实实死了。"

一片寂静……接着传来一声枪响。猎人又拿起电话，说："好了，接下来怎么办？"

**大智慧**：一成不变的死搬硬套、不假思索，只会导致恶性的结果。不同的事物有不同的规律，妄想一劳永逸的解决问题是绝对不可行的。

## ⊙ 铅笔和圆珠笔

加拿大航天部门首次将宇航员送上太空，但他们很快得到报告，宇航员在失重状态下用圆珠笔根本写不出字来。

于是，他们用了10年时间，花了120亿美元，科学家们终于发明了一种圆珠笔。这种笔适用于失重状态、身体倒立、水中、任何平面物体、摄氏零下300度。

而俄罗斯人在太空一直用铅笔。

**大智慧**：做事情有时需要脑子转个弯，不能一根竿子捅到底，切忌陷入死胡同。有时可以用简单快捷便宜的方法去解决的问题，为什么非得弄得那么复杂化呢？峰回路转后就是柳暗花明又一村。

## ⊙ 卖东西

一位顾客到商店去买雨伞，店员说："对不起，没有。"

顾客失望地离去后，老板对店员说："不能对顾客说没有，你应该向顾客推荐其他类商品。例如，你可以这样说，对不起，没有雨伞，但我们这里有雨衣。"

过了一会，又来了一位顾客，问："您这里有卫生纸吗？"

这个店员回答道："对不起，没有卫生纸，但我们这里有砂纸！"

**大智慧**：思维僵化固然可悲，但僵化地去"举一反三"就让人觉得可笑了。

## ⊙ 题词

某君上馆子去吃鲱鱼，加工的地方摆满了活蹦乱跳的鲱鱼、剖开了的鲱鱼，油炸、酱制、椒炒……别说吃，看着也是享受。某君坐定一望，对面墙上有一条醒目的大字，"最挑剔的人，对这儿的鲱鱼也无可指责——密尔顿"。某君大吃一惊：呀，著名作家密尔顿还给题了词呢！怪不得这儿的厨师、服务员一个个都显得自豪呢。他问女掌柜："真是密尔顿先生题的词么？""是呀，是我家老板写的。"

**大智慧**："王婆卖瓜"历来为贬意，但不必遵循习惯，而去造就自己的规则，结果可能会别有洞天。

## ⊙ 攀比

红灯亮了，一个男人驾驶的福特格拉纳达轿车停在了一辆劳斯莱斯轿车旁边。

他们的车窗玻璃是摇下来的，于是驾驶格拉纳达的男人冲着驾驶劳斯莱斯的男人喊道："嗨，你汽车里有电话吗？"

驾驶劳斯莱斯的男人说："有啊，当然有。"

"我也有，看见没？"

"唔，是的，很不错的电话。"驾驶格拉纳达的男人又问："你车里有传真机吗？"

"事实上，是的，我有。""我车里也有！看见没？就在这儿！"

"唔。"这时红灯马上就要变绿了。

格拉纳达里的男人说："那么，你的车后座有双人床吗？"

劳斯莱斯里的男人说："没有！你有吗？"

"是的，我车后座有双人床——喏，看见没？"

这时绿灯亮了，格拉纳达轿车绝尘而去。

劳斯莱斯里的男人不想被人比下去，于是他立刻去了汽车改装店，让他们在汽车后面装一个双人床。

过了大约两周，改装工作终于完成了，他取回了他的车，在城里兜来兜去，寻找那辆格拉纳达轿车。终于，他发现那辆车停在路边，于是靠着它停下来。

格拉纳达的车窗全都雾气朦胧，这令他感到有点不知所措，但他还是从新改装的劳斯莱斯上走下来，敲了敲格拉纳达的水汽模糊的车窗。

格拉纳达里的男人过了很久才把车窗玻璃摇下一条缝，露出一双眼睛朝外看。

驾驶劳斯莱斯的家伙说："嗨，还记得我吗？"

"是，是，我记得你。怎么了？"

"看看这个——我在我的劳斯莱斯里装了双人床！"

格拉纳达里的男人说："什么？你把我从沐浴中叫出来，就是要跟我说这个！"

**大智慧**：进步是我们一直追求的，但面对我们生存的多维空间，参照系的选择是有技巧的，有时候，合适的参照系总能给人尊严和动力，但不合适的却总是让人沮丧。

## ⊙ 竖鸡蛋

有一天，意大利航海家哥伦布（约1451—1506）在一个西班牙人家里吃晚饭。有几个客人妒忌他的荣誉，千方百计贬低他的功绩。他们说："发现美洲不是件十分困难的事，只要动动脑筋就可以办到。"

哥伦布没有回答，拿起一个鸡蛋，便对西班牙人说："你们中间谁能够使鸡蛋直立起来？"

他们每个人都试了试，但是谁也没有成功。这时，哥伦布拿起鸡蛋在盘子里轻轻地敲了几下，鸡蛋的一端敲碎了，于是鸡蛋稳稳地直立在桌子上。

"这太容易啦！"大家叫了起来。

哥伦布笑着对大家说："完全正确，只要动动脑筋就可以办到。"

**大智慧**：确实很简单，就看你动不动脑筋。我们当中的许多人不是也成天在抱怨嘲笑别人这也不行，那也不对。而当让他们自己去干时，结果什么也干不了。

传统的思维已成为一种定势，让他们在自缚的茧中无力自拔。当一种新生事物来临时，他除了嘲笑、怀疑之外便是无动于衷，无能为力。

## ⊙ 少年请教

有个少年问莫扎特怎样写交响乐。

莫扎特回答道："你写交响乐还太年轻，为什么不从写叙事曲开始呢？"

少年反驳道："可是您开始写交响乐时才10岁呀？"

"对，"莫扎特回答道，"可那时候我没有问过谁交响乐该怎样写。"

**大智慧**：因循守旧永远都不会有大的作为，真正的创造是从未知开始的。

## ⊙ 随机应变

一次一家旅馆招侍者，前来应聘的人很多。老板想考考他们：有一天当你走进客人的房间，发现一女客正在裸浴。你应该怎么办？

众人都抢着回答，有的说"对不起，小姐，我不是故意的"。

有的说"小姐，我什么都没有看见"。

老板听后不停地摇头。

这时一个小伙子走上前说："对不起，先生！"

结果他被录用了。

**大智慧**：我们经常无法把工作做得更好，是因为我们总不能跳出惯有的思维。好的东西总是源于对习惯的打破，这也是为什么苹果电脑总让我们期待的原因。

## ⊙ 愚人买鞋

有个不爱动脑筋的蠢家伙，要到市场上去买一双新鞋子。他伸出脚来，用稻草杆量了尺码，急匆匆向城里走去。

到了鞋店，店伙计拿出鞋来让他挑选。他摸了摸衣袋，不见那稻草尺码，就对店伙说："对不起，我忘了带尺码，不知道该买多大的鞋，让我回家取尺码再来买吧！"说罢，拔脚就往家跑。

从家中取回尺码，不知又跑了多少路。等他气喘吁吁、满头大汗地赶到鞋店时，天色已晚，鞋店早已关门了。他跑来跑去，白白地忙了大半天，还是没有买到新鞋子。

有人问他："你是替别人买鞋，还是给自己买鞋？"

愚人回答："我自己穿的呀？"

别人又问他："你腿上长着脚，怎么不用脚试鞋，何必为一个稻草尺码跑来跑去呢？"

**大智慧**：不要盲目地迷信和崇拜权威。你要知道，权威也是来自生活、来自实践。如果你有了更行之有效的办法，为什么还担心它与权威冲突呢？

## ⊙ 证据不足

蚊帐里有两只蚊子，一只喝饱了肚子，一只肚子空空的。妻子让当检察官的丈夫打蚊子。丈夫出手不凡，一掌拍死了那只喝饱了血的胖蚊子，而对另一只却迟迟不下手。妻子问他为何不打，丈夫说："证据不足。"

**大智慧**：有时候做事不要局限于一些条条框框，要有该出手时就出手的魄力。

## ⊙ 走私

有一位老头子每天都会骑着一辆摩托车从加拿大进入美国。边界警察觉得很奇怪，有一天就将那人拦了下来，问道："你背上每天背的那个包包里面放的是什么？"

老头说是沙，警察不信，检查一看果然是沙，又有一天检查还是沙，终于有一天，警察实在受不了了，将那老头再拦下来，说："你老实告诉我，你是不是在走私，我绝对不抓你！"

老头说："是！"

再问："那你走私的到底是什么？"

"摩托车！"

**大智慧**：有些类似古代买椟还珠的故事，其实就是利用了人们的惯性思维来转移注意的重点。听说南方从香港走私电子类产品也采取这样的方法。

## ⊙ 下班

心不在焉的教授下班回家。走到家门口，他才发现忘记带钥匙了。他轻轻敲门，房里传出保姆的声音：

"教授上课还没有回来。"

"是吗？那么请您转告他，就说半小时以后我再来。"

**大智慧**：在特定情景的引导下，人其实是很容易迷失自己的，尤其当你心不在焉的时候。

## ⊙ 头发问题

汤姆："妈妈，爸爸的头发怎么那样少？"

妈妈："那是由于他用脑过度。"

汤姆："你的头发怎么这么多？妈妈！"

妈妈："因为……"

**大智慧**：很多时候我们对事情做出的解释其实是经不起推敲的，可已经习惯了这种逻辑的人从来都不能意识到这一点。

## ⊙ 诚实的证人

法官："证人，在你作证之前，我应该告诉你，在法律面前，你只能讲你亲眼看到的事情，不要讲从别人那儿听到的事，

明白吗？"

证人："明白了！法官先生。"

法官："我有几个问题要问你。请你先告诉我，你是何时何地出生的？"

证人："天哪！我尊敬的法官，我无法回答您，因为这是我母亲告诉我的。"

**大智慧**：过于呆板的形式化只会让我们无所适从，只有真正明白了实质，形式才会体现出它应有的意义。

## ⊙ 调羹

母亲抱着生病的孩子去医院。医生看过之后说：

"别担心，夫人。孩子没有什么大病。您只要一天喂他七调羹药水，咳嗽会很快减轻的。"

"哎呀！可我们家里只有六只调羹呵！"

**大智慧**：机械思维严格来讲不应是思维的一种，因为它不但无法指导反而阻碍了行动。

## ⊙ 蠢货

"蠢货！罪犯竟从你们的鼻子底下溜掉了！"少校勃然大怒，"难道你们没有按照我的命令封住剧院的所有出口吗？"

"我们封锁了全部出口，上校先生。看来这家伙是从入口跑掉的。"下士回答。

**大智慧**：不要以为路只有一个出口，任何问题都会有别的答案。

## ⊙ 新手

某人在牛奶场找到一份工作，第一天上班，老板给他一只桶和一条凳让他去牛奶棚挤奶，他快乐地领命而去。下班的时候，老板见他被溅了满身的牛奶，而且那条凳子腿也断了，就问他："怎么样，这活挺难吗？"

他哭丧着脸答道："挤奶倒不难，难的是让牛坐到凳子上去。"

**大智慧**：有时候可能就是我们自己的一点点偏差的理解，让事情变得格外的复杂。而我们自己却还是在坚信自己理解的正确，并因此而抱怨。

## ⊙ 打错电话

"喂！是'雷蒙酒吧'吗？"

"不是，我是私人住宅。"

"可我要的是'雷蒙酒吧'啊！"

"那您怎么打到我这里来呢？"

"是不是你们的电话号码跟'雷蒙酒吧'一样？"

"不是。"

"那为什么你要拿起听筒呢？"

**大智慧**：我们一味地责问别人"为什么"的时候，可能正是我们该向对方回答"为什么"的时候。

## ⊙ 岂有此理

有个人喜欢学别人说话，一天，在路上听别人说"岂有此理"，觉得很有意思，生怕忘记了，就不停地默念"岂有此理"、"岂有此理"……

过河坐渡船的时候，因为忙乱，他把"岂有此理"给忘记了，在船上到处寻找。船家问他丢了什么东西，他说："是句话。"船家说："话还能丢，真是岂有此理！"他一听忙说："哎呀！'岂有此理'被你给拾到了，为什么不早说！"

**大智慧**：学习知识是需要深入理解，才能灵活运用。不求甚解，死记硬背，难免会弄出笑话来。

## ⊙ 寻找凳子腿

农村用的凳子，大多数是用现成的树丫杈作腿。一家人的一只凳子断了条腿，主人让仆人到山上找一条来。仆人带着斧子到山里去了整天，结果却空着手回来了。主人责骂他无用，他辩解说："丫杈倒有的是，却都是朝上长的，没有一个朝下的。"

**大智慧**：做事应该头脑灵活，善于

变通。有些难题其实很简单,稍微转换一下思维,难题就可以迎刃而解!

## ⊙ 棉被更热

三伏天里,气候炎热,有个人睡觉时还裹着一条被单,直睡得大汗淋漓,痛苦不堪。别人看了都替他难受,就问他:“大暑天里盖着被单睡觉,又是何苦呢?”这个人很委屈地说:“我有什么办法?如果盖着棉被那不是更热吗?”

**大智慧**:人们在思考问题时,往往容易陷入非此即彼的误区,限定了自己的思路。其实,只要你打开思路,跳出误区,就会发现,世界是那样的广阔。

## ⊙ 只认苹果

父亲:“现在有十个桔子,吃掉了三个,还剩几个?”

儿子:“不知道,我们在学校总是用苹果做例子。”

**大智慧**:生活中的我们是不是也经常如此的倔强保守和墨守成规呢?多数时候,生活的路其实并没有封死,而是我们自己把自己封闭,困守围城——还是变通一下吧,生活到处充满希望!

## ⊙ 怎能不哭

动物园的一头大象死了,管理员在旁边失声痛哭!游客们都说,他平日一定很喜欢这头象,所以不忍大象死去。一位知道内情的人说:“不,按规定,他要负责为大象挖个墓坑。”

**大智慧**:世界上的一切事物都是关联的,前因后果,井然有秩,所以在我们思考问题的时候,一定要广泛的斟酌和细致的揣摩,这是连接智慧殿堂的永恒通途!

## ⊙ 谁是老外

初到美国时,几个中国同学请我到一家中餐馆给我接风洗尘。小林看到邻桌几个洋人在用筷子,便说:“现在会用筷子的老外越来越多了!”小王接着说:“那些老外不但会用筷子,还会点菜呢。他们再也不是只会叫杂碎、春卷了。”小张正要开口,只见邻桌一个已吃饱喝足的老外慢条斯理地走到我们桌前来,用他那极其标准的京片子说:“请你们搞清楚,在这里,你们才是老外。”

**大智慧**:变化是绝对的,不变是相对的。当现今时代以前所未有的速度剧烈

改变时,我们也应该灵活变通地克服我们思维的习惯!因为意识到变化才能把握现实和面向未来!

## ⊙ 神像里的金子

有个穷人供奉了一尊神像。他虔诚地祈求神为他赐福,结果他变得越来越穷了。后来,他一气之下抓起那尊神像向墙上摔去,神像的头破了,脑壳里掉出许多金子来。这人把金子拾起来,大声地说:“我看你既可恶又愚蠢,我尊敬你的时候,你一点好处也不给我;我打烂了你,你却

给我这么多好东西。”

**大智慧**：艺术大师毕加索有句名言：“创造之前必须先破坏。”破坏什么——传统观念。传统规则在我们眼里都应在破坏之列。在生活中，我们自觉不自觉地造了很多很多神像，渐渐地习惯仰视，习惯了充当不动脑子思考的信徒。我们不知道每尊神像里，其实都可能藏着金子。打碎它，把你的思维拯救出来，收获自己的金子！

## ⊙ 可笑的“问候”

克林顿当政时期，某非洲元首准备到

美国访问，临行前向翻译求教如何用英语跟克林顿打招呼。翻译指点道，见到克林顿你就说“How are you？”，克林顿肯定说“Fine，thank you，and you？”而您只需说“Me too。”就行了。

访问那天，元首面对走上前迎接的克林顿总统，竟脱口说了句：“Who are you？”克林顿大吃一惊但仍风趣的回答说：“I'm Hillary's husband。”这时只见元首微笑着看了看对面的希拉里，然后点点头，无比坚定地对克林顿说：“Me too。”

**大智慧**：世间没有一成不变的规则，实际情况发生变化，你的对策也要相应的变化。故做聪明的坚持，难保不弄出类似的笑话，可想而知后果是何等尴尬。

## ⊙ 无字天书

老张身体不适去看医生，医生诊断后，只在处方单上画了一个大大的“!”让他交给护士。老张很不安，心想：“我以为是小毛病，怎么医生打了惊叹号，难道我病得很重吗?”

便请教护士。护士淡淡地答道：“没什么，打点滴。”

**大智慧**：生活看似平淡如水，惊世骇俗和奇思妙想总是绞尽脑汁也终归难产——但会不会是我们的心太封闭和习以为常了庸俗呢?

## ⊙ 当你没来

两个不识字的人，受人委托办理丧事。丧主要求他俩把前来吊唁者的名字都一一记下。

这两个人商量了一下，决定对每一个来吊唁的人说：“死者遗言，请诸位在花名册上签名。”

来了一个客人也是不识字的，他悄悄地请两个人代为签名。他们连忙压低声音答道：“我们只当你没来好了！”

**大智慧**：灵活，是在坚持总原则的基础上，根据不同的情况采取不同的办法，把事情办得干净、漂亮。本末倒置的方法千万要不得。

## ⊙ 树菱

有个山里人到了水乡，在一棵大树下闲坐，见地上有个菱角，捡起来吃了，觉得味道很甜。他便爬上大树，一枝一枝地找。找了半天，一个也找不着。他十分奇怪，说：“这么大棵树，难道就只生这么一个？”

**大智慧**：古有守株待兔，今有爬树找菱。一条胡同跑到黑，执着的精神令人赞叹，但首先要搞清楚它是不是能把你带到目的地的那条胡同。

## ⊙ 调价

弗里茨在店门外大声叫卖："每斤土豆75芬尼，最后一天了，明天开始调价……"

他的叫卖声吸引来很多顾客，排起了长龙等着买土豆。弗里茨太太悄悄地问丈夫："明天调价多少？""65芬尼一斤。"弗里茨回答。

**大智慧**：面临改变的时候，人们总是无来由的惧怕并力求留住更多的自己已经习惯的东西，却意识不到习惯的未必是最好的，改变后的未必是糟糕的。

# 笑谈问题的关键与解决

卷·首·引·言

根本是抓住问题,关键是解决问题。面对问题,我们是否茫然不知所措?那是因为我们没有抓住问题的关键。我们为什么总是为问题所累?那是我们没有很好地解决问题。马克思曾经说过:“以前的理论家总是在喋喋不休地解释世界,而问题在于改造世界。”面对问题,无论怎么对待,但必须有一个端正的态度:不要想,但要看!不要看,但要做!

## ⊙ 房顶上的标语

一个建在机场旁的电影制片厂，为了避免飞机噪音的干扰，在房顶上写了一条大标语："请安静！"每个字母有八尺见方。结果，这条标语带来了更大的噪声，因为飞行员们个个都想看清楚房顶上写的是什么，竞相都把飞机飞得更低了。

**大智慧**：愚蠢的方法只会把事情变得更糟。如果我们没有更聪明的解决办法，那么最好是先保持原状。

## ⊙ 妇人瘦身

有一位妇人因为自己肥胖的身材而感到十分痛苦，在先生百般激将之下，她立志减食瘦身，每天只吃香蕉和椰子。节食半年后，朋友就来问妇人的先生："你太太节食半年了是否有成效？""效果惊人！"那位妇人的先生坚定地回答，"她的身材变得苗条结实多了，每天为了吃香蕉和椰子，她得勤快地爬上树梢摘取，没效才奇怪哩！"

**大智慧**：找对方法，不仅问题迎刃而解，同时一举数得。

## ⊙ 富翁的遗嘱

有一个富翁得了重病，已经无药可救，而唯一的独生子此刻又远在异乡。他知道自己死期将近，但又害怕贪婪的仆人侵占财产，便立下了一份令人不解的遗嘱："我的儿子仅可从财产中先选择一项，其余的皆送给我的仆人。"富翁死后，仆人便欢欢喜喜地拿着遗嘱去寻找主人的儿子。

富翁的儿子看完了遗嘱，想了一想，就对仆人说："我决定选择一样，就是你。"这聪明儿子立刻得到了父亲所有的财产。

**大智慧**：提了粽子的绳头可以拎起一长串的粽子。"射人先射马，擒贼先擒王"，把握住得胜的关键则会收到事半功倍的效果，处理危机的关键在于破解病因的源头。在从事任何事情之前，先想一想事情的原委，你可以更加地轻省。

## ⊙ 海鸟的遭遇

一只海鸟停落在人类一大国国都的郊外，大国宰相隆重地迎接它，并且在宗庙里宴请它，为它演奏虞舜时《九韶》之乐，又用牛、羊、猪三牲全备的宴席作为它的饭食。但是这只海鸟却头晕眼花，忧愁悲伤，不敢吃一块肉，也不敢喝一杯酒，三天就死掉了。

**大智慧**：根据对象的特点采取相应的方法。不顾对象的特点，违背事物的规律，只会把事情搞糟。

## ⊙ 黄鱼怕臭

有一个鱼贩子，挑黄鱼担子行走，步履健快。一个做官的见他身强力壮，走路如飞，便雇他当了自己的轿夫。岂料这个人抬起轿子来，不但走不快，反倒比别人慢得多。官员感到很奇怪，便问他从前挑黄鱼时行走那么快，为何抬轿子却走得这么慢。轿夫回答说："此一时，彼一时也。我挑黄鱼贩卖时，那黄鱼极易臭烂，因此，我不得不走快些；如今我为相公抬轿，又不用担心相公您发臭，自然也用不着走快喽。"

**大智慧**：此一时，彼一时。西方著名哲学家赫拉克里特曾经说过："人不能同时踏进同一条河流。"世间的万物都是瞬息万变的，任何问题都不可能用一成不变的方法，一劳永逸地解决。如果老是用静止的眼光看问题，处理起问题来肯定会陷入困境。

## ⊙ 剪箭杆

从前,有一个士兵在一次战斗中腿部中箭,疼痛不已。长官请了一位外科医生来治他的箭伤。

医生看了看说:"这个不难!"便拿出一把剪刀,将露在外边的箭杆剪掉,然后就索取手术费要走。

士兵发急地说:"剪掉箭杆子谁不会?我要你拔出射进肉里的箭头呀!"

医生摇摇头说:"外科的事我已做完,挖掉肉里的箭头那是内科的事。"

**大智慧**:很多问题表面上看起来很好解决,其实错综复杂。因此,我们一定要抓住解决问题的关键,切莫治标不治本。

## ⊙ 离高笼的袋鼠

有一天动物园的管理员发现袋鼠从笼子里跑出来了,于是开会讨论,一致认为是笼子的高度不够,从而导致袋鼠从笼子里跳了出来。所以他们决定将笼子的高度由原来的十公尺加高到二十公尺。谁知第二天,他们发现袋鼠依旧能够跑到外面来,所以他们又决定再将高度加高到三十公尺。

然而,没料到第三天居然又看到袋鼠全跑到外面,于是管理员们大为紧张,决定一不做二不休,索性将笼子的高度加高到一百公尺:"嘿嘿,这下子看你还能不能跳出如来佛的神掌?"

第四天,神了,袋鼠还是从笼子里跑了出来,而且,还在与它们的好朋友长颈鹿聊天呢。

"你们看,这些人会不会再继续加高你们的笼子呢?"长颈鹿问。

"很难说,"袋鼠说,"如果他们再继续忘记关门的话!"

**大智慧**:其实很多人都是这样,只知道有问题,却不能抓住问题的核心和根基。

## ⊙ 美国笑话

美国一支著名的橄榄球队的教练因有严重的种族歧视而帅位不稳,他决定用自己的方式来解决这个问题。

他把他的队员叫到一起,然后对他们说:"从现在开始,我们队中没有白人球员和黑人球员之分,在我眼里只有绿人球员(队衣的颜色)。好了,现在开始训练,浅绿色的队员站这边,深绿色的队员站那边。"

**大智慧**:同一个问题,有时候换个说法,仿佛就能够让人接受,这是思维的错觉。同样,从另外一个方面说,抓住问题的实质,不迷惑于表象,才是我们避免损失的最好方式。

## ⊙ 面对战火

一天晚上,华盛顿与几位客人坐在壁炉边聊天,因背后的壁炉烧得太旺,华盛顿感到太热,就转过身来,脸朝壁炉坐下。在座的一位客人开玩笑说:"我的将军,您应该顶住战火才对呀,怎能畏惧战火呢?"

华盛顿笑着回答:"您错了。作为将军,我应该面对战火,接受挑战。假如我用后背朝着战火,那不成了临阵脱逃的败将了吗?"

**大智慧**:希区柯克的电影之所以吸引人,是因为它总是在告诉我们事情的不确定性。其实,同种事情因为角度不同可以有不止一种的解释。我们需要做的是,找到最利于我们自己的那个逻辑。

## ⊙ 牧师与穷人

牧师劝一个穷人信教,在描述了一番

天堂和地狱的情景之后，牧师问道："您死后愿意上天堂，还是愿意下地狱？"

穷人叹了一口气，说："唉，看吧，哪边玉米面便宜，就到哪边去吧。"

**大智慧**：对于生活在贫困线上的人们来说，温饱就是天堂。努力解决实际问题远远比制造几个空概念口号要得人心得多。

## ⊙ 旗杆的高度

一队工程师在丈量一根旗杆的高度，他们只有一根皮尺，不好固定在旗杆上，因为皮尺总是落下来。一位数学家路过，拔出旗杆，很容易就量出了数据。他离开后，一位工程师对另一位说："数学家总是这样，我们要的是高度，他却给我们长度！"

**大智慧**：背离了我们原来的初衷，问题即使解决了，又有什么意义呢？

## ⊙ 下一辆巴士

某天早上，一名家庭主妇打电话叫一名木匠去她家修理衣柜。木匠到达后，家庭主妇对他说："每当巴士停在我家前面的车站时，这衣柜就发出难听的声音。"

木匠听后说："没问题，但我要在这里等候另一辆巴士到来，以便听听衣柜哪里发出声音。"说完就钻进柜里关上柜门。

这时家庭主妇的丈夫忽然回来，有所知觉地打开衣柜门，发现木匠呆在衣柜里。他很生气地大声问："你能解释为什么会躲在衣柜里吗？"

木匠听后呆头呆脑地回答道："也许你不相信，我正在等下一辆巴士！"

**大智慧**：有时候生活的尴尬是我们自己造成的，同一个问题的解决办法有很多，完全可以找到更优雅的办法，重要的是事先要有考虑。

## ⊙ 因材施教

某船将沉，船长命大副去叫乘客弃船，结果大副悻悻而回："他们都不愿下去，长官……"船长只得亲自解决，少时，便微笑返回："都下去了，我们也走吧……"

大副惊疑地问："你是怎么对他们说的？"

船长道："我对英国人说——作为绅士，应该做出表率——他下去了；我对法国人说——那是很潇洒的——他也跳下去了；我对德国人说——这是命令——他于是跳了下去；我对伊拉克人说——这是真主和将军的旨意——他跳下去时，甚至没穿救生衣……"

大副敬佩得五体投地："太妙了，长官，那么你是怎么对美国人说的呢？"

船长："啊，我说——您是被保了险的，先生——那家伙赶紧夹着皮包跳下水去了！"

**大智慧**：没有解决不了的问题，就看你找到没找到方法。另外，因材施教是最重要的。

## ⊙ 闲聊

A：你的马那次病了，你给它吃的是什么药？

B：松节油。

（过了几天，他们又相遇了）

A：你上次说给马吃的是什么？

B：松节油。

A：那我的马吃了松节油，它怎么死了？

B：我的马也死了。

**大智慧**：有个电视广告是："不要看广告，要看疗效。"关注问题一定要关注到关键地方。

### ⊙ 先吃轮子

“丹乔，如果汽车是巧克力做的，你该先吃它的哪一部分？”

“轮子，”丹乔不假思索地回答说，“这样汽车就开不走了。”

**大智慧**：在事情的关键处先下手，也许你就拥有了全部的优势。

### ⊙ 把房子抓牢

查尔斯喝得醉眼朦胧，深更半夜才回到家门口，他掏出钥匙，却怎么也对不准门锁。巡夜的警察见状，急忙上前问：“需要帮忙吗？”查尔斯大喜过望，赶快说：“请帮我把这房子抓牢，别让它乱晃动。”

**大智慧**：一个正确的参照物，就是结论正确的前提。可是现实世界中，我们在更多的时候却是一种醉酒的状态下命令别人依照我们自己的参照物，我们对此却满心确信。

### ⊙ 规劝无效

救生员奔过去，总算抓住了正要投海自尽的男人。

“你听我说，” 救生员开口了，“要知道，你如果跳进这冰冷的海水里，我随后就要跳下去救你，因为这是我的工作。其结果是，我们俩都要得重感冒。难道你不认为这是件蠢事吗?”

“是的，好吧，您说的对。”想自尽的男人说，“我一定换个您不在场的地方跳。”

**大智慧**：对心病关键是对症下药，并且只有找到了病根，你才是真正解决了问题，而不是仅仅做了一种无谓的转移。

### ⊙ 时间的差别

一醉汉拦住路人问几点钟。别人告诉他已经是晚上11点了。

醉汉摇摇晃晃地说：“真奇怪，怎么我问每一个人的时间都不同？”

**大智慧**：我们在寻求事实真相的时候，也许得到的每一个答案都是正确的，因为许多事情并不是唯一。

### ⊙ 取药

“大夫，您这里有能治我病的药吗？”

“没问题，”大夫说，“我这里的药应有尽有。即使还没发现的疾病，我这里都有准备好的药来对付。”

**大智慧**：对于那些需要具体对待的事情，有效的解决办法只能是对症下药。

### ⊙ 秘书与主任

“我们的文件柜太满了，”秘书对主任说，“我想把存在里面的6年前的旧档案销毁，您看可以吗？”

“当然可以，”主任回答，“只保留它们的复印件就行了。”

**大智慧**：看上去一件事情已经圆满解决，事实上随之而来的问题却又让所有的努力回到了起点。

### ⊙ 下楼梯

医生给瓦夏那条摔伤的腿打好石膏后，又嘱咐他，一定不要拆掉石膏，一定不要下楼梯。

过了三个星期，医生又来了。瓦夏问医生，什么时候才能下楼梯。

“难道你非要下楼梯吗？”

“是的，大夫。您不知道，这三个星期，爬下水管道可把我累坏了。”

**大智慧**：如果连一件事情的实质都无法领会，又怎可能完成这件事呢？

## ⊙ 照常进行

“怎么办？教授，手术前准备工作一切就绪，可病人还没有来。”

“这没关系，不用等他。他不来，我们照常进行。”

**大智慧**：很多事情其实都是作为一种准备而做而有意义的。

## ⊙ 建议

在马德里，在决定成立动物保护协会的预备会议上，临时执行主席对大家说：

“协会成立面临的首要问题是经费不足。为了筹措资金，诸位有什么可行的建议？”

“组织几场斗牛赛。”一名代表说。

**大智慧**：达到目的的方式应该与我们的初衷保持一致，否则，一切都将失去它那最原本的意义。

## ⊙ 解渴

斯克尔顿是位著名诗人。一次，他去赴宴，酒喝多了回不了寓所。于是，他住进了一家小客店。半夜，他渴得厉害，大喊伙计要水。但没人应他，他又喊自己的马夫，马夫也不在。“怎么办呢？这样下去可不行！”他灵机一动，大喊道：“救火啊！救火啊！”顿时，全店乱成一团，所有的人都起来了。他继续喊叫，不一会儿马夫和伙计便拿着蜡烛冲了进来。

“火在哪里，怎么看不到呢？”

“在这，”斯克尔顿指着自己的喉咙，“火在这里面，快给我端水来，浇灭它！”

**大智慧**：陷于困境的时候，头脑不清、束手无措是最要不得的，最重要的是懂得寻求他人帮助的方法。

## ⊙ 趣答问路人

古希腊寓言作家伊索（约公元前6世纪在世）一天遇见一个行人向他问路。

行人：“我到城里需走多长时间？”

伊索：“你走哇。”

行人：“我是得走，我是问走到城里需多长时间。”

伊索：“你走哇！你走哇！”

行人想这人真可恶，于是就气愤地走了。

片刻，伊索向他喊：“2小时——”

行人问：“为何刚才不告诉我呢？”

伊索：“不知你走得快慢，怎知需多长时间呢！”

**大智慧**：一个问题的答案有的时候并不取决于问题本身，而取决于问题所产生的“背景”。所以，解决问题并不是单纯地针对问题本身，而是要“审时度势”。这样，才能把问题圆满地解决。

## ⊙ 解决堵塞问题

法官盘问窃车贼道：“在上个月，你盗窃了十二辆汽车，效率真不错呀，是吗？”

“是的，法官先生。所以说，你们现在逮捕我可真是一大错误。如果你们再给我几个星期的时间，我敢保证，咱们这个城市的车辆堵塞问题就可以得到彻底的解决了。”

**大智慧**：问题的解决方式决不是逃避，逃避的结果往往是产生了更为严重的问题。更何况，问题是现实的，它根本无处可藏。

## ⊙ 宣誓之后

在法庭上，法官问证人：“你知道宣誓之后应该怎么做吗？”

证人答道：“我知道，一旦宣誓之后，不论我说的是真或假，都应该坚持到底！”

**大智慧**：前后一致的事情总是会使人们深信不疑，因为由于过度的在意前因后果的联系，往往会让人们忽略了对最初的考察。而事实上，那个前提的正确才是最重要的。

## ⊙ 天鹅的脖子

在动物园里，一小男孩问爸爸：

“天鹅的脖子为什么长得那么长呢？”

“那样它万一掉到水底才不至被淹死呵！”

**大智慧**：每个人所提供的答案往往取决于各自所面临的问题。

## ⊙ 方向相反

一个犹太人在路上行走，见一个农民驾车过来，他问：“从这里到S村还有多远？”

“半小时就到了。请上车吧！”

他们走了半小时，犹太人不安了：“现在离S村还有多远？”

“大约还有一小时左右。”

“什么！你刚才不是说只要半小时吗？怎么反倒越走越远了？”

“我的车走的是相反的方向。”

**大智慧**：找准方向才能更快地到达预期的目标，不经考察、盲目择路常常会背道而驰，白白浪费精力。

## ⊙ 腌鸭子生咸蛋

甲乙两个傻子偶尔在一起吃咸蛋，甲惊讶地说：“我经常吃的蛋都淡，这个蛋为什么这样咸呢？”乙说：“我是个特别聪明的人，多亏你来问我，这咸蛋就是腌鸭子生出来的。”

**大智慧**：把复杂的问题简单化，大概是所有的傻子分析问题、解决问题的办法。其实在我们的生活中，又有谁没犯过类似的错误呢？

## ⊙ 申、甲、田

两个乡下人来到城里，看见“申明亭”的“申”字。一个说：“这是个‘由’字。”另一个说：“这是个‘甲’字。”旁边有个人插嘴说：“你多一头，他多一脚，看来是个‘田’字。”

**大智慧**：在遇到矛盾与冲突时，经常有人会以公正的面目出现，把矛盾双方的观点和利益加以综合，得出双方都能接受的结论。这样做有时可让矛盾得到暂时的解决，有时则会使矛盾更加尖锐。

## ⊙ 牛的问题

有个人路过麦田，发现有头没有犄角的牛，便问农民，这头牛为什么没有犄角。

农民说：“牛没有犄角的原因很多，有的因为遗传没有，有的是因为和别

的牛顶角而失去了，有的是因病脱落了。而这头，它没有犄角，那是因为它是一头驴。”

**大智慧**：原因只为它所要解释的结果而存在。当我们分离了两者，我们便再寻不到答案。

## ⊙ 还在原地方

一位旅行者离开旅馆，急着去赶火车。可是，走到门外，见外面正“哗哗”地下着雨，他对旅馆服务小姐说：

“对不起，请你去看看我的雨伞是否在我房间里。”

几分钟后，服务小姐回来说：“先生，雨伞还在原地方，靠床头柜放着。”

**大智慧**：我们总是以为我们的确是按对方的意思做出了最佳的回答，却没发现我们竟忽略了那最深层的暗示。

## ⊙ 司机

那是戈尔巴乔夫还是总书记的时候，一天因私外出，嫌司机车开得太慢，催促了好几次。但因交通拥挤，还是不能让他满意。最后戈尔巴乔夫一把抢过方向盘，把司机推到后面，自己开起来。他一路横冲直撞，造成一片混乱。有人打电话向交通局长反映。局长大怒，质问该地段交警。

局长：“看到肇事者没有？”

警察：“看到了。”

局长：“为什么不逮捕他？”

警察：“我不敢？”

局长：“为什么？”

警察：“他的官很大。”

局长：“有多大？”

警察：“不知道，反正戈尔巴乔夫是他的司机。”

**大智慧**：我们总是以为每件事情的背后都会有着复杂的起因，其实可能简单的事实就是正如你所见的那样简单的发生。

## ⊙ 驱蚊妙法

夏天，一个人被蚊虫咬得不堪忍受，朋友给他出了个主意：“用麻布两层做成夹被盖，可以防蚊子。”

他问朋友为什么，朋友说：“等蚊子来时，把上边一层麻布向边上一扯，扯歪蚊子的嘴。伤筋动骨，要养一百二十天。等蚊子的嘴好起来时，天气也凉了。”

**大智慧**：如上法所示，恐怕会因专等蚊子叮好扯麻布而一夜无眠了。我们无论做什么事，都要掌握正确的方法。方法不对，费多少心血也徒劳无功。

## ⊙ 关上计程器

一个商人乘出租车从一个地方到另一个地方去，途中汽车不慎打滑，直向路旁的深坑滑下去。司机惊恐地喊叫：“汽车失灵，我控制不住了，怎么办啊？”商人忙喊到：“你至少该把计程器给我关上。”

**大智慧**：关键时刻应清醒分析出主要矛盾与次要矛盾，找出该最先解决的问题。如果只计较一时的蝇头小利，为此损失的大利可能是永远无法弥补的。

## ⊙ 不得要领

“救火！救火！”电话里传来了紧急而恐慌的呼救声。

“在哪里？”消防队急救部门的接话员问。

“在我家。”

“我是说失火的地点在哪里？”

“在厨房！”

“我知道，可是我们该怎样去你家嘛？”

“噢！难道你们没有救火车吗？”

**大智慧**：问题或许呈现纷繁多变的表象，但是内含的机理和要害却是确定无疑的。所以我们在面对问题和寻求解决之道的时候，一定要直指本心，一击即中！

## ⊙ 兄妹有别

“你说你只有一个兄弟？”

“对，只有一个！”

“哎，不对吧，你妹妹说她有两个兄弟。”

**大智慧**：不识庐山真面目，只缘身在此山中。面对纷繁的世事，处理不同的情况具备不同的判断标准，则显得尤为重要。

## ⊙ 感慨

丈夫对妻子说：“亲爱的，如果当年爱迪生不曾发明电灯，那么我们现在还只能点着蜡烛看电视。”

**大智慧**：原理可以派生出简单的事物，也可以派生出复杂的事物。擦亮慧眼，把复杂的看得简单，把简单的看得复杂。这需要一颗时时思考的大脑。

# 笑谈物质金钱和财富

卷·首·引·言

什么才是真正的财富？面对这个问题，很多人都会认为物质以及物质化的货币——金钱才是实实在在的财富。其实，金钱并不是唯一的财富。还有一些事情，同样能够给你带来快乐和幸福，使你不受时间的限制，能让你心想事成，成为你梦想中的人物，做你想做的事，拥有你想拥有的一切。

想一想，我们现在除了金钱不是很多以外，我们还拥有好的身体，积极的心态，众多的朋友，对于过去自己的成功有成就感，拥有自己明确的价值观念，还有很平和的心境，其实我们本来是很快乐的。所以，我们根本就没必要为自己担心。仔细收拾一下自己的房间，你突然发现，自己原来还是一个富翁，没有比这件事更让人快乐了。

显然，追求财富完全是一件个人的私事，每个人都有自己的财富，只是你原来并不这么认为，或者你并不觉得他们重要，然而他们确实决定着你的快乐和幸福。事情就是这么简单。

朋友，你的财富是什么？

## ⊙ 寻犬启事

一个富翁带着爱犬出国旅游，在一个小镇上，他的爱犬突然失踪了，他便急忙找到当地一家报社，要求刊登一个《寻犬启事》，并说谁为他找到爱犬，将获得一万美元的酬劳。富翁等到晚上，还不见晚报出版。他又跑到报社去问，只有一个守门的老头在那。富翁问："难道今天不出晚报了吗？"

"是的，先生。"

"为什么？"

"所有的编辑都上街找狗去了。"

**大智慧**：在这样一个经济社会，金钱的驱动是万能的。所以我们看到有年轻的姑娘征婚亿万富翁。

## ⊙ 生意兴隆

拳击比赛当中，一位选手的牙齿都被打掉了。看的人心都提起来了。唯有一位观众高兴得眉开眼笑，手舞足蹈。坐在旁边的观众好奇地问：

"先生，你是拳击教练吗？"

"不，我是牙科医生。"

**大智慧**：当我们的视角变得狭小，甚至最终只服务于一种职业的需要时，我们也许会乐观地发现职业所带来的金钱上的享受。但同时，他人可能已经在可怜着我们从此失去了生活的真正乐趣。悲哀的是，我们自己对此却浑然不知。

## ⊙ 催账信

汤姆是个有名的赖账鬼，酒店老板吃了他不少亏。

一天，汤姆走进酒店，痛痛快快付清了所有欠账，并且说："老板，你昨天写给我的那封要钱的信太感人了，读后令我不能不动心还你的债。请问你是怎样想出这么精彩的句子的呢？"

老板告诉他："不瞒你说，我妻子现在正在法国戛纳海滨度假，开销极大，所以她常写信回来要我寄钱。我从她的信中摘了几段寄给你。"

**大智慧**：不要以为金钱永远都是万能的，"君子爱财，取之有道"，而道理恰恰就在金钱之外。

## ⊙ 最大的发现

英国化学家戴维曾是大科学家法拉第的老师，他支持法拉第的发现，并提供了帮助。当然他自己也取得了科学上三大重要成就——电解法分离碱金属和碱土金属、确定氯是元素、发明安全灯。但当人们称颂他的发现时，他却说："不！不！我一生最大的发现是法拉第。"

**大智慧**：再伟大而神奇的东西，也是人创造出来的。所以，人才是真正的资源。尤其在现代社会中，谁拥有了人才，谁就等于拥有了财富。

## ⊙ 得到了金子

德国物理学家基尔霍夫（1824—1887）有一次举行讲座时指出，从太阳光谱上看到的黑线证明太阳上有金子存在。一位前来听讲座的银行家讥笑基尔霍夫说："如果不能从太阳上得到它，那这样的金子有何用处！”后来基尔霍夫因光谱分析方面的发现荣获了金质奖章，他把奖章给那位银行家看，并说：“你瞧，我终于从太阳上得到了金子。”

**大智慧**：一项重大的发现比金子要珍贵得多。

## ⊙ 饿得吃草

一个长时间受到饥饿折磨的穷汉看见一位阔太太坐在自己屋旁的椅子上，为了引起她的同情，他便跪在地上，吃起草来。“啊，可怜的人儿，你在干什么？”

“太太，我饿极了，甚至准备吃草。”

“这多么可怕啊！”她的眼睛充满了同情，“你能不能到我院子里来一下？”她稍微沉默了一下，“我们那里的草长得比这里的更长，更多汁。”

**大智慧**：贫穷并不可怕，可怕的是在贫穷中失去了自尊和斗志。俗语说：“人先自辱，而后人辱之。”要知道，并不是每一个人都把别人的尊严放在心上。

## ⊙ 归属

美国大画家惠斯勒，有一天随几个朋友去访问伦敦的某个百万富翁。一走进那华丽的客厅，发现墙壁上挂了一幅他绘的画，那是他多年前的作品。他看了一下，觉得很不满意，于是就取出画笔和颜料，在那画上用快笔加以修改。“你这是搞什么？”主人一见，大为震惊地说，“你是谁，敢在我的画上乱涂！”“你的画？”惠斯勒不动声色地回答道，“你以为付了钱就成为你的了吗？”

**大智慧**：金钱并不是万能的，最起码思想与创造和金钱之间永远也无法进行“等价”的交换。

## ⊙ 精打细算

在到欧洲出公差之前，一名男子开着劳斯莱斯到伦敦市中心的银行，进去要求预借现金5 000元。贷款部服务人员，要他留下抵押品。“嗯，那么，这是我劳斯莱斯的钥匙。”男子说道。贷款部的人员马上拿着钥匙把车开到地下室的停车中心去保管，接着就拿5 000元给他。两个礼拜以后，男子走进银行的大门，要求偿还贷款并把车领回。

“您预贷的款项为5 000元，加上15.40元的利息。”贷款部的人员解说道。这名男子开了张支票后准备离去。

“先生等等，”贷款部人员说道，“在您离开后，我发现您原来是个百万富豪。您怎么可能会需要向银行借5 000元？”

男子微笑道：“在曼哈顿有什么地方可以停两个礼拜的车子却只收15.40元呢？”

**大智慧**：财富的积累不仅仅在于收入增长，还在于对现有财富的合理使用。这个笑话给我们的启示是，我们都可以用金融工具来理财，重要的是头脑。

## ⊙ 金钱和正义

一天国王问阿凡提：“阿凡提，要是你面前一边是金钱，一边是正义，你选择哪一样呢？”

“我愿意选择金钱。”阿凡提回答。

“你怎么了？阿凡提，”国王说，“要是我呀，一定要正义。金钱有什么稀奇？正义可不是容易找到的啊！”

“谁缺什么就想要什么，我的陛下。”阿凡提说，“您想要的东西正是您最缺少的呀！”

**大智慧**：越是高喊口号的，内容就越是空洞和缺乏，越是讲究形式的，本质就越虚无和缥缈。

## ⊙ 究竟谁是议员

富兰克林不仅是著名的科学家，还是一位政治活动家。他曾积极地参加了《独立宣言》的起草，为争取黑人解放发表演说，为建立美国的民主制度进行斗争。他在指责一项有钱人才能有资格当选为议员的法律的时候说："要想当上议员，就得有30个美元。这么说吧，我有一头驴，它值30个美元，那么我就可以被选为议员了。一年以后，我的驴死了，我这个议员就不能继续当下去了。请问，究竟谁是议员呢？——是我，还是驴？"

**大智慧**：并不是所有的东西都能用金钱来衡量的。相反，越是能用金钱来衡量的东西越没有价值，因为那是太外在的东西，太飘忽不定的东西。所以说，在这个世界上，只有钱最不值"钱"。

## ⊙ 知识和财富

长期以来，BILL GATES辍学经商直至成为美国首富的佳话被千家万户所传颂，却没有人能解释BILL当初为什么放弃万人敬仰的哈佛大学。现在，这个问题终于有了答案。下面从理论上给以严格证明。

已知：知识就是力量（knowledge=power），时间就是金钱（time=money）。

定理：功率(Power)=功（work）/时间或时间(time)=功(work)/功率(power)

利用已知条件件得：金钱（money)=功(work)/知识(knowledge)

即：做同样的功(work)，知识越多，挣钱越少。

结论：知识分子难致富。

**大智慧**：科技是第一生产力，知识就是财富，这依然是条定律。但并不是说知识越多财富越多，而是知识能转化为生产力的越多，财富越多。所以，提高知识的转化率，是政府的首要任务。

## ⊙ 许诺与胡话

拥有百万家产的富翁欧里病倒了，卧床不起，看样子病得不轻。他对医生说："大夫，如果我康复了，我捐50万美元给您的新医院。"医生很高兴，竭尽全力为他看病。几个月后欧里恢复了健康，医生说："您感觉良好，这使我很高兴，我想和您谈谈应为新医院捐款的事儿。"欧里很惊奇地说："是我答应的？"

"是啊，您亲口对我许诺的。"

"我病得多厉害呀！甚至说起胡话来了！"

**大智慧**：与生命比较起来，钱财乃身外之物。这个道理人在生命受到威胁的时候体会最深刻。在困难的时候能获得帮助是幸运的事情，许下了诺言就应该兑现。否则就是"狼来了"的故事，因为出尔反尔的人不能保证是否下次还有人来帮助他们。

## ⊙ 吝啬鬼投河

两个吝啬鬼在路上相遇了。

"你去哪儿呵？"一个问。

“我不想活了，去跳河。”

“你傻了吗？怎么还穿着新衣服？”

**大智慧**：身外之物本为人而存在，如果连生命都厌弃了，其它的还有什么价值可言。

### ⊙ 怕谈过去

一位年轻人来到腰缠万贯的厂主面前，他想向厂主的女儿求婚。厂主说：

“我想了解一下你的过去，你先对我讲讲吧！”

年轻人并未回答，却说：

“我也想了解一下您的过去，您能对我说说吗？”

“好吧，那过去就别再提它了，我们还是谈点别的吧！”

**大智慧**：财富不应该是对他人残酷的压榨，而应该是对自己心血的补偿。

### ⊙ 经济危机

冬天天冷了，小彼得问妈妈：“天这么冷，我们为什么不烧火？”

“因为你爸爸失业了，我们没钱买煤。”

“爸爸为什么失业？”

“因为煤太多了。”

**大智慧**：这是一个有关经济危机的典型幽默，其中蕴含着无比凄凉的味道。也许，财富的法则有时就是这样近乎残酷的悖论，又是一个个的人无法去突破的宿命。

### ⊙ 提薪

有一次，英国女王安娜参观著名的格林威治天文台，当她知道天文台长、天文学家詹姆斯·布拉德莱的薪金级别很低以后，表示要提高他的薪金。可是，布拉德莱恳求她千万别这样做。他说：“如果这个职位一旦可以带来大量收入，那么，以后到这个职位上来的将不是天文学家了。”

**大智慧**：一些高尚的事业永远与金钱无关，不仅无关，金钱还会败坏这种事业。

### ⊙ 报酬

母亲对正在音乐学校学钢琴的女儿说：

“如果你每天晚上在家里练琴，我每天都会给你一马克。”

“这太少了，”女儿说，“如果每天晚上我不在家里练琴，隔壁的罗兰太太答应每天都给我两马克呢！”

**大智慧**：金钱是用来交换的货币，但并不是所有的东西都可以用金钱来交换。任何东西都有它的局限，金钱也不例外。

### ⊙ 针锋相对

一个路人被汽车碰伤，车轧坏了他的左脚。在法庭上，他强烈要求肇事司机赔偿他5万福林的损失。

“这办不到！您大概是把我当成百万富翁了。”汽车司机提出抗议。

“而您,大概是把我当成蚂蚁了。非这样解决不可！”受伤人反驳说。

(注:福林系匈牙利货币)

**大智慧**:健康的价值不能用金钱来衡量。但是,在人的健康被损害以后,除了金钱,还有什么能充当更好的补救措施呢？在没有一种更好的东西来代替它之前,不要轻易地否定金钱的作用。

## ⊙ 富有的女人

一个晚会上,一位妇女正在大肆夸耀她富有:“我经常用酒和牛奶清洗我的钻石,用红葡萄酒清洗我的红宝石,用白兰地清洗我的绿宝石,用鲜牛奶清洗我的蓝宝石,你呢?”她问坐在旁边的一位老妇人。

“噢！我根本就不洗它们,”老妇人答道,“一旦它们稍微沾染了些灰尘,我就随手扔掉了。”

**大智慧**:不是说“《圣经》会投放光明,金钱会投放温暖”吗？的确,金钱是创造美好生活的工具！但是,金钱绝不是人生的全部,更不应该成为人用以炫耀的资本。在你的生活中,不能因为金钱而使自己丧失健康和美好的人格。

## ⊙ 妙法

法国作家弗郎索瓦·拉伯雷有一次有急事要到巴黎去,可是身上没有钱,怎么办呢?

他弄来一些有颜色的粉末,包成三个纸包,分别在上面写着:“给国王吃的药”、“给王后吃的药”、“给太子吃的药”,然后,他有意让警察看见这些东西。警察发觉后,如临大敌,马上把拉伯雷抓起来,当作重大嫌疑犯押送到了巴黎。经过调查,无法找到治罪的根据,只好把拉伯雷放了。他就这样没有花一分钱,来到了巴黎。

**大智慧**:荀况在《劝学》中说:“君子生非异也,善假于物也。”意思是说,君子圣人本身并没有什么特殊之处,只不过善于借助和利用客观条件罢了。正所谓“条条大道通罗马”,只要有智慧,你就不会一直贫穷下去。因为,财富是智慧和魄力的结晶。

## ⊙ 对联

一个秀才,自得其乐地在家里贴了幅对联:“身无分文,家徒四壁。”遭到街坊的嘲讽,秀才说你们看清我的对联,写的是“身无分文债,家徒四壁书。”

**大智慧**:财富有许多类,物质的富有并不代表着一切,固守清贫而求精神富足也是一种生活态度,若能从中得到“斯是陋室,惟吾德馨”的乐趣,如此豁达当是人生的另一层境界。

## ⊙ 钱和命

有个人极其吝啬。一次,他要过河,可刚刚下过大雨,河水猛涨。虽然有渡船可坐,但他怕出船钱,便舍命涉河。刚走到河当中,就被水冲倒,漂流出半米多远。他儿子在岸上要找船救他。船主说给一文钱才去,儿子讲价,说只能给五分。双方讨价还价拖延了很长时间也没有说定,他这时眼看就要不行了,在垂死挣扎中,还回过头来向他儿子呼喊:“我的儿子,我的儿子,五分就救,一文不救。”

**大智慧**:“有其父必有其子”,金钱和人的生命相比是微不足道的,这样本末倒置,到时生命没有了,留着金钱还有什么意义？

## ⊙ 先医狗眼

某人患了眼病,出门看医生时,被自家养的狗咬破了裤子。

医生为他诊病时,他把狗咬衣服的事

也告诉了医生。医生打趣地对他说："先生家里的狗眼睛一定也是有病的，不然，怎么会把主人的衣裳也咬破了呢？"

回到家，这人想："这条狗眼睛有病，咬着我是小事，要是晚上来了小偷，它也看不见，那事情就大了！"

于是，他把医生开的药熬好了先喂狗，自己吃剩下的药渣。

**大智慧**：人，空空而来，空空而去。财物为人用，切不可人为财物用。否则，不用别人，自己就把自己看的低贱了。

## ⊙ 血统

加拿大外交官切斯特·郎宁在竞选省议员时，因幼年时吃过中国奶妈的奶水而受到政敌的攻击，说他身上一定有中国血统。郎宁反驳道："你们是喝牛奶长大的，那身上一定有牛的血统了！"

**大智慧**：物质的东西怎能决定精神的属性？鲁迅先生就曾经说过："牛吃的是草，挤出来的是奶。"人应该比牛更高级，吃的是粮食，产生的却是精神。

## ⊙ 诺贝尔奖金

教练员在拳击比赛暂停时对自己的拳击手轻声说：

"如果你不能豁出去，制服对手，那么诺贝尔奖金就只好由别人领走了。"

**大智慧**：当一个人用一种最容易被常人识破的近乎玩笑的谎言作为另一个人前行的动力时，不要单纯的认为撒谎者愚蠢，不妨多意识到那个成功的谎言中最令倾听者关注的细节。此时，与其利益相挂钩的细节决定一切。

## ⊙ 解惑

一天，国王狄奥尼修问阿里斯提卜："究竟为何哲学家去富贵人家，而富人不去拜访哲学家呢？"阿里斯提卜回答说："哲学家知道他需要什么，而富人不知道他所需要的东西。"

**大智慧**：哲学家知道自己需要食物来维持生存，而富人不知道自己需要智慧来维持财富。

## ⊙ 诚实的政治家

一位国会议员问另一位议员："你怎么一口咬定你是个诚实的政治家，何以为证？"

"我从不撒谎，从不否认我是被收买的，谁掏腰包，我就为谁效力。我是说到做到的。"

**大智慧**：天下熙熙，皆为利来；天下攘攘，皆为利往。为了利益出卖自己的良心和灵魂，总会让人所不齿。因为人不一

定要为财死，鸟不一定会为食亡。

## ⊙ 被告与律师

被告人向他的辩护律师许诺说："如果你有本事使我可以只蹲半年监狱，那么你将得到额外的1 000美元酬金。"结果，被告人终于如愿以偿，律师一边收钱一边说："这可真是棘手的活啊，本来法官们想判无罪释放的。"

**大智慧**：当一种职业价值的实现方式不再遵循着真理与正义，而相反，一切只是金钱利益的堆积，那么人们为之奔波的可能也只是一种虚幻的毫无幸福感可

言的梦幻而已。

## ⊙ 钱说话

有一个叫化子,假装成哑巴在街市上乞讨。他常常用手指着破木碗,又指着自己的嘴,嘴里发出“哑哑”的声音。有一天他拿着两文钱去买酒喝,酒喝完时,他说:“再给我添点酒。”酒店主人很奇怪地问:“你每次来都不会说话,今天怎么会说起活来了呢?”叫化子说:“以前都因为没有钱,叫我怎么说得出话来?今天有了两个钱,自然会说话了。”

**大智慧**:没有钱就把人逼成哑巴,有钱人财大气粗,连说话声都能高三分。如果有钱就能说话,大部分人估计都没资格说话了。

## ⊙ 人身保险

“你的人身保险金定的是多少?”

“5 000盾。”

“怎么定这么少?为这点钱去死太不值得!”

**大智慧**:金钱的逻辑总是不惜一切代价,甚至敢于以某个数字和生命等值。

## ⊙ 卢浮宫里的疑问

在卢浮宫里,两个美国富豪站在油画《耶酥降生》面前。

“我简直不明白,”一个人说,“连最基本的生活条件都不具备,他们怎么生活。看,孩子就直接躺在干草上。”

“难道你不知道耶酥的父母都很穷吗?”

“穷?那他们当时怎么请得起像提香这样要价极高的画家为他们作画呢?”

**大智慧**:在最大程度上满足人口舌之欲的同时,财富却让人的头脑变得俗不可耐。

## ⊙ 学费

有人送其子到阿里斯提卜那里求学,阿里斯提卜要收500得拉克玛学费。那人很不高兴地说:“这笔钱可以买一个奴隶!”阿里斯提卜说:“那么,否则的话,你将有两个奴隶。”

**大智慧**:做一个有教养的乞丐也比做一个未开化的人要好。因为前者所需要的是金钱,而后者需要的是教化。

## ⊙ 不值一块钱

在一个晚会上,萧伯纳正在专心地想他的心事。坐在旁边的一个富翁不禁感到好奇,就问道:“萧伯纳先生,我愿出一美元,来打听你在想些什么。”

萧伯纳回答说:“我想的东西真不值一块钱呢。”

富翁更加好奇了:“那么,你究竟在想什么呢?”

萧伯纳安祥地答道:“我在想着您啊!”

**大智慧**:财富并不能完全衡量一个人的价值,但有时候却能衡量一个人的品格。

## ⊙ 改动药方

“非常感谢您,大夫,感谢您为我开的这个药方。但请原谅,我一时还不能付钱给您。不过请您放心,将来在我的遗嘱中我一定会写上您的名字的。”

“好极了!先生。不过,还需把我刚才给您开的药方拿给我,我还要作一点不大的改动。”

**大智慧**:对那些充满物质欲望的人来说,利益驱动是解释他们一切行为的不二法则。

## ⊙ 火灾与水灾

两个生意人在海边聊天。

“我在这里只能休息一星期，”一人说，“我只拿到了10万马克保险金，那是因为我的房子失火了。”

“我得到了20万马克保险金，那是保险公司赔偿我因水灾造成的损失。”

“先生……您能不能告诉我，那水灾是怎么制造的呢？”

**大智慧**：为金钱而不择手段是一些人的特征，而令他们永远不安的不是良心，而是欲望。

## ⊙ 消费的观念

一个中国老太太和美国老太太死后在天国相遇了，中国老太太说：“我好不容易在死的前一天把买房的钱攒齐了。”美国老太太却说：“我终于在死的那天，把我买住房借银行的贷款还清了。”

**大智慧**：我们常常有这样的误解：只有自己的钱才能花，只有攒足了钱才能买东西。所以常常错过物价最低的时候，或者常常错过自己最需要的时候，而只能面对自己的需求望洋兴叹。我们面临的最大的问题不是没有钱可以用，而是缺乏花钱消费的艺术。

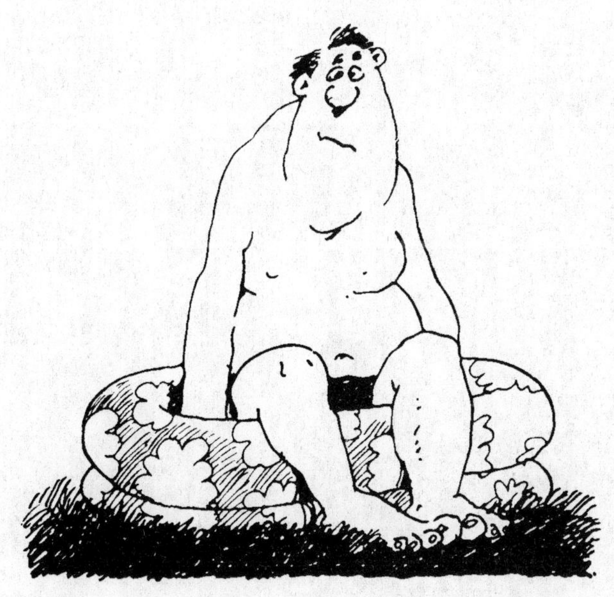

## 笑谈警示启发与教育

### 卷·首·引·言

趋向的魄力是无意间形成的一条小路，便利是人们选择它的根据。当这条小路成为这一带唯一的大道时，人们竟误以为是路决定了人的方向，然而多少种风尚只是时髦一阵，最终也没有成为习俗。这时，你就会知道选择的权力其实还是在人手中，不因袭前面的制度化选择，而是转向或重新选择，自然更艰难，但绝非不可能。否则人类的语言里就不会有“改革”的字眼了。

## ⊙ 讽狂妄者

波尔森在研究古希腊文学方面造诣精深,成为学术界的权威。

有一位对这方面感兴趣的年轻学者曾鲁莽地建议和波尔森合作研究。波尔森耐心地听完了他的分析,对他的不自量力和狂妄很不满意,便对他说:“你的建议极有价值,把我所知道的和你所不知道的加在一起,那就是一部巨著。”

**大智慧**:读天下书未遍,不可信口雌黄。

## ⊙ 奇妙的贺辞

埃迪·坎托(1892—1964)是一位受人欢迎的美国喜剧演员。他的合作人、制片家欧文·撒尔贝格是他的好朋友。

一天,他听说撒尔贝格生了个儿子,便赶忙发了一封贺电,电文写道:“祝贺你的最新产品问世,它在被剪辑以后肯定会更好看。”

**大智慧**:每一个人刚出生时都是一个新产品,都是没有定型的、又充满希望的。如果教育得好、“剪辑”得好,这个新产品就会成功地迸发出自身的能量。否则,等待它的只有被淘汰的命运。

## ⊙ 荣幸

一位刚刚荣升的上校到前线视察他将要接管的部队,他走到队列中一位有点羞涩的士兵面前时停了下来,说:“小伙子,头抬高点,即使在大人物面前也要挺起胸来。让我们握握手,你可以写信告诉家人,说你同上校握过手了,他们一定会为此感到骄傲的,小伙子,你爸爸是干什么的?”

士兵说:“报告长官,我爸爸是将军。”

**大智慧**:千万不要因为别人的一时地位低下看不起别人,即使他没有显赫的家世,也可能在不远的将来凌驾到你的头上。

## ⊙ 上帝的轿车

口若悬河的推销员向波尔太太推销《少儿百科全书》,他说这套书能解答孩子们提出的任何问题。这时,恰巧波尔太太的小儿子亨利来了。推销员拍着小亨利的头说:“孩子,你随便问我一个问题,让我给你妈妈示范一下,看我怎么从书上找到你想知道的答案。”

小亨利:“上帝坐的是什么牌子的轿车?”

**大智慧**:很多成年人都觉得儿童的思想单纯,容易掌握。因而他们常常会犯一个错误,就是在儿童面前充当百科全书。事实上儿童的想象力远远在答案之外。

## ⊙ 太复杂了!

有一天有一个人带着一条狗到唱片公司,他说他是这条狗的经纪人,并说他这条狗会唱歌跳舞云云。老板不相信,就叫小狗表演一次。当音乐响起,小狗跟着音乐载歌载舞。

老板目瞪口呆的看着小狗,一边想着这一次捡到摇钱树了，就赶快拿出合同,希望与狗签约,没想到忽然一条大狗冲进来,把小狗衔走了。

老板问:“怎么回事?”

经纪人无奈地表示:“唉！那是他妈妈，他妈妈希望他儿子成为一名医生,演艺圈太复杂了！”

**大智慧**:所有的父母都希望子女能在一个安全的环境中成长发展,为此甚至抹杀了很多孩子的天分。但是,有些行业本身的不严肃性也是重要原因。毕竟,安全比金钱重要。

## ⊙ 提问题

小汤姆喜欢提问题,有一天,他又问了爸爸一个问题，他爸爸不知怎样回答,便说:“别问我那么多问题，今天你差不多问了一百个问题了。我小时候问我爸爸的问题，加起来还没有你今天问的一半呢!”

“喔,对啦,爸爸。您当时如果多提些问题，也许你就能更多地回答我的问题了。”小汤姆说。

**大智慧**:我们常常无法回答孩子提出的问题,但这并不是我们要拒绝孩子的理由。对于儿童的好奇心而言,鼓励它比抹杀它更有利于孩子的发展。许多时候,我们应该鼓励孩子去自己寻找答案。

## ⊙ 小羔羊的毛

一个小男孩第一次到牧场,见到了小羊羔。他鼓足勇气去抚摸了一只,发出惊喜的叫声:“它的毛是用毯子做的！”

**大智慧**:对于孩子的教育,自然科学和人文教育是很重要的。这是孩子全面发展的保证,也是培养他们将来适应环境生存的能力。

## ⊙ 校服的颜色

一个纽约人来到赌城拉斯维加斯开会,顺便带了9岁大的儿子去看表演。舞台上,几个女郎身上只有几片蓝色和灰色的布片,9岁的儿子叫道:“哇！哇！好棒啊！”父亲急得不知如何处理这局面,但这男孩又兴奋地叫道:“她们穿的和我们的校服一样颜色！”

**大智慧**：孩子眼中的世界远远比我们眼中的要纯洁。童心是这个世界上最珍贵的东西之一，尽力给孩子一个纯净的成长环境，让他们保持童心,是我们的责任。

## ⊙ 圆明园是谁烧的

历史课上,老师在讲《火烧圆明园》一课,小明一直在打磕睡,老师便课堂提问:“小明,圆明园是谁烧的”小明吓得睡意全无,惊慌答道:“不是我烧的!”

次日家访，老师说起此事:“我问小明,圆明园是谁烧的,他居然说不是他烧的!”这时,小明的妈妈急忙答道:“我家小明一向老实，他说不是他烧的就一定不是他烧的。”小明的爸爸站了起来，满脸不高兴地说道:“烧就烧了，多少钱赔就是了。”

**大智慧**:我们不要错误的以为钱是解决一切问题的办法。对孩子该宠的时候就宠，该教育的时候一定要严格教育，因为“历史就是一面镜子”。

## ⊙ 第一名

毕业典礼上，校长宣布全年级第一名的同学上台领奖，可是连续叫了好几声之后，那位学生才慢慢的走上台。

后来，老师问那位学生，说：“怎么了？是不是生病了？还是没听清楚？”

学生答：“不是的，我是怕其他同学没听清楚。”

**大智慧**:名与利是多少人的捆绑、多少人的心结。我们被教育要争气、要出头，但是争气出头的不过是少数人，沉默的大众毕竟还是多数。想一想，有那么多人都和你我一样，不也是很兴奋的一件事吗？

## ⊙ 远大志向

同样是小学三年级的学生，在作文中说他们将来的志愿是当小丑。

中国的老师斥之为：“胸无大志，孺子不可教也！”

外国的老师则会说：“愿你把欢笑带给全世界！”

**大智慧**:身为长辈的我们，经常狭窄的界定了成功的定义，往往要求过多，鼓励太少。但你别忘了：好孩子都是被夸出来的。

## ⊙ 公母白鼠

一家建筑公司的经理忽然收到一份购买两只小白鼠的帐单，不由好生奇怪。原来这两只老鼠是他的一个部下买的。他把那部下叫来，问他为什么要买两只小白鼠。

部下答道：“上星期我们公司去修的那所房子，要安装新电线。我们要把电线穿过一根10米长、但直径只有2.5厘米的管道，而且管道是砌在砖石里，并且弯了4个弯。我们当中谁也想不出怎么让电线穿过去，最后我想了一个好主意。我到一个商店买来两只小白鼠，一公一母。然后我把一根线绑在公鼠身上，并把它放到管子的一端。另一名工作人员则把那只母鼠放到管子的另一端，逗它吱吱叫。公鼠听到母鼠的叫声，便沿着管子跑去救它。公鼠沿着管子跑，身后的那根线也被拖着跑。我把电线拴在线上，小公鼠就拉着线和电线跑过了整个管道。”

**大智慧**:想象力是科学的一种神秘附属物。毕加索说：“每个孩子都是艺术家，问题在于你长大成人之后，是否能够继续保持艺术家的灵性。”

## ⊙ 真心话

节日里，妻子邀请了一些朋友来家里聚餐。进餐之前，妻子转向6岁的女儿问：“你想带领饭前祷告吗？”

女儿说：“我不知道说什么。”

妻子启发道：“就说你听过的妈妈说过的话。”

女儿低下了头，说道：“主啊，该死的我为什么要邀请这些人来聚餐呢？”

**大智慧**：父母是孩子的表率，生活中的点滴都应该注意。良好的家庭教育是孩子完备人格的保证。

## ⊙ 最好的作品

大仲马曾和一个女裁缝生下一个男孩，他就是《茶花女》的作者小仲马。

1852年，小仲马的话剧《茶花女》初演受到热烈欢迎。他打电报给当时流亡在布鲁塞尔的大仲马说："巨大的成功！就像我看到你的一部作品初上演所获得的成功一样……"

对于儿子在文学上的巨大成就，大仲马自愧不如。他既有父亲的高兴，又有同行的妒忌。他风趣地回答说："我最好的作品就是你，我亲爱的孩子！"

**大智慧**：其实，培养一个好的孩子比成就一番事业更难，更有意义。

## ⊙ 做梦

一个老师白天睡觉，醒来却编造谎言欺骗学生说："我在梦中见过周公。"第二天，他的学生仿效他，趴在桌上睡觉。老师特别生气，用戒尺把学生打醒，问他："你大白天为什么睡觉？"学生说："我也是去拜见周公嘛。"老师说："周公说了些什么？"学生说："昨天没有见过你的老师。"

**大智慧**：身教胜于言传，榜样的力量是无穷的，不要用自己的不良行为去玷污孩子纯洁的心灵。

## ⊙ 我比你小得多

爸爸："你知道为什么我要处罚你吗，阿瑟？"

男孩："不知道，爸爸，为啥？"

爸爸："因为你打了一个比你小的男孩子。"

男孩："那么，爸爸，请别打我！"

爸爸："为什么？"

男孩："因为我比你小得多！"

**大智慧**：身教重于言传，成长中的孩子更多的是用眼睛看，而不是用耳朵听。所以，说给孩子十次道理不如当父母的躬行一次更有影响。

## ⊙ 新婚之夜

吉米和凯西是新婚的一对，在他们蜜月的第一晚，凯西在浴室里梳洗。

吉米一边脱着衣服一边对着自己说："我到底怎么告诉我新婚的妻子，说我有双世界上最臭的脚呢？"

然后他把袜子脱了，丢到床底下。

当凯西由浴室内走出来时，太胆怯不敢面对妻子的吉米穿过妻子跑到浴室里去。

凯西坐在床角对自己说："我要怎么告诉我新婚的丈夫，说我有张世界上最臭的嘴呢？我必须告诉他。"

就在这时吉米从浴室走了出来。

凯西对着他跑过去，给了他一个非常热情的吻。

吻完后说："亲爱的，我得告诉你一件事。"

吉米说："我知道，你刚才吃了我的袜子。"

**大智慧**：当充分认识到自己缺点的时候，往往是最能理解他人的时候。因

为这时很容易把一切的不妥都归结到自己身上。但与其这样负疚的生存，为什么不改掉自己都已经发现的错误呢？

## ⊙ 看错人了

维特门是哈佛大学毕业的著名律师，当选为州议员。有一次他穿了乡下人服装到彼士顿某旅馆，被一群绅士淑女在大厅里看到了，这些人想戏弄他。

维特门对他们说："女士们，先生们，请允许我祝愿你们愉快和健康。在这前进的时代里，难道你们不可以变得更有教养、更聪明些吗？你们仅从我的衣着看我，不免看错了人，因为同样的原因，我还以为你们是绅士淑女，看来，我们都错了。"

**大智慧**：越深的海水表面越平静。

越是有钱的人，穿着越普通，从外表上越看不出来。这话虽然不完全的正确，但是以貌取人却被证明完全是错误的。

## ⊙ 小偷的担忧

警察问一个被当场抓住的小偷："为什么你偏要到这家商店偷东西？"

小偷回答说："因为这家商店离我的住处很近。你知道，目前社会上非常乱，我不敢过久地离开自己的家。"

**大智慧**：在自己的身上，你总会发现这个社会的缩影。如果对社会要求，不妨先要求自己。

## ⊙ 胡子的赞词

一位贵族夫人傲慢地对法国作家莫泊桑说："你的小说没什么了不起，不过说真的，你的胡子倒十分好看，你为什么要留这么个大胡子呢？"

莫泊桑淡淡地回答："至少能给那些对文学一窍不通的人一个赞美我的东西。"

**大智慧**：社会分工越来越细，行业种类越来越多。我们不了解和不熟悉的东西也越来越多，当你可能陷入一种必须要对你不知道的东西发言的境地的时候，千万不要用有限的知识去"张冠李戴"。

## ⊙ 有力证据

一位病人向医生诉说左脚痛得很。医生说："这大概跟你年龄大有关系。"

"不可能，"病人说，"我的右脚与左脚是同岁的，为什么右脚不痛？"

**大智慧**：很多时候，我们自己的想当然未必是正确的。而别人给我们忠告以后，我们还用自己的想当然去反驳，就更是错上加错。

## ⊙ 更换

顾客很不高兴地对使者说："你们的螃蟹怎么都没有爪子呀？"

使者得意地说："这说明螃蟹是活的，这是刚才它在厨房搏斗的结果。"

顾客："那好吧，请你替我换一只刚才搏斗的胜利者来。"

**大智慧**：生活中不要轻易做那些自作聪明的托词，因为其结果必然是这样的：往往你还没来得及为之得意，就发现那其实是你给自己设下的陷阱。

## ⊙ 不同之处

雅典将军伊菲克拉斯特出身贫苦。有

一次阿莫迪斯（雅典的功臣，曾在公元前514年击败海皮亚斯暴君，因此受人敬重，子孙后代都享有一定的特权）的一个后裔嘲笑伊菲克拉斯特是鞋匠的儿子。将军回敬道："你说对了，我们是不一样。我们之间的不同在于，我们家族从我开始振兴，而你们家族从你开始衰亡。"

**大智慧**：一个家族或一个民族的兴旺，需要几代人的努力，而一个家族或一个民族的衰败，一代人就够了。

## ⊙ 六只脚更快

有个差役绰号"飞毛腿"，被派去送一个紧急的文件。官员唯恐他跑慢了，专门给他一匹快马。可他却不愿意骑马，而是紧跟着快马步行，累得气喘吁吁。别人问他："这么要紧的大事，为什么不骑上快马呢？"他回答说："六只脚跑，难道不比四只脚更快些吗？"

**大智慧**：任何事物都是相对的，同时又是复杂的，受到多种因素制约，并不是腿越多跑得就越快。那种简单的一一对应的关系，应用到现实生活往往不可行。

## ⊙ 打猎时间

丈夫两手空空地打猎回来了。为了不被妻子责骂，他从商店里买回了一只野兔。妻子将信将疑地问道："那兔子腿上写着'10.50'的标签是怎么回事？"

"呃……那个吗……哦，那是我打到这只兔子的时间！"

**大智慧**：当我们自以为巧妙地耍了小聪明，殊不知，小聪明身后的大陷阱也正紧随而来，最终，我们还是深陷其中！

## ⊙ 不能说话

"哥哥，鱼为什么不说话？"

"笨蛋，你能在水里开口说话吗？"

**大智慧**：我们认为的，未必是正确的。当我们因为自己的认为而嘲笑他人的时候，正是我们更加无知的表现。

## ⊙ 猫戴念珠

猫偶尔在脖子上戴上了一串念珠，被老鼠看见了。老鼠以为猫吃斋念佛了，欢呼雀跃，到处宣扬说："猫吃素了。"还领着它的子孙们向猫致谢。猫见了老鼠，大叫一声，一连捕杀了好几只小老鼠。大老鼠急忙逃命，回到窝里，惊魂未定地说："没想到猫吃素后更厉害。"

**大智慧**：我们认识事物时，不仅要看现象，更要看本质。不要只是被表面形式迷惑，沾沾自喜，丧失了应有的判断力。

## ⊙ 多言无益

有人问墨子："多说话有没有益处？"

墨子回答他："青蛙、蛤蟆整天日夜不停地叫，叫得口干舌燥也没人注意到它的存在，可是公鸡每天按时啼叫，一啼大家就知道是天亮了。可见话说多了并没有好处，只要说的是时候就行了。"

**大智慧**：有些人为了要表现自己很有知识，动不动就说大话，自吹自擂，结果说破了嘴皮子，没人理会还会惹人嫌厌；有些人平常不太开口，可是一说起话

来头头是道，条理分明，让人打心底佩服，这样的人才应该是我们学习的对象。

## ⊙ 为何而学

有个人一心一意想升官发财，可是从年轻熬到白发，却还只是个小公务员。这个人为此极不快乐，每次想起来就掉泪，有一天竟然号啕大哭起来。

办公室有个新来的年轻人，觉得很奇怪，便问他到底什么原因难过。他说："我怎么不难过？年轻的时候，我的上司爱好文学，我便学着作诗、学文章，想不到刚觉得有点小成绩了，却又换了一位爱好科学的上司。我赶紧又改学数学、研究物理，不料上司嫌我学历太浅，不够老成，还是不重用我。后来换了现在这位上司，我自认文武兼备，人也老成了，谁知上司喜欢青年才俊，我……我眼看年龄渐高，就要面临退休了，一事无成，怎么不难过？"

**大智慧**：研究学问、学习技能，应该是为充实自己，千万不能为了迎合别人的意旨，或随时代潮流而盲目地进行，否则达不成目的事小，白白糟蹋了一生宝贵的光阴才最可惜。

## ⊙ 蝎子和青蛙

一天，一只蝎子站在河边，它想要过河，但是它却不会游泳，这时它看到了一只青蛙，它就对青蛙说："你能背我过河吗？"青蛙说："不行，这样的话你会攻击我的。"蝎子说："不会的，如果我攻击你，我也会掉到河里淹死。"于是，青蛙同意背蝎子过河。当它们游到河的中间时，蝎子攻击了青蛙。就在它们都快要沉入河底时，青蛙问蝎子："你为什么要攻击我？"蝎子回答："这是我的本性。"

**大智慧**：记住：罪恶的想法和行为就是你的"蝎子"，小心"蝎子"蜇了你。"蝎子"无论如何向你承诺，它的本性还是想把你拖下水。

## ⊙ 演讲稿的长与短

有人问美国第28任总统伍德罗·威尔逊，准备一份10分钟的讲稿，得花多少时间。威尔逊答："两星期。"

"准备一份一小时的讲稿呢？"

"一星期。"

"两小时的讲稿？"

"不用准备，马上就可以讲。"

**大智慧**：越是精粹的东西越是需要长时间的磨砺、提炼，可以在十分钟内传达的所有信息，其价值远高于两个小时的拖沓言辞。

## ⊙ 愿望

青年问一老者："您已年近古稀，年轻时候的愿望都实现了吗？"

老者："年轻的时候，父亲责备我时，总揪我的头发，当时我想，要是没有头发就好了。今天，这个愿望算是实现了。"

**大智慧**：年轻就是希望和激情，就是奋发和努力，什么都不是问题，除了自寻烦恼，不务正业。莫等闲，白了少年头，空悲切！

## ⊙ 飞机

在某一次军事演习中，某小队奉命在指定地点等待直升飞机的到来，但是，飞机始终未到。这时，队长看见一老妇在田里种菜。于是，他上前询问。为了让老妇明白，他说："大娘，您看到一只铁鸟飞过吗？"大娘想了想，说："铁鸟没看到，直升飞机倒是看到过一架。"

**大智慧**：这个世界上，究竟谁比谁聪明多少呢？但有些人就是认为自己比别人精明很多，遗憾的是，他们连聪明反被聪明误这样的道理都不懂！

# 第28辑

## 笑谈伶牙俐齿与口才

卷·首·引·言

每天我们都会遇到一些场合,需要我们说几句适当的话。这几句适当的话,能够帮我们很大的忙,解决我们大大小小的问题。因此,我们能够就地运用我们的口才,对于我们的生活、工作都有很大的益处。

一个会说话的人,可以流利地表达出自己的意图,也能够把道理说得很清楚、动听,使别人很乐意接受。有时候还可以立刻从问答中测定对方语言的意图,从对方的谈话中得到启示,了解对方,与对方建立良好的友谊。但是,我们常看到许多不会说话的人,他们说话不能完全表达出自己的意图,往往使对方听起来费神,而又不能使人信服地接受,这就造成了一种交际上的困难。

遇到有事情和别人接头,或有事情需要跟别人合作的时候,说话流利的人,总能很愉快地谈判成功很多事情,使人清楚地明白他的意图。

目前人类的社会生活, 人与人之间及人与社会之间的关系是非常密切的,因此社交往来也是不可缺少的。随着人们互相合作机会的增加,我们的说话表达能力,也更显得重要了。

## ⊙ 妙计

法官:“我无论如何也无法相信,这样一位体面的、稳重的男子竟能动手打像您妻子那样的一个娇小脆弱的女人。”

约翰斯:“可是她骂我,折磨我,使我完全失去了耐性。”

法官:“她说了些什么?”

约翰斯:“她喊道:来吧,打我吧,我不怕。来呀,来呀,只要碰我一下,我就把你拉到那个秃头的老傻瓜——法官那里去。”

法官:“本案撤销。”

**大智慧**:真正的智慧在于举重若轻,能够四两拨千斤,一句话就能够扭转乾坤。动动你的脑筋吧,也许一条妙计就能够反败为胜。

## ⊙ 一语双关

杰拉尔德·R·福特(1913年出生)是美国第38任总统。他说话喜欢用双关语。有一次,他回答记者提问时说:“我是一辆福特,不是林肯。”

**大智慧**:众所周知,林肯既是美国伟大的总统,又是一种最高级的名牌小汽车;福特则是当时普通、廉价而大众化的汽车。福特说这句话,一是表示谦虚,一是为了标榜自己是大众喜欢的总统。

## ⊙ 保密

记者向基辛格探问导弹和潜艇的情况,基辛格耸耸肩道:“我的苦处是,数目我是知道的,但我不知道是不是保密的。”

记者马上说:“不是保密的。”

基辛格反问道:“不是保密的吗?那你说是多少呢?”

记者只得“嘿嘿”一笑。

**大智慧**:难以开口时,最好也把对方置于难以开口的境地。

## ⊙ 丑孩子

一名妇女抱着一个孩子坐上公共汽车。司机看了一眼孩子,突然说道:“我一辈子都没见过这么丑的孩子!”

气愤的妇女走到最后一排,坐下后,对旁边的一名男子说:“这个司机刚才侮辱了我!”那人答道:“您赶紧去找他算账,我来替您抱这个丑猴子……”

**大智慧**:表面温和的言语实际藏着杀人不见血的快刀。

## ⊙ 给傻瓜让路

有一天德国大诗人歌德在公园里散步,正巧在一条狭窄的小路上碰上了一位反对他的批评家,那位傲慢无礼的批评家对歌德说:“你知道吗,我这个人是从来不给傻瓜让路的。”

机智敏捷的歌德回答说:“而我却恰恰相反。”说完闪身让路,让批评家过去。

**大智慧**:每个人都要对自己的话负责,因为我们不知道哪一天我们会不会因为说错话而自取其辱。谨行慎言,是需要长期坚持的。

## ⊙ 回敬

二次大战时，德国法西斯头目之一戈林问一瑞士军官："你们有多少人可以作战？""50万。""如果我派百万大军进入你们国境，你们怎么办？"

"那我们就每人打两枪。"

**大智慧**：面对强敌，吹胡子瞪眼是没有用的，最主要的是要让对方在你嘴角的一丝笑容中看到杀机。

## ⊙ 机智地回避

美国影歌双栖女明星卡罗尔·钱宁早年在夜总会卖过唱。作为表演节目的一项内容，有时候卡罗尔小姐即兴回答一些听众提出的有关她的私生活的问题。有一次，一位男士问她："你记得使你十分窘迫的时候吗？"

"是的，记得。"卡罗尔回答道，"下一个问题呢？"

**大智慧**：当面对尴尬的问题时，你有两种选择：一、转移对方的注意力；二、不给对方继续说话的机会。显然，第二种方法比第一种办法更具有杀伤力。

## ⊙ 里根解窘

里根总统在一次白宫钢琴演奏会上讲话时，夫人南希不小心连人带椅跌落在台下的地毯上。观众发出惊叫声。但是南希却灵活地爬起来，在二百多名宾客的热烈掌声中回到自己的位置上。

这时，里根便插入一句："亲爱的，我告诉过你，只有在我没有获得掌声的时候，你才应该这样表演。"

**大智慧**：众目睽睽之下"丢人现眼"也许是最尴尬的一件事情了。但发生过的事情不能挽回，最重要的是用一种幽默的方式轻松地摆脱这种尴尬，否则，你会继续尴尬下去，甚至出现更糟糕的局面。

## ⊙ 快乐的叫喊

美国第三十六届总统林肯·约翰逊，很喜欢逗小动物玩。一次，他当着摄影记者的镜头，揪着自己养的小猎狗的耳朵，把它拎起来，直到小狗尖叫不止。他还说："我喜欢听它们叫。"

此事被全国动物爱好者协会知道后，他们群起游行抗议，指责约翰逊虐待动物。弄得约翰逊不得不当众"澄清"这一事实。他别出心裁地解释说："我敢打赌，这狗叫出的声音不是在喊痛，而是一种快乐的叫喊。"

**大智慧**：当陷入难以自拔的困境中时，你不妨学一学约翰逊，把矛盾的焦点转向根本无法验证的事实中。

## ⊙ 襁褓中的孩子

一天，某人有意刁难瑞士大教育家彼斯塔洛齐，向他提出一个问题："你能不能从襁褓中就看出，小孩长大以后会成为一个什么样的人？"

彼斯塔洛齐回答得很干脆："这很简单。如果在襁褓中是个小姑娘，长大一定是个妇女；如果是个小男孩，长大就会是个男子汉。"

**大智慧**：无聊的问题只能以无聊的答案来结束。

## ⊙ 山羊胡子的幽默

珍珠港事变之后，尼米兹元帅接任美军太平洋舰队司令的职务。他为人平易近人，遇事沉着稳定，留着一把胡子，士兵们背后都叫他"老山羊胡"。

有一天，他乘坐的旗舰在海上遇到敌人的军舰，双方立刻展开猛烈的炮轰，尼米兹一连指挥好几个钟头，觉得有点儿疲倦，便叫旁边一个水兵替他端一杯咖啡来。水兵才离开没多久，因为日机来袭，尼米兹便下令熄灯，一下子整条旗舰立刻一片漆黑。

水兵端了咖啡，在黑暗中到处找尼米兹，找了很久都没找到，便很不耐烦地说："咖啡来了，可是这个'老山羊胡'哪里去了？"

不巧尼米兹就站在他旁边，便回答说："山羊胡子就在这里，不过下次要记住，最好不要加个'老'字！"

**大智慧**：幽默感，可以调剂精神生活，松弛我们紧张的情绪，并进而促进人与人之间情感与心灵的交流。尼米兹因为有充分的幽默感，所以能丝毫不介意属下对他不敬的称呼，轻松地化解了尴尬的场面。

## ⊙ 视力没问题

一名妇女万般焦急地来到医院。

"大夫，快给我看看！我今天早晨醒来后，一照镜子，害怕极了，我的头发一根根立着，满脸皱纹，脸色苍白，眼球通红，看上去像个死人。我怎么啦，大夫？"

医生对病人进行了仔细的检查，然后说："嗯，我可以有把握地告诉您，您的视力完全没有问题！"

**大智慧**：幽默的语言道出了残酷的现实。怕打击对方但又必须告诉其真相时，不妨采用这种诙谐幽默的方式，至少能减少一点痛楚。

## ⊙ 刷新纪录

有一次，一位记者问塔夫脱总统的准确体重是多少。

"我不会告诉你的。"塔夫脱用雷鸣般的声音回答，"但你要知道，有人也问过议长里德，他回答说，真正有教养的人的体重不应超过200磅。可我已刷新这个纪录，达到300磅了。"

**大智慧**：智者的表达总是能把尴尬的问题平常化，或者把平常的问题有趣化。幽默是一种良药，最大的作用是拉近距离和缓解矛盾。

## ⊙ 双倍学费

有一个年轻人去向大哲学家苏格拉底请教演讲术。他为了表示自己有好口才，滔滔不绝地讲了许多话。

末了苏格拉底要他缴纳双倍的学费。

那年轻人惊诧地问道："为什么要我加倍呢？"

苏格拉底说："因为我得教你两样功课，一是怎样闭嘴，另外才是怎样演讲。"

**大智慧**：这个故事看来是个笑话，但事实上在告诉我们：成功的演讲家，应该是有张有合的。该讲则讲，不该讲则不讲，该点则点，点到即止，恰到好处。

## ⊙ 物归原主

佛教创始人释加牟尼（公元前565—公元前486）经过多次的人生选择，终于在菩提树下顿悟，达到超我境界。与他得道的艰苦经历一样，他的传道也远非一帆风顺。

有一次，有个男子用肮脏话谩骂释加牟尼，打断了他的讲道。释加牟尼等他骂完后问他："如果一个人送礼物给另一个人，被送礼的人拒绝收下这份礼物，那么礼物该归谁呢？"

"当然应该归送礼的人了。"那男子摸不着头脑地回答。

"好吧，"释加牟尼说，"我拒绝接受你的肮脏话，现在把它归还给你吧。"

**大智慧**：只有让对方出现破绽，才能一举制胜。

## ⊙ 夏娃尝禁果

罗马教皇的大使到法国时，未来的教皇约翰二十三世(1881—1963)也应邀去法国出席盛宴。宴会上，一位穿着过分袒胸露背的女士刚好是约翰二十三世的邻座，他只装作没有注意女士的穿着。甜食上来时，他挑了一只红苹果递给这位女士，而她却婉言谢绝了。

“请品尝一下吧，夫人。”他劝道，“夏娃只是因为吃了禁果后才意识到自己是赤身裸体的。”

**大智慧**：会说话的人总是把讽刺深藏于嬉笑怒骂间。

## ⊙ 小错和大错

有人问马克·吐温，小错误和大错误有什么区别。马克·吐温说：“如果你从餐馆里出来，把自己的雨伞留在那里，而拿走了别人的雨伞，这叫小错。但如果你拿走了别人的雨伞，而把自己的雨伞也拿走了，这就叫大错。”

**大智慧**：你看明白了吗？一个对无意疏忽和有意偷窃的精妙论断。

## ⊙ 验方

一个心理学教授对会议主持人说：“如果你想让到会的妇女们一下子安静下来，只要向她们提出一个问题：‘女士们，你们当中哪个年纪最大？’会场里马上便会变得鸦雀无声。”

**大智慧**：让一个人闭嘴的最好的方式除了封住他之外，就是问一些他最不愿意回答的问题。让一群人安静的方法则是问一些他们都不愿意公开回答的问题。

## ⊙ 一人买两票

美国钢琴家波奇，有一次，在密西根州的福林特城演奏时，他发现全场观众很少，还不到半数。他从心里感到很失望。

这时，只见他从容地走到舞台前面，对观众说：“你们福林特城的人一定很有钱，我看你们每个人买了两个座位的票，真阔呀！”

话刚落音，全场欢声雷动起来。

**大智慧**：既赞扬了对方，又使自己摆脱了尴尬局面，这正是幽默的魅力所在。

## ⊙ 时装

“这件上衣确是现在最时髦的吗？”一位顾客问售货员。

“这是现在最流行的时装！”

“太阳晒了不褪色吗？”

“瞧您说的！这件衣服在橱窗里已经挂了三年了，到现在还像新的一样。”

**大智慧**：无论有人如何地巧舌如簧，只要真相还客观地存在着，它就会在

不经意的瞬间跳出来说话。

## ⊙ 奥秘所在

一名顾客来到一家饭店，耳朵根上夹着一根芦笋。服务员感到奇怪，但不敢问。

自那以后，这位顾客天天来，而且耳朵根上总夹有一根芦笋。最后，这服务员决定问问那位顾客。果然，这顾客又来了，但他今天耳朵上夹的却是一棵石芹。

服务员说："请原谅，先生。您能告诉我为什么要在耳朵根上夹棵石芹吗？"

"当然能——您知道吗？我今天没有弄到芦笋。"

**大智慧**：抓住时机地提问，可能更容易让我们获得我们想要的答案。

## ⊙ 再来一份

一位顾客在某餐厅吃午饭。他点了一块牛排。快要吃完的时候，他突然发现牛排里有一只苍蝇。他十分气愤地叫来服务员询问是怎么回事。服务员不慌不忙彬彬有礼地说："先生，你抽中了本餐厅再来一份的大奖。"

**大智慧**：机智不仅能够化解你将要面临的麻烦，而且也能让别人出乎意料地忘记了不愉快。

## ⊙ 对付造谣人的妙法

有一天，马雅可夫斯基在路上见到有个头戴小帽的女人，她把许多人集中在她的周围，用各种各样最荒谬的谣言来诬蔑、中伤布尔什维克，马雅可夫斯基很生气，当即用有力的双手分开人群，直扑到这个女人跟前说："抓住她，她昨天把我的钱袋偷跑了！"那女人惊慌失措，含糊地嘟哝着："你搞错了吧？"

"没有，没有，正是你，偷了我25卢布。"

围着那女人的人们开始讥笑她，四散走开了。人们走光以后，那女人一把眼泪，一把鼻涕地对马雅可夫斯基说："我的上帝，你瞧瞧我吧，我可真的是第一回看见你呀！"

马雅可夫斯基答道："可不是吗？太太，您这才头一回见到一个布尔什维克，就大谈特谈起布尔什维克们来了……"

**大智慧**："以其人之道还治其人之身。"这是中国的古话，妄议造谣者往往是自己并没有受到这样的惩罚。

## ⊙ 旋风和微风

英国作家、评论家G·K·切斯特顿(1874—1936)身材高大，穿着讲究，可谓仪表堂堂，然而却天生一副柔和的假嗓子。不过他并未被难倒，相反，有时候，他还能因此创造特殊的效果。

有一回，在他去美国旅行前，举行了一次演讲。演讲开始前，主持人用华丽的辞藻，喋喋不休地将切斯特顿介绍给听众。

切斯特顿觉察到主持人的介绍太多太乱，听众似有厌倦之色。于是等介绍完后，他站起身对听众说："在一场旋风过后，随之而来的是一阵平静而柔和的微风。"

**大智慧**：持续沉闷以及一成不变的演讲方式会让人觉得厌烦，在面对公众的时候，要善于观察和选择演讲技巧。

## ⊙ 机智的报幕员

"尊敬的女士和先生们：下面我们将请在国际比赛中多次获奖的世界著名艺术家用小提琴为我们演奏几首美妙的乐曲。"报幕员对观众说。

"可我根本不是什么小提琴家，"艺术家不好意思地对报幕员说，"我是钢琴家。"

"女士们和先生们，"报幕员说，"不巧，小提琴家把提琴忘在家里了，因此，他决定改为大家演奏几支钢琴曲。这机会很难得，请大家鼓掌。"

**大智慧**：在无关乎原则的当儿，何妨将错就错呢？这样一来，玩笑之间可能反而多了些意外的轻松。

## ⊙ 难回答

法庭在审讯。

法官问见证人：

"请问，从去年11月14日到今年3月20日这段时间你每天都在什么地方？"

**大智慧**：若是想得到期望的答案，首先还得要看你提出问题的方式。这是一种技巧。

## ⊙ 耳冷眼热

有个叫王文成的人，最近被朝廷封了爵位，同事中有个人很眼馋。有一次，王文成上朝时，戴了一顶两边有垂帛遮住耳朵的帽子。那个同事看见笑话他说："先生耳冷吗？"王文成回答说："我不耳冷，先生眼热。"

**大智慧**：看到别人取得成就，不是虚心学习而是讽刺挖苦，对于这些总存嫉妒之心的势利之人，不能太过于迁就，否则会让他更得寸进尺。

## ⊙ 男人气概

一位卡车司机走进一家餐馆，要了食物后坐了下来。

正在这时，门外来了三个穿皮夹克的小伙子，他们从疾驰的摩拖车上跳下来进了餐馆，一个抢走了卡车司机的汉堡包，一个端起他的咖啡，一个吃起了他的苹果饼。卡车司机一句话没说，付了钱就走了。

三个小伙子走到收款小姐面前说："他不像个好男人。"收款小姐说："他也不像个好司机，你们看，他轧烂了三辆摩托车。"

**大智慧**：真正的还击不是停留在原地据理力争，而是在自己前行的途中，在丝毫不影响自己前进速度的基础上，将对手远远的抛在身后。

## ⊙ 年幼无知

妈妈："沙姆，餐柜里今天早晨还有两块蛋糕，怎么现在只剩下一块了？"

沙姆："我怎么知道呢？餐柜那么高，又那么黑，我找来找去也只找到一块。"

**大智慧**：我们自己总是于无形中道出了别人想要了解的一切。对此我们自己还以为"这是个多么令人纳闷的问题"。那些看似"愚蠢"的问话，总是引诱出我们真正愚蠢的回答。

## ⊙ 帮我把石头抬出来

有一位顾客正在用餐，吃着吃着，突然大喊服务生过来。旁边人听到他喊，都扭过头看他。当服务生走到他面前时，他不慌不忙地指着碗里说："请帮我把石头抬出来。"

**大智慧**：日常生活中碰到类似的事情靠冲突和大发雷霆解决不了问题，不妨运用幽默，既能表达我们的意见，又能避免激化矛盾。

## ⊙ 怕你不懂

菲施勒是有名的笑话大王，他几秒钟就能讲出一个笑话。有个人对菲施勒很不服气，问道："你能讲一句话的笑话吗？"菲施勒说："一句话的笑话很多啊！可是怕你听不懂。""哈！我听不懂，真是笑话。"这人说道。

**大智慧**：善用幽默的人都是智者，巧设陷阱、采用激将法，使对手放松警惕，让人不经意间承认了自己的能力，何等的高明。

## ⊙ 增添颜色

美国黑人领袖约翰·洛克在面对白人听众做关于解放黑人奴隶的演说时说："女士们、先生们！我来到这，与其说是发表演说，还不如说是给这一场合增添了一点'颜色'。"说完后，下面响起了笑声和赞赏的掌声。

**大智慧**：自嘲式的开场，笑声无形中冲淡了种族差异造成的心理隔阂，一下子使沉重的话题变得轻松，"以退为进"不失为社交过程中的一种巧妙的方法。

## ⊙ 底下一样也没有

清代纪昀有个笑话是这样的。一天散朝后，有个老太监和纪昀等人一道走，老太监让纪昀讲一个笑话，纪昀沉思片刻说道："过去有个太监。"说完就再也不说了，老太监等了好长时间听不到纪昀说话，便问："底下如何？" 纪昀答："底下一样没有。"旁边人听后大笑不止。

**大智慧**：一语双关的幽默，哪怕是一个不雅的话题，通过修辞作用，也可以登上大雅之堂，与人交往常常需要这样的智慧。

## ⊙ 喜鹊肉馅饼

乔纳森斯威夫特是英国的讽刺作家，一次外出旅游，到一家客店歇脚，老板娘认出了他，就十分热情的来取悦他。老板娘满脸堆笑地问他想吃什么，"想来点果肉馅饼吗？或者醋栗馅饼？或是李子馅饼？葡萄馅饼？樱桃馅饼？""老板娘！除了叫喳喳的喜鹊肉馅饼，什么都可以啦！"乔纳森斯威夫特打断了她的话。

**大智慧**：对于趋炎附势的人，当他们对你献殷勤时，不要被表面的实惠冲昏了头脑，用一个小幽默就让他们收敛。

## ⊙ 今天早上还没有呢

一个从美国得克萨斯州来的爱吹牛的人乘出租车在伦敦观光。

"这是什么建筑物？"得克萨斯人问。

"先生，那是伦敦塔。"出租司机回答。

"我跟你说，在我们那儿两星期就可以建起一座这样的建筑物。"得克萨斯人拉长腔调说。

过了一会儿他又问："我们刚才经过的是什么建筑？"

"先生，那是白金汉宫，是女王住的地方。"

"是吗？"得克萨斯人说，"你要知道在我们那儿像这样的宫殿只需一个星期就能建成。"

几分钟后他们又经过了威斯敏斯特大教堂，这位得克萨斯人又问："嘿，司机，那边儿是什么楼？"

"先生，恐怕我也不知道，" 司机说。"今儿早晨还没有呢！"

**大智慧**：当一个人用傲慢与无知表

达他自认为的荣耀与显赫时，对他最好的反击就是用更不真实的虚空为他展示出一种梦幻的事实。因为以他的头脑以为你会信服他所陈述的事实的虚无，他们便有足够的愚蠢信服你展示的虚无的事实。

## ⊙ 措词不同

红衣主教驾车飞驰，一名警察骑摩托车追上把他拦住。

主教问："我的车开得太快了吗？"

警察："不，主教大人。您的车不是开得太快，而是飞得太慢。"

**大智慧**：相对论不仅仅是定律的总结。它在更多的时候是让我们对他人表达的不满通过一种褒扬的方式得以发泄的最好的途径。

# 笑谈表达的沟通与理解

## 卷·首·引·言

语言真是奇妙的东西，人和人之间之所以能够沟通、交流和表达，就是因为人是能够说话，使用语言的动物，但是，人和人之间的误解、误会和欺骗也是因为语言的作祟。因此，人与人之间语言的表达、沟通和理解也就成了一门学问，特别是现在人际交往的频繁和密切到了空前的地步。

人和人之间的交流沟通，理想状态当然是心与心的契合，一个眼神，一种表情，甚至只是想一想也就知道了彼此的心迹。但是，时间、地点、对方在那一刻对自己的情绪，交流会受到太多其他因素的影响，我们其实很难真正以这种完美方式彼此了解。朋友之间，亲人之间，固然是彼此体谅甚或是血浓于水的，但必要的交流却是催化剂。

## ⊙ 出猎

"那次出猎我一共打死了12只野鸡。"一位猎人对他的朋友说。

"可是，爸爸，"猎人的儿子说，"去年那次你不是说只打死了7只吗？"

"去年你还太小，有些事还不能全都告诉你。"

**大智慧**：著名哲学家维特根斯坦曾经提出过这么一个问题：为什么只有人会装痛，而狗不会？人之所以会装痛，是因为人知道大家眼里的"痛"是什么。看来，语言真的是谎言的罪魁祸首。

## ⊙ 倒霉

詹妮小姐下夜班，看见一个男子大张着双手向她走来。"流氓！"詹妮小姐骂道，一脚向那男子的腹部踢去。只听哗啦一声，男子大叫："天哪！第三块玻璃还是没能拿回家！"

**大智慧**：有时候，我们必须注意自己的行为是不是被别人误会。尤其是面对女性的时候。

## ⊙ 到天上去

有个人很愚钝，每逢跟他的妻子回娘家饮宴，都被其他女婿欺负，让他坐在"下座"。他的妻子经常教导他，说要争取坐到高处的"上座"才好。

一次又逢家宴，把酒让座的时候，妻子老是用目光示意他"往高处坐"。他见庭前有张木梯，便急忙爬上去，妻子又羞又急，怒目示意，他这回也发火了："难道叫我坐到天上去？"

**大智慧**：我们可能会笑话这个愚钝的人，笑话他对妻子的暗示不能心领神会。但是，一个人能够真正理解另一个人吗？这是一个非常深刻的哲学问题，也许一切所谓的"理解"都是"误解"，都是从自我出发的解释和创造性的发挥。

## ⊙ 禁止和不禁止

守林人走到池塘的附近，他发现有个人在游泳，他走上前问道：

"喂！你没看见池塘边上的牌子吗？这里禁止游泳。"

"先生，我没游泳，我是掉进去了。"这个人答。

"是吗？那就是另一回事了。"守林人说，"这个不禁止。"

**大智慧**：若刻意去寻找，那没有什么东西是不存在漏洞的，尤其是语言。

## ⊙ 女管家

女管家向新上任的神父说他的房子需要修葺一下。"神父！你的屋顶需要修理。"她说，"你的水压也不中用啦，还有，你的锅炉又失灵了。"

"陈太太，"神父善意地提醒她，"你在这里的时间比我还要长，何不说是'我们'的屋顶和'我们'的锅炉？"

数星期后，神父和主教及其他神职人员开会时，女管家十分惊慌地冲了进来。"神父，神父，"她嚷道，"我们的卧室里有只大蟑螂，就在我们的床底下！"

**大智慧**：语言是一种奇怪的艺术，同样的语言由不同的人在不同的地方以不同的语气表达都会产生不同的效果。努力把意思表达清楚，不让别人产生歧义，是我们使用语言的基本目的。

## ⊙ 煮竹席

一北方人到南方去，南方人请他吃笋。他问："这是什么？"南方人回答说："是笋，长起来便是竹。"

这人回到家里，以为竹席既然是竹做的，也可以吃，便把床上的竹席拿来煮，煮来煮去却煮不熟，他恼了，就跟妻子说："南方人真滑头，专门戏弄别人！"

**大智慧**：南方为橘，淮北为枳，幼时为笋，长成为竹。对事情没有彻底的了解，只一知半解，便鲁莽地去做，是做不好的。这个北方人煮"竹子"没煮成，只责怪朋友欺骗他，却不知道是由于自己没有问清楚这"竹子"的详细情形，才出这种荒唐事。

## ⊙ 农场和老爷车

一农场主夸耀他的农场："当我乘汽车沿着我的农场从南走到北，得花两天时间！"

一听众深表同情："是啊，当年我也有这么一部老爷车。"

**大智慧**：悲哀的莫过于我们的自负被他人误理解为可怜。但更为悲哀的却是我们的自负被他人"故意"的理解为可怜。当一种自负足以引起他人的反感的时候，我们得到的将不再是一种虚荣的满足，而是一种羞耻的咎由自取。

## ⊙ 精神对抗

"您瞧，昨天公共汽车司机盯着我看，仿佛我没买票。"

"那您怎么办？"

"很简单，我也盯着他看，就像我买了票似的。"

**大智慧**：生活中类似的眼神交会，你我都不会感到陌生，的确，坚定的目光代表一种力量。可是，友好的沟通和交流是不是更具温情呢？让眼睛微笑吧！

## ⊙ 削蹄割尾

有一天申先生写信给他的朋友熊先生。一时疏忽把"熊"字下面四点忘了，写成"能先生"。熊先生一看又气又恼，提起笔来写了一封回信，故意把申先生误写成"由先生"，还说："你削掉了我的四个蹄子，我也要割掉你的尾巴。"

**大智慧**：人与人之间的误解和矛盾也许在所难免，但是至少我们还可以选择对待的方式：以暴制暴，恩怨何时了？多点理解，多点宽容，多些合作，多些团结，不是更好吗？大到国事，小至市井，莫不如是！

## ⊙ 饭后一支烟

汤姆去医院检查身体，发现自己有肺

癌，就问医生："我怎么才能治癌呢？"医生说："你平时要多注意，特别是不要抽那么多烟，如果控制不住自己，只能饭后抽一支。"

一个月后，汤姆又来检查身体，却发现自己患了胃癌，医生问其原因，他回答说："我就是依照你说的呀！我抽烟时就先吃一顿饭。"

**大智慧**：生活中，很多人总是犯这样的错误，从自身需要出发去理解别人的话，结果却是害了自己。

## ⊙ 淡得有味

父亲生日前一天，我去订做一个大蛋糕，由于父亲不能吃太甜的东西，所以我嘱咐老板糖不要放得太多，稍微淡些。那老板顺手在纸上记着："父亲生日稍淡。"第二天，我去取蛋糕。打开一看，可真是让人啼笑皆非。原来蛋糕上的字样是："祝父亲大人生日快乐，稍淡敬上。"

**大智慧**：生活中总是难免误会。但是很多时候，误会却是人为的疏忽造成的。所以，遗憾之余，还是好好思量一下，如何做到良好畅通的沟通和理解吧！

## ⊙ 排辈

有一个人没有名字，入赘后邻居都喊他姐夫。一次，他跟人打官司，请人写状子，当问他名字时，他说："我叫姐夫。"

状子递上去后，县官升堂："传姐夫上堂！"

当差的齐声喊道："请姑老爷上堂！"

县官听罢怒喝道："混帐，什么姑老爷！"

差人慌忙跪下道："回禀老爷，您老的姐夫不就是我们的姑老爷吗？"

**大智慧**："偷梁换柱"为孙子兵法中一计。名字相同而实质不同的事物，在生活中造成的误会不在少数，尽量细致体察使错误减少到最低。

## ⊙ "啥"

有个自以为很聪明的人，读到"啥"字，不认识了，于是去问另一个人。

——这字念啥呀？

——这个字嘛，念"啥"。

——是呀，它念啥呢？

——念"啥"！

——我问的就是它念啥？

——念啥！念啥！我说念"啥"就念"啥"！

**大智慧**：一些本来很熟悉的已经摆在眼前的事物，人们却怎么也认不出来了。

## ⊙ 处世之道

妻子雇了个油漆工回家将卧室油刷一新，那个油漆工下班前还未漆完。丈夫晚上回家，不知道油漆未干，开电灯时把手印留在电灯开关的墙壁上。翌日，油漆工来继续工作，妻子对油漆工说："请你到卧室来，我要你看看昨晚我丈夫摸过的地方。"油漆工尴尬地说："不了，太太，我的处世之道是洁身自爱。"

**大智慧**：更多时候我们为之一笑的误会，不过是语言的功能在内心分析之上更容易产生以自己的意识为主导的差别。于沉默中静待发展，有时候要好于遵从内心意识的瞬间反驳。

## ⊙ 恢复常态

一男士傍晚凭吊墓地，忘了墓地关门的时间，等他想起来时，大门已经关上。他恐怖极了，忙跑到门口，对要走的守墓人大声呼救："我的天哪！别关，我要出去，我要出去！"守墓人回答："您幽默过分了，还是恢复常态好！"

**大智慧**：当误解发生的时候，我们所有的辩解的语言都是无力而苍白的。他人已经将思维范式固定于我们所有的行动之上。这时我们能做的就是等待他的"清醒"。

## ⊙ 军人保险

亨特先生被派到美国新兵培训中心推广军人保险。听他演讲的新兵100%都自愿购买了保险，从来没人能达到这么高的成功率。培训主任想知道他的推销之道，于是悄悄来到课室，听他对新兵讲些什么。

"小伙子们，我要向你们解释军人保险带来的保障，"亨特说，"假如发生了战争，你不幸阵亡了政府将会给你的家属赔偿20万美元。但如果你没有买保险，政府只会支付6 000美元的抚恤金……"

"这有什么用，多少钱都换不回我的命。"下面有一个新兵沮丧地说。"你错了，"亨特不急不忙地说，"想想看，一旦发生了战争，政府先会派哪一种士兵上战场？买了保险的还是没买保险的？"

**大智慧**：演讲中的表达方式很重要，不同的表达方式会给人带来不同角度的思考，也会让你的演讲有不同的反响，你就会得到不同的结果。

## ⊙ 求宿

有一个俄罗斯人旅游时迷了路，晚上走到中国边界一个小村庄里，外面漫天大雪，他冷得受不住了，便去敲农家的门要求住宿。

一个老太太在屋里大声问："你是谁啊？"

俄罗斯人说："依力奇瓦·莫波洛夫·克里拉维奇！"

"人太多了！"老太太"嘭"地把刚打开的门关上，干脆地拒绝道。

**大智慧**：在很多时候我们自认为对他人的拒绝有着极其充足的理由，却没发现，可能只是一时的言语误会便丧失了在我们内心深处其实并不排斥的事情发生的可能。所以，语言纵使可信，也应将其于情景中加以辨析。

## ⊙ 曲解

我的朋友乘火车在欧洲旅游，对火车上味道好的饭菜以及餐车上周到的服务印象很好。一天吃晚饭时她觉得肉很好吃，但那一份肉确实太多。她想留下一些明天做三明治吃，就请服务员把它放在狗食袋里。服务员笑着拎着一个鼓鼓的袋子回来了。"夫人，希望您的小狗食欲好。"他非常有礼貌地说，"我把所有盘子中的剩肉都刮来了。"

**大智慧**：我们自己所有的言语理所当然地被自己认为是充现其意的表达，因为我们自己于无意识中参与了自我的内心感受。而事实上这种内在的参与并不在他人那里发生作用，他们理解的只是简单的语言而已。你的内心，他人永远毫无所知。

## ⊙ 他离家时六岁

因为飞机起飞延误，一个人在机场等着接人已经三个多小时了。他走近问询处打听飞机到达时间的最新消息。他非常着急，因为他是来接侄子的，而侄子是第一次乘飞机。

"男孩多大了？"航空公司的人关心地问。

"他离开家时六岁。"他不客气地回答。

**大智慧**：当我们的言语中隐喻着不

满，并且这种隐喻直接而尖刻，那么这种不满便已经被倾听者所接收。只是事实的结果可能是我们发泄了不快，却更容易让倾听者以不提下文而避之，并使我们陷入更严重的不满中。

## ⊙ 轮流

我的一位朋友到佛罗里达州看望母亲时，带着母亲去一家鞋店买鞋。在她试穿不同式样的鞋时，我的朋友将经理拉到一边说："她如果挑到一双她喜欢的鞋，你告诉她是十二块钱。正式的价钱由我来付，不管有多贵。"

第二个星期，我的朋友走过鞋店时，经理认出了他，并叫他进去。

"怎么回事？"我的朋友边往里走边问，"我的支票有什么问题吗？"

"不是那事，"经理回答，"问题是你的母亲把她所有的朋友都带来买这十二块钱一双的鞋了。"

**大智慧**：我们在了解他人的言语的同时，往往忽略了他的内心，那种内心只对你一人充满了爱的语言，可能会让我们于不经意间习以为常，并推之及人。所以善于辨别那种可能只针对你一个人的爱的语言吧，然后于甜蜜中独自享受。

## ⊙ 郢书燕说

楚国国都有人写信给燕国丞相，夜间书写，烛光不亮，写信人就对拿蜡烛的人说："举烛。"一边说一边就把"举烛"两个字误写到信上去了。"举烛"，本来不是信中要说的话。燕国丞相接到信却很高兴，他说："所谓'举烛'，就是崇尚光明啊，尊崇光明，就要选任有贤德、有才能的人。"燕相把这个意思告诉国王，燕王也很喜欢这个主张。由于起用贤才，国家安定繁荣，国家安定了，但与那封信的本意并无关系。如今世上的学者读书做学问，也大多这样穿凿附会。

**大智慧**：不深入探寻事物的真义，却好望文生义、穿凿附会，由此得出的结论往往与原意相悖逆。郢书燕说尚是歪打正着，产生了积极的作用，而曲解原意，更多的结果是产生负面的影响。

## ⊙ 秀才买柴

有一个秀才去买柴，他对卖柴的人说："荷薪者过来！"卖柴的听不懂"荷薪者"（担柴的人）三个字，但是听得懂"过来"两字，于是把柴担到秀才前面。

秀才问他："其价如何？"卖的人听不太懂这句话，但是听得懂"价"这个字，于是告诉秀才价钱。

秀才接着说："外实而内虚，烟多而焰少，请损之。（你的木柴外表是干的，里面却是湿的，燃烧起来，会浓烟多而火焰少，请减些价钱吧。）"卖柴的人因为听不懂秀才的话，于是担着柴就走了。

**大智慧**：最好用简单的语言、易懂的言词来传达讯息，而且对于说话的对象、动机要有所掌握，有时过分的修饰反

而达不到想要达到的目的。

## ⊙ 摇自己的头

在英国议会开会时，一位议员在发言时见到坐席上的丘吉尔正摇头表示不同意。这位议员说："我提醒各位，我只是在发表自己的意见。"这时候丘吉尔站起来说："我也提醒议员先生注意，我只是在摇我自己的头。"

**大智慧**：在这个没有上帝的世界上，任何人都没有权力用自己的言行去影响别人。但是，每个人的言行却又不自觉地影响着他人，这大概就是萨特所说的"他人就是地狱"的深刻含义吧！

## ⊙ 最好的和最坏的

有一天，老爷对侍仆说："你去宰一只羊，把最好的给我们端上来。"

侍仆端来了羊舌。

第二天，老爷又对他说："你再宰一只羊，把最坏的给我们端上来。"

侍仆端来的仍然是舌头。老爷问他为什么，他说："说好没有比舌头更好的，说坏没有比舌头更坏的。"

**大智慧**："众口铄金，积毁销骨"，语言的魔力尽在于此。其实在痛恨的同时，人们又何尝不是活在别人的评说当中，只不过有人能做到尽量地不在意而有人却不能罢了。

## ⊙ 招聘

古玩店招聘售货员，一个年轻人前来应聘。

老板从地上捡起一块木屑，把它放在红丝绒垫子上问道："这是什么?"

"乾隆皇帝用过的牙签。"

"好极了，你现在就开始工作！"

**大智慧**：事物本身究竟会有什么不同呢，区别在于人们怎样去说起它。

## ⊙ 称赞

"你喜欢我这个新剧本中的那个窃贼吗？"

"当然，您把这个窃贼简直写活了。他无所不偷，就连他的台词都是偷来的。"

**大智慧**：记得孔乙己曾为自己辩解道"读书人的事，能算是偷吗"，这自然是一种可悲的自欺欺人。并且，所谓偷与窃，其对象不仅有物品，更有人的思想。

## ⊙ 晚餐的内容

一个学生跑到食堂问厨师："今晚有什么好吃的？"

厨师说："今天好吃的可是成千上万哪。"

"真的！都有什么？"

"炒黄豆。"

**大智慧**：我们总是用自以为贴切的语言形容着别人所期盼的事情，以为与己无关，以为我们并没有欺骗，却忽略了在不知不觉间，我们早已经让他人淡淡地失望。

## ⊙ 偷火鸡

偷儿到教堂做弥撒。牧师问："什么风把你吹来了？这星期你没偷火鸡吧？"

"没有，一只也没有偷。"

"其它鸡有没有偷？"

"也没有。"

"太好了,你已经接近上帝一步了。"

偷儿低声说:"如果他问我偷鸭子没有,我就远离上帝了。"

**大智慧**:语言是一种艺术,询问是一种技巧。能否最快的得到想要的答案,是判别一个人设计问题高下的方法。这也是为什么有些人能当首席记者,采访世界名人,而有些人只能替人校稿。

## ⊙ 24头猪

年轻的律师为他的第一个案子出庭,他的当事人的24头猪被铁路局的车轧死了。为了强调损失的巨大,他激动地说:"先生们,想一想吧,24头猪呀!24头!是我们陪审团的两倍呀。"

**大智慧**:当我们想要表达的一切在不经意间开始背离了我们最初想要达到的效果的时候,不妨想想,是不是我们忘记了,我们是在对他人讲述,而决不是自言自语而已。对他人的尊重总是让我们获益。

## ⊙ 差别

甲:外交官与女人之间,有何差别?

乙:外交官说"是"就是"也许",说"也许"多半意味着"不",而直接说"不"的就不是外交官了。相反女人说"不"就是"也许",说"也许"多半意味着"是",而直接说"是"的,就不是一个女人。

**大智慧**:学会辨别不同人的"语意"差别,会让我们在实际社交中游刃有余。

## ⊙ 放荡与淫荡的区别

亨利四世到一个庄园用餐,派人找来一个放荡汉作陪。亨利四世让放荡汉坐到他的对面,问道:"你叫什么名字?""陛下,我叫放荡汉。"这位乡下人回答。"哦!放荡汉!你叫放荡汉,这个名字有意思,那么,你能告诉我放荡与淫荡之间的区别吗?""陛下,他们只隔一张桌子。"乡下人答道。

**大智慧**:面对外来的攻击,如果说不以牙还牙,就会使对方更加嚣张地嘲弄自己,面对富人的不屑,穷人更应该有骨气来响应,这时不应该以金钱、地位为筹码,而是机智的语言。

## ⊙ 我姓达令

公司总裁钻进他那辆豪华小轿车,发现司机换成一位陌生姑娘。

"请问你叫什么名字?"

"查尔斯,先生。"姑娘回答。

"对不起,我对我的雇员从来不直呼其名。"总裁说。

"先生,我姓达令。"

"……"总裁犹豫了片刻,只好说:"开车吧,查尔斯。"(注:达令,英语,意即亲爱的。)

**大智慧**:世界上没有完全绝对的事情,有些意外会让人改变初衷,但改变初衷并不代表没有原则,坚持原则也应该是有条件的。

## ⊙ 借题发挥

美国五星上将卡特利特·马歇尔(1880—1959)在他驻地的一次酒会后,请求一位小姐答应让他送她回家。这位小姐的家就在附近不远,可是马歇尔开了一个多小时的车才把她送到家门口。

"你来这里不是很久吧?"她问,"你好像不太认识路似的。"

"我不敢那样说,如果我对这个地方不熟悉,我怎么能够开一个多小时的车,而一次也没有经过你家的门口呢?"马歇尔微笑着说。这位小姐后来嫁给了马歇尔。

**大智慧**：爱情表露的最佳方式，永远是委婉加直白。过于委婉，未免拘谨；过于直白，未免浅薄。

## ⊙ 穿井得人

宋国有个姓丁的人，家里没有井，为了浇地，每天要派一个人到山下取水。后来，他家打了一眼井，再也不用派人到山下取水了。他告诉别人说："我家开穿一口井，等于得了一个人哟！"这话传来传去，不断有人添枝加叶，结果被传成："丁家穿井挖出了一个人。"这句话传到了宋国的国君那里。他觉得很奇怪，便派人到丁家去查问。丁家答道："我家挖井省了一个人，等于得到了一个人的劳力，不是在井里挖出一个人呀。"

**大智慧**：谣言积毁销骨，往往脱离事情的原貌。听信他人、失去判断，错！人云亦云、到处散播则是错上加错！

第30辑

# 笑谈人际交往和计谋

卷·首·引·言

人际交往,是一个古老而年轻的概念。说它古老,是因为自人类产生之日起,人们就开始感知它的存在。一个古代的阿拉伯哲人就曾经形象地描述过交往的重要性,他说一个不会交往的人,犹如陆地上的船,永远不会漂流到人生的大海中去。

没有沟通,世界将成为一片荒凉的沙漠。当人置身在改革开放和市场经济的大潮中,每天都不可避免地与他人交往,每天也都有可能遇到社交的难题。交往给人带来幸福和欢乐。正如一位著名的心理学家所言:在正常情况下,一个人除了睡眠以外,其余时间的70%以上都花在人际之间直接或间接的交往上。但是在实际生活中,相当多的人由于不能和某些人和谐相处而苦恼,这些矛盾发生在上下级、同事间、同学间、夫妻间、亲子间、婆媳间。有些人也总在埋怨"别人不好",孰知人际关系的钥匙就在你自己手中。

## ⊙ 智救故乡

古希腊哲学家阿那克西米尼出生于中亚的莱普沙克斯。他对故乡有着深厚的感情。有一次，他跟随亚历山大远征波斯，军队占领莱普沙克斯时，他急于拯救他的故乡，使它免遭兵灾。

一天，他为此晋谒国王。可亚历山大早就知道了他的来意，未等他开口便说："我对天发誓，决不同意你的请求。"

"陛下，我请求您下令毁掉莱普沙克斯！"哲学家大声说。莱普沙克斯终因哲学家的智慧幸免于难。

**大智慧**：说话、做事，都要为自己留后路，否则被别人抓住破绽或漏洞，局面就会非常被动，难挽败局。

## ⊙ 知情者的从容

威廉·亨利·西沃，美国政治家。曾任纽约州长，州参议员。内战前夕，西沃有一天参加了民众集会。与会人员都在推测最近军队的秘密调动是怎么回事。一位妇女注意到了他的沉默，便挑战似地问他："州长先生，你对这个问题怎么想？你能猜测一下部队大概会往哪儿开吗？"

西沃微笑着说："夫人，假如我不知道内情的话，我早就把我的猜测告诉您了。"

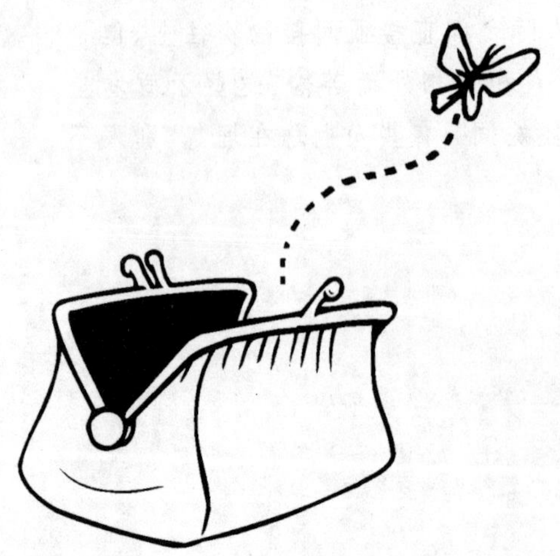

**大智慧**：在交际场合中，沉默的人可能就是知道内情的人，至少是了解信息比较多的人。

## ⊙ 赠送头发

一次，奥地利著名作曲家约翰·斯特劳斯去美国演出，大为轰动。

他身材很高，仪表非凡，特别是他的弯曲长发，很引人注目。一位美国妇女想办法得到了一束斯特劳斯的长发，当作珍品保存起来。消息传开，人们纷纷向他索取头发，作为纪念，一时竟成了斯特劳斯的"头发热"。好心的斯特劳斯一一满足了他们的要求。因此有些人为他担心。斯特劳斯离开美国时，许多人前来送行。这时，只见他挥着帽子向人们告别，人们看到他的卷曲长发还好好地长在头上，只是他来美国时带来的一条长毛狗变成了短毛狗。

**大智慧**：不要一味地去满足别人的需求，因为善事是做不完的。聪明的人懂得恰如其分地"运用"自己的善心。

## ⊙ 以子之矛，攻子之盾

第二次世界大战后，德国著名的乐队指挥布鲁诺·瓦尔特(1876—1962)到了美国。他首次指挥纽约交响乐团时，发现第一大提琴手沃伦斯坦无论是彩排或正式演出时都有意不听指挥。

"您是一位志向非凡的人，沃伦斯坦先生，可您的抱负是什么呢？"瓦尔特没有当众责怪他，只是请他来个别交谈。指挥家的态度非常友好。

"成为一名指挥家。"大提琴手答道。

瓦尔特笑着说："那么，当您成为乐队指挥时，我希望您永远不要让沃伦斯坦在您面前演奏。"

**大智慧**：如果想让一个人永远记住你，最好的办法就是在公共场合让他难堪。但是这样做的后果是：别人有机会肯定会给你同样的待遇。

## ⊙ 温泉的奇迹

一名风湿病患者来到著名的温泉，询问经理："这里的泉水是否真对身体有益？洗过温泉浴我会觉得好些吗？"

"要我举一个例子吗？"经理说，"去年夏天来了位老人，身体僵硬的坐轮椅。他在这里住了一个月，没付帐就自己骑自行车溜了。"

**大智慧**：把客人说得动心且满心欢喜，正如同"金苹果掉在金网上"那么宝贵。话不在多，在于恰到好处，言不一定及意，但要得宜。

## ⊙ 请客

旧时年关，有人在家设宴招待帮助过他的人，一共请了四位客人。时近中午，还有一人未到。于是自言自语："该来的怎么还不来？"，听到这话，其中一位客人心想："该来的还不来，那么我是不该来了？"，于是起身告辞而去。其人很后悔自己说错了话，说："不该走的又走了"，另一位客人心想："不该走的走了，看来我是该走的！"，也告辞而去。主人见因自己言语不慎，把客人气走了，十分懊悔。妻子也埋怨他不会说话，于是辩解道："我说的不是他们。"最后一位客人一听这话，心想"不是他们！那只有是我了！"，于是叹了口气，也走了。

**大智慧**：言者无意，听者有心。在肆无忌惮的说话中也可能隐藏祸端。

## ⊙ 等火车

一位夫人打电话给建筑师，说每当火车经过时，她的睡床就会摇动。

"这简直是无稽之谈！"建筑师回答说，"我来看看。"

建筑师到达后，夫人建议他躺在床上，体会一下火车经过时的感觉。

建筑师刚上床躺下，夫人的丈夫就回来了。他见此情形，便厉声喝问："你躺在我妻子的床上干什么？"

建筑师战战兢兢地回答："我说是在等火车，你会相信吗？"

**大智慧**：有些话是真的，却听上去很假；有些话是假的，却令人无庸置疑。

## ⊙ 口试的故事

有一人去考驾驶执照，主考官问他：

"当你看到一只狗和一个人在车前，你轧狗还是轧人？"

答："当然轧狗。"

主考官说："你这样回答还想及格吗?"

那人说："我不轧狗，难道轧人不成？"

主考官慢条斯理地说："你应该刹车，先生。"

**大智慧**:别有用心的提问是别有目的的,回答的人往往会陷入圈套,所以干什么就应该明白什么,坚信一定的原则,不为他人所左右,否则就会铸成大错。

## ⊙ 急性子

冯道与和凝,是五代时的两个大官。前者性子慢,后者正相反。

一天,和凝见冯道买了一双新靴,便问:"花了多少钱?"

冯道慢慢抬起一只脚:"九百文。"

和凝一听,顿时火冒三丈,回头便骂仆人:"你替我买的那双靴,为什么要一千八?"

和凝越说越气,却见冯道又慢慢抬起另一只脚,慢条斯理地说:"别急嘛,这只也是九百文。"

**大智慧**:任何时候,都要在别人说完话以后再发表意见,这样,你会主动得多。

## ⊙ 立刻奏效

在丽尼公园,许多人都喜欢在草地上走。"不许践踏"的告示牌一点也不起作用。

后来,公园另外竖起了一个木牌,之后,便再没有一个人走草地了。原来牌上写着:

草地已埋地雷。

**大智慧**:很多时候恫吓比劝阻有效的多,这已经是接近于人的常态的非常态。

## ⊙ 您有几条命

一位公爵的仆人当着公爵的面谈论某大主教对待底下人非常宽宏大量。公爵听见了,说道:"他可能是那样,因为他是要命不要财的。"一个小丑马上问道:"大人,您自己有几条命呢?"

**大智慧**:因为不甘心接受别人对他人赞赏,有人会想出这样或那样的理由来反驳,殊不知无言以对恰恰是自己。

## ⊙ 失望

周末早上,丈夫还在拥被高卧,他的朋友托尼却已来访,我连忙对三岁的女儿说"快,快去叫爸爸。"

女儿望着我,迟疑了一会儿,走到托尼面前,怯生生地喊了一声:"爸爸。"

**大智慧**:不要妄图希望所有人的作为都会是我们期望的那样。当我们自己的意思被他人曲解的时候,不要埋怨他人,不妨多想想自己的意思表达的足够清楚么?

## ⊙ 解雇

丘吉尔是在第二次世界大战的战火中出任英国首相的,可谓受命于危难之际。由于他力主抵抗以及与苏美两国的有效合作,大大地加快了法西斯的覆灭,为和平赢得了时间。然而,战争结束不久,在1945年的英国大选中,保守党大败,丘吉尔也落选了。

为了安抚这位前首相,英国女王决定授予他一枚巴思勋章。丘吉尔感慨万分地说:"当选民们把我解雇的时候,我有何颜面接受陛下颁发给我的这枚奖章呢？”

**大智慧**：不要以为奖赏和怜惜带来的都是别人对你的感激。对于那些自尊心很强的人来说，失败后得到的奖赏和帮助无异于羞辱。

## ⊙ 没脑子

一位说话不经过大脑的男人与一位小姐共舞。

男人：“你结婚了吗？”

小姐：“还没有。”

男人：“那你有孩子了吗？”

小姐大怒，拂袖而去。男人寻思下次不能再这样问了。接着与一妇人跳舞。

男人：“你有孩子了吗？”

妇人：“有两个。”

男人：“那你结婚了吗？”

**大智慧**：常说对症下药，因人而异，就像这个故事，应该根据对象来选择问的问题，否则本来是好事结果却往往会变得比较糟糕。

## ⊙ 谦虚

托马斯·杰斐逊是美国第3任总统。1785年他曾担任驻法大使。一天，他去法国外长的公寓拜访。“您代替了富兰克林先生？”外长问。“是接替他，没有人能够代替得了他。”杰斐逊回答说。

**大智慧**：一字之差，意义大变。尤其是在严肃的交际场合，字斟句酌更显得必要。

## ⊙ 不妨碍思考

有一天，一位熟人到俄国化学家门捷列夫(1834—1907)家串门，他喋喋不休，讲个不停。“我使您感到厌烦了吗？”客人最后问。

“不，没有……你说到哪儿去了，”门捷列夫回答说，“请讲吧，继续讲吧，你并不妨碍我，我在想自己的事情……”

**大智慧**：人贵有自知之明。讨人厌烦还不自知，这样的人处理起人际关系来，估计是最差的。

## ⊙ 当众做“贼”

在一次招待高官显贵们的宴会上，气氛热烈，笑语喧哗。宴会进行到一半的时候，礼宾司的一名官员走到丘吉尔身旁，对他耳语说，他看见某先生把一只银制的盐缸塞进了自己的口袋。听了这话，丘吉尔当众将一只银制的胡椒粉缸塞进了口袋，好像无人看见一样。

宴会结束时，丘吉尔悄悄走到那位拿了盐缸的先生旁边，轻声对他说：“亲爱的，我们都被别人看见了。哎，最好还是放回去吧，你说呢？”

**大智慧**：“忠言逆耳利于行”。尽管如此，当众指出别人的缺点也是不应该的，至少在策略上是失误的。同样的出发点，做法不同，取得的效果也就会大相径庭。

## ⊙ 学问和金钱

父子二人经过五星级饭店门口，看到一辆十分豪华的进口轿车。

儿子不屑地对他的父亲说：“坐这种

车的人,肚子里一定没有学问!”

父亲则轻描淡写地回答:“说这种话的人,口袋里一定没有钱。”

**大智慧**:口头对事情的看法,有时恰恰是内心中相反态度的表达。

## ⊙ 一块蛋糕

作曲家贾科莫·普契尼和意大利音乐家、乐队指挥阿图尔·托斯卡尼尼是一对老搭档。每年圣诞节贾科莫都要给他的朋友送一块蛋糕。有一年圣诞节前夕,贾科莫同阿图尔吵了一架,因此想取消送给他的蛋糕,但为时已晚,蛋糕已经送出了。

第二天,阿图尔收到贾科莫的电报:“蛋糕错送了。”他便随即回复了份电报:“蛋糕错吃了。”

**大智慧**:我们有时也会犯这样的错误:帮助了别人,还要发一顿牢骚,以宣泄自己的不满。其实,这是最傻的一种行为,用“赔了夫人又折兵”来形容再恰当不过了。

## ⊙ 用腿签字

美国有位作家某次到一家杂志社去领取稿费。他的文章已经发表,那稿费早就该付了。可是出纳却对他说:“真对不起,先生,支票已开好,但是经理还没有签字,领不到钱。”

“早就该付的款,他为什么不签字呢?”作家有些不耐烦了。

“他因为脚跌伤了,躺在床上。”“啊!我真希望他的腿早点好。因为我想看他是用哪条腿签字的!”

**大智慧**:如果搪塞别人,一定要找到能够使别人相信的理由。

## ⊙ 参观者

“这个厂就这么小么?”财大气粗的美国人问陪同人员。他正在参观一家大冶金工厂。他指着一个贮油罐问:“这里装的是什么?”

“没什么,不过是工厂办事处人员所用的墨水。”厂方陪同人员回答。

**大智慧**:对于那些自以为是的傲慢,最好致以同样的傲慢。

## ⊙ 褒贬

在饭店里。

“我真不明白,为什么有人竟说你们这里的饭菜不好!比如说,这里的咖啡不就很好嘛!”

“请原谅,先生。这不是咖啡,这是鸡汤。”侍者说。

**大智慧**:对于一件过于糟糕的事情,与其做不恰当的赞扬,倒不如给出诚恳的批评。

## ⊙ 您搞错了

在公园的长椅上坐着年轻貌美的威廉夫人,怀里抱着一个可爱的婴儿。一位中年绅士走了过来。“多么可爱的小姑娘啊!”绅士拉着婴儿的手自作多情地说,

"白白的、嫩嫩的，像个富有魅力的贵妇人的手。"威廉夫人把婴儿往怀里拉了拉，冷冷地说："先生，您搞错了两件事：其一，这孩子是个男孩，其二，您握的是我的手。"

**大智慧**：赞美的错位主要源于我们自己的言不由衷。当一切的表达来源于我们内心最朴实而真切的感受，再平淡的赞美也会扣人心扉。

## ⊙ 闹钟

妻：你说娶我不如买个闹钟。

夫：闹钟可以叫它停，你却不能。

**大智慧**：语言的过多倾出，于己是种发泄，于人却是一种折磨。有时候，沉默往往更容易让我们获得应有的尊敬。

## ⊙ 尴尬的女王

一次，有位总统去拜访另一个国家的女王。女王与他同乘皇室的马车在首都巡游，马车由6匹纯种皇家牧马拉着。突然，其中一匹马放了一个很响的屁，臭味很快弥漫了整个马车车厢。车厢里面的女王被这突如其来的情况搞得一脸尴尬。

"对于这件事我感到十分抱歉，"过了片刻，女王难为情地说，"你知道，即使作为女王，我也无法避免这样的事情发生。"

"噢，没关系，"总统若无其事地说，"不过，在你解释之前，我还以为是马……"

**大智慧**：有些事显而易见，采用沉默或顺其自然是解决问题的最佳途径，多余的解释反而会造成误解和尴尬。

## ⊙ 费用

旅馆顾客问经理："每天这笔水果钱是怎么回事？我们碰也没碰过那些水果。"

"但是每天都有水果放在你房间里。你们不吃，不能怪我们。"

"我明白了，"那人说着从帐单上减去一百五十元。

"你在干什么？"经理着急地叫道。

"我减五十元一天，当作你吻我太太的费用。"

"你说什么？我并没有吻过尊夫人。"

"啊，"那人回答，"可是她每天都在那里……"

**大智慧**：以其人之道还治其人之身，这是对付无理之人最好的办法，因为只有这样他才能切身体会到自己是多么地不高明。

## ⊙ 不怀好意

"由于越来越多的妇女崇尚新式的简易服装，例如超短裙和工装短裤，"一位妻子正在津津有味地念报上的一则新闻，"所以街上的交通事故据统计已经减少了一半。"

这时，正在旁边看电视的丈夫冷不丁地插了一句："那么为什么不想办法彻底杜绝交通事故呢？"

**大智慧**：某些人总是能把一些不可告人的目的通过冠冕堂皇的理由表达出来。这是我们要小心的地方。

## ⊙ 只给20分钟

1910年，西奥多·罗斯福下野后，作为威廉·塔夫脱总统的特使，参加英国国王爱德华七世的葬礼，并安排葬礼后与德国皇帝会晤。德皇傲慢地对罗斯福说："2点钟到我这里来，我只能给你45分钟时间。"

罗斯福回答说："我会2点钟到的，但很抱歉，陛下，我只能给你20分钟。"

**大智慧**："尊重别人就是尊重自己"。在行为道德上，这如同镜子的两面，你能给别人多少，就能从别人那反射多少。所以,学会尊重别人,是我们获得尊重的第一课。

## ⊙ 珍奇动物

课堂上,老师问:"同学们,谁能说出一种南非的珍奇动物?"

"北极熊!"小娜不假思索地站起来回答。

"孩子,"老师和蔼地对小娜说,"在南非是找不到北极熊的。"

"我知道!"小娜说,"正因为这样,北极熊在南非才是珍奇动物嘛!"

**大智慧**:强词夺理除了带给自己虚

妄的快感和旁人的嗤鼻一笑以外,毫无真实的价值和现实的意义——具有真实感和现实的意义才是我们应该追求和尊崇的!

## ⊙ 抵押

顾客:"对不起,这顿餐钱我付不了,因为我忘了带钱。"

餐馆老板:"没关系,请把你的尊名写在墙上,你下次来时再付好了。"

顾客:"这可不行,别人都会瞧见我的名字的。"

餐馆老板:"把你身上的大衣脱下来挂到墙上,不就可以遮住了吗?"

**大智慧**:不要企图以自己的小聪明去愚弄他人,因为这会使你面临他人对你更大的愚弄。

## ⊙ 弹琴和补靴

库勒克是德国的大钢琴家,有一次被富翁白林克请去吃饭。白林克过去是个鞋匠。进餐完毕,主人要求客人弹支曲子,库勒克只好从命。

不久,钢琴家也邀请白林克来吃饭。饭后,他捧出一双旧靴来。富翁感到很奇怪,库勒克说:"上次你请我,是为了听曲子;今天我请你,是为了补靴子。"

**大智慧**:欠别人人情好比欠债,总有你还债的一天,哪怕你是多么的不情愿。

## ⊙ 不争议的智慧

有一个民间故事,说两个人争论。一个说《水浒传》上有个使板斧的好汉叫李达,另一个坚持说叫李逵。

两人争论不休,就打赌20块钱,去找一位古典文学权威评定。

权威笑眯眯地看了两人一会,判定《水浒》上的好汉乃是李达,于是主张李逵者输掉20元钱。

事后,"李逵派"质问权威为何如此荒唐断案。权威答道:"你不过损失了20元钱,那小子如此冥顽不化,我们就害他一辈子好了。他从此认定这好汉乃是李达,还不出一辈子丑吗?"

**大智慧**:有时候,对谬论的附和,恰恰是对谬论者最大的惩罚。

## ⊙ 约会

一个大学生去相亲,谈起班上的同学口若悬河,如数家珍地说起了同学们的外号：白兔，二牛，骚狐，老猪……当他讲累了的时候，女孩问他："你在大学上的是动物管理专业吗？"

**大智慧**：俗话说"话不投机半句多"，如果话没有说到对方的心坎上，说的越多就会越让对方觉得无味，说话要注重场合，谈论某个话题要懂得适可而止。

## ⊙ 只看见自己

一位傲气十足的大款，去看望一位哲学家。

哲学家将他带到窗前说："向外看，你看到了什么？"

"看到了许多人。"大款说。

哲学家又将他带到一面镜子面前，问道："现在你看到了什么？"

"只看见我自己。"大款回答。

哲学家说："玻璃窗和玻璃镜的区别只在于那一层薄薄的水银，就这点点可怜的水银，就叫有的人只看见他自己，而看不见别人。"

**大智慧**：人们通常只看见自己，看不到别人。哲学家的话让大款明白了一个道理：人贵有自知之明，无论你的成就有多高，一定要清楚天外有天，人外有人，时刻保持谦虚和谨慎。

## ⊙ 出海很久了

有一个人到市场上去买鱼，他随手从鱼摊上拿起一条鱼在鼻子上嗅了嗅，卖鱼的人怕他闻出自己的鱼不新鲜，就生气地说："先生，你不买鱼没关系，你闻什么？"他回答说："我没闻，我是同鱼谈谈话。"

"你同鱼谈些什么话？"

"我问鱼，海里最近有什么新闻没有。"

"鱼怎么回答你呢？"

"鱼回答我说，它不知道海里的新闻，因为它出海时间很久了！"

**大智慧**：在一些比较敏感的商务活动中，直言不讳只能导致事与愿违，而适当采用些外交辞令，既能委婉地表达出自己的意愿，又不致陷入被动尴尬的僵局。

# 笑谈待人接物与技巧

## 卷·首·引·言

待人接物是一样艺术,没有什么固定的模式可循,要因人而异、因时而异、因地而异;但坦诚相处是万能之钥匙,能解开不一样的心锁。说到技巧,其实待人接物时没有技巧才是最有效的“技巧”,你只要拿出一颗真诚的心就足够了。

真诚不是智慧,但是它常常放射出比智慧更诱人的光泽。有许多凭智慧千方百计也得不到的东西,真诚,却轻而易举就得到了。

以真诚待人接物,并不是为了要别人也以真诚回报。如果动机是以自己的真诚换回别人的真诚,这本身已不够真诚。真诚是晶莹透明的,它不该含有任何杂质。

真诚,有时会使你的利益受到损害,即便如此,你的心灵深处会是宁静的;虚伪,有时会使你占到便宜,即便如此,你的心灵深处会是不安的。

真诚不与人言。如果别人理解你那份真诚,你不说别人也知道;如果别人不理解你那份真诚,表白,往往会把事情弄得更糟。

有时,我们受了别人的欺骗,这是生活在告诉我们什么是不真诚,并不是在告诉我们应该放弃真诚。

成为一个真诚的人,你会感到身心都很轻松;而一个虚伪者,他常常会感到精神的疲惫。

轻松下去,你会不断地被一种愉悦的氛围所包裹;疲惫下去,你将被不断袭来的沮丧情绪所笼罩。

真诚犹如一潭幽雅的湖水:宁静、淡泊、美丽。它有时也会遭到泥块和沙石的袭击,但是,它凭借自身的净化作用,很快会使污秽沉淀,仍旧不改自己光彩的容颜。

让我们永远保持和爱护这泓美好。

## ⊙ 实验的价值

发明了世界上第一架发电机的英国化学家和物理学家法拉第(1791—1867),对知识有着执著的追求,为了一项科学研究,他常常百折不挠,这使得那些急功近利的人迷惑不解。

有一次,他的一个熟人、税务官格拉道斯通,看到法拉第在做一个在他看来毫无实用价值的实验,便问道:“花这么大的力气,即使成功了,又有什么用呢?”法拉第回答说:“好吧,不久你就可以收税了。”

**大智慧**:君子晓于义,小人晓于利。人和人之间有时候就像两条平行线,永远都不可能相交,不理解也就很正常了。

## ⊙ 患难与共

两个平常非常要好的朋友一道上路。

途中,突然遇到一头大熊。其中的一个闪电般地抢先爬上了树,躲了起来。

另一个也想爬树,但已经来不及了。眼见逃生无望,便灵机一动,马上躺倒在地上,紧紧地屏住呼吸装死(他听说,熊从来不吃死物)。

熊走到他跟前,用鼻子在他脸上嗅了嗅,转身就走了。

躲在树上的人下来后,问熊在他耳边说了些什么。

那人说:“熊要我今后千万注意,别和那些不能共患难的朋友在一起。”

**大智慧**:趋炎附势的人,不可与其共患难。

## ⊙ 高见

一位商人和他的朋友应邀到一位教授家吃晚饭。席间,一位客人问他是否喜欢莎士比亚。他回答:“喜欢,但我更喜欢威士忌。”众人哑然。回家的路上,他的朋友说:“你真蠢,干吗提威士忌?谁都知道,莎士比亚不是酒,而是一种奶酪。”

**大智慧**:人说:“物以类聚,人以群分”,什么样的人交什么样的朋友。古人孟母三迁,择邻而居是很有道理的。

## ⊙ 船长的命令

有一位船长带领一批新水手航行在大海上,突然,一只海盗船向他们驶来。水手们一片惊慌。然而船长很镇静,他向副手说:“拿我的红色衬衫来!”船长穿上他的红衬衫,指挥水手作战,终于战胜了海盗。

这天,又来了两艘海盗船,水手们又害怕起来。船长仍镇静地说:“拿我的红色衬衫来!”终于又打败了海盗。水手们不解地问:“您为什么总要穿红衬衫打仗?”船长说:“这样做,万一我受伤,你们就不会因看到鲜血而惊慌啊!”这天,突然来了十几只海盗船。这次,水手们更加害怕,他们都紧张地看着船长,等着船长拿红衬衫的指示,船长想了半天,对等着他命令的副手说:“拿我的酱色裤子来!”

**大智慧**:人都不是神,再勇敢的人也有害怕的时候,再有能耐的人也有计穷的时候。一个好汉三个帮,多交朋友不是件坏事。

## ⊙ 幽默太太

1948年杜威和杜鲁门竞选美国总统。民意测验中,杜威遥遥领先,胜券在握。他在准备祝捷时问太太:“你就要跟美国总统同榻了,有何感受?”太太答:“荣幸之至,简直等不及了。”出乎意外,这次选举杜威失败了。太太说:“请问,是我到华盛顿去,还是杜鲁门到这里来?”

**大智慧**:有些人做了再说,有些人

说了再做，有些人说了也不做，有些人做了也不说。第四种人是雷锋式的人，可惜碰到的机会太少了。交朋友最好是第一种人，避免第二种人，远离第三种人。

## ⊙ 难和好

“你知道，彼得同约翰言归于好了吗？”

“他们双方都有和好的愿望，但一直没能解决。”

“那为什么呢？”

“两人都忘了原来是因为什么吵架了。”

**大智慧**：生活中的琐碎有很多是需要忽略的，更不要说那横亘于人们之间本是无谓的一些了。

## ⊙ 破产以后

两个西德人在路上相遇。

甲：“你好！好久不见了。我最近很倒霉，破产了。自从我破产以来，我的朋友有一半不同我来往了。”

乙：“那不是很好嘛，您至少还有另一半真正的朋友。”

甲：“好是好，只是剩下的那些朋友还不知道我已破产了。”

**大智慧**：真正的朋友可遇而不可求，他会是你倒霉时的好运气。

## ⊙ 项链

“考基克，在你生日那天我为你准备了一条珍贵的项链。”

“可我生日已经过了，我并没见到呵。”

“你来看，我正好戴着哪。”

“你不是说它是为我准备的吗？”

“当然啦！不是为了你我绝对不会戴这玩艺儿。”

**大智慧**：俗话说“礼轻情意重”，虽说重要的是心意，但若仅仅送出心意却将礼物留给自己，那心意又通过什么表达出来呢？

## ⊙ 英雄所见略同

有个朋友请瑞典作家斯特林堡看戏。这位朋友声称这戏是自己的新作。戏开演之后，斯特林堡越看越不是滋味，他发现，这个戏从人物到情节，正是他从前想写而没来得及写出来的一个戏，不久前，他曾向这个朋友谈过他的构思。

戏散场后，这位朋友“谦虚”地向他征求意见，斯特林堡平静地说：“这正是我想要写的戏，看来，这是我们英雄所见略同啊！”

**大智慧**：有时候，在利益的驱动下，朋友也并不是可靠的，保持适当的警惕是必要的。

## ⊙ 候客

有一天，萧伯纳收到一个有钱的女人寄来的大红请帖：“我将在星期二下午4时至6时在舍下恭候。”

萧伯纳退回原帖，并在上面写道：“萧伯纳先生在同日同时在家恭候。”

**大智慧**：“文人轻利重气节”，如果想获得他们的友谊，需要付出真正的诚意。

## ⊙ 好静

一个人极喜欢安静，偏偏他住的地方一边是铜匠，一边是铁匠，从早到晚耳边吵得难受。这人深以为苦。他常说：“如果铜匠和铁匠两家有搬家的日子，我愿意请客谢谢他们。”一天，铜匠和铁匠忽然一起来了，说：“我们俩很快就搬家了，您一直许愿要请客，今天我们特地来领情了。”这人问他们什么时候搬，他们说“就在明天。”此人一听非常高兴，就准备了丰盛的酒菜款待他们。酒足饭饱之后，这个人问道：“你们两家搬到哪儿去呀？”铜匠铁匠说：“我搬到他屋里，他搬到我屋里。”

**大智慧**：想来，虽然铜匠和铁匠很狡诈，如果先被问及他们要迁到何处去，这顿饭能不能吃到还很难说呢！所以说，相信别人也要在弄清楚真相之后。

## ⊙ 送礼

有个人遇到了喜事，亲朋好友纷纷送礼祝贺。一个朋友只送了五分银子，并在封皮上写道：“送贺礼一钱，现银五分，赊欠五分。”后来，这个朋友也有喜事，按理他也应该送礼。他就送了个空封，在封皮上写道：“计还你欠我的五分，再赊五分。”

**大智慧**：真是棋逢对手，将遇良才，早知如此当初又何必互赠礼物呢？人与人之间相处，应真诚对待，以心换心，像这样怨怨相报，何时才能了结！

## ⊙ 现代派作品

大学艺术设计班下课时，有个同学无意中把我的一大瓶胶水撞到地上，瓶子碰破了，地上落下一大片难看的碎玻璃和胶水及涂胶的刷子混作一团。我想等胶水干了再打扫也许容易，所以当时没有清理它。

可是等我回来时，那片乱七八糟的东西不见了。我问当时并不在场的老师，他起先表示不明所以，继而感到惊奇。“原来那个东西是这样来的！”他大声说，“有人把它当作设计练习交上来了。”

**大智慧**：“有心栽花花不开，无心栽柳柳成荫”。比如朋友，很多时候都是可遇而不可得的。佛家“随缘、随性、随喜”之说，虽有使人不思进取之嫌，却也因此可得从容，潇洒之心。

## ⊙ 特殊疗法

一个修女从医疗室里猛冲出来，还没有付款就跑了，接待员感到很惊讶，医生出来时，她问道：“这是怎么回事？”医生答道：“我告诉她怀孕了。”“天啦！”接待惊呼，“这是不可能的。”“当然不可能，”他说，“但我用这种方法治好了她的打嗝。”

**大智慧**：每个人的心灵都有最在乎的隐秘和最软弱的角落——那是人性最可贵的所在，所以，千万小心不要伤害到这块心田的嫩草地，因为我们自己同样的在乎！

## ⊙ 如此居心的农民

一个城里人驾着自己心爱的轿车，在公路上与一个农民的货车碰撞，结果两个人都下车来看损毁的状况。

农民说：“情况不太严重，但是刚才的情景，的确是让人心惊肉跳的。老兄，不如喝点酒压压惊吧！”

农民说着就从破旧的货车上拿了一瓶酒下来，打开瓶盖，递给城里人喝。这城里人觉得农民也颇善解人意的，就毫无顾忌地喝了几大口。

城里人喝完后把酒瓶交给农民，农民就把酒瓶盖上，放回车上。

城里人奇怪地问农民：“你自己何不也喝一点？”

农民说："我等交警来过了之后再喝。"

**大智慧**：生活中很多人会关照你，对于真诚的倾心相助我们当然感恩不尽；但是，知人知面难知心，尤其在复杂的利益瓜葛中，如果我们毫无防备，难免被笑里藏刀的小人谋害——所以，时刻警戒！

## ⊙ 劝阻

法官：被告在打你以前，你有没有设法阻止他？

原告：有的。我用各种最恶毒最难听的语言来劝阻他，可是他仍然用拳头打了我一顿。

**大智慧**：生活是复杂的因果关联，人与人也是心心相印。所以，我们的言行总是会对其他的人和事产生直接或间接的影响——就像镜中的影子，我们笑，他也笑；我们打他，他也回敬我们！

## ⊙ 再次敬赠

一次，肖伯纳在一家旧书店翻看削价处理的书，猛然看到了他的一本剧作集，而且该书的扉页下方有他给一位朋友的亲笔题赠"乔治，肖伯纳敬赠"的字样。

他当即买下这本书，在题赠下写道："乔治，肖伯纳再次敬赠。"然后将此书又寄回给那位朋友。

**大智慧**：珍惜朋友，也要珍惜朋友所赠送的东西。朋友多了路好走，不要在失去后才会懂得珍惜，那样已经迟了！

## ⊙ 自毁形象

一天，警察发现一个独自在大街上徘徊的小女孩。她只有三岁半，金发碧眼，长得非常迷人。但她说不出自己叫什么名字，也弄不清住在什么地方。警察无可奈何地开始翻她的衣兜，希望能找到一点线索。小女孩没有反抗，却嫩声嫩气地说："别害怕，我没带枪！"

**大智慧**：他人对你的一种惯性思维往往取决于你长时间以来所形成的一种惯性的行为。

## ⊙ 树说

某日班长要求一新兵到树后听树说些什么。过了一会，新兵回报"不知道"，班长要求新兵再听一次。

这次新兵从树后跑回来说："树说，它有话要跟班长说。"

**大智慧**：以眼还眼，以牙还牙。这并不是没有风度，而是解决问题的一种方法，在应用的时候能够收到意想不到好的效果。

## ⊙ 唯一的方法

当我第一天开始管理一个旧的农场餐厅的厨房时，我发现一位服务员总是面带笑容。几天之后他还是笑嘻嘻的。所以我决定去问个究竟。"你一定是个乐天派，"我说，"你为什么老是笑口常开？"

他收起笑容，用手指举向前额。"其实，"他回答，"这是我工作时不使我的眼镜掉下来的唯一方法。"

**大智慧**：微笑是永具魅力的一项活动，即使在某些时候它的发生可能不发自内心，但仍然会于众人中突显你的与众不同。习惯了微笑的姿势，于他人、于自己都将是种恩赐。

## ⊙ 生搬硬套

纽约市一家旅馆服务员请一位房客猜谜语："我母亲和我父亲生了个孩子，既不是我兄弟也不是我姐妹，此人是谁？"

房客答不上来，服务员告诉他："是我。"

这位房客回家后就拿这个谜语让朋友猜："我父母生了个孩子，既非我兄弟，也非我姐妹，此人是谁？"

"不知道，"他的朋友反问，"是谁？"

"是纽约的一个服务员。"

**大智慧**：当我们自己无法断定我们是否真正明白了一切的时候，向周围的人重复那个我们所认识的事实，就是一件最愚蠢的事情，它会让所有的人了解，其实我们一无所知。

## ⊙ 经验之谈

一个美国陆军高级军官和他的朋友在新兵营附近散步。每次有新兵经过向他敬礼，他回礼的时候都要说上一句："你也是的。"他的朋友问他："你为什么要说'你也是的'？""因为我也当过新兵。新兵对军官敬礼的时候，一般都不出声地说：'你这个狗杂种。'"

**大智慧**：我们自以为他人对我们隐藏在暗中的恶意毫无所知。而事实上，在不知不觉中，他人早已回敬给我们相同的报复。只是我们可能还在浑然不觉而已。

## ⊙ 健忘

患者："大夫，我的记忆力越来越差。"

大夫："差到什么程度？请举个例子。"

患者："我上了公共汽车，老是忘记买票；上饭店吃饭，总是不付款就走。"

大夫："你先把医疗费付清了，我再替你看病。"

**大智慧**：当我们自身的行为遭遇他人顾虑的时候，往往意味着，我们或者通过语言或者通过行动的途径，早已向他人展示了我们自身的一种足以让他人产生不安情绪的劣性。

## ⊙ 贵国产品

日本旅游者对孟买出租汽车司机说："你们的出租汽车走得太慢，日本出租汽车走得很快。你们的公共汽车太慢，日本公共汽车很快。"不一会儿，到了目的地，车费120卢比。日本人大叫："你们的计程表走得太快了。""是的，先生，"出租汽车司机说，"这个计程表是日本货。"

**大智慧**：过多的带有感情色彩赞扬的东西，往往最容易让他人为之利用，并使之成为我们受到攻击的依据所在。

## ⊙ 非彼即此

中士对新派给他的士兵詹姆斯十分恼火。

中士："我简直弄不明白，像你这样的人怎么也混进军队里来！我敢肯定，你根本分不清前边开阔地上的两个物体，哪个是坦克，哪个是母牛？"

"能，我准能分清楚！中士先生。"詹姆斯信心十足地说，"这一个是母牛，那一个是坦克。"说完他犹豫了片刻，又补充道："中士先生，或者我应该反过来说，这是一个坦克，那是一个母牛。"

**大智慧**：獐边者鹿，鹿边者獐。对于糊涂的人或者无知的人也许这样的回答是最好的回答，但是人人都知道这样的人是一个愚蠢的人。

## ⊙ 因人而异

西德有一个人，把车子停在不应停车的地方，他一共收到三张传票。他衣冠楚楚地拿了第一张传票去见法官，法官罚了他三个马克。

第二次他穿着乞丐似的衣服拿第二张传票去见法官，法官罚了他两个马克。

他又叫他美丽的妻子，拿了第三张传票去见法官，结果，法官只罚了他一个马克。

**大智慧**：看菜吃饭，对症下药。对待不同的人要考虑他的支付能力，根据不同的情况采取不同的措施，否则有可能欲求之则不得。

## ⊙ 帮忙

在邮局大厅内，一位老太太走到一个中年人跟前，客气地说：

"先生，请帮我在明信片上写上地址好吗？"

"当然可以。"中年人按老人的要求做了。

"谢谢！"老太太又说，"再帮我写上一小段话，好吗？"

"好吧！"中年人照老太太的话写好后，微笑着问道："还有什么要帮忙的吗？"

"嗯，还有一件小事。"老太太看着明信片说，"帮我在下面再加一句：字迹潦草，敬请原谅！"

**大智慧**：帮忙一定要帮到底，否则就别去帮。如果自己能力有限，一开始就应该告诉人家。帮了别人，还可能受别人的埋怨，是我们都不愿意看到的结果。记住：你若不肯帮忙，人家会恨你一个星期；如果帮得不够完美，就会恨你一辈子。

## ⊙ 有来有往

萧伯纳为庆贺自己一则新剧本的演出，特发电报邀请丘吉尔看戏："今特为阁下预留戏票数张，敬请光临指教，并欢迎你带友人来，如果你还有朋友的话。"丘吉尔立即复电："鄙人因故不能参加首场公演，拟参加第二场公演，如果你的剧本能公演两场的话。"

**大智慧**：人都是有缺点的。一个人的缺点很容易成为别人的把柄，丘吉尔脾气暴躁，朋友很少。我们在无法规避自己的缺点的时候，适当的掩饰和转移目标不失为明智的选择。

## ⊙ 贵客多坐一张椅子

拉布歇雷在圣彼得堡当英国使馆的官员时，有一次，一位傲慢的贵族来访，他要求立即会见大使。

"请坐，大使就会来的。"拉布歇雷说。

来访者对这么傲慢、没有客套的接待大为生气，说："年轻人，你知道我是谁？"随即背出了一长串头衔。

"那么，请坐两张椅子。"拉布歇雷说。

**大智慧**："人先自辱，而后人辱之"，对于有些人自以为是的傲慢和无礼，适当的回击是应该的。

## ⊙ 莫管他人瓦上霜

从前有个钱老板，他开了个餐馆，如果是富人来用餐他就恭恭敬敬，如果是穷人来吃饭他就看不起，还常常念一两句诗来讽刺别人。

有一次，一个叫卜伙的壮族穷汉穿一件破背心邀请一位秀才来就餐，他只要两碗米粉，钱老板不高兴地走近卜伙，口中念道："有水也是溪，无水也是奚，除去溪

边水，添鳥变成鸡。得意猫儿强过虎，脱毛鸾凤不如鸡。”卜伙不假思索地对答：“有水也是淇，无水也是其，除去淇边水，加欠变成欺。龙游浅水遭虾戏，凤入鹊巢被鸟欺。”跟随卜伙来的秀才也针对钱老板念道：“有水也是湘，无水也是相，除去湘边水，加雨变成霜。各人自扫门前雪，莫管他人瓦上霜。”

**大智慧**：与人交往的基本原则是相互尊重，轻易嘲笑别人往往会引起更大的反击。

## ⊙ 吓死了

有几个怕老婆的人，偷偷聚在一起商量对付老婆的方法。有个好事的人吓唬他们说：“各位嫂子已经听说你们在这里聚会，她们约好等会说要打过来了。”他们都很害怕，各自走开了。可是一个人还坐在那里一动不动，好事的人以为他不怕老婆，走近仔细一看，这个人已经给吓死了。

**大智慧**：与人交往时，开玩笑一定要把握好分寸，注意对方的承受程度，不然搞不好，会得罪朋友，甚至可能会有一些不测的事情发生。

## ⊙ 翻来覆去

林肯当律师时，一次作为被告的辩护律师出庭。原告律师在法庭上把一个简单的论据翻来覆去地陈述了两个多小时，讲得听众都不耐烦了。

好不容易才轮到林肯上台替被告辩护。他走上讲台，先把外衣脱下放在桌上，然后拿起玻璃杯喝了两口水，接着重新穿上外衣，然后又喝水，再脱外衣。这样反反复复了五六次，逗得法庭上的听众笑得前俯后仰。林肯一言不发，在笑声过后才开始他的辩护演说。

**大智慧**：无声胜有声，有时候动作能够传达出比言语更多的信息。

## ⊙ 丑角双薪

有一次，一个很傲慢的观众在演出的幕间休息时，走到俄国著名的马戏丑角杜罗夫身边讥讽地问道：“丑角先生，观众对您非常欢迎吧？”“还好。”“是不是想在马戏班中受欢迎，丑角就必须具有一张愚蠢而丑怪的脸蛋呢？”“确是如此，”杜罗夫说，“如果我能生一张您那样的脸蛋儿的话，我准能拿到双薪！”

**大智慧**：永远不要试图挖苦攻击你的同学或同事。否则，在你开口的那一瞬间，你就已经成为一个拿双薪的丑角了。

## ⊙ 探视

一个小伙子去探视病友，到了病人家之后说：“外面的风真大！我是走一步退两步，连滚带爬才来到你家的……”

“等等，”病人说，“既然你是走一步退两步，怎么会来到我这儿呢？”

“噢，是这么回事，”小伙子说，“我是在回家的路上，边走边退，才落脚到你这儿的。”

**大智慧**：谎言出口也许并不是难事，难在圆谎，谎圆的不成功，就等于是自毁其说，会减少别人对自己的信任和尊重。所以我们平时的言语切不可夸大其词，更不能谎话连篇，因为在圆谎的过程中太容易露出马脚。

## ⊙ 那怎么成

有人在参观疯人院时，见一疯子把自己悬在房梁上，还发出”哈哈”的怪笑声，便问另一个疯子：“他干嘛要这样？”

“他把自己当成吊灯了。”

“哎，你们医院也真不负责，怎么不提醒提醒让他下来呢?”

“那怎么成，他要是下来了，没了吊灯，四周不成了一片漆黑了吗？”

**大智慧**：与疯子对话说的自然是疯话。如果自己不能辨别身边谁是疯子，那才是真正的恐怖。

## ⊙ 拳击手失误

身材魁梧的拳击手去餐馆就餐，他脱下大衣挂在门上，怕别人拿走，在大衣上留下一张纸条：“力大过人的拳击手的大衣在此，他一会儿就回来。”然后放心大胆地去用餐。当他用餐完毕去取大衣时，大衣不翼而飞，只留下一张纸条，上面写着：“杰出的赛跑运动员拿走了大衣，他不再回来了！”

**大智慧**：人各有所长，你有的别人可能没有，别人有的你也未必有，不要老是盯着自己的长处而忽略了自身的不足，善于看到别人的长处和发现自身的不足也是很重要的。

## ⊙ 本应享有的关注

有一年夏天，天气又闷又热，费尔帕斯教授走进拥挤的列车餐车去吃午饭。

在服务员递给他菜单的时候，他说：

“今天那些在炉子边烧菜的小伙子一定是够受的了。”

那位服务员听了以后，吃惊地看着他说：

“上这儿来的人不是抱怨这儿的食物，便是指责这里的服务，要不就是因为车厢内闷热大发牢骚。19年来，你是第一个对我们表示同情的人。”

**大智慧**：人们所需要的，是一点作为人所应享有的关注。一个人最大的悲哀，是在一个陌生的环境里没有人在意他的存在，寂寞的根源在于没有人觉得你重要。

# 笑谈灵活处世与变通

## 卷·首·引·言

每个人都必然生活在社会交人的群体当中，少不了要与他人进行交流、沟通、合作。怎样为人处世，是极有讲究的一门学问。

很久以前，中国古代铜钱的“内方外圆”就被推及到为人处世领域，古人谆谆教导我们：要“方圆处事”。仔细琢磨，是极有道理的。

所谓“内方”是指做人的棱角。“方”乃做人之本，也是做人的道德和原则性。“诚实正直”、“光明磊落”、“襟怀坦荡”、“质朴守信”、“谦逊勤勉”、“言行一致”、“忠厚善良”、“宽容大度”的方正人品是一个人立世和成功之根本。

所谓“外圆”是指与人相处的圆润和机巧。“圆”乃处世之道，也是指与人相处的灵活性。我们在做事情和与他人相处当中，要讲究策略、方法、技巧和艺术性。要积极地与他人进行良好的沟通，要善于与人相处、合作。

王国维在他的《人间词话》里说：“诗人对宇宙人生，须入乎其内，又须出乎其外。入乎其内，故能写之。出乎其外，故能观之。入乎其内，故有生气。出乎其外，故有高致。”他的意思，不外乎做人做事要灵活跳脱，不能死板，在一棵树上吊死；看待一个事物，它是否完美，也要从内到外考察，内涵好，从外在看起来又高雅精致，那就没的挑了。但在我看来，从现实的社会意义上说，不如理解为人的身份、人的能耐，不能拘泥于某个地方，要灵活变通，才能在社会上左右逢源，获得成功。

## ⊙ 原来如此

甲："新搬来的邻居好可恶，昨天晚上竟然在三更半夜里跑来猛按我家的门铃。"

乙："的确可恶！你有没有马上报警？"

甲："没有。我当他是疯子，继续吹我的小喇叭。"

**大智慧**：事出必有因，如果能先看到自己的不是，答案就会不一样。在你面对冲突和争执时，先想一想是否心中有愧，或许很快就能释怀了。

## ⊙ 世界上最好的老公

几个男人在一家私人俱乐部中运动后进入更衣室休息，突然放在一条长凳上的手机响了起来，一个男人拿起它，接着就有如下的对话。

男："喂？"

女："亲爱的，是我。你在俱乐部吗？"

男："是的。"

女："太棒了！我就在离你那儿只有两条街的购物商场内。我看见一条非常漂亮的貂皮大衣，它非常高贵华丽！我可以将它买下吗？"

男："价格如何？"

女："只要1 500美元。"

男："好，如果你那么喜欢它，就去买下它吧。"

女："哦！我经过默西迪斯代理店时看见2003年新款。那款车我十分喜欢，我已经和销售员交谈过，他愿意给我一个相当不错的价钱，再说我们也需要将去年买的宝马给换了。"

男："那他出什么价？"

女："只有60 000美元。"

男："好吧，但价格这么贵，我希望它功能齐全。"

女："太棒了！在我们挂机之前，还有些事。"

男："什么事？"

女："可能看起来太多了，不过我是参考你的银行帐户来的。今天早上我经过房产代理处，发现去年我们看中的那幢房子正在拍卖！你还记得吗？就是那幢带有一个游泳池，英式花园，停车场，位于海滨地区的。"

男："多少钱？"

女："只要450 000美元，这个价钱非常合理，而且我们在银行还有足够多的钱。"

男："好吧，去买下它吧，但必须杀价到420 000美元，好吗？"

女："没问题，亲爱的！谢谢！我过会儿来看你！我爱你！"

男："再见！我也爱你。"

这个男人挂了线，关上手机的机盖，然后举起他那只握着手机的手，问所有在场的人：

"有谁知道这个手机是谁的？"

**大智慧**：当别人很大方地一置千金的时候，你一定要提高警惕，因为天下没有免费的午餐。

## ⊙ 火鸡和牛粪

一只火鸡和一头牛闲聊，火鸡说："我希望能飞到树顶，可我没有力气。"牛说："为什么不吃一点我的粪便呢，它们很有营养。"火鸡吃了一些牛粪，发现它确实给了自己足够的能量飞到第一根树枝。第二天，火鸡吃了更多牛粪，飞到第二根树枝。两个星期后，火鸡骄傲地飞到了树顶。但不久，一个农夫看见它，迅速把火鸡射下来。

**大智慧**："牛粪运"可以让你达到顶峰，但不能让你永远留在那儿。

## ⊙ 回避

一天阿里斯提卜刚巧碰到一个人在骂自己。阿里斯提卜听后试图溜走。那人追上去好奇地问他为何要跑。阿里斯提卜回答说:“使用下流的语言是你的权利,不听下流语言也是我的权利。”

**大智慧**:有时回避并非胆怯,而是轻蔑。

## ⊙ 兔子和乌鸦

乌鸦站在树上,整天无所事事。兔子看见乌鸦, 就问它:“我能像你一样站着,每天什么也不干吗?”乌鸦说:“当然,有什么不可以的。”于是,兔子在树下的空地上开始休息。忽然,一只狐狸出现了,它跳起来就抓住兔子,把它吞进肚了。

**大智慧**:如果你想站着什么也不干,那你必须得站得非常高。

## ⊙ 拉大粪

一只小鸟飞到南方去过冬。天太冷,小鸟几乎被冻僵了,于是它飞到一大块空地上。一头牛经过那儿,拉了一堆牛粪在小鸟身上。冻僵的小鸟躺在粪堆里,觉得好温暖,渐渐苏醒过来。它温暖而快活地躺着,不久开始唱起歌来。一只路过的猫听到歌声,便走过去看个究竟。循着歌声,猫很快发现了粪堆里的小鸟,把它拽出来吃掉了。

**大智慧**:不是每个往你身上拉大粪的人都是你的敌人,也不是每个把你从粪堆里拉出来的人都是你的朋友。还有,当你躺在粪堆里的时候,最好把嘴巴闭上。

## ⊙ 狼来了

一只狼出去找食物,找了半天都没有收获。偶然经过一户人家,听见房中孩子哭闹,接着传来一位老太婆的声音:“别哭啦,再不听话,就把你扔出去喂狼吃。”狼一听此言,心中大喜,便蹲在不远的地方等起来。太阳落山了,也没见老太婆把孩子扔出来。晚上,狼已经等得不耐烦了,转到房前想伺机而入,却又听老太婆说:“快睡吧,别怕,狼来了,咱们就把它杀死煮了吃。”狼听了,吓得一溜烟跑回老窝。同伴问它收获如何,它说:“别提了,老太婆说话不算数,害得我饿了一天,不过幸好后来我跑得快。”

**大智慧**:别人信口开河,你就信以为真,全然不知许多时候人家只是在拿你说事而已。凡事都应该自己去试一试,否则,你就永远不会知道事情的真相。

## ⊙ 究竟信谁

某人找邻居借用毛驴, 邻居回答说:“我的毛驴眼下不在。”话音刚落,毛驴在圈里发出了叫声。

“那不是你的毛驴吗?”

“你相信人,还是相信驴?”

**大智慧**:虚伪的人还不如诚实的驴子更能让人相信。

## ⊙ 黑白同居

烧炭的人单独租住着一间房子，为了节省房租，一直想找个人合租。

恰巧遇见一个漂布的人，想租房子住，正在到处寻找。

烧炭的人对漂布的人说："那咱俩住一块吧，房租一人一半。"

漂布的人说："房租不是大问题，问题是咱俩根本就不可能住一起。"

烧炭的人问："那为什么？"

漂布的人说："这不明摆着吗？我好不容易漂白的布，都会被你弄黑的。"

**大智慧**：人与人之间的关系远近，更多的时候是一种感觉，而不是刻意的追求。如果感觉不对胃口，就不要再做无谓的努力。

## ⊙ 消灭政敌的方法

有人批评林肯总统对待政敌的态度："你为什么要试图让他们成为朋友呢？你应该想办法去打击他们，消灭他们才对。"

"我难道不是在消灭政敌吗？当我使他们成为我的朋友时，政敌就不存在了。"林肯总统温和地说。

**大智慧**：兵法云："上士伐谋，不战而屈人之兵。"转化矛盾的方法有很多种，消灭对方是最费力最不推荐的方法。变不利为有利，变敌人为我所用才是最高明的办法。这也是我们学习工作中解决人际矛盾的最好的办法。

## ⊙ 应有尽有

美国有一家大百货公司门口的广告牌上写着：无货不备，如有缺货，愿罚十万。某日，有一名法国人想获得这十万元，于是他绕店一周，细细观看一番后，来见经理。开口说："潜水艇在什么地方？"经理领他到第十八层楼，当真有一艘潜水艇。法国人又说："我还要看看飞船。"经理又领他到第二十二层楼，果然有一只新式飞船。法国人不肯罢休，又问道："可有肚脐眼生在头上面的女子？"经理一下被难住，正无言以对之际，旁边的一位女店员应道："我做个倒立给客人看看。"

**大智慧**：在生活中，最容易破碎的东西，往往是那些看起来很完美的东西，因为它太容易吸引人的目光，让别人"吹毛求疵"。所以，不要把弓拉得太满，适当为自己留点余地，才能进退自如，左右逢源。

## ⊙ 说明立场

议员演说完后，其他议员纷纷向他道贺。其中一人说："老兄，你真淋漓痛快，把你对每一问题的立场都说得一清二楚。"

"天呀！"议员大惊失色地说道，"我真的说明了立场？"

**大智慧**：有些时候需要人去说清楚某个问题，而有些时候含糊却是一种难得的聪明。

## ⊙ 另有说法

美国警方在确认嫌疑犯是否犯罪时，

常常让目击者进行一种例行的认人手续。警方为了使证人能够辨认出嫌疑犯的口音，规定每个被指认的嫌疑犯，都要说一句同样的话："把所有的钱交出来，我需要一些零钱。"

美国某警察局，第一个和第二个嫌疑犯在这一程序中都按照警方的要求说了，到第三个嫌疑犯时他竟脱口而出："我当时不是这么说的！"

**大智慧**：枪打出头鸟，有时候，保持和大家一致并不是件坏事情。

## ⊙ 谁使其然

英国罗马天主教牧师罗德纳·诺克斯(1888—1975)，有一次与科学家霍尔丹讨论神学问题。霍尔丹推论说："宇宙之间存在无数颗行星，难道就不可能有一颗行星上有生命吗？"

"先生，"诺克斯说，"如果伦敦的警察在你家的大衣柜里发现一具尸体，你会对他们说：'世界上有无数个大衣柜，难道就不可能有一个大衣柜里有具尸体吗？'我看警察一定要研究一下是谁把它放在里面的。"

**大智慧**：不要以为可能性大，就无端地下必然的结论。有一位哲学家曾经说过："在这个世界上，什么都有可能发生。"但是，"在这个世界上，什么都没有可能发生"又何尝没有道理？只是没有发生的事情我们永远都不知道罢了。

## ⊙ 为文王发愁

艾子来到齐鲁之地讲道，来听讲的人每次都有好几百人。一天，艾子讲到周文王被囚禁在羑里时，正好被齐宣王召见，他来不及讲完就应召去了。

听众中有个人入了迷，无奈，闷闷不乐地回到家里，妻子关心地问他："你每天听完艾夫子讲道之后，回到家里都很高兴，为什么今天却这样忧愁？"他说："今天一早，我听艾夫子说周文王是个大圣人，如今却被他的国君殷纣囚禁在羑里，我可怜他无辜被囚，所以非常烦闷。"

妻子想宽慰他，就说："现在文王虽然被囚禁着，时间长了一定会被赦免的，怎会一辈子遭受囚禁呢！"这人仍然叹息着说："我倒不愁放不出来，只是愁今夜他在牢内该多么难熬。"

**大智慧**：心地善良本无可厚非，但"妇人之仁"就要不得了。如果老是在一些鸡毛蒜皮的小事上多愁善感，就会在大事上迷失方向。

## ⊙ 无用的反对

理查·布林斯莱·谢立丹是18世纪后期英国最有成就的喜剧家。当他的第一部喜剧《情敌》初次上演时，谢立丹应观众的要求谢幕。就在这个时候，有一个人在剧场顶层的楼座上喊道："这个剧糟透了！"

谢立丹微笑地鞠躬说："我的朋友，我完全同意你的意见。"他一边耸耸肩，一边指着剧场里那些刚才为演出热烈叫好的观众，补充了一句说："但是，我们两个人反对这么多观众，你难道认为能起什么作用吗？"

**大智慧**："墙头草"并不是一个褒义词，常形容那些没有主见，随波逐流的人。但认不清"大势所趋"，口是心非，刻意地去标新立异，也难免会"鸡立鹤群"。这时候，还不如去做一棵"墙头草"，至少不会被认为是做作。

## ⊙ 研究时装

一个小偷看见他的同伙在阅读《时装》杂志，惊奇地问："怎么，要改行做时装？"

"哪儿的话，我在研究今年的时装口袋到底会缝在什么地方……"

**大智慧**：流行不仅仅是一个概念。以前以为流行仅仅是电视中模特的展示，现在却能实实在在感觉到它充斥我们的生活，影响我们的穿着。不管是流行主导我们，还是消费决定流行，对我们来说，如果不能避免它，就主动去接受它。

## ⊙ 生日礼物

细菌学家对自己的妻子说；"亲爱的，我已经准备好了一件意外的礼物在你的生日那天送给你。"

妻子："好极了，是什么呢？"

"以你的名字命名的病毒。"

**大智慧**：看来，不分场合和时机地突出自己的职业专长，并不见得就是什么好事情，甚至会起到适得其反的效果。

## ⊙ 注意服务态度

饭店经理对女服务员们说：

"今天，你们尤其应该特别注意服务态度。"

"是有什么重要人物来这里吃饭吗？"女服务员们问。

"不，"经理回答，"今天，我们这里供应的肉特别的硬。"

**大智慧**：心虚的人说话会软三分，这是因为理亏而担心别人发难。与其这样，为什么不及时采取有效的措施避免这种被动局面的出现呢？

## ⊙ 礼赠法官

一个人为了一件纠葛事不得不去法院起诉，他问他的律师哪一位法官受理他的诉讼案，律师告诉他并问："你认识此人吗？"

这人回答："不。不过我要是知道他的名字，我就可以送给他一打好酒了。"

律师十分震惊地说："你决不能那样做，那样你会严重触犯法律，你的诉讼案也会败诉的。"

几星期后，这件诉讼案得到判决，这个人取胜了。当他步出法院时他对他的律师说："我送给法官的礼品不是成功了吗？"

律师更加震惊地说："什么，你真的把酒送给他了吗？"

"那当然！"他说，"不过我在送给他的酒上写上了对方的名字。"

**大智慧**：三十六计中有一计，"兵不厌诈"，我们并不是推荐用这样的方式，而是注意不要让别人用了这样的方式让我们上当。

## ⊙ 法令

俄国大作家列夫·托尔斯泰(1828—1910)一次在信中诙谐地对一位朋友说："如果我是沙皇，我就公布一项法令：作家要是用了一个自己不能解释其意义的词，就剥夺他的写作权利，并且打100棍子。"

**大智慧**：任何事情，都需要言之有据，行之有理。只有自己真正搞清楚的东西，才可能说服别人去接受。

## ⊙ 简单的问题

有一次，乔治和他的父亲一起去山中打猎。每当遇到猎物，乔治总是看到爸爸端起枪来，眯缝着一只眼，"叭"的一声，扣动扳机。

乔治好生奇怪，问父亲："爸爸，您为什么瞄枪时老闭着一只眼睛呢？"

爸爸回答："傻孩子，你怎么总是提这么简单的问题？要是两只眼睛都闭上，能看得见东西吗?"

**大智慧**：人世间的事情，有些需要闭上眼睛才能用心体会到，有些需要睁一只眼闭一只眼才能集中注意力于那一点，而有些又需要你睁大了双眼才能看清楚。

## ⊙ 方向不对

东方快车上，列车员看了一位老太太的票后说："这是从柏林到巴黎的票，可我们这趟车是到伊斯坦布尔的。"

老太太严肃地看着列车员问："怎么办，难道就连司机也没发现他开的方向不对吗？"

**大智慧**：遇到争执的时刻，每个人都会以自己的标准为正义的标准。并以此责怪他人。

## ⊙ 苦修者的诚意

有个和尚，夏夜里赤身裸体地坐卧在山边，让蚊子来咬他。他要舍身喂蚊子，口里还不停地念着佛，以求苦修成佛。观音大士想考验他的诚心，就变成一只老虎来到山边，看看他能不能舍身喂虎。和尚看见来了一只老虎，慌忙起身逃走，边跑边喊："今天晚上碰见个这么大个的，我这个东道主怎么能做得起？"

**大智慧**：平日里看似大度的人一遇到根本的利害冲突，就经受不住考验了。真正想了解一个人，就看他在一些特殊、关键时刻的表现。

## ⊙ 主人和仆人

有个人外出经常带着仆人，可每当饮酒的时候，他只管自己喝，从来不给仆人。一次，又有人请他喝酒，仆人用墨水把自己的嘴唇给涂黑了，站在主人旁边。主人见了说："这奴才的嘴很好看！"仆人说："只顾你的嘴，不要管我的嘴。"

**大智慧**：在这个功利性很强的社会中，对话是需要身份的，没有一个平等的身份，再怎样努力巧妙地提醒对方，也不会被人重视、理解。

## ⊙ 出难题

某甲出个谜语说："上柱天，下柱地，塞得乾坤不透气。"问某乙是什么东西。某乙说："我也有个谜语让你猜：头朝东，尾朝西，塞得乾坤不透气。"某甲说："不知道。"某乙解释说："就是你说的那个东西，我放倒了。"

**大智慧**："以其人之道还治其人之身"，有时难为别人就是难为自己，希望通过贬低别人提升自己的方法往往是不可行的。

## ⊙ 油彩未干

画家把他几幅精美的油画雇用货车运到展览会场去。他特别叮咛司机："小心点！画上的油彩还没干透。"司机说："没关系，我穿的都是旧衣服。"

**大智慧**：生活是大家的，责任就是公益！不要总为了自己的利益盘算，多为别人，为公利着想，设身处地，无私奉献——你一定也会得到生活的报偿！

## ⊙ 以牙还牙

一位看上去很有魅力的女子坐在酒吧里，一位男士走过去说："请问，这儿有人吗？"女子脸上开始呈现出迷惑不解的

表情："什么，去汽车旅馆？"男士重复了一遍问题，女子报以同样的回答，男士觉得气呼呼，但是没有说什么，回到自己位置上坐下了。过了一会儿，女子到男士桌边说："对不起，我是学心理学的，在研究人们遇到莫名其妙的回答时会有什么表情。"男士高声地反问道，什么："要一百美元？"

**大智慧**：不尊重别人，怎么要求别人尊重自己？既然希望得到尊重，就要首先尊重别人，因为尊重别人，才会赢得别人的尊重！

## ⊙ 最吃惊的

新学期开始，每个男生都要上台作自我介绍。当一位很清秀的男生作自我介绍的时候，主持人问道："请问你有没有被别人误以为是女生？""当然，"那男生不以为然，"从小学时老师就一直把我当作女生，直到有一天我一气之下剃光了我所有的头发。""那老师们一定很吃惊吧？""嗯！不过最吃惊的不是老师，而是那位很殷勤地为我提了一年书包的男生。"

**大智慧**：不应只根据外表来判断与你交往的人的性质，眼睛所看见的不一定是真实的，不要因为片面的认识而做出一些愚蠢、可笑的举动。

## ⊙ 半夜的声音

有个蹩脚的歌唱家直到半夜还在声嘶力竭地练声，邻居忍无可忍，敲墙壁向他表示抗议。

歌唱家气愤异常，立马探出头朝邻居的窗户大喊："都快一点钟了，你还往墙上钉钉子，你不觉得太不是时候吗？"

**大智慧**：利益之间的平衡，不仅仅需要争取，更需要克制与宽容。不要总是抱怨别人妨碍了自己，很多时候，恰恰是因为我们首先妨碍了别人。

## ⊙ 咨询

有一个律师办公室的桌上放着一块牌子，上书："回答一个问题，收$100。"

有位太太来咨询，看到桌上的牌子很惊讶，问道："回答一个问题真要收一百美元呀？"

律师回答："是的，请提第二个问题！"

**大智慧**：生活是有很多前提和规定的，我们需要用心的了解。可是，很多时候，我们更需要遵守和执行。当我们固执地怀疑生活时，事情已然变得复杂，我们也难免纠缠其中！

## ⊙ 钢琴的牙齿

"妈妈，你知道谁的牙根是黑色的，而牙齿是白色的？"

"不知道，娜佳。你能说说看吗？"

"钢琴。"

**大智慧**：生活中的许多事情是不能用常理来推测的，有的时候发散一下思维，发挥一下想象的空间，人生也许会从此不同。

## ⊙ 离题

父:“孩子，我替你写的那篇作文,评上优秀奖了吗？”

子:“没有,老师说写得太离题了。”

父:“不会吧！作文题目不是《我的父亲》吗？”

子:“是啊,可您写的是我爷爷呀。”

**大智慧**:人各有异,一成不变的搬用套用别人的经验和东西是不可能完全适合你自己的实际情况的,根据自己的实际融会贯通,才能够不著痕迹。

# 笑谈潜能的开发和励志

## 卷·首·引·言

无论是激发人的斗志,还是开发人的潜能,归根到底,还是让人做回他自己。在迷失的道路上走出来,找准自己的位置,才能把自己的潜能开发出来,把人的斗志激发出来。做回自己,其实并不是件容易的事情,你可能要顶住世俗的压力,可能要经历肉体的痛苦和物质上的匮乏。

据说有一个年轻人在30年前离开故乡,开始创造自己的前途。他动身的第一站,是去拜访本族的族长,请求指点。老族长正在练字,他听说本族有位后辈开始踏上人生的旅途,就写了3个字:不要怕。然后抬起头来,望着年轻人说:"孩子,人生的秘诀只有6个字,今天先告诉你3个,供你半生受用。"30年后,这个从前的年轻人已是人到中年,有了一些成就,也添了很多伤心事。归程漫漫,到了家乡,他又去拜访那位族长。他到了族长家里,才知道老人家几年前已经去世,家人取出一个密封的信封对他说:"这是族长生前留给你的,他说有一天你会再来。"还乡的游子这才想起来,30年前他在这里听到人生的一半秘诀,拆开信封,里面赫然又是3个大字:不要悔。

不错,要做回自己,就要中年以前不要怕,中年以后不要悔。

## ⊙ 雕凿人生

在文艺复兴时期,意大利雕刻家米开郎其罗用了多年时间,完成了举世闻名的大理石雕刻,名为“戴维”,现在存放于佛罗伦萨美术学院。当朋友问米开郎其罗雕凿出栩栩如生的戴维像的秘诀,他只是轻描淡写地说:“戴维本来就在这块大理石之内,我只是将不属于戴维的石块凿掉罢了!”

**大智慧**:成功并非要改头换面,脱胎换骨,而是要将自己美好的本来面目呈现人前。成功是恰如其分地展现自己的优点。

## ⊙ 光明前景

有三个建筑工人,一天工作完了各自回家。

回家途中,第一个工人心里想:“要不是为了生活,我真不会做那砌砖工作,辛苦得很。”第二个工人心里想:“每天就是在砌墙,真是沉闷得叫人发疯。”第三个工人心里想:“我今天为了完成一所宏伟的教堂而努力,完成后教堂可容纳几百人做礼拜,这实在是一件极有意义的工程。”

**大智慧**:在生活中,你是在投诉、在愤怒,还是有所创造呢?你是在砌砖、砌墙,还是为有意义的目标前进呢?请谨记,将思想集中于光明前景。

## ⊙ “随便”的工作

美国前总统罗斯福的夫人在年轻时从本宁顿学院毕业后,想在电讯业找一份工作,她的父亲就介绍她去拜访当时美国无线电公司的董事长萨尔洛夫将军。

萨尔洛夫将军非常热情地接待了她,随后问道:“你想在这里干哪份工作呢?”

“随便。”她答道。

“我们这里没有叫‘随便’的工作。”

**大智慧**:没有奋斗的方向,就活得混混沌沌;准确地把握好自己的喜好和追求,是走向成功的第一步!记住,成功的道路是由目标铺成的!

## ⊙ 酒精实验

一天,一位医生将一群嗜酒如命的酒鬼召集到一块,他在他们面前做了这样一个实验:

医生将两只杯子放到了桌上,一杯装满了清水,另一杯装满了酒精。他把一只毛毛虫先丢进了装满清水的杯子,大家看着虫子在清水里游着,慢慢地又爬了出来。然后,医生又将毛毛虫抓了起来,投进了装酒精的杯子,虫子在酒精里挣扎了几下就死去了。

看了这个实验后,酒鬼们面面相觑,屋子里沉默了好长一会时间。正当医生准备对他们说明酒精对人体有害的时候,在屋子的最后排传来一个声音:“医生,我明白了,只要我们多喝酒,那我们肚子里就决不会生虫子!”

**大智慧**:即使是一种正确的观念,也总有人站在负面的角度去理解。对这些人来讲,过多的劝服是没有太大用途的。不要把你的时间花费在“无用功”上。

## ⊙ 甜言蜜语

美国缅洲汤姆斯科学教授贝克博士建议家庭盆栽的爱好者,遵循以下的秘诀,必能有一个美丽茂盛的庭园。

1)对你的植物清楚且明确地表示出你心中的情感;

2)用呢喃柔软的声调每天不断地对植物说话,就像哄小孩一样;

3)如果你的植物长得不错,别忘了随

时赞美它；

4）心情不好时，别和植物说话，这会使植物有恶劣的反应；

5）绝对不要用尖锐高亢的声调对植物说话，这会使植物感到恐惧。

现在如果有同样的两棵植物，如果你对其中的一棵采取以上方法，而对另一棵只是简单地浇水，三个月之后，你会发现前者将会比后者枝叶茂盛得多。

**大智慧**：多赞美，多鼓励，多掌声；不抱怨，不批评，不责备！学会用平静、低柔且稳定的声音向它表达爱意，它必将以旺盛的生机回报你的感情。植物尚且如此，更何况面对万物之灵的人呢？

## ⊙ 成道

诗人白居易为了得到更高深的学问，到处向人请教，但仍不能满足他强烈的求知欲。

有一天他听说有一位得道的禅师，学问高深。于是不惜千里跋涉去求见，好不容易见到了禅师，便虚心地问："师父，请告诉我如何才能得道。"禅师回答："诸恶莫作，众善奉行。"白居易不解地说："这连三岁小孩也知道呀，怎能说是道呢？"禅师回答："三岁小孩也知道，但80老翁也难奉行啊！"

**大智慧**：有谁不要成功？又有谁不知道要成功就必须学习，要参加训练，要不懈努力，但是真正成功的人又有几成不要问成功有没有我的份，只要通晓本行成功的原则，你必定是成功者中间的一个。

## ⊙ 早知道

有个人在路上走，突然不小心跌了一跤，他嘀咕了一句，"真倒霉！"爬起来拍干净身上的土，又继续赶路了。

走了不大一会儿，他脚下一绊，又摔了一跤，这次他不由气恼地说："早知道还要摔跤，上次我就不爬起来了。"

**大智慧**：一个人，无论从事任何工作，遇到困难和挫折都在所难免，假如因为摔了跤埋怨自己干错了事业，势必终生悲叹，碌碌无为，一事无成。

## ⊙ 马拉汽车

相传非洲有这么一个故事：

某个农村，住着一个名叫卡特尔的中年人。卡特尔以身体强壮，勤奋节俭闻名。他辛勤劳动十多年，成了远近小有名气的富翁。

由于平常习惯节俭，卡特尔还是过着一般人的生活。

有一天，外地来了个推销员，他费尽了喉舌，终于说服卡特尔购买了一部豪华汽车，卡特尔把汽车开到农场去，但那部汽车的速度非常慢，原来，卡特尔没有启动汽车发动机引擎，只用四匹马在前面拉

着走……

**大智慧**：由于卡特尔不知那辆汽车的发动机到底力气有多大，才会闹出驷马拉车的笑话来。其实，每个人都有着无限的潜能，只要我们善加利用，发挥它的效力，便能干出一番事业来！

## ⊙ 上帝会救我

某地发生水灾，整个乡村都难逃厄运。许多村民纷纷逃生，只有住在较高处的王小明将一些重要东西收拾好，然后爬到屋顶上去。

不久，大水浸过屋顶，刚好有只木舟经过，吩咐小明逃生。王小明胸有成竹地说：“不用啦，上帝会救我的。”木舟就离他而去。

片刻之后，河水浸到他的膝盖。刚巧，有艘汽艇经过，拯救尚未逃生者。救护人员尽量说服小明。王小明则说：“不必啦，上帝一定会救我的。”汽艇只好到他处进行拯救工作。

半刻钟之后，洪水高涨。已至王小明的肩膀。此时，有架直升机放下软梯来拯救小明。王小明死也不肯上机，说：“别担心我啦，上帝会救我的！”直升机也只好离去。

最后，河水继续高涨，王小明被无情的洪水淹死了。

死后，王小明升上天堂，遇见了上帝。他大骂上帝：“平日我诚心祈祷您，您却见死不救，算我瞎了眼了。”

**大智慧**：朋友，很多时候，不是我们没有机会成功，而是不去认同那是个机会，三番四次找借口来推辞掉它。我们到底有多少机会可丢弃呢?

## ⊙ 幸好她不在

小黄个性内向胆怯，因此年近39岁仍然是王老五一个。上个月公司来了一位新的女职员，她也是名花无主。大概是缘分已到，小黄对这位小姐的到来视为天意。

于是小黄常常借故接近这位小姐，但是每次都面红耳赤，结结巴巴地聊上几句便走开了。他也曾经想过约这位小姐看戏或逛街，但是每次都因为没有勇气开口，使约会遥遥无期。

这一天是“情人节”，小黄在妹妹的百般鼓励下，终于羞答答地把电话拉到房中，关上房门，然后战战兢兢地拨电话给这位女同事，希望能约她共度佳节。

妹妹在房外静候了好一阵。不久小黄从房里冲了出来又跳又叫的，妹妹连忙问他：“怎样？她一定答应啦！”小黄如释重负地说：“哗，我好幸运，幸好她不在家。”

**大智慧**：好多人不也犯同样的毛病吗？心里很想要成功，但是又缺乏勇气而迟迟不敢采取行动。决定出门之前又盼望最好下场雨，来到顾客家按门铃时又矛盾地希望顾客不在家。一方面要成功，另一方面又不敢鼓起勇气去争取。这样，成功之日肯定遥遥无期。

## ⊙ 下一个

世界球王贝利在20多年的足球生涯里，参加过1 364场比赛，共踢进1 282个球。并创造了一个队员在一场比赛中射进8个球的纪录。他超凡的技艺不仅令万千观众心醉，而且常使球场上的对手拍手称绝。他不仅球艺高超，而且谈吐不凡。当他个人进球记录满1 000个时，有人问他：

“您哪个球踢得最好？”

贝利笑了，意味深长地说：“下一个。”他的回答含蓄幽默，耐人寻味，像他的球艺一样精彩。

**大智慧**：在迈向成功的道路上，每

当实现了一个近期目标，决不应自满，而应迎接新的成功，应把原来的成功当成是新的成功的起点，应有一种归零的心态，才永远有新的目标，才能攀登新的高峰，才能获得成功者的无穷无尽的乐趣。

## ⊙ 戒烟

人们请杜因先生戒烟，他脸上毫无难色，乐滋滋地说：

“戒烟是我一生中遇到的最容易的一件事情，不瞒诸位说，本人已经成功地戒过几十回烟了。”

**大智慧**：很轻易就完成一件原本困难的事情，这是让人怀疑的。有时候，过程的痛苦才是取得胜利最好的证明。

## ⊙ 林肯“独断”

美国总统林肯，在他上任后不久，有一次将六个幕僚召集在一起开会。林肯提出了一个重要法案，而幕僚们的看法并不统一，于是七个人便热烈地争论起来。林肯在仔细听取其他六个人的意见后，仍感到自己是正确的。在最后决策的时候，六个幕僚一致反对林肯的意见，但林肯仍固执己见，他说：“虽然只有我一个人赞成但我仍要宣布，这个法案通过了。”

**大智慧**：决断，是不能由多数人来做出的。多数人的意见是要听的，但做出决断的，是一个人。

## ⊙ 万念俱灰

一天深夜，一个年轻女子经过一家精神病院时，突然后面传来“哇”的一声。女子扭头一看，一个一丝不挂的男子正在向她追来。女子吓得拔腿就跑，后面的男人紧追不舍。不好，前面是一条死胡同，女子万念俱灰，跪在地上哭着哀求道：“你愿意干什么就干什么吧，只求你不要杀我。”男子狡黠地笑了笑说：“真的？那现在你开始追我。”

**大智慧**：肖伯纳说：“一切假的知识比无知更危险。”生活中，最常犯的错误是过早地主观臆断，最常见的失败是不坚持到底。放弃永远是我们最大的敌人，因为幸运降临的概率更小。

## ⊙ 心理怪圈

一天晚上，在漆黑偏僻的公路上，一个年轻人的汽车抛了锚：汽车轮胎爆炸了！

年轻人下来翻遍了工具箱，也没有找到千斤顶。怎么办？这条路半天都不会有车子经过，他远远望见一座亮灯的房子，决定去那个人家借千斤顶。在路上，年轻人不停地在想：

“要是没有人来开门怎么办？”

“要是没有千斤顶怎么办？”

“要是那家伙有千斤顶，却不肯借给我，那该怎么办？”

……

顺着这种思路想下去，他越想越是生气，当走到那间房子前，敲开门，主人刚出来，他冲着人家劈头就是一句：“他妈的，你那千斤顶有什么稀罕的。”

弄得主人丈二和尚摸不着头脑，以为来的是个神经病人，“砰”的一声就把门给关上了。

在这么一段路上，年轻人走进了一种常见的“自我失败”的思维模式中去，经过不停地否定，他实际上已经对借到千斤顶失去了信心，认为肯定借不到了，及至到了人家门口，他就情不自禁地破口大骂了。

在我们平时的生活中，也有许多人会对自己做出一系列不利的推想，结果就真的把自己置于不利的境地。

**大智慧**：在做一件事前，你是否常在心中对自己说：可能不行吧，万一怎么样怎么样，结果可能还没去做，你就没有信心了，事情十有八九就会朝着你设想的不利方向发展。所以，你要相信自己是最优秀的，有了信心，你的才智才能发挥得淋漓尽致。

## ⊙ 服从

列车员叫醒了一个睡在车窗旁的乘客。

“先生，你的车票呢？”

“车票？我没有。”

“没有？那么你要去哪儿？”

“我哪儿也不去。”

“那你为什么上这列火车？”

“我在车站遇到这列火车，听到车上的广播大声叫喊：‘请大家赶快上车坐好！’于是我不得不走进车厢。”

**大智慧**：一个人真正需要服从的是自己，而不是那些来自于这个喧嚣世界的声音。

## ⊙ 爱情与牛排

美国影星盖博因为参加拍摄电影《飘》而名噪一时。有一次，他在谈到自己的演技时说：“当我第一次拍摄爱情镜头时，导演命令我表演出情人热恋时那种强烈的渴望之情，我无论如何努力都难以进入角色。这时导演启发我：‘在你的生活中你最渴望得到的是什么？在你脑海中竭力想象它吧！’这时，我饥饿万分，于是就在脑海中想象一块鲜嫩、美味扑鼻的牛排。这种办法还真灵咧！由此，我竟意外地成功了。从那以后，我就一直这么做。”

**大智慧**：只有真正的渴望，才会产生全身心的投入。不要勉强自己，去寻找那些能让你充满渴望和产生激情的东西，OK？

## ⊙ 传染

林肯非常讨厌那些前来白宫唠唠叨叨，要求一官半职的人。一天林肯身体不适，但有一个家伙赖在林肯身边，准备坐下来长谈死缠。

正好这时总统的医生走进房里，林肯一面向医生使眼色暗示，一面向他伸出双手，问道：“医生，我手上的斑点到底是什么东西，我全身都有。我看它们是会传染的,对吗?”

“不错,非常容易传染。”医生说。

那家伙听了,马上站起来说:“好吧,我现在不便多留了。林肯先生,我没什么事,只是来探望你的。”

那家伙走后,林肯在房里笑得前仰后合。

**大智慧**:科学家说:“任何事情都有解决的方法,我们需要做的是找到那个方法。”面对困难的时候,要有信心解决问题,要积极去解决问题。

## ⊙ 对话

时间:1996年10月。

地点:加拿大纽芬兰省海域内。

事件:美国海军与加拿大人对话。

美国人:请改变你的航道,向北偏15度,以免相撞。

加拿大人(语气温和):建议你向南改变航线15度,以免相撞。

美国人(语气强硬):这是美国一艘军舰的舰长在说话。我再说一遍,改变你的航向。

加拿大人:我再说一遍,改变你的航道。

美国人(怒):这是美国密苏里号航空母舰,我们是美国海军火力强大的战舰。命令你马上改变你的航道!

加拿大人(语调坚定):这里是灯塔,我们不能改变航道!请回答……听见没有?喂、喂、喂……(对话消失)

**大智慧**:并不是所有的时候强权都能取得胜利,如果你掌握了真理,请一定要相信自己。

## ⊙ 各有所用

在动物园里的小骆驼问妈妈:“妈妈、妈妈,为什么我们的睫毛那么长?”

骆驼妈妈说:“当风沙来的时候,长长的睫毛可以让我们在风暴中都能看得到方向。”

小骆驼又问:“妈妈、妈妈,为什么我们的背那么驼,丑死了!”

骆驼妈妈说:“这个叫驼峰,可以帮我们储存大量的水和养分,让我们能在沙漠里耐受十几天的无水无食条件。”

小骆驼又问:“妈妈、妈妈,为什么我们的脚掌那么厚?”

骆驼妈妈说:“那可以让我们重重的身子不至于陷在软软的沙子里,便于长途跋涉啊。”

小骆驼高兴坏了:“哗,原来我们这么有用啊!可是妈妈,为什么我们还在动物园里,不去沙漠远足呢?”

**大智慧**:天生我材必有用,可惜现在没人用。一个好的心态+一本成功的教材+一个无限的舞台=成功。每人的潜能是无限的,关键是要找到一个能充分发挥潜能的舞台。

## ⊙ 加水

黄庭坚说:“有两个读书人是邻居,姑且叫他们一个姓温、一个姓寒吧。这一温一寒,有一天相互招呼坐在门首聊天。温的妻子派儿子来问:‘已经炒熟了,还该怎么做?’温说:‘估摸着能加多少水,加上水就行了。’他们家里是在做羊肉汤。寒的妻子不一会儿也派儿子来问:‘已经炒熟了,还该怎么做?’寒就学着温那样说:‘估摸着能加多少水,加上水就行了。’儿子忽然拍手大笑,说:‘那样不就做成马料了吗?’”

**大智慧**:现在流行跟风,好像跟在别人后面,就可以减少风险和责任。这就好像在大雾天开车,只要跟着前面那辆车的尾灯,就安全无事。但是,如果自己是头车,又有谁会给自己指路?你应该用自己的慧眼，看清前面的路该怎么走，用自己的头脑来分析利弊，选择自己的方向。只会跟在别人的尾灯后面的人，永远不会领头的。

## ⊙ 里根的雄心

里根是美国历史上年龄最大的一位总统，他曾多次巧妙地回击了对手对他年龄的攻击。他在公布了自己"已得老年痴呆症，来日无多"后，突然又一次出现在一个为共和党竞选的集会上，并说："就目前而言，我恐怕不能竞选1996年总统了，但这并不排除参加2000年总统竞选的可能性。"这时，全场起立，甚至连他的宿敌也为之鼓掌。

**大智慧**："廉颇老矣，尚能饭否"的忧虑已经退出了历史舞台，取而代之的是"老骥伏枥，志在千里"的宏图大志。人不在年龄大小，只要有志向，照样能够做出一番轰轰烈烈的事业，正所谓"有志不在年高，无志空活百岁"。

## ⊙ 双双跳河

深夜，一个男子走过滑铁卢大桥，发现另一个男子站在桥栏上，正要跳下去。他一个箭步走过去，对欲寻短见的人喊道："慢着，先别跳。来，喝两盅去，有事慢慢说！"

在酒吧间里，他俩谈了一个钟头，他们谈到国事，谈到通货膨胀，谈到家庭、人生……

过路的男子不仅没有说服要自杀的男子，而且自己也觉得生无可恋，一起跳下河去了……

**大智慧**：对于每个人而言，希望和失望总是相伴的，如果你不尽力用希望克服失望，那就只有因失望而彻底绝望。

## ⊙ 迟到

老师：你今天因为什么迟到了？

杰克：因为我昨天是按时到校的。

老师：什么？这是你迟到的原因？

杰克：您前天批评我，"你每天都迟到，这可不行！"所以我打算两天迟到一次。

**大智慧**：不得不承认懒惰是从来都不会理亏的，而且还总是尽可能地占有自己的地盘。

## ⊙ 没耐心

垂钓者：你在这儿已经看了三个小时了，你为什么不自己试试？

旁观者：我没有这种耐心。

**大智慧**：其实很多时候你有能力，但你却意识不到它。

## ⊙ 谢绝

美国作曲家盖什文是个很谦逊的人。他闻名遐迩，可是他仍然想跟意大利作曲家、《茶花女》的作者威尔第学作曲。他远渡重洋，来到欧洲，去拜访威尔第。威尔第见到盖什文后，虚心地谢绝说："你已经是第一流的盖什文了，何苦还要成为第二流的威尔第呢？"

**大智慧**：要做就做最好！人不可能是全才，"闻道有先后，术业有专攻"，只要你在某一方面比较优秀，你就是一个成功的人，何必求全责备呢？

## ⊙ 招婿

国王要选驸马，方法是被选者参加一次比赛，胜者可娶到他的女儿并可获得一笔可观的财富。比赛那天，所有应招的未婚男子被带到一个放满鳄鱼的水池旁。国王先让人把一头狮子放到水池中，不一会儿,狮子被鳄鱼吃得只剩下几块骨头。国王此时高声说道:“我会把女儿嫁给第一个游过去的人!”

突然,“啪”的一声,一个青年跳进水池,他以飞快的速度游到了对岸。当他爬上来后,国王非常高兴地走过去,恭贺他说:“好样的,你一定很想娶我的女儿。”

“是的!”这个脸色苍白但幸运的青年气急败坏地说,“我现在要知道的是,刚才是哪个混蛋把我推下去的!”

**大智慧**:英雄总是在特定的条件下产生的。并不是有些人天生就比别人勇敢,能力往往是锻炼出来的,关键是看有没有给你锻炼的环境和条件。

## ⊙ 转弯了

父子俩住山上,每天都要赶牛车下山卖柴。老父较有经验,坐镇驾车,山路崎岖,弯道特多,儿子眼神较好,总是在要转弯时提醒道:“爹,转弯啦!”

有一次父亲因病没有下山,儿子一人驾车。到了弯道,牛怎么也不肯转弯,儿子用尽各种方法,下车又推又拉,用青草诱之,牛一动不动。

到底是怎么回事?儿子百思不得其解。最后只有一个办法了,他左右看看无人,贴近牛的耳朵大声叫道:“爹,转弯啦!”

牛应声而动。

**大智慧**:牛用条件反射的方式活着,而人则以习惯生活。一个成功的人晓得如何培养好的习惯来代替坏的习惯,当好的习惯积累多了,自然会有一个好的人生。记住,人和人之间差别并不是很大,优秀不过是一种习惯。

## ⊙ 潜泳

“柯尔,你是在什么时候学会这么漂亮的潜泳的?”

“那是去年在海边,当我突然看到岸上的一个人正是我的债主的时候。”

**大智慧**:当人对身外之物的追寻甚于自身的时候,有时反能帮助他超越自己。当然,如果可能,但愿这种追寻能够高尚一些。

## ⊙ 感谢医生

医生微笑着看着病人:

“今天,您看上去要比上次好多了。”

“是的,大夫。这多亏了您的药瓶。”

“怎么?”

“为打开它我左拧右撬,浑身冒汗,到底也没有把药瓶打开。”

**大智慧**:请相信,有时困境反而能带给你别样的惊喜。

## ⊙ 只写动物

“为什么您只写动物?”有人问一位作家。

“因为动物不会读。”作家答。

**大智慧**:只有不自信的表达才惧怕必要的回应。

## ⊙ 谢谢经理

“你知道吗？施密特，昨天夜里，我在梦中看见了你……”

“是吗？经理，太感谢您了……”

**大智慧**：自认为卑微的人其实只是把别人看得太过高贵了。

## ⊙ 给自己喝倒彩

乔治·费多(1862—1921年)是法国著名的戏剧家，他成功地创作了许多滑稽剧，《马克西姆家的姑娘》一剧曾轰动一时。但在他刚开始创作时也曾受到观众的冷遇。在一个蹩脚的首场演出的晚上，费多混在观众当中，同他们一起喝倒彩。

“你是发疯了吧！”一个找到他的朋友拉住他说。

“这样我才听不见别人的骂声，”他解释说，“也不会太伤心。”

**大智慧**：人生多波折，不怕对自己的怀疑，最怕再无前进的动力。

## ⊙ 智逐无赖

一家公司刚开张，需要一批财会人员，于是登了招聘广告。当天就来了一个自称会算账的人，但一测验他在财会方面什么也不懂。

经理不悦地说：“既然如此，你为什么还要应聘？”

“我想，”那人面无愧色，“我大概能做点出谋划策之类的事。”

经理马上说：“那好，你现在就给我出个主意——怎样赶走你？”

**大智慧**：如果你不打算做那个混世的无赖，如果你正认真思考怎样发展自己的事业，有一点你必须牢牢地记在心里——不要做你不懂的事。没错，就是要从你懂的事做起。如果你在自己熟悉的地盘上练好了脚板，你还用愁将来在别的地方跑不快吗？

## ⊙ 消防车

一天下午，下着大雨，我和同学在中华路。

结果有三四辆消防车经过，就听到旁边一群十七八岁的年轻人的对话。

甲：雨下那么大。怎么可能有火灾。消防车出来干嘛？

乙：笨！你就不懂了，它是出来装水的！

**大智慧**：人生的机遇总是不经意间从天而降，优秀的人善于抓住它；高手则往往会在它雏形时就发现它！

## ⊙ 鹤

有小鸟问：最近总是少见你凌空飞翔，这是为什么呀？

鹤答：没看见我在抓紧时间，练习走模特步吗？我这双又长又细的美腿，是当代靓女时尚的标志。

**大智慧**：每个人都是独一无二的，都有别人无法比及的长处。发现自身的优长，找准位置，努力发挥，我们都可以优雅自由地翱翔于理想的天空！但若是扬短避长，随波逐流，是不是就很可惜呢？

# 笑谈竞争合作与双赢

## 卷·首·引·言

诺贝尔经济学奖获得者莱因哈特·赛尔顿教授有一个著名的“博弈”理论。假设有一场比赛,参与者可以选择与对手是合作还是竞争。如果采取合作策略,可以像鸽子一样瓜分战利品,那么对手之间浪费时间和精力的争斗不存在了;如果采取竞争策略,像老鹰一样互相争斗,那么胜利者往往只有一个,而且即使是获得胜利,也要被啄掉不少羽毛。

现代社会中的现代企业文化,追求的是团队合作精神。所以,不论对个人还是对集体,单纯的竞争只能导致关系恶化,使成长停滞;只有互相合作,才能真正做到双赢。

尺有所短,寸有所长。曾有位博士生颇有感慨地对朋友说:“在这个竞争的社会里,什么人都不能忽视。”的确,在一个大集体里,干好一项工作,占主导地位的往往不是一个人的能力,关键是各成员间的团结协作。团结大家就是提升自己,因为别人会心甘情愿地教会你很多有用的东西。

## ⊙ 同行

萨拉·贝因哈特(1844—1923年)是位很迷人的法国女演员,她的台下形象同台上形象一样充满戏剧色彩。她大胆、泼辣、风流洒脱不拘小节。因而也常受到卫道士们的攻击。

在美国,就有一位教士咒骂贝因哈特是个“邪淫的小恶魔,从现代巴比伦派来腐蚀、污染新大陆的女魔”。

贝因哈特听说此事后,很温和地写了一张便条给那位教士,上面工整地写道:“亲爱的同行,不知您为什么要如此猛烈地攻击我?一个演员是不应该让另一个演员太难堪的。”

**大智慧**:有意识地互相争斗,是人类中特有的现象,这未免不是一场悲剧。为什么要在灾难来临的时候,人们才可以亲如兄弟,一旦危险不复存在,爱与宽恕又被重新封闭,尔虞我诈又开始盛行呢?

## ⊙ 机智的回敬

在总统候选人的提名过程中,肯尼迪的年轻和孩子般的外表成了一个不折不扣的不利条件。众议院发言人萨姆·雷伯恩就是攻击肯尼迪乳臭未干的几个民主党领导人之一。肯尼迪哈哈一笑,把问题抛到一边。“萨姆·雷伯恩可能认为我年轻。不过对一位已是78岁的人来说,他眼中的大部分人都年轻。”

**大智慧**:有的人倚老卖老,其本意是不想给别人机会。

## ⊙ 鸡的本事比你高强

一位舞蹈家对一个斯巴达人夸耀说:“你的本事没我强,你做金鸡独立这一招的时间没我长。”

这个斯巴达人回答说:“这倒是真的,可是任何一只鸡的本事都比你强!”

**大智慧**:要想真正显出自己某一方面的优势,只有选择和那些能够与你抗衡的人站在一起。

## ⊙ 狙击手

一次战争中,将军为了激励士气,就到前线去。

前方的士兵跟将军报告说:“将军,前方20米的石堆中有一个狙击手,不过他的枪法很烂,这几天开了好多枪都没有命中人!”

将军听了很生气地说:“既然发现狙击手,为什么不把他干掉?”

士兵说:“将军,你疯了吗,难道你要他们换一个枪法比较准的吗?”

**大智慧**:执者,失之,为者,败之。有时候,消极无为未必是件坏事情,以退为进,可能会起到意想不到的效果。

## ⊙ 纽芬兰人

纽芬兰人油漆篱笆要动用3个人,为什么?因为一个人握住油漆刷子,另两个人得抬着篱笆上下左右移动。

纽芬兰人换灯泡也要3个人,一个人站在椅子上抓住灯泡,另两个人抬着椅子转。

有一个纽芬兰人雇来专家,把他的房子整栋向左移了1米,你知道为什么吗?因为他的晾衣绳不够长。

**大智慧**:我们觉得自己做事情聪明是因为没有和别人比较,我们觉得别人愚蠢是因为我们总是看不到自己的短处。

## ⊙ 相等性原理

某一大饭店的经理在大厅外散步时,遇到了一位愁眉不展的擦鞋匠。饭店经理走过去用手拍着擦鞋匠的肩膀安慰说："喂，我说朋友，何必这样悲观，我年轻的时候也曾给人擦过皮鞋，可你瞧，我现在却是这个大饭店的经理了。所以你应积极地参与自由竞争社会的自由竞争。"

擦鞋匠望着这位得志的经理回答道："哎，我原来也是大饭店的老板，可现在却这样，在这里给人擦皮鞋。这就是因为自由竞争社会里自由竞争的缘故。"

**大智慧**：经理和擦鞋匠的对话道出了这样一个深刻的道理：就像天平的两头，一边高，那另一边就会低。在这个自由竞争的社会里也如此：有人能力高，他理所当然朝上游走；有人能力低，那他会被社会所淘汰。如果你想要在自由竞争社会里成为天平偏高的那一头，那么你必须增加自身的砝码。

## ⊙ 胸罩送给盯梢者

在一次电影招待会后，美国喜剧女影星霍莉迪发现自己被一个好色的制片商盯梢了好长时间，最后，她从容不迫地从内衣里抽出胸罩，转身把它递给那个被震惊了的盯梢者："喂，给你，我想这是你想要的东西吧！"

**大智慧**：你越是躲避，越是掩饰，别人就会得寸进尺。还不如大胆一击，打对方个措手不及。

## ⊙ 遇到老虎急换鞋

两个人在森林里，遇到了一只大老虎。A就赶紧从背后取下一双更轻便的运动鞋换上。B急死了，骂道："你干嘛呢，再换鞋也跑不过老虎啊！"A说："我只要跑得比你快就好了。"

**大智慧**："生于忧患，死于安乐"。在竞争愈来愈激烈的今天，没有危机感是最大的危机，居安思危才是安身立命之本。当更多的老虎来临时，我们有没有准备好自己的跑鞋？慢步就是退步。市场竞争，快手打慢手，快鱼吃慢鱼，哪还容得你止步不前？

## ⊙ 在荫凉处作战

公元前480年，斯巴达国王莱奥尼达斯率领斯巴达300名勇士在色摩比利山与波斯的军队进行最后的决战。波斯派了一位使者来到斯巴达，想劝莱奥尼达斯放弃抵抗。"我们的士兵是那么的多，我们的箭飞起来能遮蔽太阳。"使者夸口说。"越多越好！"斯巴达国王答道，"到那时我们可以在荫凉处作战了。"

**大智慧**：打仗要打出士气来，人生要活出精神来。以苦为乐，是对敌人最大的威胁。

## ⊙ 老四

法庭上，一对夫妻要离婚，但他们有三个孩子。

妻子说："我要两个，你要一个。"

丈夫说："不，我要两个，你要一个！"

他们就这样一直吵了好几个小时。法官不耐烦了，让他们快点达成协议。

最后妻子忍不住，她说："回家吧，等一年后生下老四的时候再离婚！"

**大智慧**：在追求公平的道路上，有时候我们宁可妥协于一种生活。我们以为这只是一时的，只是让我们在逐渐接近公平，却可能在妥协的生活中，忘记了最初的坚持。

## ⊙ 不偏不向

一位法官对自己的挚友说："请你想象一下，我们这里营私舞弊泛滥到何等地步！前天，就在诉讼程序刚要开始，被告的辩护律师转送给我1 000美元。怎么能这样呢，啊？过了一会儿，受害者的辩护律师也硬塞给我1 200美元。可我不是那种在诉讼程序中昧良心偏袒一方的人。所以，为了做到完全无偏见，我又归还受害者200美元。”

**大智慧**：在很多时候，我们所经历的公平可能是以我们已经被剥削为前提的。这种公平早已经是变质的公平。

## ⊙ 生与死

当一年轻人得知与他交谈的这个人是个刽子手时，他愤愤地说：

“你整天都在把人弄死，你就不觉得内疚？”

“那你说怎么办？”刽子手叹着气说，“我总需要活着啊！”

**大智慧**：有的人来，有的人去，一些人失去的机会往往为另外一些人提供了希望，这也是一种平衡法则吧！

## ⊙ 机会均等

一条狗在街上闲逛，看到橱窗里一张告示：“招聘文员。会打字，懂电脑，精通两种语言，机会均等。”狗很高兴地进去申请职位，结果被拒绝了。

“我不能雇佣一条狗在公司里做事。”经理说。

狗不服气，指着广告牌上的“机会均等”几个字抗议。经理没有办法，叹了口气问道：“你会打字吗？”那条狗默默地走到打字机前，准确地打了一封信。“你懂得用电脑吗？”经理问。那狗坐在一台终端前面，编了个程序，运行准确。

“我真的不能雇狗做这份工作，”经理气急败坏地说，“就算会打字，懂电脑，但是我需要的雇员能说两种语言。”那条狗抬头看着经理说：

“汪汪，是吗？”

**大智慧**：所谓的“机会均等”有时候只不过是人的一种理想，不可能完全彻底地得到贯彻。人一出生，其实就已经站在了不同的起跑线上。但是，“机会均等”尽管不容易实现，我们仍然要去追求，去倡导，不能因为不容易实现就不去努力了，更不能由于主观的偏见去主动设置障碍。

## ⊙ 报纸

美国无线电话报告新闻与报纸竞争激烈之时，一个报社的新闻记者愤愤不平地说：“无论如何，无线电话决不能代替报纸。无线电话可以包东西么？”

**大智慧**：许多时候，让我们在竞争中获胜的往往不是那些看似重要的“硬件”，可能就是一些我们自以为微不足道的，但是在别人眼中确是一种闪光的品德。

## ⊙ 生存与竞争

老鼠妈妈带着一群小老鼠大步走过厨房地板，这时突然跳出来一只猫。猫叫：咪呜！咪呜！老鼠妈妈也回叫：咪呜！咪呜！被弄糊涂的猫走了，老鼠妈妈对它的小老鼠们说：“你们看，我没说错吧！我告诉过你们多学一种外语总是有用的。”

**大智慧**：这是一个竞争无极限的时代，需要多元化能力的人才。只有这样的人才能在竞争中立于不败之地。

## ⊙ 高兴太早

一男青年将被征入伍，军队医院眼科医生给他做视力检查，青年边接受检查边表白自己是个近视眼。检查完毕，大夫说：“是的，你说得对，是近视眼。”青年听到这句话非常高兴。“尊敬的大夫，那么我可以免服兵役了？”大夫摇摇头说：“不，我写上了可参加肉搏战。”

**大智慧**：生活是公平而严厉的，机会也是无处不在。我们的一味矫情和拈轻怕重只能是苍白无力的辩解，还是用强悍的精神去追求成功疆野的里程碑吧！

## ⊙ 我就是那一大批人

美国第27位总统威廉·霍华顿·塔夫脱曾经被困在一个乡村的火车站好长时间，因为搭不上火车而一筹莫展。一个很凑巧的机会，他听说如果有很多人想上车，快车也会在小站停。

不久，列车调度员收到一份电报，说在希克斯维尔有一大批人等着上车。当快车在克斯维尔停住时，塔夫脱孤身一人上了车，并向迷惑不解的列车员解释说：“可以开车了，我就是那一大批人。”

**大智慧**：如果想改变既定的事情，你必须借助群体的力量；同样，你如果想减少行为的风险性，也必须“躲”在人群里，因为“法不责众”。“枪打出头鸟”，一个人的孤军奋战会使你的风险系数大大提高。

## ⊙ 莫管它漏水

有一次，一条渡船过河时，船身突然撞上了礁石。河水不断地涌进舱里，旅客们惊慌失措。唯有一位先生没事似地坐着不动，并且讥笑众人大惊小怪。“用不着急嘛！关咱们什么事，”那人说，“莫管它漏水！船又不是咱们的。”

**大智慧**：唇亡齿寒，户破堂危。只顾及自己的利益，早晚会失去自己的利益。只有合作才能达到双赢的效果。

## ⊙ 买鞋

一个人走进卖卷烟的商店。他对店主人说：

“请给我拿一双42号的男鞋。”

“请原谅，先生。我们这里只出售抽烟者所需的东西。”

“可是，你也应该想到，抽烟者也不能光着脚走路呵！”

**大智慧**：不要试图走过一个地方就发现所有，不要以为单单你一个就能找到全部。

## ⊙ 鞋袜讼

一人鞋袜俱破，鞋归咎于袜，袜亦归咎于鞋，相与讼之于官。官不能决，乃拘脚跟证之。脚跟曰：“小的一向逐出在外，何由得知？”

**大智慧**：面对问题却相互推诿，这不但不利于事情的解决，反而会牵连出更多的麻烦。

## ⊙ 五官对话

晚上，劳累的双腿在叹气：“我整天撑着沉重的身子，东奔西跑，谁同情我？”

这时，双手一摊说：“我每天忙个不停，一无所获！”

鼻子责怪地说：“都怪眼和耳，他俩不看，不听，我们就不会劳累了。”

眼和耳怒了，说：“我们不干活，你们都成了残废，其实最得利的是脸！”

**大智慧**：在强调自己重要性的同时，千万不要忘记——如果没有他人，你

将寸步难行。

## ⊙ 激励

农夫正驱赶一头驴子耕田。

“加油呵！布鲁诺。走吧，鲁迪。往前拉！奥斯卡。再提一口气！乔。”

一位过路人问道：“那头驴子到底叫什么名字？”

“彼得。”农夫回答。

“那可是奇怪了。你刚才不是叫了一些完全不同的名字吗？这是怎么一回事呢？”

“是这样的。”农夫说道，“这头驴不知道自己有多大能耐。于是，我就瞒着这家伙，叫出许多名字。那么，它就会觉得‘有这么多驴子来帮忙’而安心耕田了。”

**大智慧**：人们强调团队作用的原因之一，就是认识到了合作能给大家一种相互分担、共同面对的感觉。只要大家齐心协力，再难的事情也不必害怕。

## ⊙ 决斗

九岁的亚伦鼻子流着血从操场回来了，眼圈黑黑的，衣服也破了。很明显他打架了而且输了。当父亲帮儿子包扎伤口时问发生了什么事。“爸爸，”亚伦说道，“我向拉里挑战进行决斗。你知道，我让他挑选武器。”“嗯，”父亲说道，“那样看上去比较公平。”“我也这么认为，但是我没有想到他会选择他的姐姐！”

**大智慧**：一个人孤军奋战，永远也赶不上两个人并肩作战。合作，并不是“1+1=2”式的简单相加，而是一种组合，是优势和资源的重新组合配置，它形成的是一种合力。

## ⊙ 搬运

两个搬运工人在门道里搬运一个大木箱。他们又推又拉，用尽了力气，却始终无法将箱子移动。最后那个在门外的人说：

“算了吧，这么大的箱子，我们怎么也不会搬进去。”

“谁说要把它搬进去？”在里面的那个人说，“我还以为是要把它搬出来呢。”

**大智慧**：很多事情需要人们协同来完成，如果一个人的努力方向不能和他人达成一致，那么就只能起反作用了。

## ⊙ 酿酒

两个生意人商议合伙酿酒，一个说：“你出米，我出水，怎么样？”另一个说：“你出水，我出米，将来酒酿好了，咱俩怎么分呀？”说出水的那个人说：“我这人做事绝不昧良心，等到酒酿好了，我只要我原来的那么多水，其余都是你的。”

**大智慧**：人们在一起共事，要兼顾彼此的利益，如果一方只想自己的利益，忽视另一方的得失，那么合作是不会成功的。

## ⊙ 第一个来地球的外星人

第一次登月的宇航员其实有两位，除了大家熟知的阿姆斯特朗外，还有一位是奥尔德林,当时阿姆斯特朗说过的一句话“我个人的一小步，是全人类的一大步”，这早已是全世界家喻户晓的名言。

在庆祝登月成功的记者招待会上,一个记者突然问了奥尔德林一个特别的问题:“阿姆斯特朗先下去,成为登上月球的第一人,你会不会觉得有点遗憾?”在人们有点尴尬的注视下,奥尔德林很有风度的回答:“各位,千万别忘了,回到地面时,我可是最先出太空舱的。”他环顾四周笑着说:“所以我是由别的星球来到地球的第一人。”大家在笑声中给予他最热烈的掌声。

**大智慧**:步出太空舱有先后,但相互的支持配合是不分先后的,像这样的伟大的工程,个人的力量有限,必需要依靠群体的力量。成功不必在“我”,团队的成功就是“我”的成功。

## ⊙ 严密配合

两个工人安装灯泡。一个踩在另一个人的肩膀上。过了老半天,下面的人也不见上面有什么动静，就问上面的人:“喂,装好了吗?”

上面的人说:“你不知道这是螺丝口的灯泡吗?你不转,我怎么装得上?”

**大智慧**：在工作中，你不得不承认,个人的知识和能力总是有限的,依靠和利用朋友的知识、经验和能力共同完成项目是明智的选择。但是,你却不能就此完全放弃了自己的努力。

## ⊙ 秘密

妇女甲:“她告诉我说,你告诉了她那条我告诉你不让告诉她的秘密。”

妇女乙:“我特别告诉她不让她告诉你是我告诉她的。”

妇女甲:“天呀,别再告诉她我告诉你了她告诉我的事。”

**大智慧**:如果我们把防范别人和斤斤计较的精力化为公开豁达的畅所欲言和谋求共赢的精诚合作，是不是更明智呢?

## ⊙ 客气的马

——昨天你骑马骑得怎样?

——不太坏。问题是我那匹马太客气了。

——太客气了?

——是呀。当骑到一道篱笆时,它让我先过去了!

**大智慧**：如果你的合作伙伴在碰到障碍的时候,也把你推出个跟头,你是恨他,还是恨自己不够聪明,能力不足?但愿这种思索是多余的,希望那时大家精诚合作,共渡难关!

## ⊙ 如此合作

下雨天,一个同学问我有没有看见任何一个和他同路的女生,好让他能和她共享一把伞。我问他为什么,同学打开一把颜色艳丽的印花雨伞说:“那样便没有人会认为这把伞是我的!”

**大智慧**:任何人都不是万能的。在我们遭遇尴尬和困难的时候，还是不要自己硬撑,勇敢地去问询一下别人,寻求帮助,共同合作,共享一把伞,不是很好吗?

## ⊙ 何不早说

贼师父埋怨徒弟说:“你可真称得上是个白痴!我们费了整夜时间才打开所有的保险箱,可是里面全是空的。到现在你才告诉我这是一家制造保险箱的工厂!”

**大智慧**:当今社会讲求团结合作,当我们和别人一起努力做事的时候,一定要先明确目标，有效沟通，互相照应，协调一致。每一个音符都和谐，才能合奏出优美的乐章！

## ⊙ 天不管

从前有个人非常自私，对别人的事从不关心，还常说："别人的事，天大的也不要管。"因此别人送了他一个外号叫"天不管"。

一天，"天不管" 买了一袋大米背回家。路上，袋子破了，米不断漏出来。同伴看见了，问他："别人的事要不要管？"他不假思索地说："天大的事也不管。"

一会儿，米漏掉了不少。同伴又问："对人家有好处的事难道也不管吗？"他还说："只要对自己没有好处，一百个不管！"

快到家时，"天不管" 觉得肩上轻多了，这才发现一袋米已漏掉了半袋。他又气又急，责问他的同伴说："你为什么不早点跟我说？"

同伴学着他的腔调说："不管，不管，一百个不管！"

**大智慧**：一个好汉三个帮。地球是一个圆圈，帮助别人，实际是在帮助自己。

夥伴

## ⊙ 6个指头的天使

给教堂画壁画的画家把小天使画成了6个指头。

"您什么时候见过6个指头的天使？"牧师气愤地责问。

"没见过？"画家反驳，"但是您见过5个指头的天使吗？"

**大智慧**：出了问题，互相指责有什么意义呢？虽然那是很容易的，倒不如各自退回自己的职责领地，反躬自省，低头耕耘，争取互相之间良好的合作！

## ⊙ 让座

有个精力旺盛的老婆婆去搭公车。上了公车，一个彬彬有礼的童子军起身让位给老婆婆，老婆婆说："你坐好，我还很年轻，不需要你让座给我的！"

过了一会儿童子军又站了起来，老婆婆拍拍他的肩膀，说："没有关系的啦，你不用让给我坐，我没那么老，我还年轻！"

就这样经过两、三、四次后，童子军哭了！

童子军哭着说："老婆婆，我家已经过了好几站了，你为什么不让我回家！"

**大智慧**：当他人的一种帮助出自于一种"客观为他人，主观为自己"的心态时，我们不妨心存感激地接受这种帮助，虽然事实上，他的帮助可能未必是一种付出，但双赢的局面于人于己都是种胜出。

## ⊙ 老鼠偷油

三只老鼠一同去偷油喝。到了油缸边一看，油缸里的油只剩一点点在缸底，并且缸身太高，谁也喝不到。于是它们想出办法：一个咬着另一个的尾巴，吊下去喝，第一只喝饱了，上来，再吊第二只下去喝……并且发誓，谁也不许存半点私心。第一只老鼠最先吊下去喝，它在下面想："油只有这么一点点，今天总算我幸运，可以喝个饱。"第二只老鼠在中间想："下面的油是有限的，假如让它喝完了，我还有什么可喝的呢？还是放了它，自己跳下去喝吧！"第三只老鼠在上面想："油很少，等它俩喝饱，还有我的份吗？不如早点放了它们，自己跳下去喝吧！"于是，第二只放了第一只的尾巴，第三只放了第二只的尾巴，都只管自己抢先跳下去。结果它们都落在油缸里，永远逃不出来了。

**大智慧**：从三只老鼠的身上，我们不难看到一个团队之所以不成功，原因之一就是由于团队成员追逐着与团队总目标不一致的个体小目标。

## ⊙ 双料冠军

维克多遇见了从文化宫出来的一位朋友。他问这个朋友："表现得怎么样？"

"玩得很好！"朋友回答，"我打了网球，下了象棋。既赢了象棋冠军，又赢了网球冠军。"

"你对打网球、下象棋都很在行吗？"维克多问。

"我和网球冠军一起下象棋，赢了他，后来，我又和象棋冠军一起打网球，我也赢了他。"

**大智慧**：在竞争中审时度势，并做到知己知彼，有利地选择对手，这也是赢家的诀窍。

# 笑谈商业经营与致富

## 卷·首·引·言

商业家在纵横交错的生产经营活动中，由于人力或物力上的种种原因，总会有这样那样的困难。但是，你必须明白，这些困难都只是前进中的困难，是你暂时的困难。你应该相信，当你克服这些困难后，一切都会是明媚的春天。因此，迎难而上，坚持下去也就是抓住了你成功的机会。同时，你也应该明白，别人的失败或许也正是你的机会所在。世上总会有这样一些人，当他们碰到一点困难的时候，有时甚至就只有那么一步之遥，他们却半途而废，从而使自己的事业功亏一篑。

九仞高的山，就差那么一筐土而不能完成，不能不令人深感遗憾。这就是"为山九仞，功亏一篑"的道理。

但是，也许你不明白，这"一篑"之亏，却往往又会给那些智者带来一篑之计。那也就是说，别人"一篑"之亏的地方，或许正是你的成功机会之所在。所谓抓住机会就是匡正并挽救他人的失误，从而获得自己创造性成功的机会。因此，对于一个正在建功立业的人来说，他必须秉持着自己坚定的决心，深入开掘，锲而不舍，从而最终走向成功。这便是抓住了自己成功的机会。

## ⊙ 顾客永远正确

商店的经理正在斥责他的一个售货员。“我看见你在和一位顾客争吵，”他非常恼火地说，“你不记得了，在我的店里顾客永远是正确的吗？”

“是的，先生，”售货员说，“顾客永远是正确的。”

“你刚才为什么和他争论？”

“噢，先生，他说您是个白痴。”

**大智慧**：顾客是上帝永远是经营者的信条。因为智慧经营的真谛往往不是为了获得金钱上的利益而对某些可能刁蛮的顾客“忍辱负重”，它最终的境界应该是去获取每一位顾客的“心”，并于心与心的交流中获得精神与物质上的双重“货币”。

## ⊙ 富翁投宿

约翰·洛克菲勒是世界有名的大富翁，可是他在日常开支方面很节省。

一天，他到纽约一家旅馆去投宿，要求住一间最便宜的房间。旅馆的经理说：

“先生，你为什么要住便宜的小房间呢？你儿子来住宿时，总是挑最豪华的房间呀！”

“没错，”洛克菲勒说，“我儿子有个百万富翁的父亲，可我没有呀！”

**大智慧**：只有自己经历过创业之苦，才懂得节省的道理，才懂得创造的艰辛和财富的来之不易。

## ⊙ “聪明”的小男孩

一个小男孩问上帝：“一万年对你来说有多长？”上帝回答说：“像一分钟。”

小男孩又问上帝：“100万元对你来说有多少？”上帝回答说：“像一元。”

小男孩再问上帝说：“那你能给我100万元吗？”上帝回答说：“当然可以，只要你给我一分钟。”

**大智慧**：天下没有免费的午餐，要有投资的观念，甚至需要投资毅力、耐心。

## ⊙ 比尔·盖茨的女婿

一位优秀的商人杰克，有一天告诉他的儿子。

杰克：我已经决定好了一个女孩子，我要你娶她。

儿子：我自己要娶的新娘我自己会决定。

杰克：但我说的这女孩可是比尔·盖茨的女儿喔。

儿子：哇！那这样的话……

在一个聚会中，杰克走向比尔·盖茨。

杰克：我来帮你女儿介绍个好丈夫。

比尔：我女儿还没想嫁人呢。

杰克：但我说的这年轻人可是世界银行的副总裁喔。

比尔：哇！那这样的话……

接着，杰克去见世界银行的总裁。

杰克：我想介绍一位年轻人来当贵行的副总裁。

总裁：我们已经有很多位副总裁，够多了。

杰克：但我说的这年轻人可是比尔盖茨的女婿喔。

总裁：哇！那这样的话……

最后，杰克的儿子娶了比尔·盖茨的

女儿,又当上世界银行的副总裁。

**大智慧**:在今天这个社会,所谓的“空手套白狼”已经不是痴人说梦。资源才是最重要的,一个人如果能够让彼此需要对方的资源结合在一起,那么,他就是一个高明的经营者,尽管他自己一贫如洗。

## ⊙ 方法各异

产品销售会上,销售额极其令人沮丧,经理就对我们售卖职员训斥道:“我已经看够听够了你们拙劣的工作水平和理由。如果你们无法胜任这项工作,会有人替代你们,卖出这些你们每个人都应引以为荣的有价值的产品。”然后,他对新雇员——一名退役足球队员说道:“如果一支足球队赢不了,会怎么样?队员们都得被撤换掉,不是吗?”几秒钟沉默后,这名前足球队员回答道:“实际上,先生,如果整个队伍都有麻烦的话,我们通常只是换个新教练。

**大智慧**:对于一个集体来说,如果事业遇到了挫折,确定问题和承担责任往往是分开的。有问题的未必承担责任。有时候,换一个主管并不是说这个主管有很大问题,而是要转移一下矛盾罢了。

## ⊙ 狗咬酒酸

某“经理”,开一酒店,初生意兴隆,获利甚丰。后酒店偶然失窃,“经理”怒火中烧,便养了一条恶狗看门。该狗自进酒店,天天养尊处优,深感主恩浩荡,无以为报,惟恪尽职守,见人就咬,将大门守得固若金汤,始觉没辜负“经理”一番“栽培”美意。此后,果不再有一针一线丢失。不料数月过去,“经理”发现,虽无失窃之虞,店中所存的几缸老酒却都发了酸,正应了“造酒缸缸好造醋——坛坛酸”那句话。“经理”大惑,请邻居一长者省视。长者不假思索,即手书五个大字送之:“狗咬酒酸也”。

**大智慧**:“酒”酿得再好,哪经得起这一群恶“狗”狂吠乱咬呢?事业成败,在于用人,人才向背,系于“环境”。通过治理环境来引资,改变环境来招贤,是非常有道理的。有道是,家有梧桐树,招来金凤凰,家是大粪场,招来屎克螂,虽有民谚说“好酒不怕巷子深”,事实上“茅台也怕恶狗咬”。做人如此,做事亦如此。

## ⊙ 广告

法国一家瓷器制造厂针对有些家庭夫妻为琐事争吵而砸碗摔碟,别出心裁地在推销产品的广告上宣称:“为了您家族的和睦,使劲摔吧!切莫因小失大。”

法国香水制造公司推销某一新产品的广告词:“我们的新产品极易吸引异性,因此随瓶奉送自卫教材一份。”

**大智慧**:准确的定位和煽动性的广告语是产品畅销的保证。

## ⊙ 借鉴

酒馆经理正因生意不好而一筹莫展。一天,他偶然到一家书店买书,见书店墙上贴着大横幅:“为好书找读者,为读者找好书。”

他眼睛一亮,立即奔回家,叫人写了

一条大横幅，贴在酒馆正面墙壁上。第二天，店门口围了不少人指指划划，原来横幅写的是："为好酒找酒鬼，为酒鬼找好酒。"

**大智慧**：人说，一个好点子可以救活一个企业，一个好名字可以兴旺一个地方。记得北京有个茶馆叫"朋来先敬"，很是印象深刻，学会从知识中借鉴，也是生财之道。

## ⊙ 领带的问题

某人在沙漠中行进了大半天，口渴得直冒烟。在他快要走出沙漠时，遇到了一

位推销员，劝他买一条领带。他说："你行行好吧，我渴得连衬衣都想撕开了，还买什么领带！"推销员讨了个没趣便走开了。这个可怜人总算在沙漠边上的一个小镇上找到了一家酒吧，他急不可待地要冲进去。于是他对门口的侍者说："快给我点什么喝的吧！"他的喉咙都快枯哑了。"对不起，先生，不打领带者是不许进入的。"这个侍者很有礼貌地拒绝了他的要求。

"什么……"

**大智慧**：生活中的我们都会遇到领带的问题，不过是不这么极端而已。短期效应和长期需求本身就是一个需要平衡的问题。其实，夏卖冬装，冬卖空调，精明的商家一直在挖掘我们对未来的预期。

## ⊙ 忍耐15分钟

林肯的妻子玛丽·托德·林肯做了总统夫人之后，脾气愈来愈暴烈。她不但随意挥霍，还常对人大发淫威，一会儿责骂做衣服的裁缝收款太多，一会儿又痛斥肉铺、杂货店的东西太贵。

有位吃够了玛丽苦头的商人找林肯诉苦。林肯双手抱肩，苦笑着认真听完商人的诉说，最后无可奈何地对商人说："先生，我已经被她折磨了15年，你忍耐15分钟不就完了吗？"

**大智慧**：人的感知是有范围的，而且是有比较的。有时候，给一个巨大的参照系，然后再树立一个小小的请求，这样的博弈总是能让吃亏者觉得占了巨大的便宜。这就是为什么商家在打一折之前大幅度提高商品价格的原因了。

## ⊙ 喂猪罚款

某县一农民，天天喂猪吃泔水，结果被"动物保护协会"罚了一万元——因为虐待动物。后来，农夫改喂猪吃天山雪莲，结果又被"动物保护协会"罚了一万元——因为浪费食物。有一天，领导又来视察，问农民喂什么给猪吃。农民说："我也不知道该喂什么才好了，现在我每天给它一百块钱，让它自己出去吃。"

**大智慧**：市场经济的核心是让那个看不见的手起作用，即是价格价值规律自发调节资源的分配，这样的市场经济是最优的。这个规律也适用于生活中的方方面面。过多的约束总是适得其反，如同东西方的教育一样。有时候，我们必须学会"度"的掌握。

## ⊙ 下水道里的金币

一个小孩去给父亲送饭，路上看到一

个工人在清理下水道，好奇地停住脚步说："前几天，我哥哥的一块金币就是从这里掉下去的。"

工人的眼睛顿时一亮，故意漫不经心地说："孩子，快去送饭吧，等一会儿饭要凉了。"

父亲吃完饭后，小孩拎着空饭盒回家，看到工人还在下水道里浑身大汗地翻动着泥水。见到小孩回来，工人直起腰问道："金币肯定是从这里掉下去的吗？"

"没错，"小孩说，"第二天我爸爸就是从这里掏出来的。"

**大智慧**：这个社会是信息过量的社会，因为如此才出现基于信息不对称的有利可图的行为。无论是有意还是无意的，掌握的信息越全面，吃亏的机会就越少。

## ⊙ 早餐与食欲

一位有钱的绅士，清晨在路上散步。迎面走来了一个流浪汉，绅士很有修养，他问道："早上好！"

"早上好，你这么早出来做什么？"

"我出来走走，看看能否为我的早餐增进点食欲。"绅士接着又问道："你这么早出来想做什么呢？"

"我出来走走，看看能否为我的食欲弄到点早餐。"

**大智慧**：穷人和富人的区别就是穷人永远是饥饿驱动，富人永远是兴趣驱动。

## ⊙ 花的作用

一个小伙子送一束鲜花给他的女友，女友见了一时高兴，抱着他就吻，他连忙挣脱向外就跑。

"什么事！"女友不解地问。

"再去拿些花来。"他说。

**大智慧**：如果小的成本能得到更多的回报，这样的事情就会被一再执行。

## ⊙ 反正赔不起

克雷洛夫生活很贫寒。一次，他的房东与他签订租契。房东在租契上写明，假如克雷洛夫不慎引起火灾，烧了房子必须赔偿15 000卢布。克雷洛夫看后，没提出异议，而提笔在15 000后又加上两个"0"。房东一看，惊喜地喊道："怎么150万卢布！"

克雷洛夫不动声色地回答："反正我也赔不起。"

**大智慧**：正如经济学中的边际效应理论，是说超过一定的限度，更多的投入只能得到更少的产出。这个理论同样适用其它方面。

## ⊙ 别出心裁的广告

英国著名小说家毛姆(1874—1965年)成名之前，生活非常贫困。虽然写了一部很有价值的书稿，但出版后无人问津。为了引起人们的注意，毛姆别出心裁地在各大报刊上登了如下的征婚启事："本人喜欢音乐和运动，是个年轻又有教养的百万富翁。希望能和毛姆小说中的主角完全

一样的女性结婚。”

几天之后，全伦敦的书店，都再也买不到毛姆的书了。

**大智慧**：为一个东西做宣传未必一定要以这个东西为主角，有时候需要“明修栈道，暗渡陈仓”

## ⊙ 贵蛋

“这可真是胡要价！一个鸡蛋竟要50美元。”

“先生，可您不知道，我那只母鸡下这个蛋整整用了一天的时间呵！”

**大智慧**：很多时候很多东西不是以时间来计算成本的，所以说提高效率才是根本。

## ⊙ 任意键

康培公司最近要改变他们的产品说明了。这让人不解。“我们实在无法忍受每天打来的电话，尤其是家庭主妇的抱怨。他们总是问我们在说明书中提到的任意健在哪里；还有一个从法国获得法学博士学位的律师，他说我们在误导顾客。”公司的负责人解释道。

**大智慧**：消费者永远是生产商的上帝，他们有权不理解商品生产者自认为所有人该理解的词语。

## ⊙ 心理作战

闹市中一家妇女用品商店门口，堆了一大堆散乱的货品，女顾客翻来翻去，如获至宝地找出她们需要的物品。

有人问老板，何不把商品堆叠整齐。老板回答：“你以为我疯了？如果我把店面用品都弄整齐，那些娘儿们就不会对这些用品发生兴趣了。”

**大智慧**：人对未知领域的关注度比已知领域要高得多，提供让人主动探求的环境比安排供人享受的便利更能获得商机。

## ⊙ 狗的暗示

皮货商琼来到公爵的宅邸。他看见有只大黄毛狗躺在门口一动不动，于是站住想一想，然后转身便走。

“喂，先生，”门房看见他后忙喊道，“我们的狗是从不咬人的，您为什么要走呢？”

“我想，”琼转过身来，慢吞吞地说，“狗既然不向我叫，这说明它早已对我这样的商人的胡子和卷发习以为常了。这就意味着其他的商人常来这里。既然这样，我还有什么生意可做呢？”

**大智慧**：环境透露的无形信息量往往先一步决定人的意识、看法和行为，哪

怕是一个小小的细节，善于观察的人更容易做出正确的决定。

## ⊙ 珠宝商

菲尼克斯的一位珠宝商采取了这样一项政策，即每位购买物品的新顾客被要求留下姓名和地址，珠宝商将亲自以个人名义给这些顾客写一封致谢信。一天，这样的一封致谢信引来了如下的一封回信。“我感谢你的答谢。不幸的是，我的妻子打开了你的信。那条金项链是我为我的女秘书而买的。请问，你那里能买到使破镜重圆的纽带吗？”

**大智慧**：并非所有细致入微的关怀都可以取得预期的效果，用沉默给别人留出隐私的空间往往比刻意的高声宣扬更容易被接受。

## ⊙ 一只家鸽致意

在一位记者的坚持下，富人终于决定说出他成功的秘密。

“我是卖家鸽起家的。”他说。

“是吗？”记者非常吃惊，“开始卖时有多少鸽子？”“只有一只，”这位百万富翁回答，“但它不断地飞回来。”

**大智慧**：资源的贫乏有时并不是你面对的最大困难，懂得如何巧妙地使用它，同样可以让有限的资源作最大限度的增值。

## ⊙ 信守合同

一个加布罗沃人在一家银行的门口摆摊卖煮老玉米，他的老玉米十分新鲜，前来买的主顾很多，因此不久便积攒下了相当可观的一笔财产，他的一个熟人听到这消息后，专门跑来，想从他那里借一笔钱去做买卖。卖老玉米的人对那个熟人说道：“太对不起了，这事本不成问题，我的朋友。不过当年我开始在这里设摊的时候，便已跟这家银行订下合同，彼此决不搞残酷的商业竞争。也就是说，银行不卖煮老玉米，我也决不经营贷款业务，我怎能不信守合同呢？”

**大智慧**：以诚为盟，以信谋事。在商业竞争中，“诚信”是双保险，既可保护对方的利益，也可以使自己不受侵害。

## ⊙ 好赌

有个下士，因为好赌，上司便把他调走。他来到新的驻地报到，将原上司写的字条交给了新上司。新上司见纸条写着“此人好赌”几个字，就问他：“你这样好赌，赌什么呀？”

下士说：“我什么都赌，比如现在，我头一次见到您，但我敢说您右臂下有块胎痣。如果真的没有，我输您500元。”新上司听了，连忙把上衣脱掉，举起右臂，笑着对他说：“你仔细瞧瞧，我哪来胎痣？快拿钱来！”下士立即打开箱子，拿出500元交给新上司。

当天，这位新上司见到了下士的原上司，得意洋洋地对他说：“你那个好赌的部下，一到来就被我治了一下，输给我500元哩！”原上司没好气地答道；“你太自信啦，傻瓜！那赌鬼临走时跟我打赌2 000元，说

一见到你，就要你打赤膊。哼，就是你使我输去2 000元呀！”

**大智慧**：从古至今，聪明的商人总是善于“舍小利，求大利”。由此想到，这位“吃小亏占大便宜”的下士还真是挺适合去做生意的。而这种不图近利，忍痛一时的亏本，以求将来更大发展的经商法则，也越来越成为商界的流行。

## ⊙ 诀窍

馄饨店的隔壁，开设着一家茶水店。馄饨店的老板做生意怎么也做不过茶水店。馄饨店老板向茶水店老板请教：

“老弟，你茶水店生意为什么会这样好？这里有什么诀窍？”

茶水店老板笑着说：

“老兄，如果你馄饨里再多放一点盐，我的生意将会更加兴隆。”

**大智慧**：看来，要发大财，要做一个真正的企业家，必须要做个有心人，要学会在“藏宝图”中寻找别人一直所忽视的那块地方。善于发现、敢于探索，才是真正的生财之道。一些司空见惯的小东西很有可能就是你的财源所在，关键看你是否处处留心那些需求的空白。

## ⊙ 一枚硬币

李嘉诚非常有钱，有一次他去酒店，车一停，门童赶快跑上来开了门，李嘉诚一转身给了他50港币小费，掏钱的时候突然掉了一个1块钱的硬币，那个硬币咕噜咕噜滚到了很远的地方，李嘉诚在众目睽睽之下，一路小跑过去，把那枚硬币捡起来，装进了口袋里。在场的人觉得非常奇怪，这个亿万富翁竟然连一个小硬币也不放过。

**大智慧**：李嘉诚并不缺那一枚小硬币，只不过他养成了节俭的习惯而已。一个成功的人其实没有非常过人之处，但往往有非常好的习惯。

## ⊙ 刀杀水气

一家即将开业的酒店，请人书写卖酒的招牌。那个人写完后，又参照招牌画了一把刀。主人觉得很惊奇，问道：“您画这把刀干什么？”那个人笑着说：“我想让这把刀来杀杀酒里的水气。”

**大智慧**：“无商不奸”的说法由来已久，写字人提醒得好——为商之道最基本是讲信誉，若一味见利忘义失了信誉，同时也失去了立足的根本。

## ⊙ 老板上当

一位老板去他的工厂查看情况。他走到门前时发现有个人靠着墙悠闲地喝着酒，非常生气，问年轻人：“你一天能赚多

少钱？”

年轻人回答：“80元。”

老板扔给他80元说：“你走吧！永远别再回来。”

工头走过来问老板：“刚才那个送货的去哪了?”

**大智慧**：在做一个决定前最好先压三秒钟。所谓冲动是魔鬼，人往往易受表象的影响。商海沉浮变幻，聪明人往往更加沉静稳重。

## ⊙ 多余的教诲

某酒店经理质问服务员：“我平时就告诉你们结账时要长个心眼，刚才那个胖子说要五瓶啤酒，而你却给了他六瓶。”

“但是我收了他七瓶的钱。”

**大智慧**：当你知道迷惑时，并不可怜，当你不知道迷惑时，才是最可怜的。不要总想占便宜，因为往往适得其反。

## ⊙ 最昂贵的内裤

几个人在一起喝酒，大家都有些喝多了，就开始吹牛。

搞建筑的陈老板解开肚子的皮带说：“你们看我这皮带圈，用的是造飞机的特殊钛金，八千多块钱啊。”

搞外贸的聂老板抬起脚，指着皮鞋说：“这双鞋是我在意大利买的，你们猜多少钱？五千美元！折合人民币四万多！”

搞印刷的马老板不屑地撇了撇嘴，摘下眼镜比了一比，又戴了上去，说：“玳帽，知道吗？我这眼镜是用马达加斯加深海的一只号称”王中王“的巨大玳帽制成，七万三千多。”

这时，角落里一个声音粗粗地响起：“这有什么了不起！”大家一看，原来是某国有大公司的江老板，只见他呼着酒气，挥着手说：“我身上的内裤10万元啊，10万！你们谁比得起？”

他是国有大老板，财大气粗，大家不由得面面相觑，但也有人表示不信，就说：“金子打的也不要10万吧！”

只见江老板“吧”了一声，说：“上个月，我跟一个小姐开房，没想到内裤被她藏了起来，向我要钱，扬言我不给钱，就把内裤寄给我老婆，最后，我给了她10万元。”

这时，搞运输的范老板站起身，说：“哦！原来上个月你向我要10万，就是为了买条内裤啊！”

**大智慧**：创业靠勤，守业靠俭，如此

奢靡腐化、崇尚攀比，即使有万贯家财也终将千金散尽。况且作为一个精明的生意人，无论大小资金都要有正确合理的投资方向，若凭意气、交情用事，盲目投资，非但可能无利可图，甚至会像为嫖客买单一样遗人笑柄！

## ⊙ 社会调查

A县自来水厂拟再次大幅度调整水价的“小道消息”一传出，群情激愤，大有山雨欲来风满楼之势。在这种情况下，县物价局便不敢如期审批相关的调价申请。没办法，自来水厂厂长只得求到了副县长Y君的名下。

Y君问厂长:“这次你们调价的幅度有多大?”

自来水厂厂长答:“从每吨1元2角调整到每吨1元8角,幅度为50%。”

Y君沉思了一会儿,道:“幅度是有点大,不过只要工作到家,也不见得群众一定不支持。这样吧,你们还是搞个社会调查,尊重群众的意见。”

于是,Y君亲自拟定了调查问卷题:

“请问,您认为未来比较合理的自来水价格应当为:A、1.80元/吨,B、2.40元/吨,C、3.00元/吨。”

半个月后,社会调查结束。在收上来的答卷中百分之百的群众赞同1.80元/吨

的水价。A县自来水厂调整水价的工作遂如愿完成。

**大智慧**:所谓经营活动不是闭门造车,要在有限的条件下创造最大的效益,就要多方考虑市场的承受能力,并研究消费者心理,巧妙地利用人们的习惯性思维转移矛盾以达到自己的目的。

## ⊙ 减肥

书店里,一位肥胖妇人问店员:“年轻人,有卖怎样减肥的书吗?”

青年店员扫视书架,取下《怎样增加您的体重》一书递了过去。

“哎呀,你这不是恶作剧吧!”妇人火了。

“不,不,”小青年认真解释,“您把书本上说的方法反过来去做,就会瘦下去了!”

**大智慧**:逆向思维往往是大多数人所缺乏的东西,然而逆向思维却又常常产生意想不到的效果。事物总有它的两面性,就看你怎样对待它。市场不要求你一定按常规出牌,在遵纪守法的大前提下,只有卖出货物,赚取利润才是硬道理。

## ⊙ 赚钱有术

两个朋友偶遇。一位说:“你现在这么富,从哪儿搞到的钱?”

另一位说:“简单之极,我和一个有钱人结成了合作伙伴——他有钱,我有赚钱的经验。”

“那么后来呢?”

“后来自然是我有了钱,他有赚钱的经验。”

**大智慧**:智慧即是无形资产,无形的好点子可以化为有形的利润。同时,要想在商海中畅游,仅有金钱或能力都仅能算是一只成功的翅膀,互利互惠、互通有无,具有合作精神才是双翼飞翔,不仅能帮助自己增加财富,而且能拓展更大的空间。

## ⊙ 小姐与乞丐

郊外一幢漂亮的房子里,住着一个漂亮的小姐。

这一天,来了一个乞丐,乞丐衣衫褴褛,一头白发,一副可怜相。小姐动了恻隐之心,给了他10块钱。

小姐问乞丐:“你每天除了乞讨,还干点别的什么吗?”

乞丐说:“化装。”

“化装?”小姐很奇怪,“讨钱也要化装吗?”

“是的,我把自己装扮得更衰老一些,

这样人们就更同情我，给我更多钱。小姐，你除了上班还干点什么？”

小姐说：“化装。”

“小姐在哪儿上班？”

“在歌舞厅，我得把自己打扮得更年轻一些，这样客人才会喜欢我，给我更多钱。”

乞丐一听立刻把10块钱还给她。

小姐奇怪了：“怎么？不要了吗？”

乞丐说：“是的，干我们这一行有个规矩：不能向同行讨钱。”

**大智慧**：没有规矩，不成方圆。即使是行乞也要遵规守诺讲诚信，这是做人做事的根本，唯如此，才能立稳脚跟并取得长足发展。

## ⊙ 说谎的员工

老板十分愤怒地对新来的一个职员吼道：“你不但迟到，而且还编造理由。你知道，老板们是怎样对待说谎的职员的吗？”

职员不慌不忙地说：“知道——立即派他去当产品推销员。”

**大智慧**：人尽其才，物尽其用，老板独具慧眼、了解员工的长处并让其在适宜的岗位上大施拳脚，为其创造良好的发展空间，使其工作并快乐着，其实是为自己铺平了获利之路。

## ⊙ 公主怀孕了

有一位文学系的教授以为难学生出名。有一天他又交待给学生一个非常令人郁闷的题目：写篇作文，内容要包含贵族和爱情。

学生们非常痛苦地构思着，第二天就有一位学生交了作业。教授看到作业以后顿时晕倒，作文只有一句话：“公主怀孕了。”

对这投机的态度，教授自然非常生气，他叫来这个学生，要他加入科幻元素。

学生当时拿出笔，很高兴地在前面加写了几个字，现在变成了：“水瓶座的公主怀孕了。”

教授气急败坏，要求该学生加入悬疑元素。

学生很高兴地又在后面加了一句话，变成了：“水瓶座的公主怀孕了，是谁干的？”

教授发了狂一样地暴走数秒，最后他使出杀手锏，要求学生加入宗教元素。

学生拿着本子很为难地走开，教授得意洋洋地看着自己的胜利，笑了。

第二天，学生很高兴地交给教授他的完成稿，教授看完以后晕了过去，文章是这样的：

“水瓶座的公主怀孕了，Oh，my god！是谁干的？”

**大智慧**：创新意识是成功的前提和关键，有了创新意识，才能抓住创新机会，启动创新思维，产生创新方法，获得创新成果。

# 笑谈高效的管理与经营

## 卷·首·引·言

管理是什么？管理就是1+1〉2，就是在资源不能改变的情况下通过不同的整合配置，发挥出更大的效用。唯有如此，我们才需要管理，需要高效的管理。

商场如战场，在这个不见硝烟的阵地上，我们的兵力虽然比敌人的少，但在战场上的每一次具体进攻中，却要比敌人强大，因为我总是在局部地点坚决集中优势的兵力，采用闪电般的速度，去攻击分散的敌人并力图把他们消灭。将自己的优势集中起来，往往能像钉子一样挤进任何地方。我们曾用这种方法，将一弱小组织逐渐变得强大起来，但仍有人认为只有全面发展才是正确的，也许他们没有见到弱小的现状。

在这场战斗中，如果你在竞争中占有全面的优势，你必须最大限度地利用它，你必须尽一切努力，达到最高水平的劳动生产率和拥有最大的竞争能力；决不能排除竞争对手对你采取侧面竞争的可能性，如果对手这样干，你必须尽早加以反击——不是指两败俱伤的，而是在战略和战术上胜过对方。如果你并不占有全面的优势，那就应该把力量集中于你所占优势的那些地方；凡是竞争不过他人的领域，千万不要涉足——如果进入了就赶紧退出，而且应该不再卷入，除非局势有根本的变化。

即使是撤退，也应该是体面、良好的撤退。应和一次伟大的胜利一样受到奖赏。撤退时要有全局的计划，有长远的目标，然后有步骤地进行，只有如此，才不至于军心涣散，军备乱弃，兵败如山倒，给竞争对手以可乘之机。“我们并非撤退，我们只是从另一个方向进攻。”

模棱两可的话总是可以让人抓不着把柄。

## ⊙ 论政治家

一天,有人问英国首相丘吉尔,做个政治家要有什么条件。丘吉尔回答说:"政治家要能预言明日、下月、来年及将来发生的一些事情。"那个人又问:"假如到时候预言的事情未实现,那怎么办?"丘吉尔说:"那就要再说出一个理由来。"

**大智慧**:只有能够自圆其说,才能树立威信,保持威信。对现代管理者来说,更是如此。你想做领袖吗?回头看看有没有人跟随。大凡自己以为是领袖却无人跟随的人,只是在散步而已。

## ⊙ 狮子和它的三个臣子

狮子把羊叫来,问它:"你能不能闻到我嘴里发出的臭味?"羊说:"大王,我能闻到。"狮子把实话实说的羊咬得血肉模糊。

接着,狮子又把狼召来,问它同样的问题,狼说:"大王,我闻不到。"狮子把溜须拍马的狼咬得鲜血淋漓。

最后,狐狸被召来了,狮子也问它同样的问题,狐狸看看周围的情形,说:"大王,我患了感冒,什么味也闻不到。"

**大智慧**:作为下属,如何管理你的上司是一门很大的学问。如果他坦诚,你要像羊一样直言不讳;如果他虚伪,你要像狼一样阿谀奉承;如果你对他的性格把握不准,你要像狐狸一样难得糊涂,因为

## ⊙ 给汤加盐

古时候有一个人,在家里熬一锅菜汤。熬得差不多了,他想试试咸淡是否合适,就用一把木勺舀了一勺汤来尝。这人喝了一口,觉得很淡,就随手把装着剩汤的木勺放到一边,抓了一把盐撒到锅里。这时,锅里的汤已经加上盐了,而木勺里的汤还是原来的汤,他也不重新舀上一勺,又拿起原来的那勺汤来尝。尝过以后,他奇怪地摸了摸脑袋,又皱了皱眉头,自言自语地说:"咦,明明加过盐了,这锅汤为什么还是这么淡呢?"于是这个人又抓了一把盐放进锅里,仍旧还是去尝勺里的汤。勺里的汤自然还是淡的,他于是又往锅里拼命加盐。就这样,木勺里的汤始终没有更换过,他也重复着尝一口汤、往锅里加一把盐的过程。一罐盐经他这么一折腾,已经见了底了,可他还挠着头皮,百思不得其解地想:今天真是活见鬼了,为什么盐都快要加完了,锅里的汤却还是咸不起来呢?

**大智慧**:事物在不断发展,如果你始终用一成不变的老方法去处理新问题,总有一天会碰壁。优秀的管理者应该根据企业环境的变化,不断调整和创新管理方式,不然,锅里的汤已经咸过头了,而你却还蒙在鼓里浑然不觉。

## ⊙ 你的眼里有什么

黄谷父亲带着三个儿子到草原上打野兔。在开始猎杀之前,父亲向三个儿子提出了一个问题:"你的眼里有什么呢?"老大回答:"我看到了爸爸、老二、老三,还有一望无际的草原。"父亲摇摇头说:"不对。"老二回答:"我看到了猎枪、野兔,还有茫茫草原。"父亲又摇摇头说:"不对。"

老三回答："我的眼里只有在草原上奔跑的野兔。"父亲说："你答对了。"

**大智慧**：目标为行动指引方向，没有目标的工作，是没有意义的工作。明确的目标指引正确的方向，目标过多会分散我们在工作中的时间和精力，最终可能导致一事无成。

## ⊙ 子贱放权

孔子的学生子贱有一次奉命担任某地方的官吏。他到任以后，经常弹琴自娱，不问政事。可是，他所管辖的地方却治理得井井有条，民兴业旺。这使那位卸任的官吏百思不得其解，因为他每天勤勤恳恳，从早忙到晚，也没有把那个地方治理好。于是他请教子贱："为什么你逍遥自在、不问政事，却能把这个地方治理得这么好？"子贱回答说："你只靠自己的力量去治理，所以十分辛苦；而我却是借助下属的力量来完成任务。"

**大智慧**：一个聪明的管理者，应该懂得如何正确地发挥下属的才智、利用下属的力量，而不是管这管那、事必躬亲、把一切事情都揽在自己身上。

## ⊙ 永远不会有孩子

一天晚上，某公司在开会。3个小时过去了，会还没开完。这时，一位中年女员工站起身来走出会议室。

"您干什么去，小A？会还没有开完呢。"

"我得回家，我家有孩子要照顾。"

过了半个小时，又站起来一位年轻的女员工。

"您要去哪儿，小B？你家并没有孩子要照顾呀。"

"如果我总坐在这里开会，那么，我家永远也不会有孩子的。"

**大智慧**：冗长、离题的会议，既浪费自己的时间，又浪费别人的时间。做好会议管理，让会议简短、高效，可以节约时间资源，大大提高我们的工作效率。

## ⊙ 爱迪生与灯泡

爱迪生试制白炽灯泡，失败了1 200次。一个商人讽刺他是个毫无成就的人。爱迪生哈哈大笑："我已经有很大的成就，证明了1 200种材料不适合做灯丝。"

**大智慧**：换一个角度看问题，失败也是成就！

## ⊙ 巴顿将军

巴顿将军为了显示他对部下生活的关心，搞了一次参观士兵食堂的突然袭击。在食堂里，他看见两个士兵站在一个大汤锅前。

"让我尝尝这汤！"巴顿将军向士兵命令道。

"可是，将军……"士兵正准备解释。

"没什么'可是'，给我勺子！"巴顿将军拿过勺子喝了一大口，怒斥道："太不像话了，怎么能给战士喝这个？这简直就是刷锅水！"

"我正想告诉您这是刷锅水，没想到您已经尝出来了。"士兵答道。

**大智慧**：只有善于倾听，才不会做出愚蠢的事！

## ⊙ 戴高乐的困惑

戴高乐的人事政策往往难于了解。他曾解释过这件事，他说："基本上我只喜欢敢于反驳我的人，可是我与这些人却很难相处。"

**大智慧**：敢于直言的人，往往个性也比较张扬。对待这类下属，管理者只有悦纳、宽容，才不至于陷入"戴高乐"式的困惑之中。

## ⊙ 为"亲爱的"付钱

一名男子在某国办完事，买好了回国的飞机票，然后到邮局给妻子发电报。他写好电文，交给一名女职员，对方告诉他价钱后，他点了点自己所有的钱，发现还差一些，于是就对女职员说："把'亲爱的'这几个字从电文中去掉吧，这样钱正好。"

"别这样！"那位女职员从自己的手提包里掏出钱，说："还是让我来为'亲爱的'这几个字付钱好了，做妻子的极想从丈夫那儿得到这个字眼呢。"

**大智慧**：作为丈夫，别忘了经常给你的妻子以心灵上的慰藉；作为管理者，别忘了经常给你的下属以精神上的激励。

## ⊙ 画鬼最易

有一天，齐王请来一位画家到宫里绘画。

齐王问画家："什么东西最难画呢？"

"狗最难画，马也最难画。"画家答道。

齐王又问："画什么最容易呢？"

画家回答："画鬼最容易。

齐王听了大笑不止，以为画家是在说笑话。画家解释说："狗和马确实很平常，大家天天看得见，摸得着，难就难在这一点。人们都熟悉狗和马的样子，画狗、画马若有一丁点儿不像，马上就会被人们看出来，必须画得惟妙惟肖，才能被大家认可，这是很不容易的。而画鬼就不同了，因为谁也没有见过鬼的样子，凭着我的想象、发挥去画，谁也说不出来它像不像鬼，所以画起来就格外容易了。"

**大智慧**：如果没有具体的客观标准，就容易使人"弄虚作假"和"投机取巧"。画鬼容易，是因为人们没有客观标准来检验画的结果。管理者在对员工进行绩效评估时，一定要设置明确的考核指标。没有明确指标的考核，容易导致不公平、不公正，更不具有说服力，同时也难以起到激励员工的作用。

## ⊙ 都有爷爷

从前，有一个人在树下卖草帽，不料被树上的一群猴子把草帽哄抢去了。这个人急中生智，想到猴子有模仿的习性，就将头上戴的草帽取下来，扔到地上。果然，树上的猴子都将草帽纷纷扔了下来。后来，这个人的孙子也来到树下卖草帽，同样遭到树上猴子的哄抢。孙子想到爷爷的方法，他也将头上戴的草帽取下来，扔到地上。但是，没有一只猴子把帽子从树上扔下来。孙子无奈地望着树上的猴子，心里纳闷："爷爷的这一招怎么不灵了？"这时，猴群中有一只猴子下了树，对孙子说："不是只有你才有爷爷的。"

**大智慧**：循规蹈矩、没有创新意识的人，会在实际工作中四面楚歌；墨守成规、缺少创新理念的企业，会在竞争中遭到淘汰。创新是个人进步的动力，也是企业发展的灵魂。优秀的管理者应该在企业中营造创新环境、激发员工的创新精神。

## ⊙ 母亲的半封信

我和姐姐住在同一个城市，然而我们

却很少见面。住在另一个城市的母亲，经常在她的信中问我："你上次看见姐姐，是在什么时候？"我只有老实告诉母亲："大约半年以前。"

终于有一天，我收到了一封奇怪的信，是母亲寄来的，只有第一和第三页，而这封信的第二和第四页寄到了姐姐那里。为了读全母亲的这封信，我只有和姐姐见上一面。

从那以后，我和姐姐每人每月收到半封信。多亏母亲的半封信，它使我和姐姐每个月都能快乐地相聚一次。

**大智慧**：母亲的半封信，成了姐妹之间的沟通桥梁，它浇灌了亲情并使之枝繁叶茂。管理者，你是否也在时刻搭建沟通桥梁，让你和你的员工之间、你的员工和你的员工之间，有更多交流的机会？

## ⊙ 诱饵

一名美丽的妙龄女郎在动物园闲逛，最后她停留在猴子园前面，却瞧不到半只猴子。

"今天这些猴子都跑到哪里去了？"她问动物园的管理员。

"现在是交配时期，他们都回到洞里了。"

"如果我丢些花生给他们，他们会不会出来呢？"

"我不知道，"管理员说，"如果是你，你会吗？"

**大智慧**：不要以为只要满足了员工的物质生活就能够调动他们的积极性，"胡萝卜+大棒"的管理模式已经落伍，人的需求毕竟是多层次的。

## ⊙ 甘戊过河

甘戊出使齐国，走到一条大河边，甘戊无法向前，他只好求助于船夫。船夫划船靠近岸边，见甘戊一副文人打扮，便问："你过河去干什么？"甘戊说："我奉国王之命出使齐国。"船夫指着河水说："这条河流，你都不能靠自己的本事渡过去，你怎么能替国王完成出使齐国的任务呢？"甘戊反驳船夫说："世间万物，各有所能，比方说，骏马日行千里，为天下骑士所看重，可是如果叫它去捕捉老鼠，那它肯定不如一只小猫；宝剑削铁如泥，为天下勇士所青睐，可是如果用它来劈砍木柴，那它肯定不如一把斧头。就像你我，要说在江河上行船划桨，我的确比不上你；可是若论出使大小国家，你能跟我比吗？"船夫听了甘戊一席话，顿时无言以对，他心悦诚服地请甘戊上船，送甘戊过河。

**大智慧**：只有让骏马去伴随骑士，让小猫去捕捉老鼠，让宝剑去斩杀敌人，让斧头去劈砍木柴，世间的万物才能各尽所能。管理者要善于分析每个员工的长处，尽量将他们安排到最能施展其长处的岗位上，只有这样，企业才能做到人尽其才，让每个员工充分实现他们的价值。

## ⊙ 什么也没有做

1999年有一位诺贝尔经济学奖获得者来大陆，记者问如何评价克林顿政府对90年代新经济的贡献时，人家回答说："看在克林顿没有做过什么事的份上，给他打个8分吧。"

**大智慧**：中国两千年以来，以"无为而治"代替精确管理，对现代的管理者仍然有很大的启发意义。老子说："治大国若烹小鲜"。就是说，治理大国应当像煮小鱼一样，不能随意去搅扰它(否则小鱼就残碎了)；同样，管理员工，就不能老担心他们什么也做不好，对他们指手画脚。的确，克林顿除了折腾了一个不太正经的莱温斯基事件外，似乎没有什么可圈可点的东西更吸引人们的眼球了，但美国经济却获得了复苏与持续增长。

## ⊙ 先有鸡还是先有蛋

一家酒店经营得很好，人气旺盛、财源广进。酒店的老总准备开展另外一项业务，由于没有太多的精力管理这家酒店，打算在现有的三个部门经理中物色一位总经理。

老总问第一位部门经理："是先有鸡还是先有蛋？"

第一位部门经理不假思索地答道："先有鸡。"

老总接着问第二位部门经理："是先有鸡还是先有蛋？"

第二位部门经理胸有成竹地答道："先有蛋。"

这时，老总向最后一位部门经理说道："你来说说，是先有鸡还是先有蛋？"

第三位部门经理认真地答道："客人先点鸡，就先有鸡；客人先点蛋，就先有蛋。"

**大智慧**：毋庸置疑，第三位部门经理将升任为这家酒店的总经理。就事论事，人们往往很容易局限在一个小的圈子里，这就是常说的"惯性思维"。跳不出来时，就找不到处理事情的正确方法；相反，当我们换个角度跳出原有惯性思维的框框时，我们就走上了一条新路，即：柳暗花明又一村。

## ⊙ 古木与雁

一天，庄子和他的学生在山上看见山中有一棵参天古木因为高大无用而免遭于砍伐，于是庄子感叹说："这棵树恰好因为它不成材而能享有天年。"

晚上，庄子和他的学生又到他的一位朋友的家中做客。主人殷勤好客，便吩咐家里的仆人说："家里有两只雁，一只会叫，一只不会叫，将那一只不会叫的雁杀了来招待我们的客人。"

**大智慧**：世间并没有一成不变的准则。面对不同的事物，我们需要不同的评判标准。对于人才的管理尤其明显。一个对其他企业相当有用的人对自己来说不一定有用，而把一个看似无用的人摆正地方也许就能为你创造出你意想不到的收益。

## ⊙ 逆旅二妻

杨朱和弟子在宋国边境的一个小客栈里休息，发现店主的两个老婆长相与身分地位相差极大，忍不住向店主人问是什么原因，主人回答说："长得漂亮的自以为漂亮所以举止傲慢，可是我却不认为她漂亮，所以我让她干粗活；另一个认为自己不美丽，凡事都很谦虚，我却不认为她丑，所以就让她管钱财。"

**大智慧**：以貌取人的领导，最终会伤透下属的心，长期下去，务实之人必然会悄然离别，而花瓶也不可能为你带来效益，最终你就等着关门吧。到时候，不但江山没了，美人也弃你如敝屣，正所谓赔了夫人又折兵。为一个企业的领导人要力争摆脱这种以貌取人的传统方式，对人才的甄别，应从本质上去认识。这样，你才不会错失千里马，朽木当块宝。

## ⊙ 三只鹦鹉

一个人去买鹦鹉，看到一只鹦鹉前标道：此鹦鹉会两门语言，售价二百元。另一只鹦鹉前则标道：此鹦鹉会四门语言，售价四百元。该买哪只呢？两只都毛色光鲜，非常灵活可爱。这人转啊转，拿不定主意。结果突然发现一只老掉了牙的鹦鹉，毛色暗淡散乱，标价八百元。这人赶紧将老板叫来：“这只鹦鹉是不是会说八门语言？”店主说：“不。”这人奇怪了：“那为什么又老又丑，又没有能力，会值这个数呢？”店主回答：“因为另外两只鹦鹉叫这只鹦鹉老板。”

**大智慧**：管理就是你不做事，让他人做事，让别人去做自己想做的事情，怎么样让别人去做，并且别人愿意去做的一门学问。

## ⊙ 牛草高悬屋檐上

一位游人旅行到乡间，看到一位老农把喂牛的草料铲到一间小茅屋的屋檐上，不免感到奇怪，于是就问道：

“老公公，你为什么不把喂牛的草放在地上，方便它直接吃呢？”

老农说：“这种草草质不好，我要是放在地上它就不屑一顾；但是我放到让它勉强可以够得着的屋檐上，它会努力去吃，直到把全部草料吃个精光。”

**大智慧**：太容易到手的东西没有人会珍惜，很多时候，一个头衔、一点奖励，哪怕官职再小、奖品再薄，也不要轻易授人，最好能够激励部属们通过公平竞争的手段去获得。

## ⊙ 拾鸡者

曾有这样一个人，每天都要去偷邻居的鸡，有人告诉他说：“这样的行为，不符合君子之道。”那人回答说：“那就减少一点好了，以后每月偷一只鸡，等到明年的时候，就完全不偷了。”

**大智慧**：计划使我们的思想具体化而体现出我们期望做什么，什么时候做好，谁去做什么事，以及如何做。明智的管理者在制定一项政策的时候，总是会记得这样一件事——制定一个日程安排表，不实现目标决不罢休。

## ⊙ 捕鼠之猫

一个越国人为了捕鼠，特地弄回一只擅于捕老鼠的猫，这只猫擅于捕鼠，也喜欢吃鸡，结果越国人家中的老鼠被捕光

了，但鸡也所剩无几，他的儿子想把吃鸡的猫弄走，作父亲的却说：“祸害我们家中的是老鼠不是鸡，老鼠偷我们的食物咬坏我们的衣物，挖穿我们的墙壁损害我们的家具，不除掉它们我们必将挨饿受冻，所以必须除掉它们！没有鸡大不了不要吃罢了，离挨饿受冻还远着哩！”

**大智慧**：宁可使用有缺点的能人，也不用没有缺点的平庸的“完人”。不能为了吓走耗子而烧了房子。

## ⊙ 唐玄宗吃肉

唐肃宗在当太子的时候有一天陪着唐玄宗一起进餐。餐桌上摆满了各种佳肴,其中有一盘羊腿,唐玄宗就让太子去割羊肉。太子割完羊肉后,见手上都是油污,便顺手拿起一张面饼擦手。唐玄宗眼睛直盯着他的脸,露出不高兴的神色。太子擦完手,慢慢地把饼送到嘴边,有滋有味地把饼吃掉了。这时唐玄宗转怒为喜,对太子说:“人就应该这样。”

**大智慧**:“水能载舟,亦能覆舟”,掌握权利之柄,更要重视底层民众,这也是管理好一个团队必须具有的素质和才能。当一个人或一个企业认为他们很成功时,也正是他们“瓦匠吃中饭——走下坡路”的时候了。

## ⊙ 小宏的裤子

小宏明天就要参加小学毕业典礼了,怎么也得穿精神点把这一美好时光留在记忆之中,于是他高高兴兴上街买了条裤子,可惜裤子长了两寸。吃晚饭的时候,趁奶奶、妈妈和嫂子都在场,小宏把裤子长两寸的问题说了一下,饭桌上大家都没有反应。饭后大家都去忙自己的事情,这件事情就没有再提起。妈妈睡得比较晚,临睡前想起儿子明天要穿的裤子还长两寸,于是就悄悄地一个人把裤子剪好叠好放回原处。半夜里,狂风大作,窗户“哐”的一声关上把嫂子惊醒,猛然醒悟到小叔子裤子长两寸,自己辈分最小,怎么也得是自己去做了,于是披衣起床将裤子处理好才又安然入睡。老奶奶觉轻,每天一大早醒来给小孙子做早饭上学,趁水未开的时候也想起孙子的裤子长两寸,马上快刀斩乱麻。最后小宏只好穿着短六寸的裤子去参加毕业典礼了。

**大智慧**:团队协作需要默契,但这种习惯是靠长期的日积月累来达成的,在协作初,还是要靠明确的约束和激励来养成,没有规则,不成方圆,冲天的干劲引导不好就欲速不达。

## ⊙ 老鼠和狗

一群老鼠爬上桌子准备偷肉吃,却惊动了睡在桌边的狗。老鼠们同狗商量,说:“你要是不声张,我们可以弄几口肉给你,咱们共享美味。”

狗严辞拒绝了老鼠们的建议:“你们都给我滚,要是主人发现肉少了,一定怀疑是我偷吃的,到那时我就会成为案板上的肉了。”

**大智慧**:不要与企图打倒自己的对手合作,当他们给你一点利益的时候,你也许失去的是更大的利益。

## ⊙ 买死马

有一国君愿意出千两黄金去购买千

里马，然而时间过去了三年，始终没有买到，又过去了三个月，好不容易发现了一匹千里马，当国君派手下带着大量黄金去购买千里马的时候，马已经死了。可被派出去买马的人却用五百两黄金买来一匹死了的千里马。国君生气地说："我要的是活马，你怎么花这么多钱弄一匹死马来呢？"

国君的手下说："你舍得花五百两黄金买死马，更何况活马呢？"

**大智慧**：如果你舍得花五百两黄金买死马，更何况活马呢？买马人这一举动必然会引来天下人为国王提供活马。可见，管理之道，唯在用人。人才是事业的根本。杰出的领导者应善于识别和运用人才。只有做到唯贤是举，唯才是用，才能在激烈的社会竞争中战无不胜。

## ⊙ 不公平

有一位牧师和一位公车司机同时过世了，但是公车司机上了天堂，牧师却下了地狱。牧师一生贡献于教会却下地狱，觉得相当地不平，于是向上帝抱怨。

牧师：主啊！我一生都贡献于教会，每个礼拜天都带着您的信徒做祷告，为什么我却不如一个公车司机下地狱了呢？

上帝：对啊！就是因为如此你才下地狱的。你每个礼拜天都带着信徒们祷告，讲经，但他们在下头睡觉！但是公车司机每天在街上横冲直撞，他的乘客却在祷告呢！

**大智慧**：作为领导，有时候我们自己做了很多，却很委屈没有得到相应的待遇。其实，如果你没有完成在你的职位应该完成的工作，即使你个人付出再多，也是没有用的。依然是不称职的。

## ⊙ 沉默和独身

F·C·斯坦顿，美国女改革家，女权运动的著名活动家。当一次女权运动的会议在罗切斯特召开时，一位已婚牧师指责斯坦顿夫人在公开场合发表演讲。他不满地说："使徒保罗提议妇女保持沉默，您为什么要反对他呢？"

"保罗不也提议牧师应保持独身吗？您难道听话吗？我的牧师大人。"斯坦顿夫人挖苦道。

**大智慧**：其身正，不令而从；其身不正，虽令不从。要求别人做到的，自己应该首先做到。

## ⊙ 派差使

"谁喜欢音乐，向前走三步！"班长发出命令。六名士兵出列。"很好，现在请你们把这架钢琴抬到三楼会议厅去。"

**大智慧**：用一个恰当的理由来让别人自愿做事情，这是领导的智慧。

## ⊙ 苹果586

一日，单位领导到外地参观回来，召集几位"电脑迷"职员开会。

"现在科技发展迅速，办公自动化势在必行，我们也不能落后，为此，单位准备买一台电脑，听听你们的意见，看买什么牌子的好。"

众人闻听欣喜若狂，齐曰："奔腾586！"

领导闻听感叹："我当科长时，单位有台苹果286就相当不错了，现在已经发展到586了，太快了，看来买586是肯定的了。"

众人刚欲欢呼，领导又很内行的说："但奔腾不行，这牌子不如苹果，还是买苹果586好一些。"

**大智慧**：屁股如何决定脑袋？外行如何领导内行？在生活中只有行内的人才知道行业的真正的发展，不懂的人只会成事不足败事有余。

## ⊙ 专业对口

经理对老板说："吉恩斯这家伙简直不可救药！他整天打瞌睡，我都给他换了三个工作部门了，可他仍然恶习不改。"

"让他去卖睡衣吧。在他身上挂一块广告牌：优质睡衣，当场示范。"老板说。

**大智慧**：成语"鸡鸣狗盗"出自《史记·孟尝君列传》，意思指卑下的技能或具有这种技能的人也有他能施用的地方。对于一个现代企业主管来说，如何知人善用是个问题。

## ⊙ 您可以放心了

一个上年纪的乘客下了火车，当他走向出站口时，突然急忙叫住了一个小男孩，说：

"你尽快帮我去一趟7号车厢，在6号软卧里有我的一个皮包在那里。喏，这是小费。"

男孩跑去了。过了一分钟，他从已经启动的火车的踏板上跳下来，奔向那个乘客，对他说：

"没错，先生。您可以放心了，您的皮包还在原处。"

**大智慧**：在管理过程中，默契非常重要。可以说，没有默契，也就没有团体。你要记住，团体并不是人的组合，而是心的联结。可见，找一个能够明白你想要他做什么的人，这是多么地重要。

## ⊙ 遗憾

亚西比德（公元前450—公元前404）是古希腊的一位了不起的政治家。一天，他同比他大40岁的佩里克莱斯大谈如何才能治理好雅典。可老佩里克莱斯对此并无兴趣。"在你这个年纪，我也是像你现在这么说话的。"他冷冷地对亚西比德说。"哦，那时我要能结识您该有多好啊！"亚西比德回答说。

**大智慧**：年轻人的热情容易被无情的岁月消磨。所以，对于青年人，鼓励比讽刺更能激发他们工作的热情。

## ⊙ 拔个精光

从前，有个当官的，年岁老了还娶了几房小老婆。有一天，他看见自己的两鬓出现白发，便让大小老婆们一起来帮他拔掉。大老婆怕他显得年轻，被小老婆们喜爱，专拔黑的；小老婆们想把他装扮得更年轻，专拔白发。拔来拔去，一会儿工夫，不仅把他的两边鬓发拔了个干净，满脑袋头发也被拔个精光。

**大智慧**：同样的一件事，交给不同的人做，由于出发点不同，处理的结果往往会超乎你的预料，所以想做好事情就要先得找对人。

## ⊙ 魔鬼的样子

德国宇宙玩具公司老板奥斯曼对职工非常严厉、苛刻，职工背地里都称他为"魔鬼"。

一天奥斯曼站在门外等车，本公司的尼娜小姐跑过去对奥斯曼说："老板先生，我对你有一个请求，请跟我走一趟！"

奥斯曼跟她走到一个银匠面前。尼娜对银匠说："就像这样的。"说完就走了。

奥斯曼问这位银匠："她这话是什么意思？"

银匠说；"她刚才带来了一些银子让我给她打一只有魔鬼的银器。我告诉她说，我从没见过魔鬼，不知何状。于是她就把你给带来了。"

**大智慧**：要取得更大的成功，就要有别人的帮助。要别人帮助你，你就要成为领袖，做到了这一点，你最大的梦想都能实现。而作为一个优秀的领导者首要的是有自己独特的人格魅力，并获得人们的信赖和尊重，这样你才是一个真正的领导。

## ⊙ 谢天谢地

有个官员贪财残害百姓，还经常贪酒耽误政事，老百姓对他恨之入骨。当他被解职下台的时候，老百姓送给他一块德政碑，上书“五大天地”。他不解其意，于是问大家：“这是什么用意。”老百姓齐声答道：“人一到任时，金天银地；你在家时，花天酒地；你坐堂办公时，昏天暗地；老百姓喊冤时，是恨天怨地；你如今下台了，谢天谢地！”

**大智慧**：在其位应谋其职，群众的眼睛是雪亮的，你的行为时刻在受到别人的关注。

第37辑

# 笑谈市场的开拓与营销

## 卷·首·引·言

老子曾说:“天下难事,必做于易;天下大事,必做于细”,他精辟地指出了想成就一番事业,必须从简单的事情做起,从细微之处入手。与此类似,20世纪世界最伟大的建筑师之一的密斯·凡·德罗,在被要求用一句话来描述他成功的原因时,他也是只说了五个字:“魔鬼在细节”。他反复地强调如果对细节的把握不到位,无论你的建筑设计方案如何恢宏大气,都不能称之为成功的作品。可见对细节的作用和重要性的认识,古已有之,中外共见。也就是所谓“一树一菩提,一沙一世界”,生活的一切原本都是由细节构成的,如果一切归于有序,决定成败的必将是微若沙砾的细节,细节的竞争才是最终和最高的竞争层面。

许多有远见的公司正是越来越深刻地认识到了这一点,所以才主动与顾客联系沟通。人非草木,孰能无情。你越是对顾客有情,顾客就越会对你的公司及产品有意。产品如同流水,只能一时走俏,不能永久走红,唯有公司对顾客的友谊能够地久天长。公司要想自己的生意红红火火、蒸蒸日上,频频得到顾客报来的“李”,最要紧的是源源不断地投顾客以“桃”,献给顾客以心,施顾客以情。

## ⊙ 名片的价格

秘书把名片交给董事长，董事长不耐烦地把名片丢回去。

门外的业务员恭敬地说："没关系，我下次再来，麻烦董事长留下名片。"

秘书又硬着头皮进办公室，董事长气极了，把名片撕成两半丢给秘书，并且拿了五块钱，疯了似地说："五元钱买他一张名片，叫他走！"

秘书把五元交给业务员，业务员又拿出一张名片，恭敬地说："我的名片2块5毛钱一张，五元可以买两张，所以我还欠董事长一张，麻烦交给他。"

**大智慧**：想推销成功就要有锲而不舍的精神，坚持不懈，战胜拒绝，才会有成功的希望。这是推销成功的一剂秘方。其实谁又能说，我们在追求成功的道路上没有在扮演推销员的角色？

## ⊙ 足球生产场赔款

有一位球迷的妻子向法院控告足球，说足球夺去了她的丈夫。由于爱上了足球，她丈夫每天都忙于看足球而不理她。可是法官说，球是个东西，你不能告它，你

要告，只能告足球生产厂。

于是，这位妇人就控告了足球生产厂。

出人意料的是，厂家非常高兴地赔偿了她七万英镑的孤独费。

**大智慧**：遭到控告未必是坏事情，妇人的控告恰恰说明了足球的魅力所在，于是，诉讼成了一个活广告。这正是"以退为进"的成功运用。

## ⊙ 牵牛

又一次，美国大思想家爱默生和儿子打算把牛牵回牛棚，两个人一前一后使尽所有力气，怎么样牛也不进去。家中女佣见两个大男人满头大汗，徒劳无功，于是上前帮忙，她仅拿了一些草让牛悠闲地嚼食，并一路喂它，很顺利地就将牛引进了牛棚，剩下的两个大男人在那里目瞪口呆。

**大智慧**：要知道客户所需要的是什么，然后针对其需要，投其所好，而不是硬向客户推销你想卖出去的产品。记住，钓鱼时用的是鱼饵，不是您所喜欢吃的东西，而是鱼最喜欢吃的东西。

## ⊙ 功亏一篑的推销

有位挨家挨户推销清洁用品的业务员，好不容易才说服公寓的主妇，帮他开了铁门，让他上楼推销他的产品。当这位辛苦的推销员在主妇面前完全展示他的商品的特色后，见她没有购买的意识，黯然下楼离开。

主妇的丈夫下班回家，她不厌其烦地将今天业务员向她展示的产品的优良性能一一重述一遍后，她丈夫说："既然你认为那项产品如此实用，为何没有购买？"

"是相当不错，性能也很令我满意，可是那个推销员并没有开口叫我买。"

**大智慧**：这是推销员百密一疏，功亏一篑之处，但基本上是推销员的意志不坚，精神不集中所致，对人性与生俱来的缺点没有完全克服，残留的恶习使他无法完美无瑕地做一场正常的演出。在紧要关头，必然惨遭失败。

## ⊙ 推销保险

曾有人向汽车大王福特一世推销一张百万美元的保险。当成交后，福特的一位好朋友知悉，赶紧面晤福特，脸色相当不悦地批评道："你真不够意思，我都开你们福特汽车厂的汽车，你要买保险怎么不

告诉我呢？"福特口气坚定地说："你开福特车是我推荐你的，至于我需要的高额保险，你可从来没有开口向我提过。"

**大智慧**：爱面子，忌熟人，讲情面，这种残留的人性恶，往往是一个推销员成功的障碍。

## ⊙ 气球

有一次，一个推销员在纽约街头推销气球。生意稍差时，他就会放出一个气球。当气球在空中飘浮时，就有一群新顾客聚拢过来，这时他的生意又会好一阵子。他每次放的气球都变换颜色，起初是白的，然后是红的，接着是黄的。过了一会儿，一个黑人小男孩拉了一下他的衣袖，望着他，并问了一个有趣的问题："先生，如果你放的是黑色气球，会不会上升？"气球推销员看了一下这个小孩，以一种同情、智慧和理解的口吻说："孩子，那是气球内所装的东西使它们上升的。"

**大智慧**：恭喜这个孩子，他碰到了一位肯给他的人生指引方向的推销员。"气球内所装的东西使它们上升"。同样，也是我们内在的东西使我们进步，关键在于你自己，你有权决定你的命运！

## ⊙ 黑人和白人

一个白人政府实施"种族隔离"政策，不允许黑皮肤人进入白人专用的公共场所。白人也不喜欢与黑人来往，认为他们是低贱的种族，避之唯恐不及。

有一天，有个长发的洋妞在沙滩上晒日光浴，由于过度疲劳，她睡着了。当她醒来时，太阳已经下山了。

此时，她觉得肚子饿，便走进沙滩附近的一家餐馆。

她推门而入，选了张靠窗的椅子坐下。她坐了约15分钟。没有侍者前来招待她。她看着那些招待员都忙着侍候比她来得还迟的顾客，对她则不屑一顾。她顿时怒气满腔，想走向前去责问那些招待员。

当她站起身来，正想向前时，眼前有一面大镜子。她看着镜中的自己，眼泪不由夺眶而出。

原来，她已被太阳晒黑了。

**大智慧**：无论做任何事，我们都要设身处地去为他人着想。正如孔子所言："己所不欲，勿施于人。"身为一名尽责的推销商，要有商业道德，不要只为赚取更多的盈利，而硬将顾客不需要或品质差劣的产品推给他。试想，若你也遭受这种待

遇，滋味又会是如何？

## ⊙ 经营有方

几乎没什么人到白玫瑰餐厅吃饭，老板不知如何是好。餐厅里的饭菜物美价廉，可是好像没有人愿意来吃。后来他采取了措施把情况改变了，几个星期以来他的餐厅总是挤满了先生们和他们的女友。每当一位先生带着一位女士进来，侍者就给他们每人一份印刷精美的菜单。两份菜单外表看来完全一样，但内容却大不相同。侍者给男人的那份菜单上是每份菜、每瓶啤酒的正常价格，而他给女士们的那份菜单上的价格要高得多！所以当男人从容地点了一份又一份菜，要了一种又一种酒的时候，女士会觉得他比实际上要慷慨得多！

**大智慧**：老板对来饭店吃饭的客户群的分析可谓是别出心裁，占比例很大的成双成对的情侣给了她突发的灵感。可见，营销人员要时刻擦亮眼睛，看透客户的心理，让他们心甘情愿地把腰包里的钱掏出来。

## ⊙ 滞销

一天，一位女士走进一家帽子商店。老板微笑着说："早安，夫人。"

"早安，"那位女士回答道，"你们橱窗里有一顶镶有红花蓝叶的帽子。请你把那顶帽子从窗子里拿出来。"

老板说："好的，夫人。我很愿意为您效劳。"女士们通常总要先看许多帽子，然后才选定一顶，弄得老板疲于应付。"好，"他想道，"我一定要很快地把这顶帽子卖掉——它在橱窗里放了很长时间了。"

"夫人，您希望把帽子放在盒子里还是戴着走？"他问道。

"啊，我不想买，我只希望你把那帽子从橱窗里拿出来。我每天都经过你的商店，我不喜欢看见那里放着丑陋的东西。"

**大智慧**：滞销，首先应该从自己入手，想一想滞销的原因，而不是无所不用其极地向外兜售。如果这样做，即使一时得逞，也不会有很好的前景。

## ⊙ 顾客在哪里

有这样一个故事，一个推销员因为找不到顾客而向经理提出辞职。经理拉他到面对大街的窗口，指着大街问他说："你看到什么呢？"

推销员答道："人啊！"

"除此之外呢？"

"除了一大堆的人，就只有马路啊！"

经理又问："在人群中，你难道没看出许多的顾客吗？"

**大智慧**：没有人一开始就是你的顾客，顾客来自准顾客。准顾客即可能购买的顾客。准顾客满街都是，问题是如何找出来。有人手中永远有访问不完的准顾客，有人则老是找不到准顾客。没有一双善于发现的眼睛，你就很难找到众多顾客。善于发现，才能学会邀约之道。

## ⊙ 鸭子只有一条腿

某城市有个著名的厨师，他的拿手好菜是烤鸭，深受顾客的喜爱，特别是他的老板，更是对他倍加赏识，不过这个老板从来没有给予过厨师任何鼓励，使得厨师整天闷闷不乐。

有一天，老板有客从远方来，在家设宴招待贵宾，点了数道菜，其中一道是老板最喜爱吃的烤鸭。厨师奉命行事，然而，当老板夹了一条鸭腿给客人时，却找不到另一条鸭腿，他便问身后的厨师说：

"另一条腿到哪里去了？"

厨师说："老板，我们家里养的鸭子都只有一条腿！"老板感到诧异，但碍于客人在场，不便问个究竟。

饭后，老板便跟着厨师到鸭笼去查个究竟。时值夜晚，鸭子正在睡觉。每只鸭子都只露出一条腿。

厨师指着鸭子说："老板。你看，我们家的鸭子不全都是只有一条腿吗？"

老板听后，马上拍掌，鸭子当场被惊醒，都站了起来。

老板说："鸭子不全是两条腿吗？"

厨师说："对！对！不过，只有鼓掌拍手，才会有两条腿呀！"

**大智慧**：在开展营销工作时，激励奖赏是非常重要的。身为领导，要经常在公众场所表扬佳绩者或赠送一些礼物给表现特佳者，以资鼓励，激励他们继续奋斗。一点小投资，可换来数倍的业绩，何乐而不为呢？

## ⊙ 非洲土人穿鞋

在美国有一间鞋子制造厂。为了扩大市场，工厂老板便派一名市场经理到非洲一个孤岛上调查市场。那名市场经理一到达，发现当地的人们都没有穿鞋子的习惯，回到旅馆，他马上拍发电报告诉老板说："这里的居民从不穿鞋，此地无市场。"

当老板接到电报后，思索良久，便吩咐另一名市场经理去实地调查。当这名市场经理一见到当地人们赤足，没穿任何鞋子的时候，心中兴奋万分，一回到旅馆，马上电告老板："此岛居民无鞋穿，市场潜力巨大，快寄一百万双鞋子过来。"

**大智慧**：同样的境况，却有不同的观点与结论。其实，当我们经常往坏的方面去想的话我们将错失许多成功的机会。

相反的，我们一直往好的、积极的方面去思考的话，我们就会挖掘出许多令人想不到的机会，即使是危机也可能藏着一线机会。

## ⊙ 空欢喜一场

有一位很喜欢音乐的国王发出了一项公告，宣布有谁能用小提琴乐曲奏出优美的乐曲，便重重有赏。

不久来了一小提琴手，国王随即命令他演奏。这名小提琴手果然奏出了一曲非常悦耳动听的曲子。国王听得如痴如醉，龙心大悦。当小提琴手向国王要赏金时，国王却一分也不给，小提琴手不满地说国王食言。

国王却笑着回答说："哈哈，刚才你演奏音乐给我听，让我空欢喜一场。我说要给你赏金也是要让你空欢喜一场罢了，这还不公道吗？"

**大智慧**：我们常常听说一些推销人员看见别人的辉煌成就时，也非常豪气地说："给我一点时间吧，我要做得比他更好。"或"他能，我也一定能。"可惜他从来没有认真地行动。日复一日，年复一年，他却一事无成，只会谈成功、理想、目标、计划，但从不行动，到头来岂不是空欢喜一场吗？

## ⊙ 公孙与驴子

从前，有个老公公带着孙子。牵着一头驴子，准备进入市场去卖掉。

走了一段路，那位老公公听到有个路人说："这两人，放着驴子不坐，真是傻瓜!"二人听后觉得有点道理。公孙两人便一起骑上驴背，继续行程。

走了不久，又遇到一名路人，那路人指着他们说："这爷俩真是没人性，两人压得驴子要死了。"

听了路人这么一说，那老公公赶忙下来，让孙子一人骑在驴背上，自己牵着驴子步行。

过了不久，经过一间茶楼，茶楼外站着一名妇女。那妇女说道："这是什么时代啊，这个小孩这样不懂事，自己享受，让老人家走路。"

老人听了觉得那名妇女说得很有道理，便吩咐孙子下来，自己坐上去。

走着走着，来到一条热闹的街坊，那里有三五个妇女对着他们指指点点："唉，这个老人怎么这样没有爱心，自己享受，让小孩受苦。"

听后，那老人脸红了。

"这也不是，那也不是，到底怎样才是对的呢?"

最后，那公孙二人向人们要了一条大绳与一根长棍，将驴的四脚绑上，两人抬到市场去了!

**大智慧**：有许多人对推销行业有所误解，或一知半解。身为正当买卖的推销人员，我们必须有一定的看法，正确的做法。有时，我们无法避免他人在旁的批评或劝告，但我们是无法取悦每一个人的，否则将失去了方向，迷失了自己。

## ⊙ 拔苗助长

中国古代有一个农夫，种了稻子。种了稻苗后，便希望能早早收成。

他每天到稻田时，都发觉那些稻苗长得非常慢。

他等得不耐烦，心想："怎么样才能使稻苗长得高，长得快呢？"

想了又想，他终于想到一个"最佳方法"，就是将稻苗拔高几分。

经过一番辛劳后，他满意地扛着锄头回家休息。心想：明天稻苗长得一定更高了。

隔天早晨，一早起身，他迫不及待地去稻田看他的"成果"。

哪知，他跑到稻田时，却看到所有的稻苗都枯萎了。

**大智慧**：从事推销事业，哪有一跃而成的事情。每一棵植物，都需要阳光、空气、水分及土壤才能逐渐成长。农夫也只有每天辛勤地浇灌、耕耘，才能获得成果。

### ⊙ 言多必失

梦玲与心目中的白马王子小张共堕爱河。有一天奉父母之命把男友请回家中吃饭，二位老人家对小张的外表与言谈举止都非常满意。唯一美中不足的是小张是一个无宗数信仰的人。最后二位老人家决定向他阐释佛教的好处，小张便开始对佛教产生了兴趣。

不久，两家便定下良辰吉日，准备操办喜事了。然而，有一天晚上梦玲从外面回家后哭着要妈妈通知亲友取消婚宴，以及把亲友们送来的礼物一一退还。两老人大吃一惊说："怎么啦，小张不是已经接受了佛教吗？你们已是天生一对呀！"

梦玲哭得更伤心了："对呀，他就是相信到已经出家当和尚了。"

**大智慧**：不管在介绍产品或是保荐新人时，都必须注意对方的反应。一旦对方已经感兴趣时就应当成交，不要再长篇大论，以为说的越多越好。岂知言多必失，往往因失言而使对方改变意愿。记住，过度推销往往让煮熟的鸭子也飞跑了。

### ⊙ 守株待兔

有一个农夫，在地里干完活扛着锄头回家，突然碰到有只野兔因为受惊撞到他前面的一棵树上死了。这农夫上前捡起这只野兔，拿回家美美地饱餐了一顿。

从此，这个农夫天天就坐在这棵树边等待有野兔再撞死在这里。一个月过去了，两个月也过去了，农夫的田地里生满了杂草，却一直没有第二只野兔撞死在树上。

等到收获季节，别人收获了丰硕的劳动成果，而这个农夫既没等到兔子，也荒芜了庄稼。

**大智慧**：世界上没有一劳永逸的事情。现在没有，将来恐怕也不会有。假如你参加了推销而坐等顾客上门，除非天上掉下馅饼，否则你会饿肚皮的。

### ⊙ 天堂之路

有一位初到小镇的神父问一个小孩："小朋友，你可以告诉我怎样可以去邮政局吗？"

小孩详细地告诉了神父。

神父说："小朋友，非常谢谢你。对了，星期天你来教堂找我吧，我可以告诉你通往天堂的路"。

小孩说："算了吧，你连到邮政局的路也不懂，又怎能告诉我通往天堂的路呢？"

**大智慧**：如果我们要获得别人的信任，我们必须先要充实自己。当别人提出疑问时，我们却支吾以对的话，别人又怎么放心相信你的产品或你提供的机会呢？

### ⊙ 火车上的乘客

在火车上某个车箱内坐了两名乘客。他们正因窗户问题而吵架！

甲说："天气那么热，不打开窗户，会闷死人的！"说着就将窗户打开。

乙则忙将窗户关闭，说："天这么冷，

不关上窗户会着凉生病的。”

双方因互不相让而争执不停，最后，还要劳驾列车长前来主持公道。

列车长听了双方的理由后说：“我建议不如先将窗户打开，让你们其中一个冻死。然后，再把窗户关闭，让另一个也热死，那么世界就太平了！”

**大智慧**：每当我们面对一些问题时，尤其是与顾客站在不同的立场时，必须心平气和地坐下来想对策或解决之道，千万别争执到面红耳赤。因为这样不但破坏了彼此间的感情，连生意都不用谈了。

## ⊙ 沉香

有一个商人，到外地去买了一车的沉香，运回故乡来贩卖。

结果因为沉香较昂贵，所以很少有人购买。

而旁边刚好有一个卖木炭的摊位，因为木炭便宜，一下子就卖光了。

这位商人眼见隔壁摊位的木炭一下子就销售一空，而自己的沉香却卖不出去，心中甚是着急，左思右想，他终于想到了一个办法。

于是他用火将整车的沉香烧成木炭，果真一下子就被大家抢购一空，他也高兴地回家了。

**大智慧**：营销的目的并不是将产品卖出去，而是以合适的价格卖给需要的顾客，虽然卖出去的目的达到了，但你又失去多少呢？

## ⊙ 医驼背

有一个自称专治驼背的医生，招牌上写着：“无论驼得像弓那样，像虾那样，像饭锅那样，经我医治，着手便好！”

有个驼背信以为真，就请他医治。他拿了两块木板，不给驼背开药方，也不给他吃药，把一块木板放在地上，叫驼背趴在上面，用另一块木板压在驼背的身上，然后用绳索绑紧。接着，便自己跳上木板去，拼命乱踩一番。驼背连声呼叫求救，他也不理会，结果，驼背算是给弄直了，人也“呜呼哀哉”了。

驼背的儿子和这医生评理，这医生却说：“我只管把他的驼背弄直，哪管他的死活！”

**大智慧**：顾客需求是多样的，顾客的偏好也是多样的，企业营销的问题是找出解决顾客需求的产品和方法，并且这种产品和方法能够满足顾客的需求，这才是成功的营销，许多企业在广告中吹嘘自己的产品可以解决什么问题，当顾客购买使用后却不见效果，想评理却找不着人诉说了。

## ⊙ 吹箫的渔夫

有一个会吹箫的渔夫，带着他心爱的箫和鱼网来到海边。他站在一块岩石上，吹起箫来。他想音乐这么美妙，鱼儿自己就会游到他的面前来。

他聚精会神地吹了好久，连鱼儿的影子都没有见到。他生气地将箫放下，拿起网，向水里散去，结果捕到了很多鱼。

他将网中的鱼一条条地扔到岸上，

看到活蹦乱跳的鱼，渔夫气愤地说："喂，你们这些不知好歹的东西！我吹箫时，你们不跳舞，现在我不吹了，你们倒跳了起来。"

鱼说："是我们对你美妙的箫声不感兴趣啊！"

**大智慧**：市场营销就是针对目标顾客运用营销策略的过程。所以选择什么样的目标顾客作为企业的营销对象，并且针对这些顾客选择什么样的营销策略非常重要。企业营销不成功的一个重要原因可能就是这种做事不看对象了。

## ⊙ 割草男孩的故事

一个替人割草的男孩打电话给一位陈太太说："您需不需要割草？"陈太太回答说："不需要了，我已有了割草工。"

男孩又说："我会帮您拔掉花丛中的杂草。"陈太太回答："我的割草工已做了。"

男孩又说："我会帮您把草与走道的四周割齐。"陈太太说："我请的那人也已做了，谢谢你，我不需要新的割草工人。"男孩便挂了电话。

此时，男孩的室友问他："你不是就在陈太太那儿割草打工吗？为什么还要打这电话？"男孩说："我只是想知道我做得有多好！"

**大智慧**：只有不断地探询客户的评价，你才有可能知道自己的长处与短处。不要萧规曹随，凡事想想清楚事出何因，多问几个"为什么"。

## ⊙ 等出名以后

一个初出茅庐的作家请卓别林看他写的一个电影脚本，他问意见如何。卓别林仔细翻阅过他的剧作后，摇了摇头说："等你和我一样出名的时候你才能写这样的东西，而现在，你要写得特别好才行。"

**大智慧**：市场经济讲究的是品牌。无论是人，还是商品，都是如此。你或你的商品必须形成自己的品牌，否则就是死路一条。而这些，又需要艰苦长期的努力。

## ⊙ 推销牙刷

推销员向一位女士推销牙刷："你只要接上电源，把这个牙刷伸进口里，完全不用动手。"价钱稍贵了些，但方便极了。推销员说得天花乱坠，女士有点动心了，但还嫌贵。推销员毫不犹豫地取出了另外一只牙刷，它与前一把牙刷完全一样，他又对女士说："这把牙刷也是自动的，它不但便宜，而且不用电。刷牙时，你只需把牙刷用手拿着伸进嘴里，不停地摆动头就行了！"

**大智慧**：人的思维进行选择总是在差别比较中进行的，这就是为什么高明的营销策略在推行高档产品的同时，不忘记摆放一些低档产品做对比。

## ⊙ 电话

1876年，亚历山大·G·贝尔的一套通过电线传递声音的装置获得专利。8年以后，美国加州一个农民第一次到电话局尝试这种新玩意。他先在纸上涂写了几个字，将纸片卷起来，用铅笔推塞进传话器里，然后坐下来等候回音。久候没有反应，农民又把纸片揉成团扔进手柄中。等了半个小时，电话机仍然没有什么动静，这个

农民非常失望，骂骂咧咧地走了。工作人员拆开受损的电话，打开那个纸片，上面写的是：向一家商店订购扳钳。

**大智慧**：一个新生事物的出现和被人接受是需要大量的推广和普及的。再好的东西，没有人了解，也是没有用处的。这就是为什么广告在现代生活中无处不在的主要原因。

## ⊙ 闹钟

一位顾客对售货员说："我想买一只好闹钟，您这里有么？"

"先生您想买的那种闹钟，是我店刚进的货。瞧！就是这种闹钟，首先它会响，如果您醒不了，它就会鸣汽笛并传来炮声。如果您还醒不了，它就会给您喷一束凉水，然后它就打电话给您的上司请假说您生病了。"

**大智慧**：完整的市场经济是由供求关系决定的，我们说，需求产生供给，高明的营销手段是创造需求，然后销售需求。也许有一天，我们真的需要这样一种闹钟。

## ⊙ 评剧妙语

在意大利作曲家M·路易吉·凯鲁比尼担任巴黎音乐学院督学时，有一位学生写了一个歌剧打算上演。在试演该剧时，他邀请凯鲁比尼去观看，想看到权威的评价。

凯鲁比尼耐心地看完了一幕，又看了第二幕，但未作一句评论。年轻的作曲家看着他如此专心观剧而沉默不语，紧张得在凯鲁比尼的包厢里进进出出。最后，他再也无法掩饰自己的焦虑，问凯鲁比尼："先生，您有什么话和我说吗？"凯鲁比尼抓住他的手，亲切地对他说："我可怜的小伙子，我能说什么呢？我已经花了两个小时听着，但你对我什么也没说。"

**大智慧**：沉默是最大的忌讳。在这个信息极度膨胀的时代，"酒香不怕巷子深"已经成了过时的音符。敢于表现，敢于宣传，你才不至于被湮没在竞争激烈的汪洋大海。

## ⊙ 推销首饰

推销员对一位太太说：

"现在我向您推荐一种新首饰。您的邻居已私下偷偷告诉我，您的首饰箱里还没有这东西。"

**大智慧**：成功地推销不仅要把东西推销给缺少它的人，还有那些原本并不需要它的人。

## ⊙ 灯光广告新论

有一次，切斯特顿在美国演讲。某日晚上，他和同伴们一起步上街头欣赏城市夜景。当他看到色彩斑斓的百老汇大街的两旁灯光广告闪现出各色商品介绍时，他感到很兴奋。沉思了一会儿，他感叹道："对于那些不识字的人来说，这些广告是多么漂亮啊！"

**大智慧**：没有任何东西能满足所有人的需求，同一样事情，不同的人看了有不同的感受。所以，广告总是针对特定人群诉求的。

## ⊙ 广告

甲："电视上天天播放商品广告，什么'畅销全国'、'誉满全球'，你们厂的产品干嘛不登广告？看来是不会做生意。"

乙："哪里！电视上其他广告登得越多，我们的产品就越畅销。"

甲："为什么？"

乙："我们是专门生产清凉油的。"

甲："我还不明白。"

乙:“广告看得人头疼,就要买清凉油搽脑门儿。”

**大智慧**:如今的商业社会信奉的是“酒香也怕巷子深”,于是铺天盖地的广告让人应接不暇,再加上各种各样脱离实际的拼命自夸。如此这般,难道就能达到预期的效果吗?也许仅仅是吵热了消费者的耳根子罢了,关键是你能提高自己做事品质在行业中排名的顺序,这样才有人心甘情愿地掏腰包。

## ⊙ 推销良机

汽车商对自己的推销员说:“我想,这是你向鲍威尔推销一辆新轿车的最好时机。”推销员颇为不解,问:“这是为什么呢?”经理说:“别忘了他是个好胜的人,而他的邻居刚刚买了一辆。”

**大智慧**:一个人的弱点,便是另一人的良机。弱点是一切困难的突破口。

## ⊙ 道见桑妇

晋文公领兵出发准备攻打卫国,公子锄这时仰天大笑,晋文公便问他为何大笑,他说:“我是笑我的邻居啊!当他送妻子回娘家时,在路上碰到一个采桑的妇女,便按捺不住去和采桑的妇女搭讪,可是当他回头看自己的妻子时,发现竟然也有人正勾引着她。”

**大智慧**:市场竞争是残酷的,在你看中了别人手里的面包的时候,你碗里的米饭极有可能已经成为另外的人的目标。所以企业的领导人在拓展自己的市场的时候一定要小心从事,如果贸然发动攻势,很可能自己的目标没达到,反而失去了已有的优势。

## ⊙ 及时推销

一个人在繁华的牛津大街上被公共汽车撞倒了,马上就有一群人围观。那个人神情不安地坐起来说:“我这是在哪里呀?”

“先生,这是你正需要的东西。”一个街头书摊摊贩说,“伦敦地图———张才35个便士!”

**大智慧**:这才是一个成功的推销员要具备的基本素质,何时何地都不忘记自己的职责。冷眼观察周围,热闹是别人的,财富却是自己的。只有发现他人忽略的商机,才能轻松赚取他人忽视的财富。

## ⊙ 伟大的广告力量

“广告是一种伟大的力量!”

“何以证明?”

“当母鸡下蛋时,它总是大声地叫,而母鹅下了蛋,却总是静悄悄的。”

“那又怎么样?”

“所以人们都去买鸡蛋,而几乎没有人去买鹅蛋。”

**大智慧**:广告效应确实是一种不可忽视的力量,市场竞争如此激烈,“酒香不怕巷子深”、“皇帝女儿不愁嫁”的年代已经一去不返。好广告对好产品而言即如虎生双翼。

# 第38辑

## 笑谈职业的生涯与工作

### 卷·首·引·言

职业和事业是不同的。正如一位哲人所说,工作时间的所作所为决定你拥有什么,业余时间的所作所为决定你是什么样的人。这里也说明了职业与事业的关系。工作时间一般是职业内容,而业余时间倒是在做事业。

职业和事业可以是一致的,也可以是矛盾的。当人们说"生活的压力和生命的尊严哪一个更重要"时,两者往往是矛盾的。如果职业只能解决生存甚至生活的需要,并不能解决归属问题时,职业并不是你的事业。如果你能在你的职业中找到归属感,就解决了职业和事业的矛盾。

有工作的职业人是快乐的,有事业的人是幸福的,当职业和事业一致时,人是既快乐又幸福的。当职业和事业矛盾时,人们感到痛苦,这种痛苦源于自己的拥有和归属的矛盾。职业和事业的矛盾,就像是你的两只眼睛不能看到一样东西。

我们这一章谈论的是职业,但你千万不要遗忘了你的事业。not a job, but a career。

有人说过"老鹰有时飞得比鸡还低,但鸡永远也不能飞得像老鹰那么高"。你是一只老鹰,也许你被意外安排在鸡的环境,在年幼时,接受鸡一样的培养和训练,你的习惯和想法都会很像鸡。有时候,你还会因为自己不如鸡而遭到误解和欺侮,关因此而痛苦和自卑,譬如,你不如鸡会打鸣,那么你应该适应在低矮的灌木丛中奔跑。有一天,你和鸡被带到山顶悬崖绝壁,在你的同类老鹰的追逐恐吓中,鸡纷纷落入深渊,而你会在挣扎中挥动有力的翅膀飞向森林之上的天空。恍然大悟的你知道了你的事业是飞翔,你的归属是天空,和鸡一样的生活仅仅是你找到事业前的一段职业生涯。

## ⊙ 评选

某公司每到年底，按惯例就要进行评选优秀员工的活动。某月某日所有员工集中在会议室里，领导先把评选的作用、意义、评选方法等足足讲了一个小时，员工们聊天的聊天、嘻闹的嘻闹，但当领导一宣布评选开始，骤然鸦雀无声。突然，小陈站起来略带调侃地说："我们领导很不错，你就应该是优秀员工呀。"顿时大家哄堂大笑，领导摆摆手："我不行的，我是领导怎么能被评为优秀员工呢？我倒觉得小陈很符合优秀员工的标准，譬如……你们看怎么样？"员工们都笑嘻嘻地附和"好，好"。不知谁冒了句"不就是两个名额吗？可以散会了"。整个评选过程只有两分钟。于是大家离开了会议室，不少的员工颜色不太好看，据说当晚那领导与小陈相约在餐馆里喝酒喝得很晚很晚。

**大智慧**：不要让你的对手看出你的目的，看出你在乎什么。因为，你越在乎，别人就越给你设置障碍，你也就越不容易得手。真正高明的办法是欲擒故纵，以退为进。当然，要修炼到"喜怒不形于色"，还需要相当高的城府和境界。

## ⊙ 应试妙答

一应聘者接受招聘者的面谈，部分对话节录如下：

招聘者："你以前是销售什么的？"

应聘者："销售我自己。"

招聘者："业绩如何？"

应聘者："天知、地知、我知、就是你不知。"

招聘者："你为何要跳槽？"

应聘者："不跳的人是一样的，跳槽的人理由各不一样的。"

招聘者："那你为何选中我们公司呢？"

应聘者："那你们公司为何要招聘呢？"

招聘者："有缘。"

应聘者："是呀，真是相见恨晚，明天我能否上班？"

**大智慧**：面试时，首先要摆正自己的位置，明确自己的提问范围，不该问的绝不要问。切不可卖弄"口才"乱问一通。即使你很"出色"，而且胜利在望，在提问时也要讲分寸、有礼貌。否则只会引起考官的反感，让"煮熟的鸭子飞走了"。

## ⊙ 两败俱伤

甲与乙是最有实力竞争副厂长的人选，两人明争暗斗各使伎俩。甲为了示好，对乙最近一次捐款50元，专门通过朋友写了篇通讯稿，故意让人把50元写成50万元，结果乙家数次遭到小偷的光顾，结果还遭到小偷的羞辱，这件事被乙知道后，乙报复甲。在一次宴会上，乙主动通知服务员把甲的白酒换成白开水，甲感激不尽，认为乙"大人不记小人过"，结果频频举杯敬酒，结果第二天甲严重虚脱、体乏无力，原来乙还对服务员说了一句话："他身体不好，开水里多放些药(泻药)。"两件事一传开，谁也没有当上副厂长。

**大智慧**：在竞争日益激烈的今天，采取一些手段显示自己的才能本无可厚非，但彼此勾心斗角、相互倾轧，把精力用在压制、迫害自己的对手上面，有时候甚至无所不用其极，就是一个人品质低劣的表现了，其结果只能是搬起石头砸自己的脚，自食其果。

## ⊙ 请假

一职员已两天没上班了，当他在第三天来到公司时，老板抱怨说："你这两天干什么去了？"

职员答道："我不小心从三楼窗口跌到大街上了。"

老板气冲冲责问："从三楼跌下去要两天吗？"

**大智慧**：在职场，出现被动局面并不可怕，人毕竟不是全才。但是，任由糟糕的局面继续恶化下去，就是责任心的问题了。正如上面这个幽默，既然"不小心从三楼窗口跌到大街上了"（不管理由是否荒诞），为何不及时请假呢？

## ⊙ 合同风险

老板："积压200条夏季男裤，我该怎么办？"

代理人："寄到外省去。"

老板："那里现在也不会有人买。"

代理人："不至于，只要包装得好。我们给顾主们寄10条一包的样品，发货单上写8条，假装我们搞错了，但价格仍按10条算。这样一来，顾主就会高兴，以为占了我们便宜，就会把货留下。"

老板觉得这个主意很妙，货包和发货单寄出去了……三天后，老板对代理人大声吼道：

"蠢货，你瞧，你可把我们给坑了！没有一个顾主把货留下的，而且只给我们退回来8条裤子！"

**大智慧**：职场如战场，你应该把你的对手想象得比你聪明，而不是把他们想象成傻子。记住，你想到的那些"小聪明"，对方也一定能想到，除非对方真是傻子。

## ⊙ 愿望

业务代表、行政职员、经理一起走在路上去吃午餐，意外发现一个古董油灯。

他们摩擦油灯，一个精灵从一团烟雾中碰了出来。

精灵说："我通常都给每个人3个愿望，所以给你们每个人一人一个。"

"我先！我先！"职员抢着说，"我要到巴哈马，开着游艇，自在逍遥。"

噗！她消失了。

惊吓之后，"换我！换我！"业务代表说，"我要在夏威夷，和女按摩师躺在沙滩上，还有喝不完的凤椰汁和生命之爱。"

噗！他消失了。

"好了！现在该你了！"精灵对经理说。

经理说："我只希望他们两个吃完午餐后回到办公室。"

**大智慧**：永远让你老板先说。

## ⊙ 他招了

前苏联考古学家发现了一具木乃伊，可花费了很长时间也无法弄清木乃伊的年龄，于是他们请了几位KGB帮忙。

KGB来了以后，忙了一个早上，最后满头大汗的出来了，查清楚了，3 147岁。

考古学家非常震惊，问道："你们是怎么知道的？"KGB指着木乃伊说："很简单，他招了。"

**大智慧**：在现代社会中，"职业病"已经成了一个并不陌生的字眼。养成良好的职业习惯固然是件好事，但用职业思维来打量世间的所有事物，何尝不是一种悲哀？

## ⊙ 马夫喂马

马夫偷偷地把用来喂马的大麦卖掉了。

但他仍然每天用水给马擦洗，用梳子为马梳理鬃毛。

马对马夫说："如果你真心对我好，就不要把大麦卖掉！"

**大智慧**：对马来说，与大麦比起来，每天的梳洗算得了什么？一天梳洗十回，也比不上吃一次大麦。在职场中，总能遇见一些像“马夫”之类的人，你一定要透过表面现象看本质，不要被虚情假意所蒙蔽。

## ⊙ 猎人和狐狸

一只被猎人追赶的狐狸看到一个樵夫，急忙向他求救。樵夫想了想，就让它藏在自己的小茅屋里。

不久，猎人追过来，问樵夫有没有看到一只狐狸。樵夫嘴上说没有看到，手却在给猎人示意，指着狐狸藏身的地方。

可惜猎人没有看懂樵夫的手势，转身就离开了。猎人走后，狐狸急忙从屋里钻出来，撒腿就跑。

樵夫叫住它，责备它为何不知感恩，一句感谢的话不说就要离开。

狐狸回答说：“如果你表里如一，我自然会向你道谢的！”

**大智慧**：职场中，常见的是落井下石，而不是雪中送炭。这个时候，你最需要警惕的是那些假惺惺地向你伸出“援助之手”的“好心人”。

## ⊙ 职业习惯

上尉检阅新兵时，问一个排长：“为什么你把高大好看的全都排在前面，不顺眼的矮个儿全都排在后面？”

“报告上尉！”排长答道，“我入伍前是摆摊卖水果的。”

**大智慧**：人的位置和角色是相对的，而且也是随着环境改变而改变的。顺应自身条件去寻找合适的位置，这样你就能够站在前面。

## ⊙ 一言误事

“你昨天去找新的工作，找到了么？”

“没有。当招工人员跟我洽谈时，我说了句该死的废话！”

“你说错了什么？”

“当他问我会不会做这种工作时，我说‘这种工作我简直可以闭着眼睛做’！”

“这话没有错啊？”

“可他要找的是个守夜人。”

**大智慧**：不要低估任何一件事情，有时越简单的工作越需要责任心。

## ⊙ 面试

经理要找一个秘书，他要应聘者接受心理学家的测试，最后只剩下三个人。

“2加2等于几？”心理学家问了最后一个问题。

“4。”第一位女士答。

“22。”第二位女士答。

“可能是4，也可能是22。”第三位女士答。

待她们走出办公室后，心理学家说，“经理先生，从回答来看，第一个人很单纯，第二个人就复杂多了，而第三个人则非常老练。不知您满意哪一个？”

经理未经思考，立刻回答：“就是那个金发美腿的！”

**大智慧**：在这样一个社会，女人的容貌也变成一种资源被人利用。因此，你会很容易看到那些被无辜拒掉的女生和某些不怀好意的邀请。我们自己唯一的对策是善加分辨，小心保护自己。

## ⊙ 请再往后退

以演莎剧闻名的英国演员兼剧院经理赫伯特·特里（1853—1917年）在一次排练时，觉得没有达到预计的效果。他叫一名年轻的男演员向后退几步，这位演员退了几步。但不一会儿特里又中止了排练：“请再后退一点。”这位演员又照办了，排练继续进行。特里第三次中止了排练，“还要向后退！”他命令道。

"再往后退,我就要退到后台去了。"这位演员抗议道。

"对,这就对了。"特里说。

**大智慧**：古希腊德尔菲神庙上刻着一句话:"认识你自己!"认不清自己的人永远也找不到适合自己的道路,正如上面幽默中那位年轻人,何必一味地强求自己呢?

## ⊙ 面谈

Jack到一家酒吧应聘警卫。酒吧的经理问他:"你有没有经验?"

"当然!"Jack就环视四周。看到一个醉醺醺的酒客走过。马上把他抓过来。随之一脚将他踢出门外。然后。得意洋洋地问经理:"那请问我现在能不能见总经理了?"

"那你恐怕要稍等他一下了。因为,他刚才被你踢出去了。"

**大智慧**:年轻人最让人欣赏的是做事情有精力,速度快,效率高。但最大的问题也是考虑不周,容易冲动,经常办错事。所谓"欲速则不达"正是这个道理。

## ⊙ 马的即兴表演

德国演唱双栖明星昂扎曼恩(1753—1832年)在柏林剧院演出时,喜欢即兴发挥几句,害得跟他搭档的演员无所适从。因此,导演让他不要再搞什么即兴创作。第二天夜场,当他骑在马上出台时,马竟然在台上撒起尿来,引得观众捧腹大笑。"你怎么忘了,"昂扎曼恩对马厉声喝道,"导演是不许我们即兴表演的。"

**大智慧**:生活中有种情况总是让人苦恼,就是激情的员工遇到了一个规矩的老板,有才的骏马遇到了无能的伯乐。当然,对于某些天才来说,变被动为主动也是比较容易的,关键是看你是否动脑子。

## ⊙ 心脏和牙齿

有个卡布洛沃人的儿子想学内科。"你真笨!"父亲骂道,"还是去学牙科吧,人只有一颗心,可是牙齿有三十二颗呢!"

**大智慧**:选择职业也是一种智慧,有些行业很快就会萎缩,有些行业在相当长的时间内保持兴旺。抛开兴趣爱好而言,我们是可以通过比较来选择我们从事的职业。

## ⊙ 医生

一位私人诊所的医生准备出国度假,便让刚从医学院毕业的儿子来顶一个月。一个月后医生从国外度假回来,问儿子情况如何。儿子得意地说:"我把您医了10年都没医好的那个心脏病人彻底治好了。"不料,父亲听了破口大骂道:"混蛋!你以为你聪明能干?你也不想想,你这些年读医学院的学费是怎么来的!"

**大智慧**:这个社会,有些职业是可以通过量化的条件来考虑的,但有些职业则是需要加入道德和良知共同评价的。作一个有良知有道德的人,是从事任何工作的先决条件。

## ⊙ 越远越好

富翁想招聘一位司机,他问每个求职者能驶向悬崖多近而不至掉下去。

"三十厘米",第一个说。"十五厘米",第二个说。"八厘米",第三个说。

但是下一个求职者说:"我会尽量不驶近那个地方,越远越好。"

"我就雇用你",富翁当即决定。

**大智慧**:求职中经常会出现这样的事情,也许雇主看重的并不是你的知识,是你的经验,也许看重的并不是你的勤奋,而是你的智慧。正确的判断,合理的展现自己,才是最有优势的。

## ⊙ 接替

美国有一年经济危机，失业率很高。一个人工作找了很久,也没找到。一天他在街上转悠，忽然一个人从建筑工地的楼上掉了下来。他急忙跑到工头那儿问:“那个刚掉下来的人的工作我可以接替吗?”工头说:“不行,他的工作已经有人接替了?”“谁呀?”“就是把他推下来的那个人呗!”

**大智慧**:如此看来,坐等机会不如自己去创造机会,但绝不是以上述的方式。

## ⊙ 坦率

“怎么啦,怎么啦,我的宝贝儿,你出了什么事呢?”经理问他的美貌女秘书。

“我必须向你坦白承认一件事实:我当你的秘书已经三年了，可我根本不会打字。”

**大智慧**：美色当前丢失原则和判断,对做人和做事都是相当危险的。

## ⊙ 没有秘诀

大仲马写作的速度十分惊人,他一生活了68岁,晚年自称毕生著书1 200部。有人问他:“你苦写了一天,第二天怎么仍有精神呢?”

他回答说:“我根本没有苦写过。”

“那你怎么写得又多又快呢?”

“我不知道，你去问一股泉水它为什么总是喷涌不尽吧。”

**大智慧**:一个人,只有从事喜欢并且适合的工作,才可以从工作中获得乐趣并做出成就。

## ⊙ 没有不正常的跳动

一天晚上,年轻的俄国生理学家巴甫洛夫(1849—1936年)终于下决心走出实验室,与未婚妻西玛会面去了。他们难得相见,相会没多久,巴甫洛夫就对未婚妻说:“快把你的手给我!”西玛以为他要吻自己的手,高兴地伸过去。巴甫洛夫抓住未婚妻的手,用手指压着她的脉搏,过了好一阵,才说:“没有不正常的跳动,放心吧,你的心脏的确很好。”

**大智慧**:“职业病”并不是医学上定义的一类疾病,但它对他人的危害有时候等同疾病。

## ⊙ 接见和旅游

每天中午在固定的时间,德意志皇帝威廉一世(1797—1888年)总要站在柏林宫殿靠角落的窗口,接见成千上万的来瞻仰这位象征帝国权力的统治者的人们。到了晚年,由于健康状况不佳,医生恳切地劝他停止这项日常活动，以免劳累过度。可皇帝却十分固执地说:“我每天的接见是写在旅游手册上的。”

**大智慧**:如果我们不能改变工作安排,那就改变我们对工作的态度。这样能让我们保持良好的心态。

## ⊙ 怕

一女影星在与朋友交谈：

“我真怕到50岁!”

“那时候会发生什么事呢?”

**大智慧**：如果你所依靠的只是短暂的青春,而不是自己长期的努力和恒久的品质,那真的应该有所担忧了。

## ⊙ 修屋顶

“我的屋顶漏雨了。”

“那为什么不修修呢?”

“因为现在正下雨。”

“雨一停,你就赶快去找人来修吧。”

"那时我的屋顶就不漏了。"

**大智慧**:拖延从来都不缺少理由,只是你所做的就太有限了。

## ⊙ 精确

某报社编辑部主任办事讲究精确,他也同样以此要求与他一起工作的同事们。一次,一位记者送给他一篇会议报道稿审阅,他接过稿认真读起来。当他读到这样一个句子时他抬起了头。那句子是"3 999只眼睛注视着讲台上的演说者。"

"这纯粹是胡说人道!"编辑部主任动气了。

"这可不是胡说八道,先生,"记者解释说,"要知道会议参加者中有一位是独眼龙。"

**大智慧**:任何一种合理的要求如果到了苛刻的程度,也便失去了其合理性。

## ⊙ 绝妙的建议

有一个人问拉比:"哪一种职业能使我生存下去直到老死。"

"当面包师。"拉比建议道,"那样你就总有面包在家里了。"

"如果我没钱了,买不起面粉了,怎么办呢?"

"那你就不再是面包师了!"

**大智慧**:工作对人而言,不仅是一种谋生的手段,也是个人施展抱负的努力,更是人对自身信心的来源。

## ⊙ 谦虚过分,自讨苦吃

经过面试,申请者被一家公司聘用,经理计划让他下周开始到办公室上班。为对经理表示感激和谦虚,他说:"我既缺少智慧,又没有经验,希望您多多指教。"

"如果是这样的话,你先别到办公室来上班,等你有了智慧和经验再来。"经理对申请者说。

**大智慧**:不卑不亢既是对别人的尊重,更是对自己的尊重,而只有尊重自己才能赢得别人对你的尊重。

## ⊙ 有事没事

一些事没人做,一些人没事做;

没事的人盯着做事的人,议论做事的人做的事;

使做事的人做不成事做不好事;

于是,老板夸奖没事的人,因为他看到事做不成。

于是,老板训诫做事的人因为他做不成事。

一些没事的人总是没事做;

一些做事的人总有做不完的事;

一些没事的人滋事闹事,

使做事的人不得不做更多的事。

结果好事变坏事,小事变大事,简单的事变复杂的事。

**大智慧**:你若不想做,会找到一个

借口;你若想做,会找到一个方法。

## ⊙ 专家本色

修理工应召去医生家修理电视机,发现他那架电视机用了十年,已经破旧不堪了,医生用幽默的口吻说:“你开个处方吧。”修理工对着电视机默默看了一阵,然后回答:“我看只能写验尸报告去。”

**大智慧**:俗话说:三百六十行,行行出状元。如果你觉得工作枯燥而无望,不如试试专注用心的精深研究,像专家一样对待它吧!

## ⊙ 幽默美国人

律师的太太对丈夫说:“咱们的房子和家具的样式太陈旧了,该重新装修一下了。”

律师:“你别急,我刚好接手了一件离婚案,男方是个有钱的大亨。等我拆散了他们家,就来装修咱们家。”

**大智慧**:职业间的双赢局面是社会存在的最高境界,而事实上,一种价值的实现却总是以另一种价值的丧失为前提。这里并非遵循着能量守恒定律,起作用的乃是人的自私本质而已。

## ⊙ 没干什么

“去领本周的工资吧,你被开除了。”

“可我没有干什么呀?”

“所以你被开除了。”

**大智慧**:职场的残酷就在于你的一切辩解都将是它淘汰你的理由。所以面对失业的最好办法就是,保留自信的离开,并于下一站的工作中,以行动赢得尊重。

## ⊙ 人才难得

老板杰克到警察局报案:“有个流氓冒充我的推销员,在镇上赚了10万美元!这比我所有的雇员在客户身上赚到的钱还要多得多。你们一定要找到他!”“我们会抓住他,把他关进监狱的!”“关起来干什么?我要聘用他!”

**大智慧**:职场之上,能力便是一切。当这种能力足以令竞争对手千方百计地想要与你成为合作者之时,便是一种成功的定义。

## ⊙ 家有三子

在公共汽车上,坐在我身旁的男人,喋喋不休地向我谈他家庭的事。“我有三个儿子,都是知识分子,”他说,“老大是教授,老二是诗人,小儿子编杂志。”

“您做什么工作?”我客气地问他。

“我开杂货店,生意不算很兴旺,不过够养活他们三家人。”

**大智慧**:有的时候选择了那种精神领域的职业,也就是选择了清贫,而精神的富有与物质的富有有时候是相互补充的,只不过这是在不同人身上实现的。

## ⊙ 宁愿挨踢

一个打柴人挑着一担柴走路,不小心撞到了一个医生。医生大怒,挥拳就要打他,打柴人连忙跪下求饶说:“我宁愿挨你的脚踢!”旁边有一个好事的人觉得十分惊讶,就问道:“脚踢要比拳打重得多,你为什么愿脚踢呢?”打柴的人说:“我听人说,经过这个手的,肯定是活不了。”

**大智慧**:有如此“口碑”的医生,可见他的医术拙劣到何等地步。人无论从事什么职业,都应对自己的专业精益求精,这既是谋生的需要,也是职业道德的要求。

## ⊙ 我们俩都错了

在火车上，甲旅客的手帕不见了。他硬说是坐在旁边的乙旅客偷走了。可是，过了一会儿，甲旅客在里边的口袋里找到了那块手帕。于是，他很不好意思地向乙旅客道歉。

乙旅客冷静地回答道："没有关系，刚才我把你当成一位绅士，而你把我当成一个小偷。看来，我们俩都错了。"

**大智慧**：其实，很多时候你所应该做的是反省自己，而不是时时处处都指责别人，尤其是当你在工作关系中，更需要你首先要求自己，而绝对不是你身边的人。

# 笑谈名人逸事和趣闻

## 卷·首·引·言

幽默虽然都能博人一笑，但在质量上却是千差万别。但所有的这些幽默中，名人的幽默估计是质量最高，对人最有启示的幽默了。名人的幽默在于其知识的渊博，生活经验的积淀以及对人生的超世俗理解。读名人的幽默，向名人学习，熏陶在名人的点拨和启示中，进步也就不言而喻了。

## ⊙ 不必自寻烦恼

有一次，歌德和德国作曲家贝多芬(1770—1827年)并肩散步，过往的行人们不断地向他们致意问好。次数一多，歌德就不耐烦这频频的还礼了，不免大发牢骚。贝多芬笑着劝慰他说："阁下，您用不着烦恼，也许他们是在向我致意呢。"

**大智慧**：不要自作多情，不要庸人自扰，生活中不如意的事情本来就已经很多了，我们为什么还要凭空为自己制造烦恼呢？

## ⊙ 最好的一边

有一位电影明星向著名导演希区柯克唠叨摄影机的角度问题，她一次又一次地告诉他，务必从她最好的一边来拍摄。"抱歉，做不到，"希区柯克说，"我们没法拍你最好的一边，因为你正把它压在椅子上。"

**大智慧**：人贵有自知之明，不能自视清高，不能自以为是。当你妄图凭自己的意愿去做事的时候，就是别人最反感你的时候。

## ⊙ 杰作

毕加索毕生反对侵略战争，维护世界和平。第二次世界大战期间，德国的将领和士兵经常出入巴黎的毕加索艺术馆。这些不速之客受到了冷淡的接待。有一次，在艺术馆的出口处，毕加索发给每个德国军人一幅他的名画《格尔尼卡》的复制品，这幅画描绘了西班牙城市格尔尼卡遭德军飞机轰炸后的惨状。一位德军盖世太保头目指着这幅画问毕加索："这是您的杰作吗？""不，"毕加索面色严峻地说，"这是你们的杰作！"

**大智慧**：可敬的艺术家，伟大的智慧！

## ⊙ 开皇家学会的玩笑

英国植物学家、作家约翰·希尔(1716—1775年)因为未能被批准加入皇家学会，一直耿耿于怀。有一次，他从朴茨茅斯给学会寄来一封信，信中他编造了一例神奇的病例：一名水手从桅杆上摔下来，跌断了一条腿。医生用绷带替他扎牢后，给他用焦油冷浸，效果奇好，3天内他的腿就恢复如初了。这一案例引起学会认真的讨论。谁知不久学会又收到约翰·希尔的来信，说他在上封信上忘了说明那条断腿是木头做的。

**大智慧**：在现代社会也是如此，一些无聊、毫无价值的事情总是以严肃的面目出现，值得我们警惕。

## ⊙ 帽乎，头乎

安徒生很俭朴，戴着破旧的帽子在街上行走。

有个行路人嘲笑他："你脑袋上边的那个玩意儿是什么？能算是帽子吗？"

安徒生回敬道："你帽子下边的那个玩意儿是什么？能算是脑袋吗？"

**大智慧**：当一种形式只能充当内容的附属和装点时，千万不可混淆了表面与内在哪个更重要。

## ⊙ 首相与熊猫

英国首相邱吉尔头一回看见熊猫时，感到这种动物很有意思。只见那头熊猫仰卧在地，怡然自得，压根儿不理会这位叱咤风云的大人物。首相对它凝视良久，最后耸耸肩说："真想不到，它竟是如此的高不可攀！"

**大智慧**：不想跌入低谷的人，最好是稳稳地站在一座高山上。

## ⊙ 美化语言

美国前总统杜鲁门在公共场合讲话时，总是不自觉地说上几个“见鬼”和“去他妈的”。据说，一位民主党的知名女士曾请求杜鲁门夫人劝她丈夫说话干净些，因为她刚听到杜鲁门指责某个政治家的发言“像一堆马粪”。杜鲁门夫人听后，毫不吃惊地说：“你不知道，我花了许多年时间，才把他的语言美化到这种地步。”

**大智慧**：做大事者不拘小节，有时候一些所谓的“缺憾”更能够增加你的人格魅力。

## ⊙ 魔一般的心灵感应

为了集中注意力，同时感受到乐曲的微妙境界，当代著名指挥家卡拉扬和小提琴演奏家朱尔斯坦在指挥和演奏时，都有闭眼的习惯。

这两位天才的音乐家配合得非常默契，人们甚至认为指挥家和首席小提琴手几乎有着魔一般的心灵感应。他俩的第一次合作演出是在瑞士的卢塞恩。这次演出曾打动了无数观众。

后来，当人们问起朱尔斯坦为什么要闭眼时，他说：“我们彼此看不见更好，这并不会出错，音乐不需要眼睛，要的是彼此的心领神会。整个演出我只睁过一次眼睛，看见卡拉扬正闭着眼睛在指挥，我赶忙又闭上眼睛，生怕破坏了整个气氛。”

**大智慧**：是什么给予了我们五彩斑斓的世界？是眼睛。又是什么欺骗我们最多？还是眼睛。有的时候，我们确实需要闭上自己的双眼，去感受一种神秘的默契，去听一听心灵的声音。

## ⊙ 领带

美国著名作家马克·吐温（1835—1910年），曾经是斯托夫人的邻居。他比斯托夫人小24岁，对她很尊敬。他常到她那里去谈话，这已成为习惯。一天，马克·吐温从斯托夫人那里回来，他妻子吃惊地问：“你怎么不结领带就去了？”不结领带是一种失礼。他的妻子怕斯托夫人见怪，为此闷闷不乐。于是，马克·吐温赶快写了一封信，连同一条领带装在一个小盒里，送到斯托夫人那里去。信上是这样写的：“斯托夫人：给您送去一条领带，请您看一下。我今天早晨在您那里谈了大约30分钟，请您不厌其烦地看它一下吧。希望您看过马上还给我，因为我只有这一条领带。”

**大智慧**：规矩只是为不守规矩的人准备的，礼仪也只是约束那些不懂礼貌的人。

## ⊙ 不费神的阅读

德国幻想小说的奠基人库尔德·拉斯维茨，一次在回答记者关于他最喜爱什么样书籍的问题时说，他只读歌德的作品和描写印第安人生活的庸俗惊险小说。记者对这位大作家如此古怪的阅读趣味大惑不解，拉斯维茨便进一步解释道：“你知道，我是一名职业作家，总爱情不自禁地对所读的作品分析品评一番。这样做实在太费精神了。而读上述那两类书籍，则可以省却这种麻烦，让脑子完全休息。因为，歌德的作品太高超了，简直不容置评；而庸俗的惊险小说又太低劣了，根本不值一评！”

**大智慧**：人应该根据自己的需求去选择生活物资和生活方式，而不应该过分的去追求潮流。

## ⊙ 权威人士的俏皮话

有一次，贝尔纳说了句俏皮话，把他

的朋友们逗得捧腹大笑。其中一位非常佩服他的才华和为人,就恭维他说:“只有你才能说得出如此妙不可言的话来。”

可是,贝尔纳坦率地告诉他,这句俏皮话是他刚刚从报纸上看来的。

“是吗?可你说得那么自然,就像是发自你的内心一样。”

“这一点算你说对了,”贝尔纳得意地说,“不同的是,我把它权威化了。”

**大智慧**:有时候尽管它是平常的或者是错误的见解,也很难得到置疑。这就是权威。

## ⊙ 越来越年轻的雕像

萧伯纳崭露头角以后,法国著名雕刻艺术大师法朗索瓦·奥古斯特·罗丹曾为他塑过一次雕像。几十年后的一天,萧伯纳把这尊雕像拿出来给朋友看,并说:“这件雕像有一点非常有趣,就是随着时间的推移,它变得越来越年轻了。”

**大智慧**:浪沙淘尽英雄,历史验证精品。只有真正有实在内容的东西才会永垂不朽,不但不朽,还会发出耀眼的光彩!

## ⊙ 柯南道尔的威力

有一次,柯南道尔收到一封从巴西寄来的信,信中说:“有可能的话,我很希望得到一张您亲笔签名的您的照片,我将把它放在我的房内。这样,不仅仅我能每天看见您,我坚信,若有贼进来,一看到您的照片,肯定会吓得跑掉。”

**大智慧**:对于心存不轨的人来说,很多代表正义和智慧的东西都让他们害怕,这就是所谓的“邪不胜正”。

## ⊙ 向不知趣的人“道歉”

英国诗人罗伯特·勃朗宁(1812—1889)作起诗来没完没了,从不知厌倦,可他十分憎恶任何无聊的应酬和闲扯。在一次社交聚会上,一位先生很不知趣地就勃朗宁的作品向他提了许多问题,勃朗宁既看不出问题的价值,也不知道他到底用意何在,便觉得十分地不耐烦,决定一走了之。于是,他便很有礼貌地对那人说:“请原谅,亲爱的先生,我独占了你那么多时间。”

**大智慧**:对于不同的人,时间的价值是不同的,浪费别人的时间无异于谋财害命。

## ⊙ 低产和高产

古希腊悲剧作家欧里庇得斯(公元前480—公元前406)曾承认写三句诗有时要花三天时间。一位跟他谈话的低能诗人惊讶地叫了起来:“那么长时间我可写出一百句诗呢!”

“这我完全相信,”欧里庇得斯答道,

"可它们只会有三天的生命力。"

**大智慧**：经典是智慧的结晶，艺术的生命力和付出的心血成正比。

## ⊙ 留影的用意

20世纪20年代匈牙利剧作家费伦茨·莫尔纳尔（1878—1952年）居住在维也纳的一家旅馆里。一天，他的一大批亲戚来看望他。并希望分享一点剧作家的巨大成功。事先，他们估计可能会受到冷遇，所以，做好了思想准备。但是，使他们感到吃惊的是，莫尔纳尔很热情地与他们打招呼，甚至还坚持要大家坐下一起合影留念。可是照片印出来后，莫尔纳尔把照片交给旅馆的门卫，说："无论什么时候，你看见照片中任何人想走进旅馆，都不要让他们进来。"

**大智慧**：在你成功时才会想到你的人，希望与你分一杯羹的人，多半不会有什么善良的目的，对于这样的人，最好是在不动声色中将他们拒之门外。

## ⊙ 反守为攻

但丁在参加一次教学的仪式时，陷入了深深的沉思，以至在举起圣餐时竟忘记跪下。他的几个对头立刻跑到主教那里告状，说但丁有意亵渎神圣，要求予以严惩。在宗教统治的中世纪这一罪名可非同小可，何况他还是个反教皇党人。但丁被带到主教那里，他听过指控以后，辩解说："主教大人，我想他们是在诬篾。那些指挥我的人如果像我一样，把眼睛和心灵都朝着上帝的话，他们就不会有心神东张西望，很显然，在整个仪式中，他们都心不在焉的。"

**大智慧**：在攻击、指责别人的时候，一个人往往也暴露出了自己的险恶用心。

## ⊙ 石学士

诗人石曼卿性情放荡，喜欢饮酒，诙谐幽默。一次，他乘马游览报国寺，牵马的人一时大意，使马失控惊走，他不慎摔下马来。侍从们连忙把他搀起来扶上马。行人见了，纷纷过来围观，都以为他会大发雷霆，把牵马人大骂一番。不料，石曼卿却慢悠悠地挥起马鞭，半开玩笑地对牵马人说："幸亏我是石学士，如果我是瓦学生，岂不早被摔碎了？"

**大智慧**：有些事情既然已经发生了，再过于计较也于事无补，莫不如多些宽容，只需一个玩笑，既让自己摆脱了狼狈，又免去别人的愧疚、窘迫。当然，涉及到原则问题时，却万万不可如此。

## ⊙ 干嘛要这么多人

1930年，德国出版了一本批判相对论的书，书名叫做《一百位教授出面证明爱因斯坦错了》。爱因斯坦闻讯后，仅仅耸耸肩道："100位！干吗要这么些人，只要能证明我真的错了，哪怕是一个人出面也足够了。"

**大智慧**：一切反动派都是纸老虎，"声势浩大"只能证明内心的空虚。

## ⊙ 理论的成败与国籍

20世纪30年代，爱因斯坦有一次在巴黎大学演讲时说："如果我的相对论证实了，德国会宣布我是个德国人，法国会称我是世界公民。但是，如果我的理论被证明是错的，那么，法国会强调我是个德国人，而德国会说我是个犹太人。"

**大智慧**：势利的人总是带着"利益的有色眼镜"来看别人，像一个变色龙一样变来变去。其实他们也是有原则的，那就是：一切都要以自己是否能得到"实惠"

为标准。

## ⊙ 谁能考我呢

有人问美国大学问家葛特里奇，为什么他这样一位伟大的学者却从未获得博士学位。他回答："谁能考我呢？亲爱的先生！"

**大智慧**：只有世俗的人才总是用世俗的眼光看每件事情、每个人。这是他们无法成为伟人的原因之一。

## ⊙ 毕加索的画

自从毕加索的抽象画风行以来，许多人都以毕加索的学生自居。有一位画家举行了抽象画展，吸引了许多人，有一位老太婆站在一幅画前，喃喃自语地说："这究竟是在画什么？"

旁边有一位懂画的人说："是画家的自画像。"

老太婆又问："那右边的那一张呢？"

那人说："是他太太。"

老太婆点头说："希望他们别生孩子。"

**大智慧**：中国有句古话，"画虎不成反类犬"。如果一个人学东西学成四不像，那还不如不学。

## ⊙ 不是洗澡堂

德国女数学家爱米·诺德，虽已获得博士学位，但无开课资格，因为她需要另写论文后，教授才会讨论是否授予她讲师资格。

当时，著名数学家希尔伯特十分欣赏爱米的才能，他到处奔走，要求批准她为哥廷根大学的第一名女讲师，但在教授会上还是出现了争论。

一位教授激动地说："怎么能让女人当讲师呢？如果让她当讲师，以后她就要成为教授，甚至进大学评议会。难道能允许一个女人进入大学最高学术机构吗？"

另一位教授说："当我们的战士从战场回到课堂，发现自己拜倒在女人脚下读书，会作何感想呢？"

希尔伯特站起来，坚定地批驳道："先生们，候选人的性别绝不应成为反对她当讲师的理由。大学评议会毕竟不是洗澡堂！"

**大智慧**：巾帼不让须眉，谁说女儿不如男！伟大诗人歌德就曾经说过："永恒之女性，引导我们上升。"但在现代社会中，我们为什么歧视女人到了如此的地步？

## ⊙ 打错了

电影院的灯刚熄灭，一个小偷把手伸进了雷加的衣袋，当即被雷加发现了。小偷说："我想掏手帕，掏错了，请原谅！"

"没关系。"雷加平静地回答。过了一会儿，"啪"的一声，小偷脸上挨了一记重重的耳光。

"对不起，打错了，我脸上落了一只蚊子。"雷加说。

**大智慧**：对于恶人，绝对不能迁就和退让，你越退让，他们越得寸进尺。

## ⊙ 打赌治病

卡尔松说："我不明白这所医院究竟在干什么。当我躺在这里时，一个医生说我得的是阑尾炎，而另一位医生却坚信我得的是胆结石。"

"那这一切是怎么结束的呢?"

"他们用硬币的正反面打赌，结果却割掉了我的扁桃腺。"

**大智慧**：有些时候，我们觉得正规和严谨的地方并不如我们想象的那么负责。唯一的原因是职业道德的沦丧。面对我们生命安全的选择，我们要做的是仔细仔细再仔细。

## ⊙ 富翁的价值

英国哲学家贝恩斯在泰晤士河上看见一个富翁被人从河里救了起来。那个冒着生命危险营救富翁的穷人,竟只得到一个铜板的报酬。围观的人被这富翁的吝啬激怒了,要把他再扔到河里去。这时,贝恩斯立即上前阻止,说:"放了这位先生吧,他十分了解自己的价值。"

**大智慧**:吝啬的人不但意识不到别人的价值,也认不清自己的价值,因为对他们来说,有价值的东西永远是那些得不到的东西,而得到的东西又攥在手里,毫无价值可言。

## ⊙ 挤柠檬

博比·贝克是伯勃马戏团的大力士,他的表演很受观众的欢迎,一根很粗的铁棒,他用手轻轻那么一扳就折断了,就像人们折断一根甘蔗那么轻巧。然后,在观众们阵阵喝彩声中,博比向观众提出他那著名的一百英镑的悬赏:"你们看到这颗柠檬吗?每个人都可以把柠檬挤出汁来,现在我先把柠檬汁挤干,如果谁能来把我挤过的柠檬再挤出一滴汁来,我就给他一百英镑。"有那么三、四个气力大的人上台试试,但都失败了。一天晚上,一个五十多岁的小个子走进表演场来碰运气了,这引起人们一阵阵哄笑声。然而,令人吃惊的是,这个小个子居然把大力士博比挤过的柠檬挤出汁来,而且几乎挤了一汤匙!博比不禁惊叫道:"先生,你真行!你是干哪行的?"

小个子"啊"了一声,说:"收税的。"

**大智慧**:税收是立国之本,富裕的国家都是通过高税收高福利来进行社会转移。正是由于有如此多的偷漏之人,才造就这样的税务官员。

## ⊙ 瞒岁数

一个60岁左右的富有的单身汉,爱上一个比他年轻得多的女子。他去请教法国的讽刺大师伏尔泰。"我想跟她结婚,但是我怕把真实年龄告诉了她之后,会使她失望,不肯和我结婚。所以我想对她说,我只有50岁。""那不行!"伏尔泰回答说,"你应该告诉她,你已经70岁了。"

**大智慧**:爱情里不能容忍谎言,用谎言追求爱情有多大意义?伏尔泰的讽刺直接道出了爱情的本质。

## ⊙ 绅士是什么东西

富兰克林的仆人是个黑人,他问富兰克林:"主人,绅士是什么东西?"富兰克林回答说:"这是一种生物,是一个能吃、能喝、会睡觉可是什么也不做的有生命的东西。"过了一会,仆人跑到富兰克林身边说:"主人,我现在知道绅士是个什么东西了。人们在工作,马在干活,牛也在劳动,唯有猪只知道吃、睡什么都不干。毫无疑问,猪便是绅士了。"

**大智慧**:生活中有那么一些自认为是"绅士"的人,表面上衣冠楚楚,冠冕堂皇,其实是真正的寄生虫,这样的人对社会毫无价值可言。但奇怪的是,人们为什么总是被他光滑的外表迷惑呢?

## ⊙ 勋爵的伤

有一个英国勋爵,擦破了点皮,受了一点轻微的伤痛,就去召请著名的外科医生塞缪尔·夏普。夏普给"病人"检查后,立即吩咐勋爵的仆人赶快跑到药房去取药。勋爵听到这急促的吩咐后,脸色都吓白了。他紧张万分地问外科医生:"我的伤口看来很危险吧?"

"是的,如果您的仆人不尽快跑的话,那么我担心……"

"将会发生什么意外?"

"我担心,在他回来之前,您的伤口已经愈合了。"

**大智慧**:自从赵本山的电视剧《刘老根》热播以后,"得瑟"这个词立刻传遍了大街小巷。"得瑟"的人唯恐自己不被人注意,唯恐别人忽视了自己的存在,于是为了一点无聊的小事,就开始闹得鸡飞狗跳,沸沸扬扬。

## ⊙ 高科技

戈尔巴乔夫访美,里根邀其享用美国最新科技成果:全自动超舒适马桶。用毕,戈尔巴乔夫从心底赞叹,暗下决心:我国也要研制。回国后,一个攻关部门成立了,进展顺利。可是,里根突然访苏,戈尔巴乔夫措手不及,召开紧急会议,给攻关部门立下军令状:三天后必须制出。三天后,报曰:可也。戈尔巴乔夫遂与里根会谈,久久不见里根有便意,左右加巴豆于咖啡杯给里根饮,终于,里根如厕。

里根端座马桶之上,事毕,感到的确舒适如意,心想,苏联的确厉害,这么短时间就研制出这么舒适的马桶。不行,我得好好研究一下,为我国的发展提供第一手资料。于是,里根又一次掀开马桶盖,扭了一下按钮,只见,马桶下伸出一只手,将里根的脸仔仔细细地抹了一遍。

**大智慧**:科技落后的国家,只能用人力替代。也许表面上和科技的效果一样,但实际上并不能达到科技进步解放人力资源的目的。

## ⊙ 一条想象中的线

一次, 德国政治家瓦尔特·乌布利希(1893—1973年) 为了吹嘘他们的国家繁荣昌盛,造声势说:"一个空前的太平盛世已经出现在地平线上。"

"妙极了!"他的助手附和着说,"可空前的太平盛世真的已经出现在地平线上了吗?"

"毫无疑问,"乌布利希说,"你知道词典里是怎么解释'地平线'的?一条想象中的线,一走近它,它就退远了。"

**大智慧**:吹嘘者总是使用语意不清和模棱两可的话语来为他们的夸大其词伪装。

## ⊙ 察昏睡病

非洲有一种昏睡病, 人得了以后,成天昏昏欲睡,神志不清,直至死亡。德国微生物学家罗伯特·科赫曾专门到非洲考察,研究这种病。回国以后,他被邀请到国会去等待高级官员的接见。科赫在等候接见时, 大厅里正在开国家预算委员会会议,他看到许多昏庸的代表在开会时呼噜呼噜地睡大觉便忍不住地讥讽说:"我认为,我在非州考察团里历尽千辛万苦是根本没有必要的。专供研究昏睡病用的丰富材料我完全可以在德国得到,只要观察一下国家预算委员会会议上许多代表的行为就行了。"

**大智慧**:臃肿的机构和无能的官员也是一种病态行为,它导致的是社会肌体的死亡。不过不像普通疾病那样表现明显罢了。

## ⊙ 更大的荣耀

戴奥珍尼斯是古希腊有名的讽刺哲学家。有一天,他来到柏拉图家中。他从不穿鞋,两脚很脏,就这样在柏拉图的地毯上来回走动,并说:"我在践踏柏拉图引以为荣耀的东西。"柏拉图说:"这倒是真的,可是我得到了更大的荣耀。"

**大智慧**：敢于讽刺荣耀是高明的，可坦然接受对于荣耀的讽刺又更高明些。

## ⊙ 肯定射不中

一位讽刺哲学家看到一个技巧不高明的人在射箭，他就坐在靶子上。他说：“这是最安全的地方，他肯定射不中我。”

**大智慧**：有力的讽刺用行动来表达再好不过，可这却需要勇气与智慧同时的参与。

## ⊙ 最优美的气喘

18世纪最著名的歌剧演员索菲·阿诺尔德再也不能自如地运用她的嗓子了。但尽管如此，她在舞台上的那种妩媚的丰姿和迷人的身段，仍然吸引着大量的观众。

一次，意大利经济学家加利亚尼(1728—1787年)出席了她的音乐会后，她问这位在音乐鉴赏方面也相当权威的观众，她的演唱如何？加利亚尼说：“这是我一生中听到过的最优美的气喘。”

**大智慧**：“江山代有才人出，一辈新人换旧人”，新陈代谢是生物界的自然规律，推陈出新是人类的进化规律。“日日维新”，《周易》中这句话说的正是这个道理。自己已经没有了当红的资本，为什么还要“翘首弄姿”，企图挡住后来人？

# 笑谈虚幻夸张与讽刺

## 卷·首·引·言

人的生活中无不充满荒诞,可我们有时候却无从觉察。正如我们身体上的细菌只有在显微镜下才能显示其存在一样,我们所处的生活状态也只有采取虚幻夸张的手法,把我们的生活轨迹放大,才能发现其中的不合理。

“讽刺”的对象,不必是曾有的实事,但必须是会有的实情。所以它不是“捏造”,也不是“诬蔑”;既不是“揭发隐私”,又不是专记骇人听闻的所谓“奇闻”或“怪现状”。它所写的事情是公然的,也是常见的,平时是谁都不以为奇的,而且是谁都毫不注意的。不过这事情在那时却已经是不合理、可笑、可鄙,甚至于可恶的。但这么行下来了,习惯了,虽在大庭广众之间,谁也不觉得奇怪;现在给它特别一提,就动人,就能暴露一些我们平时根本不会去关注的东西。

讽刺的意义也许就在于此。

## ⊙ 卖书

一个很有名的作家要来书店参观。书店老板受宠若惊，连忙把所有的书撤下，全部换上作家的书。

作家来到书店后，心里非常高兴，问道："贵店只售本人的书吗？"

"当然不是。"书店老板回答，"别的书销路很好，都卖完了。"

**大智慧**："拍马屁"是个奇怪的词：你像是在奉承他，又像是在侮辱他。运用不好，可能会起到适得其反的效果。

## ⊙ 夫妻情深

两个朋友在本地高尔夫球场打球。一个人把球杆高高举起，正要击球，突然发现路上有一个长长的送葬队伍。他放下棒杆，闭上眼睛，祷告起来。惊讶不已的朋友说："这是我一辈子有幸看到的最感人至深的场面。你真是个名副其实的大善人！"

那个人结束祷告后答道："是呀，要知道，我同她做了35年的夫妻！"

**大智慧**：假意的善举却难掩盖其虚伪的本质。无论表面做的多么的冠冕堂皇，其本质却是一副伪君子的姿态。虚伪的人习惯兔死狐悲，眼泪下面却藏着道貌岸然的嘴脸。

## ⊙ 电视迷

马丁叔叔的那只喋喋不休的鹦鹉病了。不吃不喝。带它去看兽医，诊断后却说毫无毛病。兽医问马丁叔叔家里有没有发生重大事故，使鹦鹉感到烦乱。马丁说唯一发生的事情是电视机拿去修理了。

"赶快把它拿回来" 兽医说。果然不错，电视机一拿回来，鹦鹉的食欲也就恢复了。

**大智慧**：早有人批评说过："这个社会我们最终会被电视等视听媒体包围引导，最后失去自己的思维"。看来，连宠物都失去自我了。有时候，离开这些现代化的东西会让我们更清醒。

## ⊙ 旧西装

"夫人，您还记得我吗？三个月前您把一套旧西装施舍给我。我在那套旧西装里找到了五百法郎。"流浪穷汉对贵妇人说。

"你是想把钱还给我吗？"

"不，那倒不是……我是想知道，您还能不能找到那样的旧西装？"

**大智慧**：不劳而获的是一种可耻的行为，而这样的想法如同毒品一样慢慢削弱一个国家和民族的竞争力。每当看到年轻的乞丐在城市中乞讨的时候，都会有一种心痛的感觉。

## ⊙ 教宗摇摇头

教宗在花园散步时，一名美国人跟随在后，而某地区的主教在旁听到他们的谈话，美国人说："一年一百万元成吗？"教宗摇摇头。

美国人又说："那么一年一千万行不行？"教宗还是摇摇头。美国人提高价码，又说："一年五千万！这是我们的上限，不能再多了！"

教宗叹了一口气，说："我没办法答应

你。”于是美国人丧气的离开了。

地区主教连忙趋前问道:“教宗!您为什么这么坚持?想想如果有了这笔钱,我们教里很多问题就可迎刃而解了!”

教宗回答道:“你叫我怎么答应他?这个美国广告商要求我将祈祷仪式完毕后念的“阿门”都改成“可口可乐”!”

**大智慧**:商业无处不在,广告超乎想象,只要我们存在的地方就有广告的渗透,它改变我们的思维,我们的生活。没有人知道它对未来到底有多大的影响。

## ⊙ 计程车

有一位计程车司机开车开得很快,他车上的乘客很害怕,就请他开慢些,那司机就说:“安啦!我大哥也是这样子开计程车,开了十几年了也没什么事。”

然后计程车司机跟旁边开跑车的人赛起车来,乘客又很害怕,请他不要跟人家赛车,那司机又说:“安啦!我大哥也是这样子开计程车,都开了十几年了也没什么事。”

后来司机又频频闯红灯,那乘客又很害怕,请他不要再闯红灯,那司机又说:“安啦,我大哥也是这样子开计程车,都开了十几年了也没什么事。”

忽然,来到了一个十字路口,前面是绿灯,那司机忽然煞车停了下来,那乘客就很好奇地问:“为什么你现在反而要停下来?”那司机尴尬地说:“没有啦,就是怕我大哥从红灯那边闯过来。”

**大智慧**:恶人怕的是更恶的人而不是规则,这只能说是法制社会的悲哀。

## ⊙ 没有不同

一个动荡的南美国家传出一则故事。

一人问:“比基尼泳装和我们的政府有什么不同?”

答案是:“没有不同。每个人都想知道它维系的是什么,但每个人都希望它维系不住。”

**大智慧**:没有厚度和广度的政府是不被人信任的。

## ⊙ 民主

一个美国人和一个苏联人比谁的国家更民主。

美国人说:我敢冲进白宫,拍着总统的桌子大骂:“你真他妈是个混蛋。”

苏联人说:“那有什么了不起,我也敢冲进克里姆林宫,拍着总书记的桌子大骂:美国总统真他妈是个混蛋。”

**大智慧**:民主的含义是能自由表达自己的意愿。

## ⊙ 上帝是什么样的?

有个九岁的小男孩问他的妈妈说:“上帝是男的还是女的?”

妈妈说:“上帝是男的也是女的。”

小男孩又问:“那上帝肤色是黑的还是白的?”

妈妈说:“上帝的肤色是黑的也是白的。”

这小男孩更加疑惑地问了:“上帝是同性恋还是非同性恋啊?”

这位妈妈开始感到不安了,可是她还是很慎重地回答说:

“甜心,上帝是同性恋也是非同恋者。”

这时候小男孩露出顿悟的表情并且问妈妈说:

“那迈克尔·杰克逊是不是上帝啊?”

**大智慧**:我们常用神灵的来解释我们未知的事情。但所有的抽象都源于我们对客观事情的反射。当生活中的一个人和所有的其他人都不是一类的时候,离上帝就不远了。

## ⊙ 消除隐患

上帝对地球的现状很不满意，便让时光倒流一千万年，地球上又出现了原始的森林、草地、兽类、昆虫……上帝要离去时，对所有的动物说："我把这个世界交给你们了，你们还有什么要求吗？"动物们立刻一群群地朝上帝跪下，齐声叫道："上帝呀！请您把猴子们灭绝吧！"

**大智慧**：如果一切能再来，也许就不是人类进化到高级动物。如果我们不能统治这个世界，我们也就不会给这个世界

这么多破坏。与自然和谐发展，是我们的责任。

## ⊙ 燕窝的故事

某日，某检查团检查某地，某地某公设宴款待。席间有一汤色白如乳，众人一品，味极寡淡，于是无人再食。

见此情景，某公急了，说道："哎呀诸位，这汤可是用专机从爪哇岛进口的上等燕窝，由名厨依照清宫秘方烹制而成的呀！一盆千金，怎可不尝？"

于是，举座争先恐后，不一会儿汤盆见底，齐称此乃汤中极品。

此时，厨房里传出了厨师的叫声："我刚刚放在这里的瓷盆咋不见了？"

摆台小姐答："你是说那燕窝盆儿呀？我早就端上去了！"

厨师说："什么？燕窝还在灶上煨着呢！你端出去的是老板让我糊灯笼用的糨糊！"

**大智慧**：务名不务实，追名不求实，慕名不顾实，为名不计实，这事儿什么地方都有。害人害己只是贻笑大方，误国误民则就要遗臭万年了。

## ⊙ 后生可畏

小男孩问爸爸："是不是做父亲的总比做儿子的知道得多？"

爸爸回答："当然啦！"

小男孩问："电灯是谁发明的？"

爸爸："是爱迪生。"

小男孩又问："那爱迪生的爸爸怎么没有发明电灯？"

**大智慧**：很奇怪，喜欢倚老卖老的人，特别容易栽跟头。权威往往只是一个经不起考验的空壳子，尤其在现今这个多元开放的时代。

## ⊙ 不可能的事情

一个八十岁的老人去做健康检查。

检查途中，老人不断向医生炫耀他新婚的妻子有多好。

"我们结婚四个月，你知道她对我有多忠贞？她无时不刻需要我，黏我黏到我都感到厌烦了！"

"而且，"老人又说，"告诉你，她最近还怀孕了！"

医生静静地听着，不发一言。

"怎样？"老人得意洋洋地说，"不错吧！"

医生抬起头，看他一眼。

“这让我想到一位失散多年的朋友。”医生缓缓开口。

“他跟我说过一个故事，他在非洲狩猎时遇上的故事。当时，他在草原上，遇到一头狮子。他立刻从背上抓下枪来瞄准。然而，他立刻发现他错了，他拿到的是雨伞，不是枪。这时已经太迟，狮子正站在他面前，就要扑过来。他没办法，只好把雨伞扛上肩，用尽吃奶的力量大叫三声‘砰！砰！砰！’。奇迹发生了，那狮子竟然倒下来，死掉了。”

“这怎么可能？”老人大叫，“那一定是别人干的！”

“我也这么觉得。”医生说。

**大智慧**：对别人的对错一看就明的“清醒人”却对自己的对错一无所知。

## ⊙ 铜臭惊人

亨利、弗兰克、马丁三个人打赌，看谁能在骚臭的狐狸洞里呆得最久？

马丁进去不到一分钟，便认输了——捂着鼻子跑出洞来。

弗兰克也强不了多少，他只比马丁多呆了一分钟。

亨利进洞老半天了，还不见他出来。

突然间，一只狐狸跑了出来大叫道：

“这人真贪财，他的铜臭比我更臭，把我也熏出来了！”

**大智慧**：爱慕钱财可以说是人的一种本能吧，只不过不同人身上的程度不同罢了。

## ⊙ 恍惚

一人穿错靴子，一只底儿厚，一只底儿薄，走路一脚高，一脚低，甚不合适。其人诧异曰：“今日我的腿，因何一长一短？想是道路不平之故。”或告之曰：“足下想是穿错了靴子。”忙令人回家去取。家人去了良久，空手而回，谓主人曰：“不必换了，家里那两只也是一厚一薄。”

**大智慧**：有的时候，智慧是相互传染的，愚蠢同样如此。

## ⊙ 好好先生

东汉时，有个人叫司马徽，对人说起话来，总是频频点头说“好，好”。

有一次，他的朋友难过地告诉他，自己的儿子病死了。他点着头说：“好，好。”朋友走后，他的妻子冲着他骂起来：“人家悲痛地告诉你死了儿子，你却说‘好，好’，难道你疯了？”这个人又笑眯眯地点着头说：“你说得好，好。”

**大智慧**：当你立志做一个“好好先生”，就意味着你已经不可能“好”了。

## ⊙ 不容重犯

一个人在领工资时发现少了一块钱。他勃然大怒地去责问会计。会计说道：“上个月多给您一块钱，您恼火了吗？”他大声答道：“偶然一次过失我完全可以谅解；但我绝不能容忍这第二次的过失！”

**大智慧**：不得不佩服有些人具有这样的能力，再龌龊的事情他也能为之找到一个冠冕堂皇的理由。

## ⊙ 天机莫漏

桥底下的浅河滩上,几个乞丐在闲聊。

“最近又闹通货膨胀,米和油什么的都涨了价,城里许多人都在犯愁哩!”

“唔,我也听说了,他们真可怜……”

“咱们一不用买米,二不用买油,比起城里人来,我们算是好过多了……”

“对了,咱们连房租也不用交……太好了……”

有人赶快捂住了这个人的嘴,悄悄地说:“嘘!轻声点,让他们知道了,谁都想来当乞丐了!”

**大智慧**:原本很可怜却要去可怜那些原本不可怜的人的人是最可怜的。

## ⊙ 重要的提示

新闻记者采访一位亿万富翁。

“是什么东西帮助您获得成功的?”

“是深信钱并不起作用,重要的是工作。当我学会了用这一点提示我的部下时,我就发财了。”

**大智慧**:善于要求别人而解脱自己,这是一些人的发家之道。

## ⊙ 主教

主教听说到纽约后很有可能被报界拖入预设的陷阱,所以格外小心。在机场上,有记者一见面就问:“您想上夜总会吗?”主教想支开这个问题,就笑着反问:“纽约有夜总会吗?”第二天早上,报纸登载的这次会见新闻的大标题是:“主教走下飞机后的第一个问题:‘纽约有夜总会吗?’”

**大智慧**:媒体的厉害之处是他们总能断章取义地截取新闻并以此来愚弄读者。

## ⊙ 犯人的家信

狱中的罪犯在给妻子的信中写道:

“下次探监时请你给我带几把三角锉来,要知道在这里,我们大家饭后总要聚在一起修指甲……”

**大智慧**:无聊的时候做些无聊的事就是一种职业。

## ⊙ 卢浮宫

两个从美国得克萨斯来到巴黎的旅游者在旅馆里闲聊。

“我简直有点不好意思对你说,我来到这里已经3天了,还没看见卢浮宫。”

“我也是,”另一个人说,“或许这种糕点价格太贵,一般食品店里根本见不着。”

**大智慧**:不懂装懂的人希望的是“美化”自己,但往往是把自己更加“丑化”了。

## ⊙ 左手与右手

法官:你为什么要用左手打人?

罪犯:因为右手是用来握手讲和的。

**大智慧**:顾左右而言它是一种难得的机智,可千万不要用错了地方。

## ⊙ 不必大惊小怪

某电影厂的摄制组正在拍摄一部反映古罗马的历史故事片。正在开拍中间,导演突然发现一个演员的手腕上还戴着表，于是对着话筒喊起来：

"你快把手表摘下来！"

"这有什么大惊小怪的！"演员回答，"我这块表的表盘上正好是罗马字。"

**大智慧**：附庸风雅终究成不了真，即使加上了堂皇的标签。

## ⊙ 糟糕的画家

画家的一位朋友来看他。

画家说："我打算把这房间的墙壁粉刷一下，然后在墙上画些画！"

朋友劝画家："你最好是先在墙上画画，再粉刷墙壁！"

**大智慧**：如果不能增添光彩，那就还是不要拿出来炫耀的为好。

## ⊙ 节省措施

有人问吝啬鬼："你在干什么呢？"

"我在学盲文。"

"干嘛要学盲文呢？你的视力不行了吗？"

"那倒不是。我不过是想晚上看书时能节省点儿电。"

**大智慧**：节约固然是好的，但到了苛刻的程度便可能成为另一种浪费。

## ⊙ 别胡说

导游：这座宫殿兴建时间大约是在2000年以前。

游客：别胡说！要知道现在才1989年。

**大智慧**：目光短浅的人所能看到的仅仅是现在，过去和未来对他们来说都是没必要考虑的领域。

## ⊙ 借牛

有个人写了一封信，派人捎给一富翁，信上说是要借牛一用。富翁正在会客。他不识字，却怕客人笑话他，就装模作样地把信看了看对捎信的人说："知道了，告诉你们主人，一会儿我自己就去了。"

**大智慧**：不懂装懂，不会装会，只为一时的虚荣弄出笑话，与其这样，还不如不耻下问，让自己变得充实。

## ⊙ 我就不信

有个穷人储存了三四坛子的米，就自以为很富有了，整天沾沾自喜。一天，他和同伴到市场上去，在路上听见一个人对另一个说："今年我家收获的米不多，总共才300多担。"穷人对同伴说："你听他的话分明是在说谎，我就不相信他家能有这么多盛米的坛子。"

**大智慧**：很多人思考问题，往往以自己的眼界为限，井底之蛙看天也只有井口大。

## ⊙ 书低

有一个秀才租了庙里的僧房读书，只是玩耍玩耍罢了。某天中午他忽然跑到府里，叫小童拿书来。小童拿来《文选》，秀才一看说："低了。"小童又去取来《汉书》，秀才还说太低。最后小童拿《史记》来，秀才仍旧说低。和尚听了大为吃惊，心想这三种书，只要熟读其中的一种，就可以称是

饱学之士了。三种书都说太低,是怎么回事啊?一问秀才,才知道秀才是把书拿去当枕头用。

**大智慧**:我们吃惊地发现,书除了被阅读外,还可以有别的功用。精神产品和物质产品原来也有共通之处,精神的东西是要以物质的形态而存在的。利用精神产品的物质载体的实用功能,的确很出乎人的意想。

## ⊙ 有酒就行

从前,有个人嘴馋又贪杯。他在京城经商时,遇到一个过去的熟人。熟人本没有请他回家吃饭的意思,只是和他在路上说话。可他却说:“我该到府上拜访一下,口渴心烦的时候,有茶有酒,可以借一杯止渴。”熟人说:“我家离得远,不敢劳烦您光临。”他说:“谅也不过只有二三十里,不远。”熟人说:“我家地方狭窄,怕是不方便。”他说:“只要能张开嘴就行。”熟人又说:“我家器皿不全,没有杯子。”他马上说:“凭咱俩的交情,用瓶子就行了。”

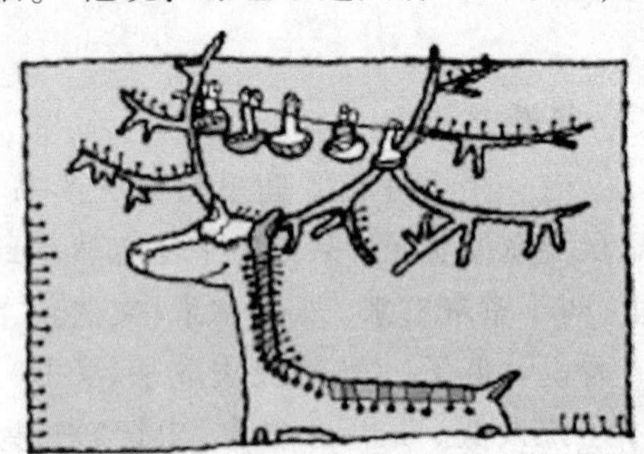

**大智慧**:人生活在社会中,应该时刻注意自己的形象,像如此脸皮厚得令人生厌的人,不但不会有和谐的人际关系,也很难在社会上立足。

## ⊙ 求你别写

有个人书法极差,又总是喜欢给别人写字。一天,有人手里摇着一把白纸扇走过来,这个人又想给人家写字,扇子的主人一见,马上跪在地上不肯起来。这个人说:“不过是在扇子上写几个字而已,何必行此大礼?”扇子的主人说:“我不是求你写,是求你别写!”

**大智慧**:人对自己要有一个正确的认识,并不是一件容易的事。往往会自视过高,对自己没有一个公正客观的评价,而做出令别人反感的事来。

## ⊙ 出主意

有个姑娘要出嫁,一个人对她的父母说:“女儿出嫁后,不一定就能生儿子,所以平时就应该让她从婆家多偷些衣物等藏在外面,防备着一旦生不出儿子,被婆家赶出来的时候,生活也好有个着落。”姑娘的父母觉得有理,就让女儿经常在外面藏私房钱。婆婆发现她的行为,就说:“既然做了我家的媳妇,却又生外心,这样的媳妇不能要。”就把她给休了。姑娘的父母更加钦佩那个出主意的人有远见,还把女儿被休的事告诉他。同时认为那个人对他们很忠心,对他更加好了。

**大智慧**:在现实生活中,总有那么一些自以为“高明”的人,搬弄是非,四处为别人出主意。若是容易受他们的煽动,听信妄言,注定是要吃大亏的。对于这种人,应对他说:“收起你的好心,闭上你的嘴。”

## ⊙ 叼着不丢

某甲买了一块肉提着走,他上厕所时,就把肉挂在厕所的门上。某乙见某甲进了厕所,就去偷他的那块肉,刚刚把肉拿到手,某甲就从厕所里出来了。某乙手里拿着肉,走也不是,放下也不是,就把肉叼在嘴里,还呜噜地说:“你把肉挂在厕所外,怎么能不丢啊,像我这样把肉叼在嘴里上厕所,肉就不会丢了。”

**大智慧**:有些人头脑灵活但不用在